니체와 하이데거

지은이 **박찬국**

서울대학교 철학과를 졸업하고 동대학원에서 석사학위를, 독일 뷔르츠부르크 대학교에서 철학박사학위를 받았다. 현재 서울대학교 철학과 교수로 재직하고 있다. 니체와 하이데거의 철학을 비롯한 실존철학이 주요 연구 분야이며 최근에는 불교와 서양철학을 비교하는 것을 중요한 연구과제 중의 하나로 삼고 있다. 『원효와 하이데거의 비교연구』로 2011년 제5회 청송학술상을, 『니체와 불교』로 2014년 제5회 원효학술상을, 『내재적 목적론』으로 2015년 제6회 운제철학상을 받았으며, 『초인수업』은 중국어로 번역되어 대만과 홍콩 및 마카오에서 출간되었다. 저서로는 위의 책들 외에 『들길의 사상가, 하이데거』, 『하이데거는 나치였는가』, 『현대철학의 거장들』, 『들뢰즈의 『니체와 철학』 읽기』, 『에리히 프롬의 『소유냐 존재냐』 읽기』 등이 있고, 역서로는 『헤겔 철학과 현대의 위기』, 『마르크스주의와 헤겔』, 『실존철학과 형이상학의 위기』, 『니체 I, II』, 『근본개념들』, 『아침놀』, 『비극의 탄생』, 『안티크리스트』, 『우상의 황혼』, 『상징형식의 철학 I』, 『상징형식의 철학 II』 등 다수가 있다.

니체와 하이데거

발행일 초판1쇄 2016년 6월 20일 | 초판2쇄 2018년 2월 20일 • **지은이** 박찬국
펴낸이 유재건 • **펴낸곳** (주)그린비출판사 • **주소** 서울시 마포구 와우산로 180, 4층
전화 02-702-2717 • **이메일** editor@greenbee.co.kr • **등록번호** 제25100-2015-000097호

ISBN 978-89-7682-429-5 93160
이 도서의 국립중앙도서관 출판예정도서목록(CIP)은 서지정보유통지원시스템 홈페이지(http://seoji.nl.go.kr)와
국가자료공동목록시스템(http://www.nl.go.kr/kolisnet)에서 이용하실 수 있습니다.(CIP제어번호: CIP2016013259)

나를 바꾸는 책, 세상을 바꾸는 책 www.greenbee.co.kr

이 저서는 2012년 정부(교육부)의 재원으로 한국연구재단의 지원을 받아 수행된 연구임(NRF-2012S1A6A4020250)

니체와 하이데거

박찬국 지음

ᄋᆼB
그린비

차례

서장

1. 연구의 문제의식

근대 문명의 본질과 위기를 사유할 때 크게 두 가지 입장을 생각할 수 있을 것이다. 하나는 근대 문명의 본질을 계몽주의에서 찾으면서 근대의 위기를 계몽주의의 본래 기획이 아직 제대로 실현되지 않는 데서 찾는 입장이다. 이러한 입장은 근대 문명을 긍정적으로 보면서 근대의 완성을 주창하는 자유주의와 맑스주의 그리고 최근에는 하버마스와 같은 사람이 취하는 입장이라고 볼 수 있다. 이러한 입장은 이성을 계발하고 과학을 발달시킴으로써 인간을 홍수나 기아, 질병 등의 자연의 폭력으로부터 해방시키는 것과 동시에 사회제도의 개선이나 변혁을 통해서 사회적 부정의와 부자유 등을 극복하는 것을 목표한다.

이러한 입장과는 달리 근대 문명의 본질과 위기를 이른바 극단적인 니힐리즘의 지배에서 찾는 입장이 있다. 이러한 입장은 근대는 물질적으로 풍요롭고 그 어느 시대보다도 자유롭고 평등한 시대로 보이지만 근대를 궁극적으로 지배하는 것은 공허한 무라고 본다. 이러한 입장은 니체와 하이데거에서 대표적으로 나타나고 있다. 니체는 근대를 신이 죽은 시대 내지 가치상실의 시대로 보고 있으며, 하이데거는 극단적인 존재망각의 시대, 다시 말해서 사람들이 존재를 철저하게 망각하여 자신들이 존재를 망각했다는 사실조차도 모르게 된 시대라고 보고 있다. 이와 함께 이들은 근대의 완성이 아니라 근대의 극복을 주창한다.

이렇게 근대의 극복을 주창하는 사상가들로서 니체와 하이데거는 포스트모더니즘과 해체론의 대두와 함께 가장 큰 주목을 받고 있다. 따라서 니체와 하이데거 각각에 대한 연구는 물론이고 니체와 하이데거를 비교하는 연구들도 그동안 국내와 국외에서 극히 활발하게 수행되어 왔다. 심지어 니체와 하이데거에 대한 비교 연구가 철학에서 하나의 중요한 철학적 주제가 되었다고 말할 수 있을 정도로 그동안 쏟아져 나온 연구 저서와 논문의 수는 거의 헤아릴 수 없을 정도다.

니체와 하이데거에 대한 비교 연구가 이렇게 활발하게 이루어진 이유는 여러 가지가 있겠지만, 무엇보다도 하이데거의 니체 해석이 니체에 대한 치밀한 연구에 입각해 있으면서도 파괴적이라고 할 수 있을 정도로 극히 도발적인 성격을 갖고 있었기 때문이다. 하이데거는 니체의 근대 비판에도 불구하고 니체를 근대를 완성하고 있는 철학자로 보고 있으며, 니힐리즘과 서양의 전통 형이상학을 극복하려는 니체의 의도에도 불구하고 니체가 니힐리즘과 서양의 전통 형이상학을 오히려 완성하고 있다고 보고 있기 때문이다. 하이데거의 이러한 해석은 니체 자신의 자기 이해뿐 아니라 통상적인 니체 해석과도 크게 대립되기 때문에 많은 논란을 불러일으켰다.

그런데 하이데거의 니체 해석이 갖는 이러한 도발적인 성격으로 인해서 하이데거와 니체의 비교 연구는 그동안 하이데거의 니체 해석을 전적으로 받아들이거나 전적으로 거부하는 입장에서 행해지는 경우가 많았다.

하이데거의 해석을 전적으로 받아들이는 연구들은 대체로 니체에 대한 하이데거의 해석을 그대로 답습하면서 하이데거의 니체 해석을 요약 정리하는 식으로 행해져 왔다. 이에 반해 하이데거의 니체 해석을 전적으로 비판하는 연구들은 하이데거가 니체를 오해했다고 보면서 니체의 글에서 하이데거의 주장을 반증하는 부분들을 찾아내는 데 몰두했으며, 더 나아가 니체가 아니라 오히려 하이데거가 존재를 실체화하면서 전통 형이상학으로 전락하고 있다고 주장했다. 니체와 하이데거를 비교하는 연구들은 대부분의 경우 이와 같이 양자를 대립적인 입장에 서있는 것으로 보고 있지만, 일부 연구들은 하이데거의 니체 해석과 비판에도 불구하고 오히려 양자 사이에 존재하는 유사성을 강조했다.

니체와 하이데거에 대한 비교 연구의 현 상황은 위와 같이 거의 해결이 불가능하게 생각될 정도의 난맥상을 보여 주고 있다. 이 책은 일차적으로 이러한 연구 상황에 하나의 돌파구를 마련하면서 이러한 상황이 빠져 있는 난맥상을 해소하는 것을 목표하고 있다. 이를 위해, 하이데거의 니체 해석을 무조건적으로 답습하지 않을 계획이지만 그렇다고 해서 니체를 옹호하면서 니체가 아닌 하이데거야말로 전통 형이상학에 빠져 있다는 입장에도 서지 않고, 하이데거와 니체의 사상이 지향하는 바를 가능한 한 양자에 충실하게 드러내고자 한다.

이 책의 일차적인 목표는 니체와 하이데거를 최대한 공정하게 비교 분석해 보겠다는 순수 학문적인 차원의 것이지만, 궁극적 목표는 비단 그것에 그치지 않고 양자를 비교함으로써 우리가 처해 있는 현재의 상황을 재조명하면서 우리가 나아갈 길을 모색하는 것이다. 근현대의 모든 사상가가 근대 문명과 대결하면서 우리가 구현해야 할 새로운 삶의 모습에 대해서 나름의 전망을 제시하고 있지만, 니체와 하이데거는 유례없는 치열함으로 근대 문명과 대결하면서 근대 문명을 넘어서는 새로운 삶의 모습을 개척하고 있다고 생각된다. 이러한 현실에서 니체와 하이데거를 비교하는 연구는 우리가 앞으로 구현해야 할 삶의 모습을 모색하는 데 중요한 발판을 제공할 수 있다고 생각한다.

이 연구가 이와 같은 의의를 가질 수 있는 것은 니체를 근대의 완성자로 보는 하이데거의 니체 해석을 전면적으로 수용하지 않고 니체가 근대를 넘어서는 새로운 정신을 제시하고 있다고 보기 때문이다. 하이데거의 니체 비판과 평가가 전적으로 옳다면 우리는 달리 생각할 것도 없이 니체가 아니라 당연히 하이데거를 택해야 할 것이다. 그러나 니체가 지향하는 것은 하이데거가 이해하는 것과는 달리 근대적인 정신의 철저화가 아니라 오히려 근대인들이 망각하고 있는 그리스·로마의 귀족적인 덕의 창조적 계승이라고 생각한다. 하이데거 역시 니체와 마찬가지로 그리스 정신의 창조적 계승을 이야기하지만 이 경우 하이데거가 염두에 두고 있는 그리스 정신과 니체가 염두에 두고 있는 그리스 정신은 전적으로 다르다고 생각한다.

이런 의미에서 니체와 하이데거 각각은 근대를 넘어서는 새로운 정신을 제시하고 있다고 생각하며, 각각이 주창하는 정신은 서로 타협하기 어려운 대립적인 성격을 갖는다고 본다. 그럼에도 불구하고 양자의 철학은 현대가 직면하고 있는 위기를 극복할 수 있는 중요한 통찰들을 제시한다고 생각한다. 이 연구가 궁극적으로 목표하는 것은 이렇게 니체와 하이데거가 제시하는 통찰들을 실마리로 하여 우리가 현재 처해 있는 상황과 우리가 나아가야 할 길에 대해서 진지하게 숙고하게 하는 것이다.

2. 연구 내용

1) 하이데거의 니체 해석이 갖는 특성

니체만큼 다양하게 해석되어 온 사상가도 없을 것이다. 그에 대한 해석들은 다양할 뿐 아니라 서로 간에 대립과 갈등으로 점철되어 왔다. 한 가지 예만 들어 볼 경우, 나치들이 니체의 이름 아래 제국주의와 유태인 말살을 합리화한 반면에, 토마스 만(Thomas Mann)이나 월터 카우프만(Walter Kaufmann)과 같은 사람들에게 니체의 철학은 나치즘과 도저히 양립할 수 없을 뿐 아니라 오히려 나치즘과 전체주의를 넘어설 수 있는 사상적 토대를 제공하는 것으로 간주된다.

이렇게 복잡다기하고 대립과 갈등으로 가득 찬 니체 철학에 대한 해석사에서 하이데거의 니체 해석은 어떠한 위치를 차지하는가? 하이데거의 니체 해석은 기존에 행해진 니체 해석들 중의 어느 하나를 지지하고 강화하는 것이 아니라 기존의 모든 니체 해석을 뛰어넘어서 니체 철학을 보는 전적으로 새로운 지평을 열고 있다.

그러한 지평이란 니체 철학을 서양 형이상학과 니힐리즘의 완성이자 현대 기술문명을 철학적으로 정초하는 것으로 보는 지평이다. 이러한 해석 지평은 종래의 니체 해석이 도저히 상상도 할 수 없었던 지평이다. 이는 니체에 대한 종래의 해석은 스스로를 전통 형이상학과 니힐리즘 그리고 근대 문명의 극복자로 보는 니체 자신의 말을 문자 그대로 수용하면서 니체가 전통 형이상학과 근대 문명을 어떻게 비판하고 극복하려고 하고 있는지를 드러내는 데 주력했기 때문이다.

이러한 종래의 해석에 반해서 하이데거는 니체가 서양의 전통 형이상학을 극복하려고 하지만 완성하고 있다고 본다. 니체가 서양의 전통 형이상학과 그것에 기초한 서양의 역사를 지배하는 니힐리즘을 극복하려고 하지만 오히려 그러한 니힐리즘을 완성하고 있다는 것이다.[1] 하이데거의 용어를 빌리면 니체의 철학은 존재망각의 극단이다. 니체에 대한 하이데거의 이러한 평가는 니체의 자기평가와는 전적으로 다른 것이다. 니체는 자신의 철학이야말로 니힐리즘을 극복하는 유일한 출구를 제시한다고 보았을 것이지만, 하이데거는 니체의 철학은 니힐리즘의 극복이 아니라 오히려 니힐리즘의 완성이자 정점이라고 보는 것이다.

하이데거의 이러한 니체 해석은 니체의 자기 해석과 철저하게 대립된다는 의미에서 파괴적인 해석이라고 할 수 있다. 그리고 하이데거 자신도 니체가 플라톤에서 헤겔에 이르는 서양의 전통 형이상학을 철저하게 비판했을 뿐 아니라 이러한 전통 형이상학의 정신에서 아직 탈피하지 못한 근대 문명을 철저하게 비판했으며 근대를 대표하는 사조인 계몽주의와 그에 입각한 민주주의나 사회주의를 배격했다는 사실을 잘 알고 있었다는 것은 말할 나위가 없다. 그러나 하이데거는 니체 자신의 말과 의도보다는 니체 자신이 지향한 사태 자체를 서양 형이상학의 역사 전체의 지평에서 드러내려고 하면서 그러한 사태 자체가 가지고 있는 역사적 의미를 밝히려고 했다.[2] 그 결과 하이데거는 전통 형이상학과 근대 문명을 극복하려는 니체 자신의 의도에도 불구하고 니체는 전통 형이상학을 극복하는 것이 아니라 완성하고 있으며 근대의 정점인 현대 기술문명을 정초하고 있다는 결론에

---

1) Martin Heidegger, *Holzwege (Heidegger Gesamtausgabe 5)*, Frankfurt a.M.: Vittorio Klostermann, 1977, p.210 참조. 이하 하이데거 전집에서의 인용은 *HG*로만 표기한다. 책의 제목을 비롯한 상세 정보는 권말의 참고문헌에 실어 두었다.
2) *HG* vol.5, p.209 참조.

다다른다.

하이데거에 의하면 현대는 힘에의 의지가 모든 것을 규정하는 궁극적인 근거로서 나타나는 시대이며, 진리가 힘에의 의지가 자신의 강화를 위해 정립하는 가치로 전락하는 시대다. 이런 의미에서 하이데거는 인간을 비롯한 모든 존재자의 본질을 힘에의 의지로 보는 동시에 진리를 힘에의 의지가 자신의 보존과 고양을 위해서 기투한 관점이라고 보는 니체의 존재관과 진리관이 현대 기술문명을 정초하고 정당화하고 있다고 본다. 니체는 19세기에 살았지만 20세기에 자신의 정체를 노골적으로 드러내기 시작하는 현대 기술문명의 본질을 선구적으로 사유한 사상가라는 것이다.

따라서 하이데거는 근대를 과거에 비해서 현저하게 진보한 시대로 보는 실증주의나 계몽주의 그리고 실용주의를 현대 기술문명을 정초하는 철학으로 보지 않고 오히려 니체의 철학을 현대 기술문명을 진정하게 정초하는 철학으로 보고 있다. 하이데거에 따르면 언뜻 보아서 20세기의 계몽주의적인 철학이나 실용주의는 니체 철학에 대립되는 것같이 보이지만 사실은 니체 철학에 대립되는 것이 아니라 오히려 니체 철학의 그늘 아래에 있다는 것이다. 아니, 계몽주의적인 철학이나 실용주의뿐 아니라 공리주의, 철학적 인간학 등 인간과 역사에 대한 모든 근대적 사유, 맑스주의와 나치즘과 같은 세계관들, 그리고 과학과 기술 등 현대에 고유한 모든 현상은 니체의 철학이 정초하고 있는 존재 이해와 진리 이해의 지배를 받고 있다는 것이다.

이렇게 파격적인 니체 해석은 그 해석이 옳든 그르든 간에 니체를 해석하는 하나의 새로운 지평을 열었다고 볼 수 있다. 하이데거는 자신의 니체 해석이 갖는 파괴적인 성격을 충분히 의식하고 있다. 니체뿐 아니라 플라톤과 칸트와 같은 사상가들에 대한 하이데거의 해석도 흔히 파괴적이라고 비판을 받곤 한다. 그와 아울러 그러한 사상가들의 문헌에 입각하여 하이데거의 해석은 근거 없는 것으로서 비판되곤 했다. 그러나 하이데거는 자신의 해석이 갖는 파괴성을 모르는 것이 아니다. 그는 자신의 해석이 갖는 파괴성을 충분히 의식하고 있으며 더 나아가 오히려 자각적으로 그러한 파괴적인 해석을 행하고 있다.

따라서 우리가 니체를 비롯한 서양의 위대한 사상가들에 대한 하이데거의 해석에 접할 때 우리는 하이데거의 해석을 그 사상가들의 문헌에 입각하여 섣불리 비판해서는 안 된다. 그러한 사상가들의 문헌에 관해서라면 하이데거가 우리보다도 문헌학적으로 정확하게 해석할 능력을 가지고 있기 때문이다. 오히려 우리는 하이데거의 해석을 비판하기 이전에 그 어느 누구보다도 서양 형이상학의 역사에 대해서 정통했던 사상가가 다른 사상가들을 왜 그렇게 파괴적으로 해석해야만 했는지를 이해하려고 하지 않으면 안 된다.

하이데거에 대한 니체의 해석이 피상적인 것이 아니라 서양 형이상학의 역사 전체에 대한 포괄적인 조망과 니체의 텍스트에 대한 철저하면서도 심원한 연구에 입각해 있는 것이었기 때문에, 하이데거 이후에 니체를 해석하려고 하는 사람들은 필히 하이데거의 니체 해석과 대결할 수밖에 없게 되었다.

2) 니체와 하이데거의 비교 연구의 동향과 그 문제성

하이데거의 니체 해석은 하이데거 자신도 말하는 것처럼 파괴적인 것이어서 많은 논란을 불러일으켰다. 하이데거의 니체 해석이 파괴적인 만큼 그것에 대한 평가와 관련해서는 극단적인 입장들, 즉 하이데거의 니체 해석을 무조건적으로 지지하는 입장과 그것을 니체에 대한 왜곡과 자의적인 해석에 의해서 점철된 것으로 보는 입장이 대세를 이루어 왔다고 할 수 있다. 물론 그 중간에 양자의 사상을 오히려 유사한 것으로 보는 소수의 입장이 존재한다.

국내에서만 해도 하이데거와 니체를 비교하는 연구들은 하이데거의 니체 해석을 그대로 수용하는 연구들과 하이데거의 니체 해석을 니체에 대한 오해에 입각한 것으로 비판하는 연구들이 대부분이며 양자의 사상을 서로 유사한 것으로 보는 소수의 연구가 존재한다.

국내에서 행해진 연구들 중에서 하이데거의 니체 해석을 그대로 수용하는 연구로는 김재철의 「하이데거의 니체-해석: '신은 죽었다'에 대하여」, 신상희의 「니체의 니힐리즘에 대한 하이데거의 비판」, 최양부의 「하이데거의 니체 철학에 대한 존재 운명사적 해석」, 「하이데거의 니체의 '신은 죽었다'는 말과 니힐리즘에 대한 해석」, 「하이데거의 플라톤과 니체 철학의 해석에서 진리와 예술의 관계」, 임윤혁의 「니체의 힘에의 의지로부터 제기되는 예술철학에 대한 하이데거의 존재론적 해석」 등이 있다.

이에 대해서 하이데거의 니체 해석이 니체에 대한 오해에 입각해 있음을 밝히고 있는 연구로는 백승영의 「하이데거의 니체 읽기: 이해와 오해」가 있으며, 임건태의 「니체 철학의 계보학적 이해: 니체의 영원회귀 사상 — 들뢰즈와 하이데거의 해석을 중심으로」는 하이데거의 해석이 니체에 대한 전적인 오해라고까지는 보지는 않지만 들뢰즈(Gilles Deleuze)나 데리다(Jacques Derrida)의 니체 해석에 비하면 니체의 진의를 제대로 살리지 못하고 있다고 평하고 있다.

이러한 연구들 외에 하이데거와 니체의 사상 사이에서 유사성을 읽어내려고 하는 연구로는 최상욱의 「니체에 대한 하이데거 초기 해석(1936-

37)의 존재사적 위치」가 있다. 최상욱은 이 논문에서 1936~37년 사이에 하이데거가 행한 니체 해석에서 보이는 하이데거의 사상은 니체의 사상과 상당한 유사성을 갖는다고 보고 있다.

해외에서 하이데거의 니체 해석을 긍정적으로 수용하는 대표적인 사람으로는 누구보다도 가다머(Hans-Georg Gadamer)를 들 수 있다. 이에 반해 하이데거의 니체 해석을 니체에 대한 오해로 보는 것을 넘어서 니체가 아니라 오히려 하이데거에게 전통 형이상학으로 후퇴하는 측면이 있다고 비판하는 대표적인 사람들로는 카를 뢰비트(Karl Löwith)와 데리다, 그리고 볼프강 뮐러라우터(Wolfgang Müller-Lauter)와 같은 사람들을 들 수 있다. 특히 카를 뢰비트는 하이데거가 『힘에의 의지』(*Der Wille zur Macht*)를 니체 사상이 집대성된 주저라고 보면서 그 책에서 체계적으로 개진되고 있는 가치 사상을 실마리로 하여 니체를 해석하는 것을 비판하고 있다. 뢰비트는 이 책을 니체가 당시의 인식론적이고 가치론적인 문제 설정에 구속되어 자신의 본래 사상을 제대로 드러내지 못한 책으로 간주하면서 니체 사상의 진면목은 오히려 『차라투스트라는 이렇게 말했다』(*Also sprach Zarathustra*)의 비유적인 언어에서 찾아야 한다고 보았다.

뢰비트에 따르면 니체는 생 또는 생성의 '전체', 즉 '모든 존재자의 존재'는 계산될 수 없고 평가될 수 없다는 결론에 도달했으며, 이와 함께 모든 가치 정립과 목적 설정으로부터 벗어나 과거를 '망각하고' 현재의 순간에 완전히 몰입할 수 있는 아이의 상태에 도달하려고 했다. 따라서 니체에게 생의 본질적 성격은 하이데거의 니체 해석이 주장하는 것과는 달리 모든 존립 확보와 확실성과는 대립된 창조적인 것이며, 동일한 것의 영원회귀라는 사상을 견뎌 내기 위해서는 데카르트적 진리 개념이 철저하게 전복되지 않으면 안 된다. 니체에게는 확실성에 대한 추구가 아니라 오히려 불확실성과 불안전성에 대한 추구가 창조적인 생을 특징짓는다는 것이다. 따라서 동일한 것의 영원회귀는 어떠한 고정불변적인 존립의 확보가 아니라 자신을 끊임없이 새롭게 창조하는 생이다. 더 나아가 뢰비트는 하이데거가 아직 그리스도교적 사유 방식에 사로잡혀 있다고 비판하면서 하이데거가 아니라 니체야말로 그리스인들이 경험했던 피시스(Physis)를 회복하려고 한 사상가라고 보고 있다.

뢰비트의 이러한 니체 해석은 니체에 대한 하이데거의 해석을 오해에 입각한 것으로 반박하기 위해서 제기되는 대표적인 해석인 듯하다. 그리고 이는 데리다와 들뢰즈와 같은 포스트구조주의자들의 니체 해석과도 상통하는 해석이다.

니체와 하이데거를 비교하는 해외의 연구자들 중에는 국내에서의 최상욱과 마찬가지로 하이데거와 니체 사이에서 유사성을 보려고 하는 사람들도 존재한다. 이러한 사람들로 우리는 누구보다도 오이겐 핑크(Eugen Fink)와 만프레트 리델(Manfred Riedel)을 들 수 있다. 이들은 하이데거가 말하는 피시스로서의 세계와 니체가 말하는 동일한 것이 영원히 회귀하는 세계를 본질적으로 동일한 것으로 보고 있다. 그리고 한나 아렌트(Hannah Arendt)도 최상욱과 유사하게 하이데거가 프라이부르크대학에서 1936년에서부터 1940년까지 행한 강의들을 수록한 『니체 I』에서 해석되고 있는 니체는 하이데거 사상과의 강한 유사성을 보여 주고 있다고 보고 있다.

이와 같이 니체와 하이데거에 대한 해외에서의 연구도 국내에서의 연구와 마찬가지로 크게 세 가지 형태로 나타나고 있다는 것을 알 수 있으며, 해외의 대가급의 사상가들도 니체와 하이데거의 사상을 해석하는 것과 관련하여 어떤 합의된 결론에 도달하지 못하고 있다는 사실을 알 수 있다. 이러한 사실은 하이데거의 니체 해석을 둘러싸고 가다머와 데리다가 벌인

논쟁이 평행선을 달린 채로 끝난 데서도 잘 드러난다.[3]

　이 책은 이러한 연구 상황에서 하이데거의 니체 해석을 맹목적으로 추종하거나 그것을 니체에 대한 전적인 오해에 입각해 있는 것으로 배격하는 양극단에서 벗어나 하이데거의 니체 해석이 갖는 정당성과 아울러 문제성을 냉정하게 드러내고자 한다. 또한 니체와 하이데거 사상을 유사한 것으로 보지도 않으며, 후기 하이데거와 니체 사이뿐 아니라 초기 하이데거와 니체 사이에서도 분명한 차이가 존재한다고 생각한다. 그리고 이러한 차이는 하이데거나 니체 어느 한쪽의 입장에 서있는 연구들이 주장하는 것처럼 서양의 전통 형이상학을 누가 더 진정으로 극복하고 있느냐 하는 차이가 아니라고 생각한다. 이 연구는 니체와 하이데거는 서양의 전통 형이상학을 극복하는 데 있어서 전적으로 서로 다른 길을 걷고 있기에 양자 간에 우열을 따질 수는 없다고 본다.

　물론 초기의 하이데거는 근대 선험철학의 사유 도식을 유지하고 있기 때문에 칸트와 하이데거뿐 아니라 니체와 하이데거 사이에도 일정한 유사성이 보이는 것은 사실이다. 실로 초기의 하이데거는 니체뿐 아니라 칸트나 라이프니츠의 사상과 자신의 사상 사이에도 근본적인 유사성이 존재한다고 보면서, 자신의 사상은 니체뿐 아니라 칸트와 라이프니츠가 말하려고 했지만 서양 전통철학의 도식에 구속되어 분명하게 말하지 못한 사태를 분명하게 말하고 있다고 보고 있다. 그러나 나중에 상론하겠지만 이는 초기 하이데거의 오해라고 생각한다. 이 책은 후기 하이데거의 니체 해

---

3) Philippe Forget ed., *Text und Interpretation: Deutsch-französische Debatte mit Beitragen von J. Derrida, Ph. Forget, M. Frank, H-. G-. Gadamer und F. Laurelle*, München: Wilhelm Fink, 1984.

석을 전적으로 수용하는 것은 아니지만 그럼에도 불구하고 초기의 사상을 포함한 자신의 사상과 니체 사이에서 본질적인 차이를 보는 후기 하이데거의 입장이 더 옳다고 생각한다.

따라서 이 책은 양자의 유사성보다는 차이에 더 주목하지만 그렇다고 해서 후기 하이데거의 니체 해석을 그대로 수용하는 것은 아니며, 하이데거와는 다른 시각에서 니체와 하이데거 사이의 차이를 보여 줄 것이다. 단적으로 말해서 니체를 현대 기술문명을 철학적으로 정초하는 사상가로 보는 하이데거의 견해는 근본적으로 니체에 대한 오해이며, 자신의 존재사적인 사유 도식에 따라서 니체의 사상을 지나치게 무리하게 해석한 것이라고 생각한다.

하이데거의 사상은 초기부터 후기에 이르기까지 존재자들에게 성스러운 존재를 깃들게 하고 우리 인간으로 하여금 그러한 성스러운 존재를 경험하게 하는 것을 목표하고 있다고 생각한다. 이에 반해 니체의 사상은 사람들의 힘에의 의지가 극도로 피로해지고 병약해진 상황에서 그 어떠한 고통과 고난에도 불구하고 현실을 흔쾌하게 긍정하는 그리스·로마의 건강한 정신과 귀족적인 덕을 회복하는 것을 목표하고 있다고 생각한다. 그리고 이러한 니체의 사상은 하이데거가 해석하는 것처럼 현대 기술문명을 철학적으로 정초하면서 맑스주의나 실용주의 그리고 볼셰비즘이나 나치즘의 바탕이 되는 존재 이해를 제공하는 것과는 거리가 있다. 니체는 현대 기술문명을 철학적으로 정당화하는 것이 아니라 오히려 하이데거 못지않게 근대 문명을 극복하는 새로운 길을 모색하고 있는 것이다.

물론 니체가 그리스·로마의 건강한 정신과 귀족주의적 덕의 육성을 옛날처럼 우연에 맡겨 두지 않고 철저한 연구와 기획에 의해서 수행해야 한다고 주장하는 동시에 인간을 모든 가치 정립의 근원으로 보기 때문에 한편으로는 근대 주체성 철학의 성격을 극히 강하게 드러내 보이고 있다는 것은 사실이다. 이 점에서 하이데거의 니체 해석을 니체에 대한 전적인 오해에 입각해 있다고 보는 뢰비트식의 연구들과는 달리, 우리는 니체의 철학에서 근대 주체성 철학의 극단을 읽어 내는 하이데거의 해석이 전적으로 틀렸다고 보지는 않는다. 그러나 니체의 철학이 갖는 근대 주체성 철학의 성격도 하이데거가 분석하는 것처럼 인간 개개인을 비롯한 모든 존재자를 에너지원으로 환원하는 현대 기술문명의 본질적 성격과는 상당한 거리가 있다고 생각한다. 이 점에서 하이데거의 니체 해석은 정당성과 함께 문제성을 갖는다고 본다.

하이데거와 니체 사이에는 이상과 같은 근본적인 차이가 있기 때문에 하이데거와 니체는 현대 기술문명의 한가운데서 우리가 나아가야 할 길을 전혀 다르게 제시하고 있다. 따라서 이 책은 하이데거와 니체의 사상 사이에 존재하는 차이가 무엇이고 양자가 근대의 극복과 관련하여 제시하는 길들의 차이가 무엇인지를 선명하게 보여 주면서 우리가 양자가 제시하는 길들에 대해서 어떤 입장을 취해야 할 것인지를 고민하려고 한다.

물론 하이데거와 니체의 차이에 대한 이러한 해석이 하이데거와 니체의 모든 면을 세부에 이르기까지 다 포괄적으로 설명한다고 생각하지는 않는다. 하이데거든 니체든 시기에 따라서 다른 사상을 전개하고 있으며 특히 주지하듯이 니체는 그의 저작들에서 서로 모순되는 부분을 찾기가 그다지 어렵지 않을 정도로 다면적인 얼굴을 가지고 있다. 그럼에도 하이데거의 사상과 니체의 사상 각각에는 일정한 통일성과 아울러 서로 환원될 수 없는 본질적인 특성이 존재한다고 생각한다. 이 책에서 양자를 비교할 때 염두에 두고 있는 것은 양자의 사상 각각을 모든 시기에 걸쳐서 관통하는 이러한 통일적인 특성이다.

3) 연구 내용

이런 맥락에서 이 책은 다음과 같은 내용을 갖게 될 것이다. 1장에서 우리는 초기 하이데거의 니체 해석보다는 후기 하이데거의 니체 해석을 먼저 살펴볼 것이다. 후기의 하이데거가 자신의 철학을 니체의 철학과 가장 대척적인 입장에 서있는 것으로 보는 반면에, 초기의 하이데거는 자신의 철학을 니체의 사상을 보완하고 완성하는 것으로 보고 있다. 그러나 초기 하이데거에서 니체에 대한 언급은 극히 드물게 이루어지고 있다. 따라서 초기 하이데거가 니체 사상 전반에 대해서 어떻게 생각했는지는 분명하게 나타나 있지 않다. 이에 반해서 후기 하이데거는 니체와의 대결을 통해서 자신의 사상을 전개하고 있다고 할 정도로 니체와 본격적으로 대결하면서 니체에 대한 자신의 입장을 분명히 밝히고 있다. 니체에 대한 초기 하이데거의 견해도 후기 하이데거의 이러한 선명한 입장과 대비하면서 고찰할 경우에 보다 분명하게 파악될 수 있을 것이라고 생각한다. 따라서 시기 순으로 보자면 초기 하이데거의 니체 해석을 먼저 살펴보아야 하겠지만, 이 책에서는 먼저 후기 하이데거의 니체 해석을 살펴볼 것이다.

이렇게 후기 하이데거의 니체 해석을 먼저 고찰하는 것은 다른 한편으로 서술상의 중복을 피할 수 있다는 이점이 있기 때문이다. 하이데거와 니체를 비교하기 위해서는 우리는 하이데거와 니체 각각의 문제의식과 핵심 사상을 먼저 서술할 필요가 있지만, 후기 하이데거는 자신의 사상을 니체와의 대결을 통해서 전개하면서 니체의 문제의식과 핵심 사상을 나름대로 서술하고 있다. 따라서 후기 하이데거의 니체 해석을 살펴보는 것은 자연히 니체의 문제의식과 핵심 사상을 살펴보는 것이 되며, 이와 함께 우리가 니체의 문제의식과 핵심 사상을 따로 살펴보아야만 하는 논의의 중복을 피할 수 있다.

후기 하이데거의 니체 해석은 서양 형이상학의 역사에서 니체가 차지하는 근본적인 위치를 밝혀내려고 하는 존재사적 해석이란 방식을 통해서 행해지고 있다. 이와 관련하여 니체에 대한 후기 하이데거의 해석은 내용상 크게 두 부분으로 나뉜다고 볼 수 있다. 하나는 하이데거가 니체의 문제의식과 핵심 사상을 파악하고 있는 부분이며, 다른 하나는 자신의 존재사적 입장에서 서양 형이상학의 역사 전체에서 니체 사상이 갖는 근본적인 위치와 의미를 해석하는 부분이다. 물론 이 두 부분은 니체에 대한 하이데거의 존재사적인 해석이 니체 사상의 핵심을 파악하는 하이데거의 방식에도 영향을 미치고 있기 때문에 엄밀하게 말해서 서로 분리될 수 없지만, 그럼에도 불구하고 양자는 서술의 성격 면에서 상당한 차이가 있다고 여겨진다.

니체의 문제의식과 핵심 사상에 대한 하이데거의 해석은 상당 부분 니체에 대한 어떠한 해석가라도 받아들일 수 있는 객관성을 갖고 있다고 생각한다.[4] 이에 반해서 니체 사상이 서양 형이상학의 역사에서 갖는 위치와 의의에 대한 하이데거의 해석은 하이데거 특유의 존재사적인 사상에 입각하고 있기 때문에 많은 논란이 있을 수 있다. 이와 같이 니체의 문제의식과

---

4) 니체의 문제의식과 핵심 사상에 대한 하이데거의 서술은 무엇보다도 『니체 I』에서 이루어지고 있다. 1936년에서 1937년까지 쓰인 이 책에서는 니체의 사상을 자신의 존재사적 지평에서 해석하는 것보다 니체의 고유한 사상이 무엇인지를 파악하는 데 집중하고 있다. 뮐러라우터 역시 『니체 I』에서의 니체 해석이 『니체 II』에서의 니체 해석보다도 더 신중하다고 말하고 있다. 뮐러라우터는 『니체 I』이 갖는 이러한 특성은 특히 영원회귀 사상에 대한 해석에서 가장 잘 나타나 있다고 본다. Wolfgang Müller-Lauter, "Das Willenswesen und der Übermensch. Ein Beitrag zu Heideggers Nietzsche-Interpretationen", *Heidegger und Nietzsche: Nietzsche-Interpretationen III*, Berlin/New York: Walter de Gruyter, 2000.

핵심 사상에 대한 하이데거의 해석이 상당한 객관성을 갖고 있기에, 초기 하이데거가 아니라 후기 하이데거의 니체 해석을 먼저 살펴볼 경우에는 우리가 따로 니체의 문제의식과 핵심 사상을 설명해야만 하는 중복을 피할 수 있다고 생각한다.

이에 반해 우리가 초기 하이데거의 니체 해석을 먼저 살펴볼 경우에는 니체에 대한 초기 하이데거의 언급이 거의 없기 때문에 니체의 문제의식과 핵심 사상을 먼저 살펴보아야 할 것이다. 그러나 이 경우에는 후기 하이데거의 니체 해석을 고찰할 때 다시 한 번 니체의 문제의식과 핵심 사상에 대한 후기 하이데거의 해석을 살펴보아야 할 것이기 때문에 니체의 문제의식과 핵심 사상과 관련하여 논의가 상당히 중복되는 것은 피하기 어려울 것이다. 이상과 같은 이유들 때문에 후기 하이데거의 니체 해석을 먼저 살펴볼 것이다.

앞에서 언급한 것처럼 후기 하이데거의 니체 해석은 니체의 문제의식과 핵심 사상에 대한 해석과 니체 철학이 서양 형이상학의 역사 전체에서 차지하는 위치와 의의에 대한 해석으로 나눌 수 있기 때문에 1장도 내용상으로는 크게 두 부분으로 나뉜다. 1장의 1절 '니체의 문제의식: 니힐리즘의 극복'과 2절 '니체의 핵심 사상'에서는 니체의 문제의식과 핵심 사상을 후기 하이데거가 어떻게 파악하고 있는지를 살펴볼 것이다. 그리고 3절 '니체의 철학에 대한 후기 하이데거의 존재사적 해석'에서는 니체의 사상을 서양 형이상학과 근대 주체성 형이상학의 완성이자 존재망각의 완성으로 보는 하이데거의 존재사적 해석을 살펴볼 것이다.

2장 「하이데거의 니체 해석과 에른스트 융거」에서는 후기 하이데거의 니체 해석에 에른스트 융거(Ernst Jünger)가 미친 영향을 살펴볼 것이다. 현대 기술문명에 대한 후기 하이데거의 해석은 하이데거 스스로가 말하고 있는 것처럼 융거의 해석을 크게 수용하고 있는바, 하이데거는 니체를 현대 기술문명을 철학적으로 정초하고 있는 사상가로 보는 자신의 해석도 융거의 니체 해석에 의해서 크게 영향을 받았다고 보고 있다.

하이데거는 한편으로는 융거가 니체가 서있는 역사적인 위치를 자각하지 못한 채 니체 철학을 초시대적으로 타당한 철학으로 간주하면서 니체 철학의 역사적 의의와 한계를 깨닫지 못하고 있다고 말하면서도, 융거의 해석이 니체에 대한 여타의 해석들과는 달리 니체에 대한 '본질적인 이해'를 담고 있다고 본다. 융거의 니체 해석이 하이데거의 니체 해석에 미친 영향을 살펴보는 것은 하이데거의 니체 해석이 갖는 독특함이 어디에서 비롯되는지를 이해하는 동시에 현대 기술문명과 니체에 대한 하이데거의 해석을 보다 선명하게 이해하는 데 도움이 될 것이다.

3장 「초기 하이데거의 니체 해석」에서는 초기 하이데거의 니체 해석을 고찰할 것이다. 초기 하이데거는 후기에서만큼 니체와 본격적으로 대결하고 있지는 않지만 『존재와 시간』(Sein und Zeit)을 비롯한 여러 곳에서 니체를 긍정적으로 언급하고 있다. 특히 『존재와 시간』에서 하이데거는 자신의 역사성 개념이 역사학과 관련하여 니체가 사유하고 있는 사태를 보다 통일적이고 근원적으로 드러내는 것으로 보고 있다. 하이데거는 『존재와 시간』에서의 자신의 사상이 니체의 사상을 완성한다고 보는 것이다.

3장의 1절 '초기 하이데거의 사상'과 2절 '초기 하이데거에서 전통 형이상학의 해체와 존재물음'에서는 초기 하이데거의 니체 해석을 살펴보기 이전에 초기 하이데거의 핵심 사상과 전통 형이상학에 대한 초기 하이데거의 입장을 살펴볼 것이다. 3절 '초기 하이데거의 사상과 니체 사상 사이의 비교'에서는 초기 하이데거의 사상과 니체 사이에 존재하는 구조적 유사성을 살펴볼 것이다.

4절 '초기 하이데거의 니체 해석과 하이데거 사상의 전회'에서는 초기 하이데거의 사상이 니체의 철학과 마찬가지로 근대 주체성 철학의 완성으로 볼 수 있는 측면이 존재하며 하이데거의 전회는 자신의 철학 내에 존재하는 이러한 주체성 철학으로부터의 전회라는 사실을 고찰할 것이다.

5절 '초기 하이데거와 니체 사이의 차이'에서는 초기 하이데거와 니체 사이에 존재하는 구조적인 유사성에도 불구하고 양자 사이에 존재하는 본질적인 차이를 고찰할 것이며, 초기 하이데거는 근대 주체성 철학의 언어를 사용하고 있지만 다른 한편으로는 근대 주체성 철학을 넘어서고 있다는 사실을 밝힐 것이다. 이러한 고찰은 자신의 사상을 니체 사상의 완성으로 보는 초기 하이데거의 니체 해석에 대한 비판적인 검토라는 의미도 갖는다.

6절 '하이데거의 나치 참여는 니체의 영향에 의한 것이었는가?'에서는 초기 하이데거의 니체 이해와 하이데거의 나치 참여 사이에 일부 연구자들이 주장하는 것처럼 과연 밀접한 연관이 있는지를 고찰할 것이다.

푀겔러(Otto Pöggeler)나 헬트(Klaus Held)와 같은 사람들은 하이데거의 나치 참여의 근거를 초기 하이데거가 그 어느 사상가들에 대해서보다도 니체에 대해서 사상적 동질성을 느꼈다는 데서 찾고 있다. 특히 푀겔러는 1933년에 나치에 참여할 당시의 하이데거의 사상적 입장을 니체의 사상적 입장과 유사한 것으로 보고 있다. 푀겔러에 따르면 나치에 참여할 당시의 하이데거는 니체와 마찬가지로 위대한 창조자들의 창조 행위를 통하여 비극적 세계 경험과 이에 입각한 역사적인 위대함을 다시 구현하려고 했다는 것이다.

하이데거 자신도 나치 운동과 히틀러에 상당한 기대를 품었던 기간 동안에 니체를 연상시키는 '의지'와 같은 용어를 사용하고 있는 것은 사실이다. 그럼에도 불구하고 우리는 하이데거가 나치에 참여하는 데 니체 사상의 영향이 결정적이었다는 견해에 대해서는 상당히 회의적이다. 이는 만약 이러한 견해가 타당하다면, 초기의 하이데거는 자신이 니체뿐 아니라 라이프니츠와 칸트의 사상을 완성하는 것으로 보았던바 하이데거의 나치 참여는 이들의 영향 때문이기도 하다는 식의 결론을 끌어낼 수밖에 없을 것이기 때문이다.

이 책에서는 하이데거가 니체에 심취하면서 나치에 참여하게 되고 횔덜린을 연구하면서부터 나치에 대해서 거리를 취하게 되었다는 푀겔러를 비롯한 다수 연구자들의 견해에 맞서, 오히려 하이데거는 1930년대 초부터 니체와 횔덜린을 동시에 연구하였으며 하이데거가 나치에 참여하게 된 것은 그가 청년 시절부터 직·간접적으로 영향을 받은 1914년의 이념 때문이었다는 견해를 제시하려고 할 것이다.

하이데거는 민족공동체의 건립과 자연과 교감하는 새로운 인간의 형성을 주창하는 1914년의 이념의 영향 아래 니체와 횔덜린을 연구하면서 나치에 올바른 방향을 부여하려고 했다고 할 수 있다. 따라서 하이데거가 나치에 가담한 것은 니체의 영향 때문이라기보다는 1914년의 이념의 영향 아래 하이데거가 일찍부터 '아름답고 신성한 새로운' 독일을 세우려는 열망을 품고 있었기 때문이었다고 여겨진다. 1938년 이후부터 하이데거는 자신이 영향을 받았던 1914년의 이념과 자신이 건립하려고 한 나치 운동의 진정한 이념을 니체가 아니라 횔덜린이 구현하고 있다고 보면서 궁극적으로는 니체로부터 거리를 취하게 된다. 이와 동시에 하이데거는 자신이 추구했던 나치 운동의 진정한 이념과 횔덜린의 이념이 실제의 나치 운동과 히틀러에 의해서 실현될 수 없다는 사실을 완전히 깨닫게 되지만, 그럼에도 불구하고 횔덜린의 이념을 발전시키면서 조국 독일을 진정한 철학적 기반 위에 세우려는 노력을 계속하게 된다. 이 절에서는 이러한 주장을 상세한 근거를 제시하면서 입증할 것이다.

4장 「니체와 하이데거의 차이」에서는 니체와 하이데거의 차이를 후기 하이데거의 니체 해석에 구애받지 않고 독자적으로 고찰해 볼 것이다. 사상가들 사이의 차이는 그들의 사회사상 내지 정치사상에서 가장 구체적이면서도 선명하게 나타난다고 생각한다. 한 가지 예만 들면, 니체는 그리스 문명뿐 아니라 로마 문명과 르네상스를 높이 평가하는 반면에, 하이데거는 자연 친화적인 농촌을 보다 높이 평가하면서 로마 문명을 부정적으로 보는 경향이 있다. 양자의 이러한 사회사상적인 입장은 이들의 존재론과 인간관 그리고 죽음관과 예술관에도 직·간접적으로 반영되어 있다고 생각한다. 따라서 먼저 근대 문명에 대한 니체와 하이데거 사이의 입장 차이와 양자의 정치적 입장의 차이를 고찰한 후에 이러한 차이가 양자의 존재론과 인간관 그리고 죽음관과 예술관에 어떤 식으로 반영되어 있는지를 고찰하는 방식으로 양자의 차이를 선명하게 드러내려고 할 것이다.

5장 「후기 하이데거의 니체 해석이 갖는 정당성과 문제성」에서는 이상의 고찰을 토대로 하여 후기 하이데거의 니체 해석이 어떤 점에서 타당하며 어떤 점에서 한계가 있는지를 고찰하는 동시에, 니체와 하이데거를 비교하는 기존의 연구들을 비판적으로 검토할 것이다. 이 장은 크게 세 부분으로 나뉜다. 첫째 부분은 니체의 인식론과 진리관에 대한 포스트모던적 해석들을 검토하면서 이들의 니체 해석에 비하면 하이데거의 니체 해석이 상당히 정당성을 갖는다는 것을 보여 주는 부분이다. 둘째 부분은 니체와 하이데거를 비교하는 기존의 연구들을 비판적으로 검토하는 부분이다. 셋째 부분은 후기 하이데거의 니체 해석이 갖는 문제성을 나름의 시각에서 검토하는 부분이다.

맺는 글인 「오늘날 니체와 하이데거 사상이 갖는 의의」에서는 하이데거의 니체 해석이 어떻게 변화해 왔는지를 간략하게 살펴본 후, 니체와 하이데거 사상 각각이 오늘날 가질 수 있는 의의를 고찰할 것이다.

후기 하이데거의
니체 해석

1장 후기 하이데거의 니체 해석

서장에서 이미 언급한 것처럼 니체만큼 다양하게 해석되어 온 사상가도 없다. 나치즘과 파시즘뿐 아니라 무정부주의와 사회주의 그리고 심지어 페미니즘까지도 니체를 자신들을 정당화하기 위해서 원용할 정도로 니체는 다양하게 해석되고 있다. 니체에 대한 해석사가 이렇게 복잡다기하고 대립과 갈등으로 가득 찬 면모를 보이는 것과 마찬가지로 하이데거의 니체 해석도 그의 사유의 변화 과정에 따라서 달라지고 있다. 하이데거 철학은 흔히 초기와 후기로 나뉘는바, 초기와 후기의 사상적인 차이에 상응하여 하이데거의 니체 해석에도 초기와 후기 사이에는 큰 차이가 존재하는 것이다. 서장에서 우리가 살펴본 하이데거의 니체 해석은 주로 후기 하이데거에 의한 것이었다.

　후기의 하이데거가 자신의 철학을 니체의 철학과 가장 대척적인 입장에 서있는 것으로 보는 반면에, 초기의 하이데거는 자신의 철학을 니체의 사상을 보완하고 완성하는 것으로 보고 있다. 시기 순으로 보자면 당연히 니체에 대한 초기 하이데거의 견해를 먼저 살펴보아야 하겠지만, 서장의 2절에서 이미 밝힌 이유에 따라서 먼저 후기 하이데거의 니체 해석을 살펴볼 것이다.

후기 하이데거는 니체의 근본적 문제의식을 니힐리즘의 극복이라고
보고 있으며 니체의 핵심 사상 역시 그러한 문제의식 아래 해석하고 있다.

1. 니체의 문제의식: 니힐리즘의 극복

1) 니체 철학의 근본경험으로서의 '신의 죽음', 즉 고향상실과 의미상실의 경험

하이데거에 따르면 모든 위대한 철학은 각 시대를 관통하는 근본기분에
입각해 있으며 그러한 근본기분에서 드러난 세계와 대결하려고 한다. 우
리는 보통 철학은 개별 과학들과 마찬가지로 냉철한 이론적인 판단을 통
해서 행해지며, 변덕스럽고 감정적인 기분과는 전혀 상관없는 것일 뿐 아
니라 오히려 그러한 기분에 빠지지 않도록 조심해야 한다고 생각한다. 또
한 통상적으로 우리는 학문에서뿐 아니라 일상적인 삶에서도 기분을 통해
서 사람들은 자신이 처한 상황에 대해서 객관적으로 보지 못하고 그러한
상황에 구속되기 쉽기 때문에, 가능하면 기분에 좌우되지 않도록 조심해
야 한다고 생각한다.

이러한 통상적인 생각에는 인간은 어떠한 상황에 구속되어 있는 상태
로부터 냉철한 이성을 통해서 벗어나야 하고 또한 벗어날 수 있는 존재라
는 인간관이 전제되고 있다. 이러한 인간관에서 인간은 한편으론 신체와
감정 그리고 기분을 갖기에 특정한 상황에 구속되는 유한한 차원을 갖지
만 다른 한편으론 이성을 갖기에 상황을 초월할 수 있는 무한한 차원을 갖
는 존재로 간주되고 있다.

이에 반해 하이데거에게 인간은 철저하게 유한한 것이며 아울러 인간
의 이성이란 것도 어디까지나 '인간'의 이성인 한 유한한 것이다. 하이데거

에게 인간은 신체와 감정 그리고 이성이 분리된 것이 아니라 하나의 전체적인 통일을 이루고 있다. 인간은 유한한 존재이기에 항상 상황 내의 인간이다. 인간은 세계-내-존재이며 자신이 처하고 있는 상황과 세계를 벗어나 무전제의 입장에 설 수는 없다. 아울러 인간은 시간적이고 역사적인 존재이기에 인간이 처한 상황 역시 항상 어떤 특정한 역사적인 상황일 수밖에 없다.

우리는 항상 어떤 역사적 상황 안에서 사유하고 행위한다. 예를 들어 서양 중세의 인간은 중세라는 역사적인 상황에 던져져 있다. 그는 그러한 상황 속에서 성장하고 교육받으며 사유한다. 아우구스티누스나 토마스 아퀴나스는 자신들이 모든 상황에서 벗어나 객관적으로 사유한다고 생각했을 것이나 그들의 사유는 인간의 모든 사유와 행위가 초월적인 인격신을 중심으로 하여 수행되었던 중세적인 역사적인 상황에 의해서 규정되어 있다. 따라서 우리가 하나의 사상가를 이해하고 고찰하기 위해서는 그 사상가가 던져져 있는 역사적 상황을 고려하지 않으면 안 된다.

그러면 니체가 던져진 역사적 상황은 어떠한 것인가? 많은 사상가들이 자신의 사상이 뿌리를 내리고 있는 역사적 상황을 의식하지 못하고 일종의 초역사적인 입장에서 자신의 사상을 전개하는 반면에, 니체는 자신이 처한 역사적 상황을 첨예하게 의식하고 있으며 자신의 사유를 그러한 역사적 상황과의 대결이라고 보고 있다. 니체의 사유는 이런 점에서 역사적 사유라고 할 수 있다. 즉 그것은 자신의 사유는 근대라는 특정한 역사적 상황에서 비롯되었으며 또한 근대를 넘어서는 새로운 역사적 시대를 개시해야 하는 과제를 갖고 있음을 의식하고 있다.

니체는 자신이 처한 역사적 상황을 '신이 죽은' 상황으로서 경험하고 있다. '신이 죽었다'라는 것은 니체에게는 신이 없다는 무신론을 의미하는 것이 아니라 신이 인간을 비롯한 존재자 전체를 지배하는 힘을 상실했다는 것이다. 이 경우 신이란 그리스도교의 인격신뿐 아니라 플라톤이 말하는 이데아와 같이 그동안 최고의 가치들로 간주되어 오면서 감성적인 지상의 세계에 척도를 부여해 온 초감성적인 것 일반을 지칭한다.

서양의 전통 형이상학에서는 플라톤주의에서 전형적으로 드러나는 것처럼 불변하는 초감성적 이념 내지 이상이 진정한 현실로 간주되었던 반면에, 생성하는 감성적인 세계는 가상으로서 간주되었다. 니체에 따르면 이러한 플라톤주의는 민중을 위한 플라톤주의인 그리스도교[1]뿐만 아니라 서양의 역사 전체를 규정했다.

그리스도교적인 신앙이 시대를 규정하는 힘을 잃은 후에도 이러한 플라톤주의적인 사고방식, 즉 초감성적인 목적이 지상의 감성적인 것을 지배한다는 사유 방식은 외양만을 바꾼 채 명맥을 이어 가고 있다. 신이나 이데아의 권위 대신에 양심의 권위와 이성의 권위가 주창되고 있으며 '진보'와 최대 다수의 최대의 행복 등의 이념들이 역사의 목표로서 설정되고 있으나 이러한 목표들은 사실은 플라톤주의적이고 그리스도교적이며 신학적인 세계 해석의 변양일 뿐인 것이다.[2]

그러나 니체는 자신의 시대는 이러한 초감성적인 이념들, 즉 '이데아, 신, 인류 법칙, 이성의 권위, 진보, 최대 다수의 행복, 문화, 문명'이 인간이 만들어 낸 허구로 드러나면서 시대를 건립하는 힘을 상실하고 있다고 보았다. 사람들은 이제 모든 종류의 초감성적인 가치와 이념을 믿지 않게 되

---

1) 니체에 따르면 플라톤주의는 대다수 민중이 이해하기 어려운 형이상학인 반면에 그리스도교는 플라톤주의를 민중이 이해할 수 있는 신화적인 용어로 해석한 것이다. 이런 의미에서 니체는 그리스도교를 민중을 위한 플라톤주의라고 보고 있다.
2) *HG* vol.5, p.221 참조.

었다. 그런데 초감성적인 가치와 이념을 믿지 않게 되었다는 것은 한편으로는 사람들이 그것들의 지배로부터 벗어났다는 것을 의미하지만 다른 한편으로는 삶의 지향점과 방향 그리고 목표를 상실하게 되었다는 것을 의미한다. 그리고 우리가 삶과 생성이 지향해야 할 아무런 목표가 존재하지 않는다는 것을 깨달을 때에 니힐리즘, 즉 모든 것이 어떠한 의미도 갖지 않으며 공허한 무일 뿐이라는 허망감이 대두된다.

다시 말해 생성과 삶의 진정한 근거와 목표로서 그동안 내세워졌던 초감성적인 이념이나 가치가 사실은 우리가 삶과 생성의 변화무상함을 견디기 위해 지어낸 허구에 불과하다는 사실을 깨닫게 되면서, 우리는 무의미하게 변전하는 생성의 세계만이 참으로 존재하는 유일한 현실이라는 사실에 직면하게 된다. 이때 삶에는 아무런 목표도 의미도 존재하지 않는다고 느끼는 니힐리즘이 우리를 엄습하게 된다. 우리는 한편으로 생성의 세계를 유일하게 실재하는 세계로서 인정하면서도, 다른 한편으로 이러한 세계에는 지향해야 할 어떠한 목적도 가치도 존재하지 않기에 그 안에 안주하지도 못하는 하나의 중간상태(Zwischenstand)에 처하게 되는 것이다.[3]

이런 맥락에서 신이 죽었다는 사실에 대한 경험은 근대인이 처한 역사적 상황의 본질에 대한 경험이라고 할 수 있다. 이렇게 그때마다의 역사적 상황의 본질을 개시해 주는 경험을 하이데거는 근본경험(Grunderfahrung)이라고 부르고 있다. 그런데 니체는 자신의 역사적 상황에 대한 근본경험을 자신의 역사적 상황에 대한 객관적인 반성을 통해서 갖게 되었는가? 그는 역사학자가 하나의 역사적 시대를 객관화시키고 다른 시대와의 비교를 통해서 그 시대를 특징짓는 방식으로 그 시대의 본질

---

3) *HG* vol.5, p.225 참조.

에 대한 경험을 갖게 되었는가?

하이데거는 니체가 그러한 근본경험을 갖게 된 것은 자신의 역사적 상황에 대한 객관적인 반성을 통해서가 아니라 오히려 특정한 근본기분(Grundstimmung)을 통해서라고 본다. 근본기분이란 순간순간마다 변하는 변덕스러운 기분이 아니라 우리의 실존 전체를 뒤흔들어 놓고 우리의 실존을 근본적인 결단, 즉 새로운 삶이냐 아니면 기존의 삶을 계속해서 고수하느냐라는 근본적인 선택 앞에 직면하게 하는 기분이다.

그러한 근본기분으로서 하이데거는 불안이나 권태, 절망, 경이와 같은 것을 들고 있다. 신은 죽었다는 사실은 2 더하기 2는 4라는 수학적인 진리처럼 우리가 단순히 지성을 통해서 객관적으로 확인하는 사실이 아니라 신체와 정신으로의 분리 이전의 우리의 실존 전체를 통해서 가장 명증적인 것으로서 경험하는 사실이다.[4] 그리고 그렇게 우리의 실존 전체에 관계하는 사실에 대한 경험은 특정한 근본기분을 통해서 일어난다고 하이데거는 보는 것이다.

사람들은 흔히 눈앞의 사물에 대한 이른바 객관적인 인식만을 참된 인식으로 간주하면서, 근본기분을 통해서 일어나는 우리가 처한 역사적 상황의 본질 개시를 한갓 주관적인 것으로 무시한다. 그러나 근본기분은 그 어떠한 객관적으로 확실한 이론보다도 더 분명하게 우리가 처한 역사적 근본 상황을 드러낸다. 근본기분을 통해서 일어나는 그때마다의 역사적 상황의 본질 개시가 갖는 명증성을 주관적인 것으로 보는 것 못지않게 근본기분이란 현상을 왜곡하는 것은 그러한 현상을 한갓 비합리적인 것에 지나지 않는 것으로 간주하는 것이다. 그러나 근본기분은 비합리적인

---

4) *Ibid.*, pp.105~106.

현상이 아니라 오히려 우리 자신이 처한 역사적 상황의 본질을 적나라하게 드러내는 현상이다. 우리 자신의 존재는 모든 인식과 의지 이전에 그리고 인식과 의지의 개시 범위를 훨씬 넘어서 항상 근본기분을 통해서 자기 자신에게 개시되어 있다. 근본기분은 우리 인간의 근원적 존재 양식인 것이다.[5]

니체가 근대인이 처한 역사적 상황의 본질을 '신의 죽음'으로서 경험하게 되는 근본기분은 인간이 안주할 수 있는 고향을 상실했다는 기분이기도 하다. 여기서 고향이란 모든 것의 의미와 가치가 명확하고 우리가 어떻게 살아야 할지가 분명하여 우리가 방황할 필요가 없는 세계를 가리킨다고 볼 수 있다. 따라서 고향상실(Heimatlosigkiet)의 기분이란 우리가 궁극적으로 의지할 수 있는 의미와 가치가 사라졌으며 이와 함께 우리 삶의 모든 것이 의미와 가치를 상실했다는 기분이다.

하이데거는 니체가 신의 죽음에서 경험하는 고향상실의 기분은 니체의 다음 시에서 가장 잘 나타나고 있다고 본다.[6]

까마귀 떼가 울부짖으며
어지러운 날개 소리를 내면서 거리로 날아간다.
머지않아 눈도 내리리라.
행복하구나, 아직도 고향이 있는 자들은!
그대는 멈춰 서서 움직이지 않은 채 뒤돌아본다.
아아, 벌써 얼마나 먼 과거가 되었는가!

---

5) *HG* vol.5, p.134 참조. 이 시는 1884년 가을에 쓰인 '고독'이란 제목의 시다.
6) *Ibid.*, p.117.

이 무슨 바보짓이란 말인가.
겨울을 앞두고 세상에로 도망쳐 들어오다니.

세상은 말 없고 냉랭한 사막에로
통하는 대문인데,
그대는 잃고 또 잃으면서
어디에도 머물 줄을 모른다.

이제 그대는 창백한 채 서있다.
겨울에 정처 없이 방랑하도록 저주받아,
차가워져만 가는 하늘을
찾아가는 연기와 같이.

날아라, 새여, 울부짖으라.
사막에서 우는 새의 노래를!
감추라, 어리석은 자 그대여,
피를 뿜는 마음을 얼음과 비웃음 속에!

까마귀들은 마냥 울면서
어지러운 날개 소리를 내면서 거리로 날아간다.
머지않아 눈이 오리라.
슬프다, 고향이 없는 자들은!

니체가 살았던 19세기의 중반과 후반은 서양 제국주의의 팽창기로서 당시의 사람들은 그 시대를 진보와 번영의 시대로 보았지만 니체는 자신의 시대를 절망의 시대로 보았다. 그것은 니힐리즘의 시대, 즉 모든 것의 의미와 가치가 사라지고 공허한 무가 지배하는 시대다. 니체가 말하는 신의 죽음이라는 사태가 갖는 의미는 고향상실과 의미상실이라는 절망적인 근본기분을 통해서만 제대로 이해될 수 있다.

니체는 자신의 시대가 신 대신에 양심이나 민주주의나 사회주의, 민족주의 등을 내세움으로써 이러한 의미상실과 고향상실로부터 벗어나려고 하지만 궁극적으로는 신의 죽음이라는 절망적인 상태에 의해서 규정되어 있다고 보고 있다. 근대인들이 끊임없이 양심이나 민주주의 등과 같은 새로운 초감성적이고 이념적인 권위들을 만들어 내는 것도 니체는 그러한 절망적인 상태로부터 벗어나려는 몸부림으로 보는 것이다. 니체는 근대가 처한 근본적인 위기를 일시적인 미봉책을 통해서 극복하려는 모든 시도가 갖는 허위성을 드러내면서 사람들을 시대의 진상 앞에 직면하게 하려고 한다. 그리고 니체는 전통적인 신이든 양심이든 민주주의든 사회주의든 민족주의든 그 어떤 종류의 초감성적이고 이념적인 권위에 의존하지 않고 이 시대의 고향상실과 의미상실을 근본적으로 극복하려고 한다.

인간이 더 이상 신에 의지하지 않고 자신의 이성에 의지하게 되는 것을 근대의 계몽주의는 인간의 해방으로서 환영했다. 니체 역시 근대 계몽주의와 마찬가지로 인간이 초감성적인 신이나 이념 등에 의지하지 않고 제 발로 서기를 바란다. 그러나 인간이 이렇게 진정한 의미에서 독립 자존의 존재가 되기 위해서는 니체는 우선 철저한 절망을 통과하지 않으면 안 된다고 보고 있다. 이러한 절망이란 단순한 절망이 아니라 전통적인 신뿐 아니라 근대계몽주의가 내세운 그 모든 종류의 초감성적이고 이념적인 권위에로의 도피도 이제는 금해져 있다는 사실에 대한 절망이다.

2) 니체의 문제의식으로서의 니힐리즘의 극복

우리는 앞에서 니체가 자신의 시대를 사람들에게 그동안 삶의 의미를 부여해 왔던 초감성적인 가치들이 붕괴되었지만 새로운 가치는 아직 나타나지 않은 중간상태라고 규정하고 있는 것을 보았다. 이러한 중간상태가 바로 니체가 니힐리즘의 시대라고 규정한 근대의 본질이다. 이러한 중간상태에서 인간은 이러한 상태가 야기된 근거와 그것을 극복할 수 있는 방안을 통찰하지 못한 채 방황하는바, 니체는 그러한 중간상태가 야기된 근거를 역사적으로 규명함으로써 자신의 시대를 극복하는 것을 자신의 사상적 과제로 삼았다.

이런 맥락에서 하이데거는 니체를 '니힐리즘을 역사적 과정으로서 인식한 최초의 사상가'로 보고 있다. 니힐리즘에 대한 다양한 견해들에 대해서 니체의 견해를 특징짓는 것을 하이데거는 니체가 니힐리즘을 서양의 역사와 미래를 규정하는 역사적 운동으로 본다는 데서 찾고 있는 것이다.

니체는 다음과 같이 니힐리즘의 본질을 규정하고 있다.

> 니힐리즘이란 무엇인가? 그것은 최고의 가치들이 무가치하게 된다는 것이다. 그리고 이는 목표가 결여되어 있다는 것, 즉 '왜?'라는 물음에 대한 답이 결여되어 있다는 것을 의미한다.[7]

니체가 이렇게 니힐리즘을 '이제까지의 최고의 가치들의 무가치화'로서 파악함으로써 니체는 니힐리즘을 가치 사상에 입각하여 사유하는 것이

---

7) Friedrich Nietzsche, *Der Wille zur Macht*, Stuttgart: Alfred Kröner Verlag, 1996, §2.

된다. 하이데거는 니체의 이러한 니힐리즘 해석에 대해서 '왜 니체는 니힐리즘을 이렇게 가치 사상으로부터 해명하고 있는가'라고 의문을 제기하고 있다.

하이데거가 이렇게 의문을 제기하는 것은 니체가 자신의 가치 사상을 자명하게 타당한 것으로 보면서 모든 시대에 적용될 수 있는 것으로 보았던 반면에, 하이데거에게는 니체뿐 아니라 19세기 말 이래의 사상계에서 지대한 역할을 하고 있는 가치 사상은 결코 자명하게 타당한 것이 아니기 때문이다.

하이데거가 그러한 의문을 제기하는 또 다른 이유는, '니힐리즘'은 문자 그대로의 의미에 따르면 모든 존재자는 궁극적으로 니힐, 즉 무라는 것을 의미할 뿐인바 이러한 니힐과 니힐리즘은 근본적으로는 가치 사상과는 어떠한 본질 연관도 갖지 않는다고 보고 있기 때문이다. 따라서 니체의 니힐리즘 개념을 올바르게 파악하기 위해서, 하이데거는 니체가 가치라는 말로 무엇을 의미하고 있는지를 우선 명확히 드러내지 않으면 안 된다고 보고 있다.

하이데거는 이를 위해서 『힘에의 의지』에 수록되어 있는 단편 12번을 상세히 고찰하고 있다. 이 단편은 '우주론적 가치들의 붕괴'라는 제목을 갖고 있으며 이 제목 자체가 니체가 니힐리즘을 가치 사상에 입각하여 사유한다는 것을 다시 한 번 보여 주고 있다. 니힐리즘은 여기서 우주론적 '가치들'의 붕괴로서 규정되고 있기 때문이다. 여기서 말하는 '우주'는 전통 형이상학에서처럼 인간과 신과 구별된 '자연'을 의미하지 않고 인간과 신을 포괄하는 존재자 전체를 의미한다. '우주론적 가치들'은 존재자 전체라는 의미의 우주를 위로부터 규정하는 최고의 가치들이다. 그리고 그것들이 무가치하게 됨으로써 니힐리즘이 성립하게 된다는 것이다.

단편 12번은 A와 B 두 개의 절로 나뉘어 있고, 결론에 의해 마무리되고 있다. A절은 다음과 같다.

심리적 상태로서의 **니힐리즘**이 나타나지 않을 수 없을 때는, 첫째로 우리가 모든 것에서 하나의 '의미'를 찾았으나 그 의미가 그것들 안에 존재하지 않으며 의미를 추구했던 자가 급기야는 [의미 추구를 향한] 용기를 상실할 때다. 이 경우 니힐리즘이란 오랫동안 힘만 **낭비했다**는 의식, '도로'(徒勞)에 그친 자신의 노력에 대한 통한, 불안정, 어떻게든 자신의 힘을 회복하고 무엇을 통해서든 안정을 얻을 수 있는 기회의 결여, 자신이 너무 오랫동안 자신을 **기만해 왔다**고 느끼는 자기 자신에 대한 수치감이다. 저 의미는 최고의 윤리적인 기준의 '실현', 윤리적인 세계질서, 또는 모든 존재자의 상호 관계에서 사랑과 조화의 증대, 또는 보편적인 행복 상태에의 접근일 수 있었고, 또는 — 이러한 목표도 하나의 의미인 한 — 하나의 보편적인 무의 상태를 향한 돌진이기조차 했을 것이다. 이러한 모든 표상 방식에 공통적인 것은 어떤 것이 과정 자체를 통하여 **도달되어야만** 한다는 것이다. 그런데 이제 사람들은 생성을 통해서 **아무것도** 달성되지 않고 **아무것도** 도달되지 않는다는 것을 깨닫는다. 따라서 극히 특정한 목적에 대한 환멸이나, 보다 일반화된 형태로 '발전' 전체에 관계된 이제까지의 모든 목적-가설의 불충분성에 대한 통찰과 같은 소위 **생성의 목적**에 대한 환멸이 니힐리즘의 원인이다(— 인간은 더 이상 생성의 협력자가 아니고 더군다나 생성의 중심도 아니다).
심리적 상태로서의 니힐리즘이 나타날 때는 둘째로 경탄과 외경을 갈망하는 혼이 최고의 지배와 관리 형태에 대한 전체적 표상 안에서 만족을 누리기 위해서, 모든 것 안에서 그리고 모든 것의 근저에 하나의 **전체성,**

체계화, 조직화를 상정했을 경우다(그것이 논리학자의 혼이라면 절대적인 일관성과 실재변증법Realdialektik만으로도 모든 것과 화해하기에 족할 것이다). 일종의 통일, 즉 어떠한 형태의 것이든 '일원론'에 대한 신앙을 통해서 인간은 자신보다 무한히 우월한 전체에 깊이 연대해 있고 의존해 있다고 느끼면서 신성(神性)의 한 양태가 된다. '보편자가 번영하기 위해서는 개체의 헌신이 요구된다!' 그러나 보라, 그러한 보편자는 존재하지 않는다! 인간은 자신을 통해서 무한한 가치를 갖는 전체가 작용하지 않을 경우 그는 자신의 가치에 대한 믿음을 완전히 상실하고 만다. 다시 말해 그는 **자신의 가치를 믿을 수 있기 위해** 그러한 전체를 생각해 낸 것이다.

심리적 상태로서의 니힐리즘은 아직 **제3의 마지막** 형태를 갖는다. 생성에 의해서 어떤 목적이 달성되는 것도 아니며, 모든 생성의 근저에 최고의 가치를 갖는 기반으로서 개체가 완전히 의존할 수 있는 어떠한 통일도 주재하고 있는 것이 아니라는 두 가지 **통찰**이 주어질 경우, **도피구**로서 남는 것은 이러한 생성의 세계 전체를 기만적인 것으로서 단죄하면서 생성의 피안에 존재하는 하나의 세계를 **참된** 세계로서 고안해 내는 것이다. 그러나 오직 심리적 욕구로부터 이러한 세계가 구성되었다는 것과 그리고 인간이 그러한 세계를 구성할 수 있는 어떠한 권리도 갖고 있지 못하다는 사실을 깨닫자마자 **형이상학적인 세계를 불신하면서** 소위 참된 세계에 대한 신앙을 금하는 니힐리즘의 마지막 형태가 나타난다. 이 입장에서 사람들은 생성의 실재성만을 **유일한** 실재성으로서 인정하며 배후세계와 거짓된 신성에로 빠지는 모든 종류의 사도(邪道)를 자신에게 허용하지 않는다. 그런데 **인간은 이러한 생성의 세계를 이제 부인하지는 않지만 그것을 견디지는 못한다.**

— 근본적으로 어떠한 사태가 일어났는가? '목적'의 개념으로도 '통일'

이라는 개념으로도 '진리'라는 개념으로도 현실의 총체적 성격이 해석되어서는 안 된다는 사실을 깨달을 때 **가치상실감**이 대두된다. 현실을 통해서 어떠한 **목적**도 달성되지도 도달되지도 않으며 사건들의 다양성 안에는 어떠한 포괄적인 **통일**도 존재하지 않고, 현실은 '참된' 것이 아니라 **거짓된 것**이며, 사람들은 참된 세계를 신봉할 어떠한 근거도 전혀 갖지 못한다. 단적으로 말해서 우리가 세계에 하나의 가치를 투입하기 위해 사용한 '목적', '통일', '존재'라는 범주들은 우리에게서 **박탈되는 것이며**, 이제 세계는 **무가치한 것으로 나타난다.**

니체는 단편 12번의 처음 세 단락에서 니힐리즘이 나타나는 세 가지 조건을 거론하고 있다. 니힐리즘은 종래의 최고의 가치들이 무가치하게 되는 과정인바, 모든 존재자에게 가치를 부여하는 이러한 최고의 가치들이 무가치하게 될 경우 그것들에 근거하는 존재자들도 무가치하게 된다. 그리고 이와 함께 사람들은 모든 것이 무가치하다고 느끼는 가치상실감에 사로잡히게 된다. 우주론적 가치들의 붕괴로서의 니힐리즘은 따라서 동시에 가치상실감이라는 '심리적 상태'이기도 하다.

그러면 이러한 니힐리즘은 어떠한 조건들 아래서 발생하는가? 니힐리즘은 첫째로 "우리가 모든 것에서 하나의 '의미'를 찾았으나 그 의미가 그 안에 존재하지" 않을 경우에 "나타나지 않을 수 없을 것이다". 따라서 니힐리즘이 출현하기 위한 하나의 전제 조건은 우리가 하나의 '의미'를 '모든 것에서', 즉 존재자 전체에서 찾는다는 것이다. 니체는 여기서 '의미'로 '목적'과 같은 것을 염두에 두고 있다. 그리고 '목적'으로 우리의 모든 행위, 태도 그리고 사건의 이유와 근거를 가리킨다. '의미'는 그 자체로 존립하는 무조건적인 목적이며 그것의 실현을 위해 모든 것이 동원되는 것이다. 그런데 목적 실현과 의미 완성을 향한 노력뿐 아니라 그 이전에 이미 그러한 목적과 의미의 추구와 정립이 하나의 기만적인 것일 경우에는 어떻게 되는가? 최고의 가치 자체가 이 경우에는 동요에 빠지고 자신의 의심할 수 없는 가치 성격을 상실하게 되며 '무가치하게 된다'.

심리적 상태로서의 니힐리즘, 즉 존재자 전체의 무가치성에 대한 '느낌'이 나타날 때는 둘째로 "인간이 모든 것 안에서 그리고 모든 것의 근저에 하나의 전체성, 체계화, 조직화를 상정"했으나 그것들이 실현되지 않을 경우다. 여기서 존재자 전체의 최고의 가치로서 거론된 것은 '통일'이란 성격을 갖는다. 이 경우 통일은 모든 것을 철저하게 주재하면서 통일하고 모든 것을 질서 지우고 조직하는 것으로서 이해되고 있다. 그런데 왜 인간에게는 전체의 통일이 문제되는가? 이는 인간이 최고의 가치를 갖는 '통일된' 전체 안에로 편입될 경우에만 인간 자신의 삶도 '가치'를 가질 수 있기 때문이다. 따라서 니체는 인간은 자신의 가치를 믿을 수 있기 위해서 존재자의 전체성과 통일을 정립해야만 한다고 추론한다. 그러나 전체를 철저히 주재하는 통일에 대한 신앙이 환멸로 끝날 경우에 모든 행위와 활동을 통하여 아무것도 달성되지 않는다는 통찰이 생긴다. 인간의 모든 행위와 활동 그리고 모든 '생성'은 이제 무목적적이고 무의미한 것으로서 나타나게 된다.

따라서 이제 인간의 삶과 모든 행위가 어떻게든 의미와 가치를 갖기 위해서는, 변화무상하고 가상적인 현실 위에 모든 변천과 기만으로부터 벗어나 있는 영원한 '참된' 세계가 정립되어야만 한다. 이러한 '참된 세계', 즉 피안의 초감성적인 것으로부터 차안과 인간의 세계는 의미를 갖게 된다. 즉 차안과 차안에서의 인간의 고통스런 삶은 영원한 세계에 거주하기 위해 통과해야 하는 준비 단계라는 의미를 갖게 되는 것이다.

변화무상하고 가상적인 차안 위에 그 자체로 존재하는 영원한 '참된' 세계를 정립하는 것으로부터 니힐리즘의 '제3의 마지막 형태'가 나타나게 되는 것은 인간이 이러한 '참된 세계'가 단지 '심리적 욕구들'로부터 구축된 것이라는 사실을 꿰뚫어 볼 때이다. 이제 인간은 인간 자신의 가치를 확보하기 위해서 존재자 전체에 하나의 가치를 스스로가 부여했다는 것을 통찰하게 된다. 피안적인 세계란 인간이 차안적인 세계를 견디기 위해서 만들어 낸 것이다. 인간이 피안적인 '참된 세계'에 의존함으로써 사실은 단지 자기 자신과 자신의 구원만을 소망할 뿐이고 사실은 한갓 소망의 대상에 불과한 것을 그 자체로 존재하는 것으로 격상시킨다는 사실이 인간에게 드러날 경우, 이 '참된 세계'는 동요하게 되는 것이다.

'피안'이 전복된 후에는 변화무상한 이 현실만이 실제로 존재하는 유일한 세계로서 나타나게 된다. 물론 이러한 '유일한 세계'는 그것이 자신의 목표로서 지향하는 피안의 세계가 붕괴됨으로써 우선은 목표도 가치도 갖지 못한 채로 존재하게 된다. 현실 세계는 이제 일종의 중간상태에 처하게 된다. 즉 저 초감성적인 최고의 가치들이 세계에 대해서 더 이상 타당성을 갖지 못하게 되었지만 현실 세계는 새로운 '가치 정립'과 '의미 부여'를 통해 아직 정당화되고 있지 않은 상태에 존재하게 된다.

하이데거는 A절을 마무리 짓는 문장이 말하려고 하는 바를 다음과 같이 정리하고 있다.

1. 우리가 '목적', '통일', 그리고 '존재'라는 범주들을 통해서 '세계'(즉 존재자 전체)에 하나의 **가치**를 투입했다는 것.

2. 이렇게 세계에 투입된 가치는 '다시 우리들에 의해서 **박탈된다**'는 것.

3. 범주들, 즉 가치들이 박탈된 후 세계는 '이제 **무가치하게** 보인다'는 것.

즉 니체는 '우리가' 존재자 전체 속에 가치들을 투입하고 다시 박탈한다고 말하고 있으며, 그 경우 이러한 전체는 이를테면 그 자체로 존립하면서 가치의 투입과 박탈을 자신에게 허용하는 것으로 간주되고 있다. 가치는 단순히 저절로 붕괴하는 것이 아니라, '우리'가 그전에 투입했던 가치들을 세계로부터 다시 박탈하는 것이다. '우리'는 가치 정립과 가치의 폐지에 주체적으로 참여하고 있다는 것이다. 이 '우리'라는 말로 니체는 서양 역사의 인간을 의미한다. 그가 말하려고 하는 것은 가치를 투입하는 동일한 인간들이 다시 그것들을 박탈한다는 것이 아니라 가치를 투입하고 박탈하는 자는 하나의 통일체로서의 서양 역사의 인간들이라는 것이다.

'우리 자신', 즉 니체 당대의 사람들은 물론 이 경우 저 처음에 투입된 가치들을 다시 박탈하는 사람들이다. 니힐리즘이 발생하는 조건들을 거론하고 그것의 진행을 기술하는 것처럼 시작했던 니체의 서술은 갑자기 우리가 수행하는 것, 아니 우리가 수행해야만 하는 것에 대해 말하고 있다. 가치들의 무가치화는 가치들이 모래에 스며드는 시냇물처럼 점차적으로 무가치하게 됨으로써 끝나는 것이 아니고, 니힐리즘은 가치들의 박탈, 즉 가치들의 적극적인 제거를 통해서 완성된다. 따라서 B절에서 니체는 하나의 단호한 결단을 요구하고 있다.

B절은 다음과 같다.

우리가 어떤 의미에서 이 세 가지 범주들을 통해서 세계가 더 이상 **해석되어서는** 안 되는지를 통찰하고 이러한 통찰 후에 세계가 우리들에게 무가치하게 되기 시작한다고 할 경우에, 우리는 이 세 가지 범주들에 대한 신앙이 **어디로부터** 기원하는지를 물어야만 한다. **이것들에** 대한 신앙을 폐기하는 것이 가능하지 않은지를 시도해 보자! 우리가 이 세 가지 범주들에게서 **가치를 박탈할** 경우에, 그것들이 전체에 적용될 수 없다는 사실이 증명되었다는 것이 **전체에게서 가치를 박탈할** 근거는 아니다.

— 결산: **이성-범주들에 대한 신앙**이 니힐리즘의 원인이다. 우리는 세계의 가치를 **순전히 허구적인 세계에 관계하는 범주들**을 척도로 측정했다.

— 최종적인 결산: 우리는 지금까지 여러 가지 가치들에 의해서 세계를 우선 가치 있는 것으로 만들려고 했으나 이러한 모든 가치가 세계에 적용될 수 없다는 사실이 입증되었을 때 세계에서 가치를 **박탈했다**. 이러한 모든 가치는 심리학적으로 환산했을 경우, 인간의 지배 형상의 유지와 고양을 위해 유용하냐 아니냐를 기준으로 보는 특정한 원근법적 전망의 결과들이며 단지 그릇되게 사물의 본질 안으로 **투사되었을** 뿐이다.

B절에서 요구되고 촉구되고 있는 것은 이제까지의 최고의 가치들에게서 가치를 박탈하고 그것들을 폐기하는 것이며 인간은 이제 자각적으로 자신과 세계를 정당화해야 한다는 것이다. 이제까지의 가치들의 폐지를 통하여 이전에는 단지 차안적인 것에 불과했던 세계는 존재자들의 유일한 전체가 된다. 존재자 전체는 이제 말하자면 차안과 피안의 구별 밖에 존재한다. 따라서 이제까지의 최고의 가치들의 폐지는 존재자 전체의 변화를 초래한다. 이 때문에 또한 가치들의 새로운 정립도 이제까지의 최고의 가치들이 있었던 동일한 자리에 단지 새로운 가치들이 정립되는 식으로는 더 이상 수행될 수 없다.

그동안 인간의 삶의 '목적'은 초감성적인 차원에 위치하는 최고의 가치들부터, 즉 인간의 삶의 '외부로부터' 부과되었다. 그리고 이러한 목적 정립의 방식이야말로 사실은 결정적인 의미를 갖는 것이다. 왜냐하면 이러한 방식의 목적 정립은 하나의 관습으로 굳어지고 말았으며 이러한 관습으로부터 '초감성적인 것'이 감성적인 것을 지배하는 다양한 형식들이 형성되어 왔기 때문이다. 그리스도교가 쇠퇴한다고 해서 그리스도교를 가능하게 한 이러한 목적 정립의 방식은 쉽게 사라지지 않는다. 신과 교회의 '권위' 대신에 '양심'의 권위, '이성의 권위', '사회적 본능', '역사적' 진보, '최대 다수의 행복'이 들어서게 된다. 이 모든 것은 그리스도교적, 교회적, 그리고 신학적 세계 해석의 변양들일 뿐이며, 이러한 그리스도교적 교회적 그리고 신학적 세계 해석 자체는 세계를 초감성계와 감성계로 나누는 플라톤주의에 근거하고 있다.

이제 이러한 플라톤주의적인 사고가 허구로서 드러난 이상 가치 정립은 완전히 새로운 것이 되지 않으면 안 된다. 이에 따라 니체는 이제까지의 모든 가치의 '전환'을 주장하고 있다. 이제까지의 모든 가치의 이러한 전환은 초감성적 차원을 모든 가치의 원천으로서 계속해서 받아들이면서 그것에게 단순히 새로운 내용을 부과하는 것이 아니라, 초감성적 차원을 송두리째 부정하면서 오직 이 현실로부터 가치 정립의 원리를 찾는 것을 의미한다. 가치 정립의 원리는 오직 현실적으로 생성하는 존재자 자체의 근본 성격에서 찾아야만 한다는 것이다.

위에서 보다시피 니체는 생성과 삶의 목표와 의미로서 존재하던 가치들의 기원을 심리학적으로 규명하려고 하고 있다. 인간은 궁극적으로는 자신의 존립과 고유한 가치를 확보하기 위해서 존재자 전체 위에 최고의 가치를 정립한다는 것이다. 따라서 가치들의 이러한 정립에서는 궁극적으로는 인간의 자기주장이 문제되고 있다. 이러한 가치들은 존재자 전체에 대한 인간의 지배를 유지하고 강화하기 위해 인간이 기투한 존재자 전체에 대한 관점들인 것이다.

그런데 인간은 이러한 관점들을 사물에게로 투사하면서, 그것들을 사물들 자체의 본질로 생각하게 되며 인간으로부터 독립해서 존재하는 실재로서 간주하게 된다. 니힐리즘의 궁극적 원인은 초감성적인 목적, 통일, 진리와 이성 범주 등이 사실은 인간 자신에게서 비롯된 것임에도 인간이 그것을 자신에게서 독립하여 객관적으로 존재한다고 생각하면서 그것에 맹목적으로 복종해야 한다고 믿었다는 데에 있다.

이러한 초감성적인 가치들은 인간의 삶에 실로 의미를 주기는 했으나 이러한 의미는 사실은 가공의 허위적인 의미일 뿐이다. 인간은 이러한 허위적인 의미를 신봉함으로써 살아갈 힘과 위안을 얻었지만 그 대가로 인간이 발을 붙이고 사는 대지와 생성하는 세계로부터 고유한 가치와 의미가 박탈되었던 것이다. 따라서 초감성적인 가치들이 무가치하게 되었다는 것이 니힐리즘의 원인이 아니라 초감성적 가치들의 설정 그 자체가 이미 니힐리즘의 원인이었다. 초감성적 가치들의 설정 자체는 가상에 불과한 것, 즉 공허한 무에 지나지 않는 것을 진정한 실재로서 정립한다는 점에서 니힐리즘 자체인 것이다. 이런 의미에서 오늘날 가치와 의미의 상실감으로서 나타나고 있는 니힐리즘은 사실은 플라톤주의의 지배 이래 존재하는 니힐리즘의 결과일 뿐이다.[8]

이와 같이 초감성적인 가치들의 설정 자체가 초감성적인 가치들이 무가치한 것으로 드러나는 중간상태의 궁극적인 원인일 경우에는 니힐리즘은 또 하나의 새로운 초감성적인 가치를 설정하는 것에 의해서 극복될 수는 없다. 그런데 니체가 보기에 근대, 즉 자신의 시대는 새로운 가치 정립의 원리를 추구하지 않고, 자신이 처한 니힐리즘의 상태로부터 벗어나기 위해 여전히 새로운 초감성적인 가치를 설정하고 있을 뿐이다.

---

8) *HG* vol.48, pp.46~90 참조.

이런 의미에서 니체는 근대에는 민중을 위한 플라톤주의로서의 그리스도교가 세속화된 형태로 연장되고 있을 뿐이라고 말하고 있다. 다시 말하면 근대에는 인간이 죽음 이후에 돌아갈 수 있는 피안 세계가 인류가 자신의 힘으로 실현해야 할 미래의 이상 사회로 변형되어 나타나면서 여전히 힘을 발휘하고 있다는 것이다. 즉 사회주의 사회 아니면 최대 다수의 최대 행복이 보장되는 사회라는 장차 실현되어야 할 이념이 생성과 삶에게 의미와 목표를 주는 것으로서 기능하고 있다.[9]

그러나 이러한 이상들은 초지상적인 피안적 차원을 먼 미래로 투사한 것에 불과하다. 따라서 최대 다수의 최대 행복이나 만인의 평등이 보장되는 사회를 꿈꾸는 다양한 형태의 계몽주의적 유토피아 사상에서는 지상에 대한 천상의 지배 대신에 현재에 대한 미래의 지배가 들어선다. 따라서 니체는 근대 계몽주의의 유토피아적인 이념들은 형이상학의 피안적인 이념들과 마찬가지로 인간이 서있는 '지금 여기'의 현실을 억압하는 것이라고 본다. 이는 니힐리즘으로부터의 도피이지 그것의 극복이 아닌 것이다.

우리는 앞에서 사람들이 피안이든 미래의 유토피아든 초감성적인 가치들을 만들어 내고 그것에 의지하게 되는 궁극적인 원인은 사람들이 생성 소멸하는 세계의 한가운데에서 무력감을 느끼기 때문이라는 사실을 보았다. 따라서 니힐리즘의 궁극적인 극복은 새로운 초감성적인 가치를 만들어 내는 것에 의해서가 아니라 오히려 그러한 초감성적인 가치들을 꾸며 대면서 그것에 의지하지 않을 정도의 강한 인간이 되는 것에 의해서만 가능하다. 다시 말해서 니힐리즘의 극복은 인간의 자기 강화, 정신력의 강화에 의해서만 가능하다.

---

9) *HG* vol.5, p.225 참조.

인간의 정신적인 힘이 퇴화(decadant)되었을 때 인간은 항상 피안 세계나 미래의 이상 세계 등의 신기루를 만들고 거기서 구원을 찾으려 한다. 그러나 이 현실의 무상함과 고통을 진정으로 극복할 수 있는 것은 그러한 환상들이 아니고 현실의 무상함과 고통을 긍정하면서 그것들을 자신을 강화하고 자신의 힘을 즐길 수 있는 기회로 전환할 수 있는 강인한 내적인 힘이다. 이러한 힘을 니체는 힘에의 의지라고 부르고 있다.[10] 힘에의 의지란 자기 강화와 자기극복에의 의지이며 독력(獨力)으로 자신의 구원을 구현하려는 의지다. 따라서 이제 인간의 목표는 초감성적 차원에 대한 숭배가 아니라 지상의 모든 고난과 고통을 흔쾌히 짊어지면서 지상의 삶을 긍정할 정도로 자신의 힘에의 의지를 강화하는 것이다.

니체는 힘에의 의지는 인간뿐 아니라 존재하는 모든 것의 근본성격이라고 말하고 있다. 니체가 말하는 모든 가치의 전환은 기존의 초감성적인 가치들에 대해서 또 하나의 새로운 초감성적인 가치를 내세우는 것이 아니다. 모든 가치의 전환이란, 초감성적 차원을 전적으로 부정하면서 모든 가치의 원천을 현실적으로 생성하는 존재자 자체의 근본성격인 힘에의 의지에서 찾는 것과 함께 가치를 힘에의 의지가 자신의 고양과 강화를 위해서 정립한 조건으로 보는 것을 말한다. 모든 가치의 전환은 가치들의 본질에 대한 규정이 변화된다는 것, 다시 말해 가치 정립의 원리가 변화한다는 것을 의미하는 것이다.[11]

이와 함께 니힐리즘은 모든 것이 무가치하고 무의미하다는 허무감에

---

10) Nietzsche, *Der Wille zur Macht*, §125, §649; *Jenseits von Gut und Böse*, KGW VI-2, Berlin: Walter de Gruyter, 1968, §36 참조.
11) *HG* vol.5, p.226 참조.

그치지 않고 감성적이고 생성하는 것 '위에' 세워진 세계를 명확히 거부하면서 새로운 가치 정립의 원리를 추구하는 것으로 발전하거니와, 이러한 니힐리즘을 니체는 능동적 니힐리즘이라고 부르고 있다.[12]

2. 니체의 핵심 사상

1) 존재자 전체의 근본성격으로서의 '힘에의 의지'

니체는 '힘에의 의지'를 존재자 자체의 본질, 즉 존재자의 모든 현상과 단계와 형태를 관통하는 본질이라고 보고 있다. 모든 존재자는 '존재하는' 한, '힘에의 의지'로서만 존재한다. 즉 식물, 동물, 인간, 인간의 행위 그러나 또한 생물의 '전형태'(前形態)인 소위 물질적인 '무생물'조차, 단적으로 말해서 자연이든 역사든 모든 존재자가 '힘에의 의지'다. 인간 존재 역시 '힘에의 의지'의 탁월한 형태일지라도 그것의 한 형태일 뿐이다.

그러나 '힘에의 의지'라는 개념은 존재자가 그것의 존재에 있어서 무엇인지를 확정하는 개념만은 아니다. '힘에의 의지'라는 용어는 니체에게는 힘의 본질에 대한 해석도 포함하고 있다. 힘의 본질이란 어떠한 힘도 힘의 증대, 즉 힘의 고양인 한에 있어서만 힘이라는 것이다. 힘은 그때마다 도달된 힘의 단계를 초월할 경우에만, 따라서 그때마다 자기 자신을 초월하고 자신을 고양하면서 자신을 보다 강력하게 하는 방식으로만 진정한 힘으로서 존재할 수 있다. 힘은 특정한 힘의 단계에 머무르자마자 이미 힘을 상실하게 된다.

---

12) *HG* vol.5, p.231 참조.

따라서 '힘에의 의지'는 흔히 오해되는 것처럼 아직 힘을 갖지 않은 자가 힘을 갖기를 원하는 바람과 열망을 의미하지 않는다. 그것은, 힘이 보다 강력해지는 것을 통해서만 힘은 힘으로서의 자격을 갖는다는 것을 의미한다. 이 경우 힘에의 의지는 단순히 다른 인간들을 지배하려는 의지가 아니라 오히려 자신을 통제할 수 있고 자신의 주인이 되는 것을 의미한다. 이렇게 자신을 지배하고 자신의 주인이 되는 자만이 다른 인간들과 다른 존재자들도 지배할 수 있다.

이와 같이 힘에의 의지의 본질은 자신의 지속적인 유지와 자기 초극을 통한 힘의 지속적인 고양과 강화에 존재한다. 존재자들은 다윈이 말하는 것처럼 한갓 자기 유지, 즉 생존만을 추구하지 않고 자기의 고양을 추구하는 것이다. 자기 유지는 자신의 초극과 성장을 위한 조건에 지나지 않는다. 삶은 성장인 것이다.[13]

힘에의 의지가 자기 자신의 참된 본질을 자신에게 개시하는 것은 자신에 대한 관찰과 분석에 의해서가 아니라 자신의 초월과 고양에 의해서 가능하게 된다. 이러한 자기 초월을 통해서 자기의 참된 본질에 접하게 될 때 힘에의 의지는 기쁨을 느낀다. 이 기쁨은 '자신을 초월하여 자신이 자신의 주인으로 존재하는 상태'에서 경험하는 기분이며 '자신이 보다 강해졌다고 느끼는 감정'이다.

이러한 힘에의 의지는 자신의 유지와 고양을 위해서 필요한 조건들을 스스로 정립함으로써만 자신을 유지하고 고양할 수 있다. 그러한 조건들을 니체는 '가치'라고 부르고 있다.[14] 이러한 조건들을 통해서 힘에의 의지

---

13) *Ibid.*, p.234 참조.
14) *Ibid.*, p.229 참조.

는 혼돈에 찬 현실에 법칙을 부여함으로써 자신의 존속을 꾀하는 동시에 자신을 고양할 수 있다. 따라서 힘에의 의지에 의해서 정립된 진리와 선과 미의 이념들은, 니체 이전의 전통 형이상학이 주장한 것처럼 그것들 자체 내에 자신의 타당성의 근거를 갖는 것이 아니라 힘에의 의지로부터만 정당성을 얻는다. 가치들은 힘에의 의지가 자신을 유지하고 고양하기 위해 정립한 조건들이기 때문에 이러한 조건들은 가치를 정립하는 자의 힘의 증대에 비례해서 변화한다. 따라서 가치들이란 전통 형이상학이 파악하듯이 무조건적인 것이 아니라 힘에의 의지라는 무제약자에 의해서 조건 지어진 것이다.

자신의 성장과 상승을 위해서 생은 아직 성취되지 않았고 비로소 성취되어야 할 보다 높은 가능성들, 다시 말해서 보다 높은 가치들을 미리 전망하지 않으면 안 된다. 즉 생의 상승에는 더 높은 것의 권역을 미리 내다보면서 통찰하는 것과 같은 것, 즉 '전망하는 관점(Perspektive)'이 존재한다. 생, 즉 모든 존재자가 생의 상승인 한, 생 그 자체는 '전망하는 성격'을 지닌다. 힘에의 의지가 정립하는 가치들은 바로 이렇게 전망하는 관점들이다. 니체는 우리가 흔히 진리라고 생각하는 것들도 모두 힘에의 의지가 자신의 유지와 강화를 위해서 정립한 관점이라고 생각하는 것이다. 니체는 자신의 이러한 사상을 '관점주의'(Perspektivismus)라고 부르고 있다.

2) 가치 전환

이렇게 힘에의 의지를 모든 가치 정립의 원천으로 정립하면서, 니체는 자신의 시대를 오랫동안 존속해 온 낡은 가치 정립이 전복되고 새로운 가치 정립이 준비되고 있는 시대라고 보았다. 그러한 낡은 가치 정립이란 플라톤적-그리스도교적인 것이며, 신체와 지상의 것을 순수한 영혼과 초감성적인 '이데아'와 신적인 것으로부터 퇴락한 메온(μὴ ὄν)으로, 즉 가상의 것으로 평가절하하는 것이다. 그러나 새로운 가치 정립은, 단순히 천상과 지상을 전복시키고 감각적인 것만을 본래적으로 존재하는 것으로 보는 것이 아니라 '생'을 다르게 전망하는 조건들을 정립하는 것을 의미한다. 이렇게 '생'을 다르게 전망하는 조건들을 정립한다는 것은 단지 생을 위한 새로운 조건들을 정립하는 것이 아니라 생 자체의 본질을 새롭게 사유하면서 생 자체에 상응하는 전망적인 조건들을 새롭게 규정하는 것이다.

니체는 생 자체의 본질을 힘에의 의지로 파악함으로써 낡은 가치들의 전환에 착수한다. 생 자체가 힘에의 의지라면, 생 자체가 가치 정립의 원리가 된다. 이와 함께 생 위에 존재하는 초감성적인 당위, 즉 생이 그것에 비추어 평가되는 당위는 불필요하게 된다. 당위가 생, 즉 존재를 규정하지 않고 오히려 존재가 당위를 규정하게 되는 것이다. 다시 말해서 가치들은 그 자체로 존립하는 초감성적인 것으로부터 비롯되는 것이 아니라 힘에의 의지에 의해서 정립된 것들로서 항상 힘에의 의지의 수단들일 뿐이며 따라서 필요에 따라 다른 가치들에 의해서 얼마든지 대체될 수 있다.

그리고 생의 본질이 생의 '고양'에 존재하는 것으로 간주되는 경우에는, 단순히 생의 보존을 목표로 하는 모든 조건은 근본적으로 생의 상승을 저지하고 부정하면서 다른 조건들이 정립될 수 있는 가능성을 방해하는 것으로 간주될 뿐이다. 엄밀히 말하자면 생을 저해하는 가치들은 가치가 아니라 비(非)가치(Unwerte)다.

니체는 서양인들의 이제까지의 생은 플라톤적-그리스도적인 사유 전통에서 보듯이 이른바 피안의 생에 봉사하거나 아니면 최대 다수의 최대 행복이나 공산주의의 실현을 목표하는 근대적인 사고방식에서 보듯이 후대의 생에 봉사하는 것으로서 파악되었다고 본다. 이 경우 생은 자신을 고양하고 강화하는 성격을 갖는 것이 아니라 피안이나 미래의 이상사회와 같은 허구적인 가상들에 의지하여 자신을 연명하는 자기 보존적인 성격을 가졌다는 사실이 드러난다. 이와 함께 서양에서는 지금까지 자기 고양으로서의 생의 본질이 부인되었으며, 생의 이제까지의 조건들, 즉 생이 섬겨온 '이제까지의 최고의 가치들'은 어떠한 본래적인 가치도 아니었다는 사실이 드러난다.

더 나아가 니체는 플라톤 이래의 서양 형이상학이란 힘의 퇴락, 다시 말해 힘의 약화의 산물이라고 보고 있다. 그것이 내세우는 초감성적인 가치들은 힘에의 의지가 약화된 상태에서 만들어 낸 것이며, 힘이 약한 자는 고통스런 현실에 직면할 경우 자신의 힘을 강화하지 않고 피안이나 미래에 실현될 유토피아라는 허구에 의존함으로써 자신의 삶을 근근이 연명해 나가는 것이다. 그리고 이렇게 허약한 힘에의 의지에서 비롯된 가치들은 다시 이러한 힘에의 의지를 약화시키는 방향으로 작용한다.

최고의 가치들이 가치를 상실하는 니힐리즘의 사건 앞에서 우리는 허무감에 사로잡혔지만, 이러한 사건의 기원과 본질을 통찰할 때 힘에의 의지는 자신이 지금까지 처해 있었던 자기소외 상태로부터 해방되게 된다.[15] 즉 힘에의 의지는 자신이 만들어 냈던 초감성적인 가치들에 맹목적으로 복종하던 상태에서 벗어나, 그러한 가치들이 자신에게서 비롯된 것임을 깨닫고 그것들을 과감하게 떨쳐 버리면서 자신을 강화하고 고양시킬 수 있는 가치들을 자각적으로 설정하게 되는 것이다.

---

15) *HG* vol.48, p.95 참조.

3) 예술로서의 '힘에의 의지'

니체는 자기 고양으로서의 '힘에의 의지'의 성격은 예술에서 가장 잘 드러난다고 본다. 이와 함께 니체는 예술가로서의 인간에서야말로 힘에의 의지가 가장 투명하고 가장 잘 알려진 방식으로 존재한다고 본다. 예술가로 존재한다는 것은 산출할 수 있다는 것이며, 산출한다는 것은 아직 존재하지 않는 것을 존재하게 한다는 것이다. 산출하면서 우리는 존재자의 생성에 참여하게 되며 그때 존재자의 본질을 투명하게 통찰할 수 있게 된다.

이 경우 니체는 예술과 예술작품 그리고 예술가라는 말로 우리가 통상적으로 생각하는 것들보다도 훨씬 더 넓은 것을 가리키고 있다. 예를 들어 니체는 이렇게 말하고 있다.

> 비록 예술가가 없어도 출현하는 예술작품, 예컨대 신체로서, 조직(프로이센 장교단, 예수회)으로서 나타나는 예술작품. 따라서 예술가는 전(前) 단계에 지나지 않는다. 자기 자신을 산출하는 예술작품으로서의 세계.[16]

여기에서 예술작품이라는 개념은 인간의 신체와 군대 조직이나 종교 조직까지 포괄하는 넓은 의미로 사용되고 있으며, 예술가라는 개념 역시 세계 자체까지도 포함하는 넓은 의미로 사용되고 있다. 이러한 사실에서 우리는 니체가 예술이라는 개념도 극히 넓은 의미로 사용하고 있다는 것을 알 수 있다. 예술은 모든 존재자의 근본생기다. 존재자는 그것이 존재하는 한 자신을 창조하는 것이며 자기 자신에 의해서 창조된 것이다.

---

16) Nietzsche, *Der Wille zur Macht*, §796.

니체는 예술이라는 개념을 모든 존재자의 근본성격을 가리키는 넓은 의미로 사용하면서도 이러한 넓은 의미의 예술을 좁은 의미의 예술과 구별하고 있다. 이러한 좁은 의미의 예술은 우리 인간이 자각적으로 카오스로서의 세계에 질서와 형태를 부여하는 활동을 가리키며, 이러한 활동에서 모든 존재자의 근본성격으로서의 창조가 의식적으로 그리고 가장 뚜렷하게 수행된다. 이런 의미에서 좁은 의미의 예술은 힘에의 의지가 취하는 여러 형태들 중의 하나가 아니라 최고의 형태다. 따라서 힘에의 의지의 본질은 이러한 좁은 의미의 예술로부터, 그리고 이러한 예술로서 본래적으로 개시될 수 있다.

힘에의 의지는 이러한 의미의 예술에 의해서만 이제까지의 가치 정립에 대해서 새로운 가치 정립의 원리가 될 수 있다. 이에 반해 이제까지의 가치 정립은 전통적으로 종교와 도덕과 철학에 의해서 수행되었다. 그러나 이제 선의 원천으로 간주되는 전통적인 종교와 도덕 그리고 철학이 내세우는 이른바 '초감성적인 참된 세계'는 기만적인 오류로 드러났다. 오히려 감성적인 세계, 즉 플라톤적으로 말해서 가상과 미망 그리고 오류의 세계가 참된 세계다. 그런데 예술의 장(Element)은 감성적인 것, 즉 감각적인 가상이다. 따라서 예술은, 소위 참된 세계가 설정될 경우에 부정되는 감성적인 것을 긍정한다.

니체는 초감성적인 진리와 예술의 관계에 대해서 이렇게 말하고 있다.

우리는 진리로 인해 몰락하지 않기 위해서 예술을 갖는다.[17]

---

17) Nietzsche, *Der Wille zur Macht*, §822.

이 경우 진리는 다시 초감성적인 것인 '참된 세계'를 가리킨다. 이러한 진리가 내세워질 경우 그것은 생, 즉 니체적인 의미의 상승하는 생을 위협한다. 그것은 감성적인 생에서 생명과 힘을 박탈하면서 그것을 약화시킨다. 초감성적인 진리를 중시하는 입장에서 보면 초감성적인 진리에 대한 복종과 굴복 그리고 겸손과 자기비하가 본래적인 '덕'이 된다. 이에 반해 자기 자신에 의거하는 생의 모든 종류의 창조적인 고양과 긍지는 현혹이고 죄악이다.

우리가 초감성적인 것의 이러한 '진리'로 인해 몰락하지 않기 위해서, 다시 말해서 초감성적인 것에 의해서 생이 전반적으로 쇠약해지지 않도록 하기 위해서 우리는 예술을 필요로 한다. 이런 의미에서 니체는 "예술은 진리보다도 가치가 있다"라고 말하고 있다.

니체는 예술적 창조를 가능하게 하고 그것을 근저에서 규정하는 기분을 도취라고 부르고 있다. 이 경우 도취란 힘이 고양되어 있고 충만해 있는 기분을 말한다. 이러한 기분에서는 단순히 인간만이 고양되는 것이 아니라 인간이 마주치는 모든 존재자 자체가 보다 풍요롭게 되고 보다 투명하게 된다. 단적으로 말해서 그것들은 보다 본질적으로 경험된다. 니체가 예술적 창조의 근본상태로서의 도취로 의미하고 있는 것은 그것의 반대 현상으로부터도 명료하게 된다. 그러한 반대 현상이란 냉정한 자, 피곤한 자, 탈진한 자, 무미건조한 자, 궁핍하게 되는 자, 추상하는 자, 생기를 없애는 자들에 특유한 비예술적인 상태들이다.

니체는 이렇게 말하고 있다.

예술가는 사물을 있는 그대로 보아서는 안 되고, 보다 충만하고 보다 단순하며 보다 강하게 보아야 한다. 이를 위해서는 예술가에는 일종의 청춘

과 봄[春], 생에 있어서 일종의 습관적인 도취가 고유하게 속해 있어야만 한다.[18]

창조 활동을 하면서 '보다 충만하고 보다 단순하며 보다 강하게 보는' 것을 니체는 '이상화'(Idealisieren)라고도 부르고 있다. 이러한 이상화란 사람들이 보통 생각하는 것처럼 사소하고 부차적인 것을 단순히 생략하고 삭제하고 사상(捨象)하는 것이 아니라, '주요한 특징들을 거대하게 부각시키는 것'이다. 따라서 결정적인 것은 이러한 특성들을 선취하면서 간취(看取)하는 것(das vorgreifende Heraussehen)이다.

예술적 창조의 기분인 도취는 위와 같이 이상화를 자신의 중요한 성격으로서 포함하고 있기 때문에 그것은 제멋대로의 맹목적인 기분이 아니다. 그것은 일정한 질서 구조에 연관되어 있다. 니체는 이러한 질서 구조를 '형식'이라고 부르고 있는바, 이러한 형식을 통해서 존재자의 상승하는 힘과 충만의 상태, 즉 도취가 실현된다. 형식이 가장 순일(純一)하면서도 풍부한 법칙성으로서 주재하는 곳에 도취가 존재한다.

니체는 이러한 이상화, 즉 형식을 제대로 실현한 예술을 위대한 양식의 예술이라고 말하고 있다. 이 위대한 양식에 가장 가까운 것은 엄격한 양식, 다시 말해 고전적인 양식이다.

고전적 양식은 본질적으로 이러한 평온함, 단순화, 축약, 집중을 표현한다. 최고의 힘의 감정이 고전적인 전형에 집중되어 있다. 중후한 반응, 위대한 의식(意識), 투쟁의 감정의 부재.[19]

---

18) Nietzsche, *Der Wille zur Macht*, §800.

위대한 양식에서는 최고의 힘이 표현되고 있다. 이러한 사실로부터 다음과 같은 사실이 분명해진다. 즉 니체가 예술이 힘에의 의지의 한 형태라고 말할 경우에, 여기서 '예술'은 항상 자신의 최고의 본질적인 경지에 도달한 예술로서 파악되고 있다는 것이다. 이 경우 예술은 다른 여러 사물들 중의 하나로서 그것들과 나란히 존재하는 것이 아니며 사람들이 기분풀이 삼아 때때로 즐기는 것이 아니다. 예술은 현존재의 존재 자체를 결단으로 몰아가는 것이다.

위대한 양식의 예술을 지배하는 기분은 극도의 충만한 생을 낳으면서도 그것을 제어하는 순일한(einfach) 평온이다. 이러한 예술에는 생의 근원적인 해방이 속하지만 이러한 해방은 제어된 형태로 행해진다. 따라서 위대한 양식의 예술에서 표현되고 있는 것은 '완전한 생'이며, 그것은 '확고하고 강력하고 견고한 것, 광대하고 압도적인 것으로서 휴식하고 있으면서 자신의 힘을 숨기고 있는 생'이다.

이러한 의미의 고전적인 것은 고전주의적인 예술과 같은 어떤 특정한 과거의 예술과 동일시되어서는 안 된다. 고전적인 것은 현존재의 어떤 근본구조이며, 그것을 위해서 현존재 자신은 우선 조건을 창조하고 그러한 조건에 자신을 열고 그것에 자신을 맡겨야만 한다. 그러나 이러한 조건은 가장 극단적인 대립항들인 카오스와 법칙 양자에 똑같이 근원적으로 자유롭다. 그것은 단순히 어떤 형식 안에 카오스를 가두는 것이 아니라, 카오스의 원시적 생명력(Urwüchsigkeit) 내지 위대한 정열을 법칙의 근원성과 서로 길항하는 방식으로 통일하는 것이다. 진정한 의미의 예술적 창조의 상태는 절도와 법칙의 최고 명령에 복종하면서도 자신을 초월하도록 지시하

---

19) *Ibid.*, §799.

는 의지에 자신을 내맡기는 상태다.

이와 관련하여 니체는 존재와 생성을 결합하지만, 이 경우 존재와 생성이라는 도식보다는 능동과 수동이라는 도식이 더 우선하며 이러한 도식은 존재와 생성에 대해서 그때마다 그것들이 갖는 성격을 부여한다.

생성에의 열망, 다른 것으로 되려고 하는 열망은 기존의 것을 파괴하려는 열망인데, 그것은 필연적으로 항상 그런 것은 아니지만 '충일하며 미래를 잉태하고 있는 능동적인 힘의 표현'일 수 있다. 이 경우 그것은 디오니소스적인 예술로 나타난다. 그러나 생성에 대한 열망은, 존속하는 모든 것을 그것이 존속하고 있다는 이유로 증오하는 사람들의 불만에서 비롯된 수동적인 것일 수도 있다. 이 경우에는 결핍으로 고통을 받는 자들, 실패한 자들, 좌절한 자들의 반감이 창조적인 것이 되며, 그들은 기존의 모든 우월한 것에 대해서 그것들이 우월하다는 이유만으로 이의를 제기한다.

그에 상응해서 존재에의 갈망, 영원에의 의지는 충만의 소유, 존재하는 것에 대한 능동적인 감사로부터 비롯될 수 있다. 그러나 그것은 어디까지나 자신의 고통으로부터 벗어나고 싶어 하는 폭군적인 의지가 플라톤적-그리스도교적인 철학에서 보는 것처럼 영속적이고 구속력을 갖는 것을 법칙과 강제로서 정립하는 수동적인 방식으로 나타날 수도 있다. 이에 반해 위대한 양식에서 법칙은 근원적인 능동적인 활동으로부터 자라 나오며 야성적이고 충일한 힘이 스스로 창조한 법칙의 질서 안으로 거두어진다. 위대한 양식에서는 그 어떠한 고난과 고통도 긍정하는 자의 충일로부터 비롯되는 존재에의 갈망이고 존재에의 능동적인 의지가 작용하고 있다. 이러한 의지는 생성을 법칙 안에, 즉 존재 안에 지양하지만, 이 경우 생성과 존재는 서로 대립하는 것이 아니라 서로를 더욱 고양시키고 충일하게 만든다.

이러한 위대한 양식의 예술에서는 감각과 정열은 더 이상 부정되거나 억압되지 않고 정신화되고 섬세하게 된다. 즉 그것에서는 감각과 정열이라는 '생'의 심연이 도덕적인 악으로 부정되지 않고 오히려 긍정되고 있다.

내가 나 자신에게, 그리고 청교도적인 양심의 불안을 갖지 않고 살고 있고 그렇게 사는 것이 허락된 모든 사람에게 원하는 것은 자신들의 감각을 보다 더 정신화하고 다양하게 하는 것이다. 그뿐 아니라 우리는 감각의 섬세함, 충만 그리고 힘에 대해서 감각들에게 감사하고 그것들에게 우리들이 가지고 있는 정신의 최선의 것을 바치기를 원한다.[20]

필요한 것은 감성적인 것을 폐기하는 것도 초감성적인 것을 폐기하는 것도 아니다. 필요한 것은 플라톤적-그리스도교적 형이상학에서 보이는 바와 같은 감성적인 것에 대한 오해와 중상(重傷)을 제거하는 것과 동시에 초감성적인 것에 대한 과대평가를 제거하는 것이며, 이와 함께 감성적인 것과 비감성적인 것의 새로운 위계질서로부터 감성적인 것을 새롭게 이해하는 것이다. 즉 감성적인 것은 더 이상 초감성적인 것과 대립되는 것이 아니라 섬세하게 되고 정신화되어야 할 것으로서, 단적으로 말해서 승화되어야 할 것으로서 이해되어야 하는 것이다.

4) 인식으로서의 '힘에의 의지'

니체는 이른바 인식에 의해서 파악되는 진리 역시 예술과 마찬가지로 힘에의 의지로부터 해명하려고 한다. 흔히 사람들은 인간의 인식이란 거울

---

20) Nietzsche, *Der Wille zur Macht*, §820.

이 존재자들을 반영하듯 우리의 의식이 존재자들을 그대로 반영하는 것이라고 생각한다. 이에 반해 니체는 인식이란 우리가 부딪히는 카오스로서의 세계를 일정한 관점 아래에서 정리하고 고정시키는 활동으로 보고 있다. 이 경우 '카오스'란 자기 자신을 창조하고 자기 자신을 파괴하면서 무진장하게 쇄도해 오면서 제어될 수 없는 충만으로서의 세계를 의미한다.

이른바 진리라는 것은 이러한 카오스를 일정한 관점에서 도식화하고 고정시킨 것이기 때문에 실재에 일치하지 않는 것이고 이런 의미에서 그것은 오류다. 그렇지만 이러한 고정화는 생물체가 생존하기 위해서 불가결하다.

> **진리란**, 그것 없이는 특정한 종류의 생물이 살아갈 수 없는 **그런 종류의 오류**다. **생**을 위한 **가치**가 최종적으로 결정한다.[21]

살아 있는 것은 다른 힘들에 대해서 열려 있지만, 그것들에 저항하면서도 동시에 그것들을 형태와 리듬에 있어서 자신에 적합하게 만들면서 동화와 배제의 가능성이라는 관점에서 그것들을 평가하려고 한다. 마주치는 모든 것은 이러한 관점에 따라서 살아 있는 것의 삶의 능력을 중심으로 하여 해석된다. 이러한 관점과 그것의 시야가 생물에게 무엇이 나타나고 무엇이 나타날 수 없는지를 미리 한정한다. 예를 들어 도마뱀은 풀이 살랑거리는 소리조차 들을 수 있지만 가장 가까이에서 발사된 피스톨 소리는 듣지 못한다. 이와 같이 생물에서는 환경과 아울러 사건 전체에 대한 해석이 수행된다. 그리고 그것은 부수적으로가 아니라 생명 자체의 근본과정

---

21) Nietzsche, *Der Wille zur Macht*, §493.

으로서 수행되는 것이다.

이런 의미에서 니체는 관점을 갖는 것이야말로 모든 생명의 근본조건이라고 말하고 있다. 살아 있는 것은 통찰하는 앞서 봄(der durchblickende Vorblick)의 성격을 가지고 있으며 이러한 앞서 봄은 생물체 주위에 하나의 '지평'을 설정하며, 이러한 지평 안에서만 그 생물체에게는 어떤 것이 출현할 수 있다. 그런데 '유기체적인 것' 안에는 다수의 충동과 힘들이 있으며, 그것들 각각은 고유한 관점을 갖고 있다. 관점들의 이러한 다수성이 비-유기적인 것으로부터 유기적인 것을 구별하는 것이다. 그러나 비-유기적인 것조차도 자신의 관점을 갖는다. 다만 그것의 관점에서는 '힘 관계'가 끌어당김과 반발이라는 방식으로 일의적으로 확정된다.

'생명 없는' 자연이라는 기계론적인 자연관은 계산을 위한 하나의 가설에 지나지 않는다. 그것은 생명을 결여한 자연에서도 힘들의 관계와 아울러 관점들의 관계가 작용하고 있다는 사실을 간과한다. 모든 역점(力點, Kraftpunkt)은 그 자체로 관점적이다. 이러한 사실로부터 '생명을 결여한 무기적인 세계는 없다'는 사실이 분명하게 된다. '존재하는' 모든 것은 살아 있으며, 그것은 그 자체로 '관점적'이고 자신의 관점으로부터 다른 것들에 대해서 자신을 주장한다.

하나의 유기체의 통일 안에는 다수의 충동과 능력이 존재하며, 서로 투쟁하는 그것들 각각은 각자의 관점을 갖는다. 하나의 관점은 자신을 고정적인 것으로 만들고 다른 관점들을 배제하면서 유일하게 척도를 부여하는 것으로서 확정될 경우에야 비로소 생물에게 고정적인 사물들과 '대상들'이 나타나게 된다. 이러한 고정적인 사물들은 지속적인 속성들을 갖는 항존적인 것이고, 생물은 그것들에게 자신을 향하는 것이다.

니체는 이런 의미에서 유기체의 세계에서부터 이미 오류가 시작된다고 말하고 있다. '사물', '실체', '속성', '작용', 이 모든 것을 우리는 비유기체의 세계에 속하는 것으로 보아서는 안 된다는 것이며, 오히려 그것들은 그 덕분에 유기체들이 살게 되는 특수한 오류들이라는 것이다. 생물들뿐 아니라 인간의 논리적인 사고도, 마주치는 것을 동일하게 만들고 항존적이고 개관(槪觀)이 가능한 것으로 만드는 역할을 한다. 이러한 논리적인 사고가 확정하고 고정시키는 존재, 즉 참된 것은 단지 가상일 뿐이지만, 이러한 가상은 끊임없는 변전 속에서 자신을 관철하고 확정하는 존재자에 필연적으로 속한다. 이렇게 확정되고 항존적인 것의 영역 전체가, 오랜 플라톤적인 개념에 따르면 '존재'의 영역이고 '참된 것'의 영역이다. 그러나 니체의 관점주의 입장에서 보면 이러한 존재는 유일하게 척도를 부여하는 것으로서 확정된 가상일 뿐이다. 존재, 참된 것은 한갓 가상이며 오류다.

그런데 우리는 앞에서 형성하고 형태를 부여하는 것으로서의 예술적 창조도 똑같이 '힘에의 의지'로서의 생의 본질에 근거하고 있다는 사실을 보았다. 따라서 예술조차도, 아니 예술이야말로 관점적인 나타남(Scheinen)과 나타나게 함과 가장 밀접하게 연관되어 있다. 본래적인 의미의 예술은 위대한 양식의 예술이며, 그것은 성장하는 생 자체로 하여금 힘을 갖게 하려고 하며 그것을 발전하도록 해방시키고 변용하려고 한다.

예술은 현존하는 것을 모사하지 않으며 현존하는 것을 현존하는 것으로부터 설명하는 것도 아니다. 예술은 생을 변용하며, 생을 보다 높고 아직 구현된 적이 없었던 가능성을 향해 고양시킨다. 이러한 가능성은 생 '위에' 부유하는 것이 아니라 오히려 생을 보다 높은 생으로 새롭게 일깨운다. 이 경우 니체가 말하는 예술은 우리가 앞에서 이미 보았던 것처럼 예술 장르들이라는 좁은 의미의 예술만을 의미하지는 않는다. 예술은 삶을 더 높은 가능성으로 변용하는 모든 형식을 가리킨다. 철학도 이런 의미에서는 '예술'이 된다.

예술은 정지되어 있는 고정된 것보다 생성하는 '생'에 더 가까운 것이다. 그것은 카오스, 즉 스스로 넘쳐흐르는 무궁무진한 생의 충일을 확보하려고 한다. 예술은 생을 첫째로는 세계의 명료한 형식 안에 정립하려고 하며, 둘째로는 이러한 명료한 형식을 생의 고양 자체로서 관철하려고 한다. 생은 명료한 형식으로 고양된 세계와 함께 성장하고 고양된다.

존재하는 것(살아 있는 것)이 존재할 수 있기 위해서는 그것은 한편으로는 하나의 특정한 지평 안에서 자신을 확정해야만 하며 따라서 진리라는 가상 안에 머물러야만 한다. 그러나 존재하는 것이 존속할 수 있기 위해서는 다른 한편으로는 동시에 자신을 초월하면서 자신을 변용해야만 하며 예술에 의해서 창조된 것의 가상(Schein)[22]을 통해서 자신을 고양시켜야 한다. 즉 그것은 진리에 대항하여 나아가야만 한다. 진리와 예술은 실재의 본질에 동근원적으로 속하기 때문에 그것들은 서로 분리되면서 대립하게 된다.

예술은 생의 본래적 과제로서, 가상(Schein)에의, 즉 생을 변용시키는 가상에의 가장 본래적이고 가장 깊은 의지이며 현존재의 최고의 법칙성이다. 반면 진리는 생을 어떤 특정한 관점에 고정하면서 그것의 유지를 가능하게 하는 그때마다의 확정된 가상이다. 그러한 확정으로서 '진리'는 생의 정지이며 따라서 억제이자 파괴다. 이런 의미에서 니체는 생이 어디까지나 생의 고양인 한, 생은 진리에만 의지할 수는 없다고 말하고 있다. '진리에의 의지', 즉 확정된 가상에의 의지는 이미 퇴화의 징후라는 것이다.

인식은 생이 자신의 존립을 확보하는 데 필연적으로 요구되지만, 예

---

22) 이 경우 가상을 의미하는 독일어 'Schein'은 빛남 내지 빛도 의미한다.

술은 인식보다 높은 가치로서 생에 훨씬 더 필연적인 것이다. 예술적 변용(Verklärung)은 생이 자신을 초극하고 생의 그때마다의 제한을 초극하기 위한 가능성을 창조한다. 인식은 초극될 수 있는 것이 그때마다 존재하고 예술이 자신의 보다 높은 필연성을 보지하도록 확정된 경계들과 확정하는 경계들을 그때마다 정립한다. 예술과 인식은 본질적으로 서로를 필요로 한다. 예술과 인식은 이러한 상관관계 속에서 비로소 살아 있는 것 자체의 온전한 존립 확보를 수행한다.

5) 동일한 것의 영원한 회귀

힘에의 의지가 가치 정립의 원리일 경우, 새로운 가치 정립과 함께 새롭게 정립되어야 할 궁극의 가치는 힘에의 의지를 최고도로 실현하는 가치이지 않으면 안 된다. 그것은 힘에의 의지를 더 이상 약화하거나 병들게 해서는 안 되고 그것으로 하여금 자신을 고양하도록 내모는 가치여야 한다. 이러한 가치는 힘에의 의지를 단순히 위로함으로써 현재의 연약한 상태에 머물게 하는 것이 아니라, 힘에의 의지로 하여금 시련에 직면하게 함으로써 자신을 단련하게 하고 이를 통해 자신의 현재의 연약한 상태를 극복하면서 자신의 진정한 힘을 실현하도록 자극하는 것이지 않으면 안 된다.

힘에의 의지를 최고도로 고양시키는 시련은 힘에의 의지에게는 상상할 수 있는 최대의 시련이지 않으면 안 된다. 힘에의 의지는 자신을 최고도로 고양하기 위해서 최대의 시련, 자신이 극복해야 할 최대의 장애를 정립한다. 이는 힘에의 의지는 자신에 대한 저항과 대결함으로써 강화되기 때문이다. 힘에의 의지가 보다 강화되기 위해서는 힘은 보다 강력한 장애를 요청하며 그것과의 투쟁을 통해서 자신을 강화한다.[23]

니체에서 이러한 최대의 장애에 해당되는 것이 바로 동일한 것의 영원회귀 사상이다. 동일한 것의 영원회귀 사상은 일차적으로, 플라톤적-그리스도교적인 가치 질서의 붕괴와 함께 근대인들이 처하게 된 니힐리즘의 상황을 극단화한 것이다. 전통적인 최고의 가치들이 붕괴됨으로써 생이 이미 확정된 어떠한 목적도 결여한 채로 무목적적인 것으로 드러날 때 생은 인간에게 최대의 고통으로 나타난다. 니체는 이러한 니힐리즘의 상황을 생이 아무런 목표도 없이 자신을 동일한 형태로 반복할 뿐이라는 영원회귀의 상황으로 극단화하고 있는 것이다.

그러나 이러한 극단적 니힐리즘의 상황이야말로 힘에의 의지에게 최고의 시련을 제공하는 것인바, 힘에의 의지가 그 앞에서 도피하지 않고 그것과 적극적으로 대결하여 그것을 극복할 경우에는 자신의 본질에 상응하는 최고의 힘을 얻을 수 있게 된다. 즉 영원회귀 사상은 그것이 갖는 엄청난 무게로 우리를 분쇄할 수도 있지만, 우리가 그것을 흔쾌히 받아들이면서 긍정할 때 니힐리즘의 극복을 위한 전환점으로 나타날 수도 있는 것이다. 영원회귀 사상을 현존재가 적극적으로 인수할 때 현존재는 지상의 삶의 매 순간을 있는 그대로 긍정할 수 있는 최고의 힘을 얻게 된다.

따라서 니체에게 영원회귀는 양의적인 성격을 갖는다고 볼 수 있다. 그것은 일단은 니힐리즘의 극단적인 상황을 의미한다.[24] 그것은 오직 생성 변화하는 현실만이 존재할 뿐, 플라톤적-그리스도교적 형이상학이 내세우는 모든 초감성적인 가치는 다만 힘에의 의지로서의 인간이 고안해 낸

---

23) 프리드리히 니체, 『즐거운 학문』, 니체전집 12권, 안성찬·홍사현 옮김, 책세상, 2005, 19절 참조.
24) Nietzsche, *Der Wille zur Macht*, §55 참조.

허구들일 뿐이라는 사실을 드러낸다. 아울러 이러한 사실이 드러남으로써 인간은 기존의 가치는 파괴되었지만 의지할 어떠한 가치도 존재하지 않는 허무주의적 상황에 처하게 된다. 이런 의미에서 영원회귀 사상은 일단은 니힐리즘의 극단이라는 부정적인 의미를 갖는다.

그러나 이렇게 영원회귀 사상은 모든 목적론적 출구를 차단함으로써, 인간으로 하여금 절망에 빠질 것인지 아니면 이렇게 아무런 목표도 의미도 없이 회귀하는 현실을 그대로 긍정할 것인지에 대한 결단에 직면하게 한다. 이렇게 아무런 목표도 의미도 없이 회귀하는 현실을 긍정할 때 힘에의 의지는 최고의 힘을 얻게 되며, 이렇게 힘이 충일한 상태에서 힘에의 의지는 존재자 전체를, 즉 생성 변화하는 현실을 새롭게 경험하게 된다. 이제 존재자들은 "그 자체에 있어서 보다 더 존재하는 것으로서(seiender) 그리고 보다 더 풍요롭고 보다 더 투명하게(durchsichtiger) 또한 보다 더 본질적으로 경험되는 것이다".[25] 이와 함께 영원회귀 사상은 니힐리즘의 극복이라는 긍정적인 의미를 갖게 된다.

극단적인 니힐리즘의 상황으로서의 영원회귀에 있어서나 니힐리즘의 극복으로서의 영원회귀에 있어서나, 모든 것이 동일하게 영구히 회귀한다는 것은 마찬가지다. 그러나 이는 양자에서 전혀 다른 의미를 갖게 된다. 극단적인 니힐리즘의 상황에서 모든 것이 동일하게 영원히 회귀한다는 것은 모든 것이 무의미하다는 것, 그 어느 것도 가치를 갖지 않으며 따라서 아무래도 좋은(gleichgültig) 것이란 의미를 갖는다. 이에 반해 니힐리즘의 극복으로서의 영원회귀에 있어서는 모든 것은 의미에 충만되어 있으며 모든 순간이 절대적인 가치를 갖는다는 것, 그 어느 것도 아무래도 좋은 것이 아

---

25) *HG* vol.43, p.118.

니라 모든 것이 절대적인 의미를 갖는다는 것을 의미한다.

이와 관련하여 하이데거는 영원회귀 사상에서는 '무엇'이 고지되고 있느냐보다 '어떻게' 고지되고 있느냐가 더 본질적이라고 말하고 있다. 영원회귀 사상에서는 '모든 것이 되돌아온다'는 동일한 내용이 설해지고 있는 것 같지만, 그것은 그것이 어떻게 받아들여지느냐에 따라서 전혀 다른 성격을 갖게 된다는 것이다. 영원회귀 사상을 두려워하고 그것을 거부할 때 그것은 모든 것이 무의미하게 반복된다는 극단적 니힐리즘으로 나타나면서 우리에게서 삶의 기력을 앗아가 버린다. 이에 반해 그것을 흔쾌히 받아들일 때 우리는 삶의 어떠한 고통도 긍정하는 초인이 된다. 하이데거에 따르면 이러한 사태를 니체는 영원회귀 사상을 독사에 비유하면서 독사의 머리를 깨무는 목동이 그를 통해 어떤 변화를 겪는가를 서술하는 것과 함께 시사하고 있다. 목동은 독사의 머리를 깨무는 순간 인간을 넘어서 초인으로 변신하게 되며 빛에 둘러싸인 채 웃음을 터뜨린다. 이와 같이 영원회귀 사상이란 우리가 그것을 단순히 이론적으로 이해하는 것이 아니라 독사를 깨무는 식의 실존적인 결단과 이를 통한 새로운 탄생을 요구하는 사상인 것이다.

이런 맥락에서 하이데거는 니체의 힘에의 의지의 사상과 영원회귀의 사상이 서로 불가분의 관계에 있는 것으로 본다. 인간을 비롯한 모든 존재자의 본질을 자신의 고양과 강화를 목표하는 힘에의 의지로 보는 사상은 필연적으로 영원회귀의 사상을 요청한다는 것이다. 세계를 영원회귀의 세계로서 의지하고 그 세계를 그 자체로서 긍정하려는 힘에의 의지야말로 힘에의 의지의 본질을 최고도로 구현한 의지이며, 힘에의 의지는 궁극적으로는 최고의 상태를 지향한다.

알프레트 보임러(Alfred Baeumler)와 같은 사람이 영원회귀 사상을

'힘에의 의지'의 사상과 모순되는 것으로 보면서 폐기하려고 하거나, 에른스트 베르트람(Ernst Bertram)과 같은 사람이 영원회귀 사상을 "후기 니체가 가졌던 기만적으로 우롱하는 망상의 비의(秘義, Mysterium)"라고 부르고 있는 반면에, 하이데거는 영원회귀 사상은 힘에의 의지의 사상과 불가분의 관계에 있다고 볼 뿐 아니라 영원회귀 사상을 니체 철학에서 결정적인 의의를 갖는 것으로 보고 있는 것이다.

영원회귀 사상을 흔쾌히 받아들일 때 인간이 도달하게 되는 최고의 힘의 상태를 니체는 차라투스트라의 동물들인 독수리와 뱀의 비유를 통해서 시사하고 있다.

독수리는 긍지가 가장 강한 동물이다. 긍지란 자신이 설정한 높은 과제를 자신이 실현하고 있음을 뿌듯한 마음으로 느끼는 것이다. 다시 말해서 긍지는 높은 곳으로부터 자신을 규정하는 동시에 그 스스로가 그 높은 곳에 머무는 것이며, 오만이라든가 자만과는 본질적으로 다른 것이다. 오만과 자만은 자신보다 낮은 것과 관계하는 것을 필요로 한다. 왜냐하면 그것들은 자신이 높은 곳에 있음을 나타낼 수 있는 아무것도 자신 안에 가지고 있지 않기 때문에, 자신들보다 낮은 것으로부터 자신을 두드러지게 하고 싶어 하고 이와 함께 필연적으로 그 낮은 것에 의존하게 되기 때문이다.

뱀은 가장 영리한 동물이다. 영리함이란 현실적인 인식에 대한 지배를 의미한다. 이러한 영리함에는 천박한 기만과는 다른 위장과 변용의 힘이 속하며, 가면을 마음대로 사용할 수 있는 힘이, 자신을 노출하지 않음이, 저의를 숨기면서 마음대로 구실을 전면에 내세우는 교활함이, 존재와 가상의 유희를 자유롭게 제어할 수 있는 힘이 속한다.

이렇게 영원회귀의 세계를 긍정하면서 자신의 강한 힘을 즐기는 힘에의 의지가 바로 니체가 말하는 새로운 신으로서의 디오니소스라고 하이데거는 보고 있다. 디오니소스는 인간이 지향해야 할 초인적인 상태에 대한 하나의 상징이라고 볼 수 있다. 디오니소스는 전통적인 형이상학이나 그리스도교의 신처럼 피안에서 인간을 동정하고 위로하면서 인간을 무력하고 약하게 하는 신이 아니라 오히려 인간을 강화하고 고양시키는 신이다.

'동일한 것의 영원한 회귀'에서는 생성하는 존재자의 밖과 위에 존재하는 모든 목적은 파괴된다. 그런데 이렇게 소위 초감성적인 참된 세계가 제거됨으로써 또한 형이상학에 의해서 가상적인 것으로 간주되었던 감성계의 가상적인 성격도 소멸하게 된다. 감성계는 형이상학이 그것에 부여한 무의미한 혼돈이라는 성격과 가상적인 성격을 떨쳐 버리게 되는 것이다. 영원회귀 사상에서는 그전에 가상적인 것으로 간주되었던 생성 소멸하는 감성계가 절대적으로 긍정되며, 그전에 감성계에 투입되었던 초감성적인 목적이나 죄, 섭리 등의 이념들은 의미를 잃고 감성계는 이제 충만한 '영원의 원환'으로서 규정된다. 동일한 것의 영원한 회귀는 '기쁘면서도 고통스러운 생의 무궁한 충만'(die unerchöpfliche Fülle des freudig-schmerzlichen Lebens)이다.

생은 고통과 고난을 포함하지만 이러한 고통과 고난에도 불구하고 오히려 생을 긍정하고 그 안에서 기쁘게 유희하듯이 사는 자가 바로 초인이다. 초인이란 존재자 전체를 철저히 관통하면서 동일한 것의 영원한 회귀로 존재하는 힘에의 의지의 본질에 부응하는 자다.

6) 영원회귀 사상과 니힐리즘의 극복

니체에게서 니힐리즘의 극복은 결국 피안이나 미래에 실현될 유토피아 등의 신기루를 세우는 것을 통해서가 아니라 모든 것이 아무런 의미도 목표도 없이 영원히 회귀하는 생성의 세계를 긍정적으로 받아들일 수 있는 인간의 형성을 통해서 실현된다. 니체의 철학은 인간을 피안과 미래의 유토피아라는 환상을 통해서 위로하고 달래는 값싼 위로의 철학이 아니라, 인간을 오히려 위험에 직면시키면서 그를 훈련시키려고 하는 망치(Hammer)의 철학인 것이다.

영원회귀 사상이란 니체에게는 하나의 실험적 사상이다. 니체에서 모든 것은 하나의 실험이다. 전통 형이상학도 그리고 미래의 이상사회에서 위안처를 찾는 근대의 계몽주의도 니체에게는 모든 것이 덧없이 생성 소멸하는 현실을 극복하려는 실험들이다. 니체에게 그러한 사상들이 갖는 문제점은 그것들이 현실을 올바로 파악하지 못한다는 데에 있지 않고 그것들이 힘에의 의지를 연약하게 한다는 것, 힘에의 의지를 강화시키지 못하고 값싼 위로를 제시한다는 데에 있다. 따라서 니체에게 니힐리즘이란 궁극적으로는 힘에의 의지가 아직 연약하여 자기 자신의 힘 이외에 허구적인 피안이나 미래와 같은 것에 의지하려고 하는 것이다.

힘에의 의지가 필요로 하는 것은 오히려 최대의 시련이며, 이러한 시련을 통한 자기 초극이 힘에의 의지의 목표다. 니체는 이러한 최대의 시련에 해당하는 것이 바로 영원히 회귀하는 것으로서의 생성의 현실이라고 본다. 이 현실을 있는 그대로 흔쾌하게 긍정할 때, 힘에의 의지는 최고의 강함을 실현하게 된다. 그리고 힘에의 의지가 이렇게 강화되는 것과 함께 세계의 변용(Verklärung)이 일어난다. 생성의 세계는 모든 것이 아무런 목표도 없이 회귀하는 허망한 세계가 아니라 세계의 뭇 사물들이 상호 간의 대립을 통해 서로의 고양을 추구하는 숭고한 아름다움과 충만에 찬 세계로서 나타나는 것이다. 니체에게 아름다움이란 강함에서 비롯된다. 약한 자에게는 혼돈과 무질서로 가득한 것처럼 보이던 세계는 강한 자에게는 힘으로 충만한 아름다운 세계로서 나타나는 것이다.

니체의 이러한 사상을 예를 들어 설명해 보고자 한다. 신체적으로나 정신적으로 허약한 자는 강한 바람을 두려워하고 혐오할 것이다. 그에게 바람은 추하고 무서운 것으로밖에 나타나지 않는다. 이에 반해 신체적으로 강한 자는 강한 바람을 오히려 즐기고 또한 이를 통해서 자신의 힘이 고양되는 것을 느낄 것이다. 그리고 이 경우 바람은 혐오스러운 것으로 나타나지 않고 오히려 아름다운 것으로서 나타난다. 자신과 바람 사이에는 적대적인 대립이 지배하는 것이 아니라, 상호 대립을 통한 상호 간의 고양이 일어나는 것이다. 양자 간의 투쟁은 사랑의 투쟁이다.

이러한 투쟁을 두려워하는 자, 예컨대 강한 바람이 두려워 집 안에 움츠려 있는 자들은 외부 세계와 자신을 단절함으로써 자신을 왜소하고 약하게 만든다. 이들에게 외부 세계는 철저하게 혐오스럽고 두려운 세계로서 나타난다. 따라서 그들은 외부 세계로부터 자신을 방어하기 위해서 더욱더 높이 벽을 쌓는다. 니체에게 피안을 지향하는 자는 이렇게 바람을 두려워하는 자와 같다. 바람을 두려워하는 자는 바람과의 맞대결을 통해서 자신의 힘을 즐기고 그것의 아름다움을 느끼는 대신에 벽을 쌓고 집 안으로 도피하는 것처럼, 피안을 지향하는 자는 차안인 이 카오스적인 생성의 세계를 두려워하여 피안에로 도피하는 것이다.

바람을 피해 집 안으로 달아난 자가 바람을 진정으로 극복했다고 말할 수 없을 것이다. 그는 바람은 피했으되 바람에 대한 두려움은 여전히 갖고 있기 때문이다. 이와 마찬가지로 피안의 세계로 도피한 자가 차안을 진정으로 극복했다고 볼 수는 없다. 이 차안의 세계는 전통 형이상학이 파악한 대로 아무런 목표 없이 생성 소멸하는 세계다. 그러나 이렇게 덧없이 생성 소멸하는 세계의 극복은 피안이란 가상 세계의 건립을 통해서 극복될 수 없으며, 오직 자신의 힘을 강화함으로써 덧없이 생성 소멸하는 세계를 철저하게 긍정하고 향유할 수 있을 경우에만 가능하다.

3. 니체의 철학에 대한 후기 하이데거의 존재사적 해석

앞에서 이미 언급한 것처럼 하이데거의 니체 해석은 내용상 크게 두 부분으로 나눌 수 있다. 그 하나는 하이데거가 니체의 저작에 입각하여 니체의 문제의식과 핵심 사상을 개진하는 부분이고, 다른 하나는 니체 사상의 역사적 기원과 본질을 하이데거 자신의 존재사적 입장으로부터 해석하는 부분이다. 하이데거가 니체의 사상을 자신의 존재사적 입장에 따라서 해석하고 있는 부분은 동시에 니힐리즘의 기원과 본질 그리고 극복에 대한 하이데거의 사상이 개진되는 부분이라고 볼 수 있을 것이다.

물론 이 두 부분은 전적으로 분리되어 있는 것은 아니다. 그러나 니체의 문제의식과 핵심 사상에 대한 하이데거의 해석은 니체에 대한 다른 해석가들도 대부분 받아들일 것이라고 생각한다. 이에 반해 니체의 사상의 기원과 본질적인 성격을 자신의 존재사적인 입장에서 조명하는 부분은 하이데거 특유의 해석이 개입되는 부분이며, 따라서 이에 대해서는 많은 논란이 존재할 수 있다. 우리는 앞에서 니체의 문제의식과 핵심 사상을 하이데거의 서술을 토대로 고찰했다. 이제는 이렇게 파악된 니체 사상의 역사적 기원과 본질적 성격에 대한 하이데거의 해석을 살펴볼 차례다.

1) 서양의 최후의 형이상학자로서의 니체

하이데거는 니체를 일차적으로 서양의 위대한 형이상학자들 중의 한 사람이라고 보고 있다. 이러한 하이데거의 해석에 대해서 사람들은 우선 반발을 느낄 수 있다. 왜냐하면 니체야말로 서양 형이상학을 파괴하려고 한 사람으로 알려져 있으며 니체 스스로가 자신을 그렇게 이해했기 때문이다.

그러나 이 경우 니체가 생각하는 형이상학과 하이데거가 생각하는 형이상학은 본질적으로 서로 다르다는 것을 염두에 두지 않으면 안 된다. 니체가 생각하는 형이상학은 무엇보다도 세계를 천상과 지상으로 나누고 인간을 영혼과 신체로 나누면서 천상과 영혼을 우월한 것으로 보는 이원론적인 사고방식을 가리킨다. 이에 반해서 하이데거가 생각하는 형이상학이란, '존재자로서의 존재자란 무엇인가'를 '주도적인 물음'(Leitfrage)으로서 제기하면서 존재자 전체의 존재를 묻는 사유 방식이다. 이 경우 형이상학이 묻는 존재자 전체의 존재란 존재자 전체의 근본성격과 그것의 존재 방식을 가리킨다. 이러한 형이상학 이해에 따르면, 니체는 존재자 전체의 존재를 물으면서 존재자 전체의 근본성격을 힘에의 의지로 파악하고 존재자 전체의 존재 방식을 동일한 것의 영원회귀로서 파악하고 있는 형이상학자다.

이런 의미에서 하이데거는 니체뿐 아니라 플라톤에서 헤겔에 이르는 서양의 위대한 철학자들을 모두 형이상학자라고 부르고 있다. 그리고 하이데거는 서양의 위대한 형이상학자들은 '존재자로서의 존재자란 무엇인가'라는 주도적인 물음에 대한 각자의 답변에 의해서 자신들이 살던 시대의 사상적인 기초를 놓았다고 보았다. 즉 위대한 형이상학자들은 존재자 전체에 대한 하나의 기투(Entwurf)[26]를 감행했다는 것이다. 이러한 기투란

---

26) 여기서 기투란 존재자 전체에 대한 하나의 개념적 해석을 제시하는 것을 가리키지만, 이러한 개념적 해석은 단순히 이론적인 것에 그치지 않고 각 시대의 삶을 규정한다.

존재자 전체는 어떠한 방식으로 존재하며 존재자 전체란 무엇인가에 대한 기투다. 이러한 기투를 통해서 각 시대마다 모든 사물이 자신의 얼굴과 무게를 변화시키는 방식으로 개시된다.

사람들은 흔히 그러한 사상을 '한갓' 사상에 불과한 것으로, 즉 실제적인 영향력을 갖지 못하는 비현실적인 어떤 것으로 간주하면서 사상이 아니라 환경이나 사람들이 먹는 것 등이 사람들의 사상을 결정한다고 생각하지만, 하이데거는 오히려 우리가 어떤 환경에 살고 어떤 것을 먹을 것인지를 사상이 결정한다고 말하고 있다.

하이데거에게 위대한 형이상학자들의 사상은 각각의 형이상학자 개인의 고안물이 아니라 '존재에 의해서 보내진 것'이다. 그러나 하이데거는 어떤 사상가가 그러한 사상을 자신의 사상으로서 형성한다는 사실이 그러한 사상이 존재에 의해서 보내진다는 사상과 모순되는 것은 아니라고 말하고 있다. 왜냐하면 그 사상가야말로 그러한 사상이 자신을 전개하는 장소(Stätte)가 되어야만 하기 때문이다. 하이데거의 이러한 생각에 따르면 니체의 형이상학은 플라톤 이래의 서양 형이상학이 완성과 종말에 이르면서 존재가 자신을 특정한 방식으로 개시한 것이다.

이러한 존재사적인 지평에서 니체를 해석하면서 하이데거는 니체를 근대의 완성을 미리 사유한 사상가로 보고 있다. 하이데거는 이러한 근대는 현대 기술문명에서 완성된다고 보는바, 니체를 현대 기술문명을 철학적으로 정초한 사상가로 보는 것이다. 그리고 근대와 현대 기술문명은 근대의 형이상학에 의해서 정초 지어졌고 근대의 형이상학은 다시 플라톤 이래의 서양 형이상학을 지배하고 있는 존재망각을 심화시키고 있는바, 니체의 형이상학은 근대 형이상학의 완성일 뿐 아니라 서양 형이상학 전체의 완성이기도 하다. 이런 의미에서 하이데거는 니체를 서양의 최후의 형이상학자라고 부르고 있다. 이 경우 최후의 형이상학자란 단순히 가장 나중에 오는 형이상학자라는 것이 아니라 서양 형이상학의 본질적 가능성들을 궁극에까지 길어 낸 사상가라는 것을 의미한다.

따라서 니체에 대한 하이데거의 대결은 단순히 어떤 특정한 사상가와의 대결이라는 성격을 갖는 것을 넘어서, 니체가 정초하고 있는 현대 기술 문명과 니체가 완성하고 있는 근대 형이상학과 서양 형이상학 전체와의 대결이며 서양 형이상학에 의해서 철학적으로 정초 지어지고 있는 서양의 역사 전체와의 대결이란 의미를 갖는다.

2) 후기 하이데거의 니체 해석의 전거

하이데거는 니체가 말년에 '영원회귀, 힘에의 의지, 가치 전환'이라는 세 개의 주도적인 단어를 중심으로 갖는 '힘에의 의지'라는 제목의 대저(大著)를 구상했다고 보고 있다. 이에 따라서 하이데거는 니체 사상을 해석할 때, 니체가 자신의 말년에 구상은 했지만 미처 완성하지는 못했던 필생의 저작을 위한 유고 단편들을 가장 중요한 실마리로 삼고 있다. 하이데거에 의하면, 니체는 『힘에의 의지』라는 저작을 자신의 철학적 '본관'(本館, Hauptbau)으로 간주하면서 『차라투스트라는 이렇게 말했다』를 그것의 현관에 불과한 것으로 보았다는 것이다. 하이데거는 이렇게 말하고 있다.

1882년에서 1885년 사이에 『차라투스트라는 이렇게 말했다』의 저술이 폭풍처럼 그를 엄습한다. 동일한 기간에 자신의 철학적 본관을 위한 계획이 탄생한다. 계획된 저작을 준비하는 동안에 선행 작업, 계획, 배열과 구성상의 관점이 여러 번 바뀐다. 그중에서 하나를 선택하기 위한 결단은 결국 내려지지 않으며 분명한 윤곽을 알 수 있는 전체의 형성도 행해지지 않고 끝난다. 광기로 쓰러지기 직전 해(1888년)에 처음의 계획은 궁극적으로 포기된다. 이때 기묘한 초조가 니체를 엄습해 온다. 어디까지나 작품 자체로서만 말하지 않으면 안 되는 방대한 저작이 서서히 완숙하게 될 때까지 그는 더 이상 기다릴 수 없게 된다. 그는 그 자신이 말하고 자기 자신을 토로하며 세계에 대한 자신의 입장을 고지하면서 다른 사람들과 자신이 혼동되는 것에 대해서 명확한 선을 그어야만 했다. 이렇게 해서 나타난 저작들이 『바그너의 경우』, 『니체 대 바그너』, 『우상의 황혼』, 『이 사람을 보라』 그리고 『안티크리스트』라는 작은 저술들이다. 『안티크리스트』는 1890년에서야 비로소 공간된다.

그러나 니체의 본래의 철학은 1879년부터 1889년에 이르는 10년간에도 또한 그것에 앞서는 수년 동안에도 결정적인 형태로 완성되지 않았으며 저작으로서 발간되지도 않았다. 니체가 자신의 창조적인 저술 활동 기간에 발표했던 것은 어디까지나 전경(前景)에 지나지 않는다. 이는 최초의 저작인 『음악정신으로부터의 비극의 탄생』(1872)에 대해서도 타당하다. 본래의 철학은 '유고'로 남겨져 있다.[27]

이상과 같은 근거로 하이데거는 『힘에의 의지』를 니체 해석의 가장 중요한 전거로 삼고 있다. 실로 니체는 『힘에의 의지』를 구성하는 유고들을 집필하면서 '힘에의 의지'라는 개념을 자신의 철학의 중심 개념으로서 개척하고 있으며, 그러한 개념을 토대로 예술이나 인식 그리고 윤리와 같은 현상들을 해명하고 있다.

---

27) 마르틴 하이데거, 『니체 I』, 박찬국 옮김, 길출판사, 2010, 24쪽 이하.

3) 철학의 근본물음으로서의 존재물음

앞에서 이미 여러 번 언급한 것처럼 하이데거는 니체 철학에서 근대의 형이상학뿐 아니라 서양 형이상학 전체가 완성된다고 본다. 서양 형이상학의 역사에서 니체가 차지하는 위치에 대한 하이데거의 이러한 평가가 무엇을 의미하는지를 이해하기 위해서는, 서양 형이상학의 주도적인 물음인 '존재자란 무엇인가'라는 물음에 대해서 하이데거가 근본물음(Grundfrage)이라고 부르고 있는 존재물음(Seinsfrage)과 서양 형이상학의 본질과 역사에 대한 하이데거의 사상을 먼저 이해해야만 한다. 서양 형이상학의 본질과 역사에 대한 하이데거의 사상을 살펴보기 전에 먼저 하이데거의 존재물음이 무엇을 의미하는지를 살펴보겠다.

하이데거는 자신이 철학의 근본물음이라고 보고 있는 존재물음을 초기에는 존재의 의미에 대한 물음이라고 부르고 있는 반면에 후기에는 존재의 진리에 대한 물음이라고 부르고 있다. 그러나 일단 여기서는 전·후기를 막론하고 하이데거의 사유 도정 전체에서 하이데거가 존재물음이란 말로 염두에 두고 있는 것을 가능한 한 분명하게 드러내려고 한다.

이를 위해 우리는 하이데거의 존재물음이 '존재자란 무엇인가'라는 전통 형이상학적인 물음과 어떻게 구별되는지를 살펴보는 방식으로 하이데거의 존재물음에 대해서 고찰할 것이다. 전통 형이상학의 물음이 무엇을 의미하는지 살펴보기 전에 형이상학이란 무엇인가를 먼저 살펴보는 것이 좋을 것 같다. 우선 형이상학은 개별적인 경험과학들과 어떤 점에서 구별되는가? 개별적인 경험과학들은 어떤 특정한 존재 영역들 내의 구체적인 현상들만을 고찰한다. 예컨대 물리학은 물리현상들의 법칙을 탐구하며, 생물학은 생명현상들의 법칙을 탐구하고, 역사학은 역사현상들의 내적인 연관을 탐구한다. 그런데 이러한 경험과학적 탐구와는 달리 예컨대 물리현상들이 물리현상들로서 갖는 공통된 성격에 대한 탐구가 있을 수 있다. 즉 물리적인 것의 본질에 대한 탐구가 있을 수 있으며, 생명의 본질에 대한 탐구가 그리고 역사적인 것의 본질에 대한 이해가 있을 수 있다.

모든 개별 과학은 그것들이 다루는 존재 영역의 본질에 대한 이러한 선이해를 전제한다. 물리학자들이 어떤 물리현상이 갖는 법칙성을 탐구하려고 할 때 그는 이미 그 현상을 물리현상이라고 간주했다. 그리고 이는 어떤 현상을 물리현상으로 간주하고 그것을 탐구해야 될 대상으로 채택하기 위해서는 이미 물리현상이 무엇인지에 대한, 다시 말해 물리적인 것의 본질에 대한 선이해가 전제되지 않으면 안 된다. 물리적인 것의 본질에 대한 선이해는 대부분 물리학자들이 이미 전제하고 들어갈 뿐 자신들의 탐구 대상으로 하는 것은 아니다. 그럼에도 불구하고 물리적인 것의 본질에 대한 선이해는 물리학자들의 탐구 방향을 이미 결정하는 것이며, 물리학 내에서의 근본적인 변혁은 이러한 선이해의 변혁을 통하지 않고서는 불가능하다.

이는 역사학에 대해서도 마찬가지다. 역사학자들이 어떤 사건을 물리현상도 아니고 생명현상도 아닌 역사적인 사건으로 채택하는 데에는 이미 역사적인 것이 무엇인지에 대한 선이해가 작용하고 있다. 보통 역사학자들은 이러한 역사적인 것의 본질에 대해서는 묻지 않고 개개의 역사적인 사건들의 내적인 연관과 의미를 묻는다. 그럼에도 무엇이 역사적인 현상의 본질이냐에 대한 선이해는 역사과학들의 탐구 방향을 결정한다. 이렇게 각각의 개별 과학들이 전제하면서도 자신들의 탐구 과제로서는 배제하는 어떤 특정한 존재 영역의 본질에 대한 선이해를 본격적으로 문제시하면서 그러한 선이해의 한계와 의미를 따지는 것은 철학의 과제다.

이렇게 각 존재 영역의 본질을 탐구하고 이를 통해서 개별 과학들에게 진정한 기초를 마련하려고 하는 철학적 탐구를 하이데거는 후설을 따라서 영역존재론이라고 부르고 있다. 영역존재론에서는 각 존재 영역의 본질이 문제가 된다. 그런데 이런 영역존재론 역시 무전제적으로 행해지는 것은 아니다. 물리적인 것이든 살아 있는 것이든 역사적인 것이든 무가 아니고 존재하는 어떤 것이다. 즉 우리는 어떤 것을 물리적인 것이나 살아 있는 것이라고 판단하기 전에 그것을 하나의 존재자라고 파악한다. 그리고 이는 우리가 물리적인 것이 무엇인지를 이해하기 이전에 이미 존재자라는 것이 무엇인지를 이해하고 있다는 것을 의미한다. 모든 존재자가 공통적으로 갖는 성격, 즉 존재자 일반의 본질을 우리는 이미 이해하고 있는 것이다.

존재자 일반의 본질에 대한 이러한 이해는 각 시대마다 달리 나타날 수 있다. 예컨대 고대에서 존재자란 속성들이 귀속되는 지속적으로 현존하는 어떤 것이란 성격, 즉 실체라는 성격을 갖는다. 중세에서 존재자란 신의 피조물이란 성격을 갖는다. 근대에서 존재자란 인간이란 주체에 의해서 그 작용법칙과 근거가 철저하게 파악될 수 있는 대상이란 성격을 갖는다. 존재자 일반의 본질에 대한 이러한 선이해야말로 영역존재론의 탐구 방향과 아울러 개별 경험과학들의 탐구 방향을 결정하는 근본적인 전제다.

존재자 일반의 본질에 대한 선이해가 달라지면 물리적인 것이나 역사적인 것의 본질에 대한 이해가 달라지며 이에 따라서 또한 개개의 물리현상들과 역사현상들에 대한 이해도 달라진다. 존재자 일반의 본질에 대한 고대적 이해와 근대적 이해가 다른 이상, 물리적인 것의 본질과 역사적인 것의 본질에 대한 고대적인 이해와 근대적인 이해는 달라질 수밖에 없는 것이며, 개개의 물리현상과 역사현상들을 다루는 고대적인 물리학과 역사학은 근대적인 물리학과 역사학과 성격을 달리할 수밖에 없는 것이다.

따라서 영역존재론이 진정한 토대 위에서 진행되려면 존재자 일반의 본질에 대한 선이해가 진정한 토대 위에 세워지지 않으면 안 된다. 그러나 개별 과학의 학자들이 자신들이 다루는 구체적인 현상들이 속하는 영역의 본질에 대해서 탐구하지 않고 그것에 대한 선이해를 전제하고 들어가듯, 존재자 일반의 본질에 대해서 우리는 대부분의 경우 탐구하지 않고 우리가 암암리에 갖고 있는 선이해에 의존한다. 그러나 모든 개별 과학적인 탐구가 우리가 엄밀하게 검토하지 않고 전제하는 존재자 일반에 대한 선이해에 기초하고 있기 때문에, 개별 과학적인 탐구가 진정한 것이 되기 위해서는 궁극적으로는 존재자 일반의 본질에 대한 선이해를 엄밀하게 따져 보지 않으면 안 된다.

이러한 존재자 일반의 본질을 탐구하는 것을 후설은 일반존재론이라고 부르고 있는데 이것은 바로 전통 형이상학이 추구한 범주론이다. 범주론이란 존재자 일반이 보편적으로 갖는 성격, 즉 범주에 대한 탐구다. 범주론으로서의 형이상학은 영역존재론을 기초 지우고 또한 그를 통해서 개별 과학적인 탐구들을 기초 지우기 때문에 전통적으로 '만학의 왕'이라고 불려 왔으며 모든 학문의 궁극적인 토대로 간주되었다.

형이상학이 개별 과학과 영역존재론에 대해서 구별되는 점은 그것이 어떤 존재 영역이나 그 존재 영역의 특정한 사실들을 다루지 않고 그것들을 모두 포괄하는 존재자 전체를 탐구한다는 데에 있다. 흔히 전체에 대한 이해란 유한한 인간에게는 불가능하며 전체를 탐구한다는 것은 형이상학의 오만이라고 주장한다. 그러나 바로 이러한 주장 역시 전체에 대한 하나의 주장이고 전체의 성격이 무엇인지를 안다고 주장하는 또 하나의 형이상학이라는 데 형이상학적 탐구의 필연성이 존재한다. 그러한 주장을 하는 모든 경험론적 철학 역시 이미 존재자 전체에 대한 하나의 주장인 것이다. 부분에 대한 모든 이해는 이미 전체에 대한 이해를 전제하고 있는 것이며, 전체에 대한 이러한 이해가 진정하게 형성되어 있지 않다면 부분에 대한 모든 이해도 처음부터 어긋나게 되는 것이다.

그런데 존재자 전체의 본질에 대한 이해는 존재자 전체의 궁극적 근거에 대한 이해와 불가분하게 연관되어 있다. 존재자 일반의 본질에 대한 이해란 존재자가 물리적인 것이나 역사적인 것이기 이전에 존재자인 한에 있어서 존재자 일반의 공통적 성격에 대한 물음인 반면에, 존재자 전체의 궁극적 근거에 대한 물음은 존재자가 왜 무가 아니고 존재하는가라는 물음이다. 우리는 우리의 일상적 삶에서 그리고 개별 과학에서 보통 개개의 물리현상이나 역사현상의 근거를 묻는다. 그러나 삶의 어느 순간 존재자 전체의 근거를 묻게 된다.

특히 그러한 물음은 개개 인간의 실존적 삶의 의미의 문제와 관련되어 일어난다. 왜 나는 존재하는가? 나의 존재는 궁극적으로 어디서 오고 어디로 가는가? 이러한 물음은 사실은 나라는 특정 존재자뿐 아니라 모든 존재자가 존재하게 되는 궁극적 근거를 묻고 있다. 나라는 특정한 개인의 원인이 나의 부모라는 것은 분명하다. 그러나 나의 궁극적 존재 근거에 대한 물음은 거기에 그치지 않는다. 왜 나의 부모는 존재하고 왜 인간 일반은 존재해야 하는가 그리고 인간 일반이 나온 자연은 왜 존재하는가라고 우리는 묻게 되는 것이다. 이러한 물음은 개개의 현상들을 다루는 개별 과학을 통해서는 다루어질 수 없고 존재자 전체를 문제 삼는 학(學)만이 다룰 수 있다. 보통 형이상학은 이러한 물음에 대한 답을 영원히 존속하는 최고의 존재자에서 찾았다.

따라서 형이상학은 두 가지의 근본적인 물음으로 이루어져 있다고 볼 수 있다. 하나는 존재자 일반의 보편적 본질에 대한 물음이며 다른 하나는 존재자 전체의 궁극적 근거에 대한 물음이다. 존재자 일반의 보편적 본질에 대한 물음은 존재론(Ontologie)이라고 부를 수 있으며 존재자 전체의 궁극적 근거에 대한 물음은 존재자 전체를 근거 지우는 최고의 존재자에 대한 학으로서 신학(Theologie)이라고 부를 수 있다. 그러므로 형이상학은 하이데거에 따르면 존재-신-론(存在-神-論, Onto-Theo-Logie)이다.

　이러한 최고의 존재자에 대한 이해 역시 존재자 일반의 본질에 대한 이해와 마찬가지로 시대에 따라서 다르다. 아리스토텔레스가 생각한 최고의 존재자와 중세철학이 생각한 최고의 존재자는 서로 다르며, 근대철학에서는 인간 주체가 최고의 존재자로 간주된다. 최고의 존재자에 대한 물음과 존재자 일반의 본질에 대한 물음은 서로 불가분하게 얽혀 있는바, 보통 최고의 존재자에 대한 물음이 존재자 일반의 본질에 대한 물음을 정초 짓는다. 최고의 존재자의 성격과 그것이 존재자 전체를 근거 지우는 방식에 따라서 존재자 일반의 본질은 결정되는 것이다. 예를 들어 서양의 중세에 최고의 존재자가 무로부터 세계를 창조하는 자로 이해되면서 존재자 일반의 본질도 피조물로 이해되는 것이다.

　하이데거는 전통 형이상학을 규정하는 물음을 '존재자란 무엇인가' (Was ist das Seiende?)라고 집약하고 있다. 즉 그러한 물음은 물리적인 것이나 역사적인 것이기 이전에 존재자로서의 존재자가 일반적으로 갖는 성격과 그것의 궁극적 근거에 대한 물음이다. 하이데거는 이러한 형이상학적인 물음과 자신의 존재물음을 철저하게 구별한다. 하이데거에 따르면 자신은 형이상학보다도 더 철저하게 묻고자 하며 형이상학이 탐구하지 않으면서도 전제하는 형이상학의 근거를 문제 삼는다. 따라서 하이데거가 자신의 존재물음에서 묻고 있는 존재는 형이상학이 파악하는 존재의 근거가 되는 것이다. 이런 의미에서 하이데거는 전통 형이상학에서 파악하려고 했던 존재인 존재자 일반의 공통된 본질과 최고의 존재자를 존재자성 (Seiendheit)이라고 부르면서 자신이 파악하려고 하는 존재와 구별한다.

그런데 과연 이러한 철학적 문제 설정은 가능한가? 어떻게 형이상학보다 더 철저하게 물을 수 있는가? 형이상학은 우리들의 일상적 삶과 개별 과학들이 전제하는 궁극적 선이해를 문제 삼고 있지 않은가? 형이상학이 탐구하지 않고 전제하는 근거가 있다는 것은 형이상학 역시 그 자신 문제 삼고 있지 않은 모종의 선이해가 있다는 것은 아닌가? 이는 달리 말해서 전통 형이상학은 그것이 어느 것이든 간에 그 자신이 철저하게 검토하지 않은 선입견에 입각해 있다는 것이다.

전통 형이상학이 이렇게 검토되지 않은 선입견에 근거하고 있는 한, 전통 형이상학에 근거하고 있는 모든 영역존재론과 개별 과학도 진정한 토대 위에 세워져 있다고 할 수 없다. 전통 형이상학이 모든 영역존재론과 개별 과학이 전제하는 존재자에 대한 궁극적 선이해를 문제 삼는다면, 하이데거는 모든 전통 형이상학이 전제하는 모종의 선이해를 문제 삼는다.

보통 애매모호하고 나쁜 의미의 신비적 사상가라고 지탄받는 하이데거가 목표하는 것은 사실은 우리의 일상적 삶과 개별 과학적 탐구를 진정한 토대 위에 세우려는 것이며, 우리의 삶과 학문 행위를 근저에서 지배하면서도 우리가 문제 삼고 있지 않은 궁극적인 선이해에 대한 투명성이다. 오리무중의 어두운 사상가라고 비난받는 하이데거는 사실은 최고의 투명성을 목표하는 것이다. 흔히 이성적 사유를 거부하고 자신의 사적인 감정을 토로할 뿐인 비합리주의적 사상가로 지탄받는 하이데거는 사실은 우리의 사고와 행위를 궁극적으로 지배하는 선이해 내지 선입견까지 파고들어가고 있는 것이다.

그러면 하이데거가 문제 삼고 있는 형이상학의 선이해란 무엇인가? 그것은 모든 종류의 전통 형이상학에서 반성되지 않은 채 전제되고 있는 특정한 존재 이해다. 그것은 존재자가 '존재한다'는 의미를 '눈앞에 존재한다'(Vor-handensein)로 보는 존재 이해다. 전통 형이상학에서 '존재한다'는 것은 '인간이 언제라도 이론적으로 탐구할 수 있는 방식으로 인간의 눈앞에 존재한다'라고 이해되고 있는 것이다. 그리하여 전통 형이상학은 존재자 전체를 냉철하게 이론적으로 고찰함으로써 존재자 전체의 보편적 본질과 궁극적 근거를 탐색한다. 전통 형이상학은 존재자 전체의 보편적 본질과 궁극적 근거는 이론적 객관화를 통해서만 드러날 수 있다고 보는 것이다.

하이데거가 문제 삼는 것은 형이상학이 이렇게 암암리에 전제하면서도 형이상학의 탐구 방향과 탐구 방식을 철저하게 지배하는 존재의 의미에 대한 특정한 이해다. 형이상학은 존재자가 존재한다는 사실의 의미에 대한 반성되지 않은 선입견에 사로잡혀 있다. 존재의 의미에 대한 이러한 선입견이 정당한 것인지 아닌지에 대해서 형이상학은 반성하지 않는다.

그런데 하이데거는 왜 '인간이 언제라도 이론적으로 탐구할 수 있는 방식으로 존재자가 존재한다'라는 이러한 존재 의미를 문제 삼는가? 이는 당연히 이러한 존재 의미가 진정한 존재 의미가 아니며 이러한 존재 의미를 통하여 진정한 존재 의미가 은폐된다고 생각하기 때문일 것이다. 하이데거의 이러한 비판에는 하이데거가 진정한 존재 의미라고 생각하는 것이 당연히 전제되어 있다고 할 수 있다.

그러면 하이데거가 생각하는 진정한 존재 의미는 무엇인가? 하이데거는 『존재와 시간』에서 존재자의 일차적인 존재 의미는 단순히 '눈앞에 존재함'(Vorhandensein)이 아니라 '도구적으로 있음'(Zuhandensein)이라는 것을 밝히고 있다. 우리는 존재자를 이론적으로 대상화시켜 접하기 이전에 일상적 삶의 차원에서 존재자를 이미 사용하고 즐긴다는 것이다. 이 경우 우리는 존재자를 이론적으로 미리 객관화하여 파악한 후 그것을 사용하는 것이 아니다. 우리는 그것을 단순히 우리의 머리를 통해서가 아니라 우리의 몸을 통해서 그것과 관계하면서 그것을 나름대로 이해하고 있다. 우리가 주사위를 주사위로서 이해하는 것은 그것을 하나의 지각 대상으로서 이리저리 돌려 보고 난 후에 아는 것이 아니라 그것을 가지고 노는 것을 통해서다.

하이데거는 『존재와 시간』에서 '존재자가 이론적 파악의 대상으로서 눈앞에 존재한다'는 존재 의미가 '존재자가 도구적인 사용물로서 존재한다'는 존재 의미 위에 어떤 방식으로 정초되어 있는지를 보여 주고 있다. 그러나 『존재와 시간』에서 하이데거가 행하고 있는 이러한 분석은 하이데거가 존재자가 '도구적으로 있다'는 것을 근원적이고 진정한 존재 의미로 보고 있다는 것을 의미하지는 않는다. 하이데거의 전체적인 사유 도정에 비추어 볼 때, '눈앞에 있음'이 '도구적으로 있음'에 근거하고 있다는 분석은 다만 근원적인 존재 의미는 존재자가 냉철한 이론적 사유의 대상으로 존재한다는 차원에서가 아니라 우리의 구체적인 삶의 차원에서 찾아야 한다는 사실을 시사하기 위한 것으로 보아야 할 것이다.

하이데거의 이러한 분석은, 의식적이고 이론적인 삶의 근원을 우리가 보통 이론적인 고찰의 대상으로 하지 않으면서 그 안에서 살고 있는 사회 경제적 삶의 영역에서 찾는 맑스의 사상과 상통한다. 그것은 또한 우리의 의식적 생각이나 행위가 우리가 보통 의식하지 않는 성적인 욕망과 힘에의 의지라는 본능적 차원에 근거하고 있다는 프로이트와 니체의 사상과도 일맥상통한다고 볼 수 있을 것이다. 그러나 하이데거는 이렇게 맑스와 니체, 프로이트와 같은 사상가들과 유사한 것 같으면서도 오히려 이러한 사상가들과 전혀 다르다고 하지 않을 수 없다. 그리고 이러한 차이야말로 바로 하이데거 사상이 갖는 고유성이 가장 극명하게 드러나는 지점이라고 해야 할 것이다.

맑스나 프로이트 그리고 니체와 같은 사상가들이 철저하게 인간 중심적인 반면에 하이데거는 철저하게 존재 중심적이라고 하지 않으면 안 된다. 바로 여기에 하이데거가 특히 맑스주의적인 입장의 사상가들에 의해서 존재의 신비를 내세우는 신비주의적이고 비합리주의적인 사상가로 비판을 받는 근거가 있다. 그러면 하이데거의 사상이 존재 중심적이라는 것은 무엇을 의미하는가? 그리고 하이데거 사상의 이러한 특색은 근원적인 존재 의미를 찾으려는 그의 시도와 어떤 관련이 있는가?

하이데거가 근원적인 존재 의미를 드러내려고 하면서 추적해 들어가는 삶의 영역은 사회경제적인 욕망의 영역도 성적인 욕망과 힘에의 의지라는 영역도 아니다. 그것은 불안과 권태, 경악과 경외 등의 근본기분의 영역이다. 근본기분이란 하이데거에 따르면 결코 인간의 변덕스런 기분이 아니다. 하이데거는 우리가 근본기분을 통해서 존재자 전체에 탈자(脫自)적으로 나가 있다(ex-sistieren)고 말하고 있다. 우리는 도구적으로, 아니면 사회경제적으로, 성적으로, 그리고 힘에의 의지라는 방식으로 존재자들과 관계하기 전에 이미 근본기분을 통해서 존재자 '전체'에 나가 있다. 존재자 전체에 나가 있다는 것은 근본기분에서 존재자 '전체'가 이미 드러나 있고 우리는 그것을 이해하고 있다는 것이다.

하이데거는 이러한 근본기분들 중에서 존재자 전체가 자신의 근원적이고 진정한 존재를 드러내는 것으로서 불안을 통과한 경외라는 기분을 들고 있다. 불안을 통과한 경외라는 근본기분은 존재자 전체가 자신의 진정한 존재를 드러내고 인간이 또한 자신의 본래적인 존재에 직면하게 되는 사건(Ereignis)이다. 불안을 통과한 경외라는 근본기분의 사건이야말로 하이데거의 사상 전체를 지배하면서 그로 하여금 전통적인 주객 도식을 완전히 뛰어넘어 존재와 인간을 파악하는 새로운 사유를 시도하도록 몰아댄 근본경험이라고 해야 할 것이다.

이러한 맥락에서 볼 때 하이데거가 염두에 두고 있는 존재자의 근원적인 존재 의미는 『존재와 시간』에서 행하고 있는 도구적 존재 방식에 대한 분석에서가 아니라, 오히려 「형이상학이란 무엇인가?」(Was ist Metaphysik?)에서 하이데거가 행하고 있는 불안이란 근본기분과 무의 분석에서 찾아야 할 것이다. 하이데거가 「형이상학이란 무엇인가?」에서 분석하고 있는 불안이란 현상은 후기 하이데거의 입장에서 보면 불안을 통한 경외라는 기분이라고 보아야 할 것이다.

불안이란 근본기분은 일단은 나 자신의 삶을 비롯하여 존재자 전체가 의미를 잃는 기분이다. 우리는 보통 이러한 기분을 허무감이라고 부르거니와 그 기분은 예측할 수 없는 순간에 우리를 엄습하면서 우리에게 존재자 전체를 완전히 새롭게 드러낸다. 그전에 우리가 의미 있다고 생각하면서 열심히 행했던 행위들과 그 행위들이 관계하는 존재자들이 의미를 상실하고 우리는 적나라한 공허 앞에 직면하게 된다. 그러나 이러한 공허란 존재자 전체가 완전히 사라진다는 것을 의미하지 않는다. 다만 그것은 존재자 전체에게 우리가 부여해 왔던 일상적인 모든 의미가 공허하고 헛된 것으로 드러나는 것을 의미한다. 그리고 그 경우 존재자 전체는 그러한 모든 일상적 의미의 외피를 벗어던진 적나라한 자태로 자신을 드러낸다. 이와 함께 우리는 새삼 존재자 전체가 '있다'는 사실 앞에 직면한다.

하이데거는 이런 맥락에서 "불안이란 백야"(die helle Nacht der Angst)라는 표현을 쓰고 있다. 불안이란 기분은 우리들이 당연시했던 일상적 삶의 의미, 다시 말해서 우리의 삶을 비추어 주면서 방향을 제시하던 일상적인 의미가 공허한 것으로 드러나는 경험이라는 면에서 모든 것이 어둠과 무 속에 떨어지는 밤의 경험이다. 그러나 이러한 어둠 내지 무 속에서 존재자 전체는 자신의 근원적인 존재를 드러내고 우리는 '그것이 존재한다'는 단적인 사실 앞에 직면한다. 이런 의미에서 불안이란 기분은 존재자 전체가 자신들의 고유한 존재를 적나라하게 환히 드러내는 사건에 대한 경험이다. 하이데거는 이렇게 존재자 전체가 자신의 존재를 환히 드러내는 사건을 존재의 열림(Lichtung)이라고 부르고 있다.

존재 자체에 대한 이러한 경험에서 존재자 전체는 인간이 자신의 의도에 따라서 처리할 수 있는 계산 가능한 대상으로서 나타나는 것이 아니라, 인간에게 다가오고(angehen) 말을 걸며(ansprechen) 헤아릴 수 없는 비밀과 은닉의 차원으로부터 자신을 개현하는 것(das Unverborgene)으로서 나타난다. 불안이란 기분은 단순히 존재자 전체가 그것에 그동안 씌워졌던 일상적인 의미를 상실하는 부정적인 경험만이 아니며, 그러한 경험을 매개로 하여 존재자 전체가 자신의 고유한 존재를 무의 심연으로부터 단적으로 드러내는 긍정적인 경험을 포함한다. 이렇게 존재자들의 일상적 의미가 사라지는 무의 심연으로부터 존재자들이 드러내는 고유한 존재 앞에 직면하게 될 때, 우리는 그러한 존재를 우리가 함부로 처리할 수 없는 독자성을 갖는 것으로 경험하게 되고 그것에 대해서 경외감을 갖게 된다.

바로 이러한 의미에서 하이데거가 「형이상학이란 무엇인가?」에서 드러내는 불안은 사실은 불안을 통과하는 경외의 경험인 것이다. 하이데거의 존재 사유에서는 불안이란 경험에서 일어나는 존재자 전체의 개현의 사건이 결정적인 의미를 갖는다. 하이데거의 사유 도정 전체는 불안이란 기분에서 일어나는 사건의 전체적인 양상을 드러내고 그것이 갖는 의미를 드러내는 것을 목표했다고도 할 수 있다.

불안이란 근본기분에 대한 하이데거의 분석을 우리는 '존재와 무'라는 개념을 중심으로 하여 다음과 같이 정리해 볼 수도 있을 것이다. 하이데거는 존재는 존재자가 아니라는 점에서 무라고 말하고 있다. 이러한 무는 존재자처럼 존재하는 것은 아니지만 존재자 전체가 존재자로서 개시되는 근원이다. 형이상학에서 무란 존재하지 않는 단적으로 공허한 것이며 따라서 경험할 수도 사유할 수도 없는 것으로 간주되는 반면에, 하이데거는 무에 대한 경험을 말하며 그러한 경험이 불안이란 기분에서 일어나고 있다고 본다.

하이데거는 불안이란 기분에서 우리를 불안에 빠뜨리면서 일상적인 세계를 무화시키는 한편 다시 존재자 전체가 '단적으로 존재한다'는 기적 앞에 인간을 직면시키는 근본적인 힘(Grundmacht)에 주목하고 있다. 그것은 존재자가 아니면서도 그 어느 존재자보다도 강력하게 인간에게 말을 걺으로써 인간의 눈을 새롭게 뜨게 하고 이를 통해서 존재자가 단적으로 존재한다는 사실 앞에 직면하게 하는 것이다.

그런데 여기서 이렇게 불안이란 근본기분의 형태로 인간을 엄습하고 인간에게 말을 거는 그 근본힘은 무엇인가? 하이데거는 일단 그것이 전혀 존재자가 아니며 따라서 우리가 눈앞에 드러나 있는 존재자를 파악하듯이 파악하려고 하면 빠져 달아나면서 자신을 은닉하는 것이라는 점에서 그것을 무라고 말하고 있다. 그러나 다른 한편으로 그것은 존재자가 존재자로서 개시되게 하고 이를 통해 존재자에 대한 모든 형이상학적 인식뿐 아니라 과학적 인식과 존재자들에 대한 모든 실천적 관계를 가능하게 하는 것이라는 점에서 존재라고 말하고 있다.

하이데거가 존재라는 말로 무엇을 의미하고 있는지를 보다 명확히 파악하기 위해서 우리는 불안과 같은 근본기분의 성격을 더 분명히 파악하지 않으면 안 된다. 근본기분이야말로 우리가 하이데거가 존재라고 말하는 것을 경험하는 장이며 존재가 자신을 개현하는 장이기 때문이다.

근본기분에서는 존재자 전체가 문제가 된다. 아니 차라리 여기서는 단적으로 '전체'가 문제가 된다고 보아야 할 것이다. 불안이란 기분에서 존재자 전체가 자신에게 부과되었던 일상적인 의미를 잃고 단적으로 존재하는 것으로서 자신을 드러낸다고 할 경우, 우리는 존재자 하나하나에 대해서 순차적으로 이러한 경험을 하고 이러한 경험을 종합한 결과 존재자 전체가 단적으로 존재하는 것으로서 자신을 드러낸다고 하는 것이 아니다. 거기서는 단적으로 '전체'가 문제가 되고 있다.

그런데 이 '전체'란 무엇인가? 이 '전체'는 존재자들의 합인가? 존재하는 것은 오직 존재자들뿐이며 '전체'는 이러한 존재자들의 순차적 합의 결과일 뿐인가? 그렇다면 모든 존재자들이 단적으로 문제가 되는 근본기분의 사건이라는 것도 불가능할 것이다. 근본기분에서는 단적으로 '전체'가 문제가 된다. 그러나 이 '전체'가 존재자들의 단순한 합이 아니라면 그것은 무엇인가? 그것은 신과 같은 어떤 특별한 존재자도 아니다. 오히려 그것은 신이든 바위든 인간이든 모든 존재자가 단적으로 존재하는 것으로 개시되는 것을 가능하게 하는 것이다. 그렇다고 하여 그것이 존재자들로부터 독립하여 따로 존재하거나 모든 존재자의 위나 옆에 존재하는 것은 아니다. 만약 '전체'가 이렇게 다른 존재자들로부터 따로 떨어져서 존재하는 것이라면 그것은 또 하나의 존재자에 지나지 않을 것이다. 그것은 존재자들에 임재(臨在)하는 방식으로 존재한다.

하이데거가 존재 자체라고 말하는 것은 이렇게 근본기분에서 그때마다 다르게 자신을 드러내는 '전체'를 말한다. 만약 존재자들만이 '존재한다'라고 말할 수 있다고 한다면 우리는 존재는 '존재한다'라고 말할 수 없을 것이며, 따라서 하이데거는 '전체'로서의 존재가 갖는 특유한 존재 양식을 가리키기 위해서 'es gibt Sein'[28]이라고 말하고 있다.

　이러한 '전체'로서의 존재는 나의 대상으로 존재할 수 없다. 형이상학에서 존재는 어디까지나 내가 이론적인 주체로서 그것을 하나의 대상처럼 파악해 나가는 것인 반면에, 근본기분이란 사태에서 자신을 드러내는 전체로서의 존재와 그것을 이해하는 나는 주체와 객체 식으로 분리되어 있지 않다. 전체로서의 존재가 나의 객체로서 나타날 경우 그것을 드러내는 것은 지각이나 지적인 인식과 같은 나의 주체적인 노력이다. 이에 반해 불안을 비롯한 근본기분들에서는 전체로서의 존재가 '자신을 스스로 드러낸다'. 그렇다고 이 경우 인간이 한갓 수동적인 지위로 전락하는 것은 아니다. 전체로서의 존재가 근본기분에서 자신을 드러내지만 이것이 가능하기 위해서는 근본기분에서 도피하지 않고 그것을 적극적으로 인수하는 인간의 결단이 수반되지 않으면 안 된다.

　이렇게 전체로서의 존재가 불안이란 기분에서 개시될 때 존재자들에 대한 그 모든 일상적이고 이론적인 파악이 무의미한 것으로 전락하면서 존재자들은 자신들의 낯설고 고유한 존재를 경이롭게 드러낸다. 즉 불안이란 근본기분에서 존재자 전체는 인간이 이론적으로 언제라도 구명해 들어갈 수 있는 대상으로서가 아니라 단적인 심연으로부터 자신을 드러내는 것으로서 나타난다. 그것은 소위 주체의 모든 이론적 공격(Angriff)을 거부하면서도 자신의 존재 내지 진리를 찬연하게 드러내는 것으로서 나타나는 것이다.

---

28) 문자 그대로 해석하면 '그것이 존재를 증여한다'가 된다. 하이데거는 '존재를 증여하는 그것'을 '인간과 존재의 공속성'으로서의 존재의 사건(Ereignis)이라고 본다.

여기서 인간의 과제는 존재자를 자신의 이론적 지성의 메스하에서 분석하고 이러한 분석을 통해 존재자를 실천적으로 지배하는 것이 아니라, 인간에 의한 이러한 이론적·실천적 공격으로부터 자신을 단적으로 은닉하는 존재자 전체의 고유한 존재를 수호하는 데에 있다. 이런 맥락에서 하이데거는 인간의 본질을 이성적 동물이나 노동하는 동물로 보지 않고 존재자 전체의 존재를 수호하는 '존재의 목자'(Der Hirt des Seins)로 본다.

하이데거는 형이상학처럼 존재 자체에 대한 이론적 고찰을 행하지 않는다. 그는 현상학자로서 우리에게 존재 자체가 자신을 개현하는 사건을 해명하려고 할 뿐이다. 하이데거에 따르면, 우리 인간은 존재자들만을 경험할 수 있고 존재자들과만 관계하지는 않는다. 존재자가 아닌 '전체'가 경험되는 근본기분이란 사건이 있다. 그리고 이렇게 근본기분을 통해서 열려진 '전체'에 대한 경험을 통해서, 인간은 비로소 존재자 자체와 관계할 수 있고 단순히 본능에 따라서 움직이는 동물과는 전적으로 다른 존재가 될 수 있다. 인간이 이렇게 '전체'로서의 존재에 이미 열려 있다는 사실이 인간의 인간됨을 구성하는 가장 근본적인 사실이라는 것을 시사하기 위해서, 하이데거는 인간을 현-존재(Da-sein)라고 부르고 있다. 현-존재란 존재가 자신을 개시하는 장이라는 의미다.

하이데거의 존재물음이란 이렇게 근본기분에서 자신을 드러내는 존재에 대한 물음이다.

4) 서양 형이상학에 대한 존재사적인 고찰

우리는 앞에서 하이데거의 존재물음이 의미하는 바를 주로 초기 하이데거와 후기 하이데거의 입장 차이를 고려하지 않고 양자 모두에 공통된 문제의식을 중심으로 하여 살펴보았다. 그러나 이는 초기 하이데거와 후기 하이데거의 존재물음 사이에 아무런 차이가 없다는 것은 아니다.

초기의 하이데거는 존재가 근본기분을 통해서 자신을 개현하는 사건을 비역사적인 맥락에서 고찰한 반면에, 후기 하이데거는 그것이 갖는 역사적 성격을 강조한다. 예를 들어서 초기 하이데거에서 불안이란 근본기분을 통한 존재의 개현은 어떤 특정한 시대에서 비롯되는 것으로 파악되지 않고 시대를 불문하고 어떤 시대에나 일어날 수 있는 근본기분으로 파악되고 있는 반면에, 후기 하이데거에서 불안이란 근본기분은 하이데거가 제2의 시원이라고 부르고 있는 새로운 시대의 개현을 가능하게 하는 근본기분으로서 파악되고 있다.

후기 하이데거의 사유는 초기 하이데거의 사유를 단순히 폐기한 것이 아니라 오히려 그것이 겨냥하고 있는 사태를 사태에 맞게 보다 철저하게 드러내려고 한다. 초기 하이데거에서 인간은 역사적 존재라고 규정되고 있으면서도 하이데거의 구체적인 분석은 전혀 역사적인 것이 아니었던 반면에, 후기 하이데거에서는 모든 분석은 역사적인 분석이 되는 것이다. 『존재와 시간』에서는 '존재자가 이론적 고찰의 대상으로서 눈앞에 존재함'이란 존재 의미의 생성 기원은 '도구적 존재'라는 공시(共時)적인 차원에서 구해졌다면, 이제는 '눈앞에 존재함'이란 존재 의미의 기원은 역사적 맥락에서 구해지며 아울러 그것이 역사적으로 겪어 나가는 뉘앙스들의 변화가 추적되는 것이다.

앞에서 본 것처럼 서양 형이상학은 존재자 전체를 존재자로서 규정하는 것, 즉 존재자의 존재에 대해서 고찰한다. 존재는 형이상학에서 존재자 전체에 있어서 가장 일반적인 것과 존재자 전체의 궁극적인 존재 근거를 가리킨다. 형이상학은 존재자 전체에서 가장 일반적인 것을 얻기 위해서 존재자의 모든 특수성을 사상(捨象)한다. 그리고 형이상학은 눈앞의 존재자들로부터 추론함으로써 존재자 전체의 궁극적인 근거를 파악한다. 따라서 형이상학에서 존재는 어디까지나 눈앞의 존재자를 실마리로 하여 파악되며, 앞에서 이미 본 것처럼 하이데거는 형이상학에 의해서 파악된 존재를 존재자성이라고 부르고 있다.

그러나 형이상학에서도 존재자성에 대한 이해는 사실은 이러한 추상과 추론을 통해서 비로소 주어지는 것이 아니라 존재자들이 우리에게 존재자로서 인식되기 위해서 이미 전제되어야 하는 것으로 간주되고 있다. 이에 따라서 존재자성은 플라톤의 이데아론에서 보는 것처럼 우리가 존재자들과 관계하기 이전에 이미 선행적으로 인식되고 있는 것으로 간주되거나 아니면 칸트에서 보는 것처럼 우리 인간의 선험적인 인식 형식이라고 간주된다. 다만 이들은 존재자성이 눈앞의 존재자들로부터의 추상이나 추론을 통해서 명료하게 파악될 수 있다고 볼 뿐이다. 즉 이들도 눈앞의 존재자들에 대한 추상이나 추론은 우리가 이미 가지고 있는 존재자성에 대한 이해를 분명히 드러내기 위한 수단으로 볼 뿐이지 그러한 이해를 비로소 가져다주는 것은 아니라고 보는 것이다.

그런데 하이데거가 문제 삼는 것은 존재자성에 대한 이러한 이해가 우리에게 어떻게 해서 주어지느냐 하는 것이다. 전통 형이상학은 존재자성에 대한 이해가 우리에게 주어져 있다는 사실을 자명하게 생각하지만, 하이데거는 그것을 전혀 자명하게 생각하지 않고 존재자성이 주어지게 되는 근거에 대해서 묻는 것이다. 더 나아가 하이데거는 존재자성에 대한 이해는 그때마다의 시대에 따라서 다르게 나타난다고 보면서 존재자성에 대한 이해가 역사적으로 어떤 식으로 변화해 가는지를 문제 삼는다.

하이데거는 이렇게 존재자성에 대한 이해가 우리에게 어떤 식으로 주어지고 그것이 어떤 식으로 변화해 가는지에 대한 파악은 형이상학에서처럼 눈앞의 존재자들을 실마리로 하여 이루어질 수 없다고 본다. 하이데거는 존재자성도 존재자들을 '존재자로서' 드러내는 것으로서의 존재에 해당하는 것이기 때문에 눈앞의 존재자들과는 독자적인 개현 방식을 가지며, 따라서 존재자성에 대한 이해가 우리에게 어떻게 주어지는지 그리고 그것이 어떻게 역사적으로 변화해 가는지는 눈앞의 존재자들을 실마리로 하여 파악될 수는 없다고 보는 것이다.

단적으로 말해서 하이데거는 형이상학이 드러내는 존재자성은 존재 자체가 망각되면서 존재가 우리에게 개시되는 방식이라고 본다. 따라서 하이데거는 존재자성에 대한 각각의 위대한 형이상학자들의 이해도 이들이 눈앞의 존재자들을 실마리로 하여 비로소 도달하게 된 것이 아니라 사실은 존재 자체에 의해서 보내진(geschickt) 것이라고 보고 있다. 그리고 하이데거는 위대한 형이상학자들은 이러한 존재자성에 대한 이해를 개념적으로 명료하게 개진함으로써 자신의 시대를 건립한다고 보고 있다. 이런 의미에서 하이데거는 형이상학의 각 시대를 존재의 역운(歷運, Geschick, 역사적 운명)이라고 부르고 있다. 형이상학의 각 시대는 존재가 그때마다 다르게 자신을 내보낸 것이라는 것이다.

하이데거는 형이상학에서 존재자의 존재로 간주되는 존재자성이 어떻게 개현되는지를 파악하기 위해서, '존재자가 존재한다'라는 사실이 단적으로 개시되는 근본경험으로 되돌아가서 물으려고 한다. 하이데거는 그리스의 형이상학은 '존재자가 존재한다'라는 사실이 단적으로 개시되는 경이라는 근본기분에서 비롯된 것이며 그리스의 형이상학이 존재를 존재자성이라는 형태로 파악하게 된 것은 이러한 경이라는 근본기분이 갖는 특수한 성격에 의한 것이라고 본다.

우리는 보통 존재자들을 볼 때 그러한 것들이 무엇이며 그것의 근거는 무엇인지에 관심을 갖지 '존재자들이 존재하고 있다'는 사실 자체에 대해서는 관심을 갖지 않는다. 우리는 보통 '존재자가 존재한다'는 것을 '그것이 우리 눈앞에 존재한다는' 것으로 자명하게 생각하고 대수롭게 생각하지 않는 것이다. 즉 '존재자가 존재한다'는 사태는 우리 눈에 가장 띄지 않는 것이다. 그러나 어느 순간 우리는 존재자가 무엇이고 그것의 근거가 무엇이든 그것이 '존재한다'는 사태 자체에 대해서 경이를 느낄 때가 있다. 하이데거는 이러한 사태를 염두에 두면서 '존재자가 존재한다'는 기적에 대해서 말하고 있다.[29]

그런데 이렇게 가장 자명하게 생각되었던 사태가 경이로운 것으로 개시되는 것과 함께, 모든 존재자는 '경이로운 존재와 무게를 갖는 것'으로서 자신을 드러내게 된다. 즉 어떤 특정한 존재자가 아니라 '모든 것'이 우리에게 자신을 경이로운 것으로서 드러내는 것이며, 이 순간에는 심지어 보통 사소하고 진부한 것으로 간과되었던 존재자들마저도 경이로운 것으로 우리에게 나타나는 것이다.

하이데거는 이러한 순간이야말로 우리에게 존재자 전체가 그 자체로서 개시되는 순간이라고 말하고 있다. 이러한 순간에 존재자들은 단순히 '눈앞에 존재하는 것'으로서 평준화되어서 나타나는 것이 아니라, 존재자들 각각이 '경이로운 독자적인 존재'를 갖는 것으로서 자신을 드러내면서도 그것들 모두가 하나의 통일적인 전체를 이루고 있는 것으로 나타난다.

---

29) *HG* vol.9, p.114 참조. "모든 존재자 중에서 오직 인간만이 존재의 소리에 부름을 받음으로써, 존재자가 존재한다는 모든 기적 중의 기적을 경험한다"(Einzig der Mensch unter allem Seienden erfährt, angerufen von der Stimme des Seins, das Wunder aller Wunder: daß Seiendes ist).

경이라는 기분에서 모든 존재자는 형이상학이나 우리들의 일상생활에서 처럼 단순히 '우리 눈앞에 존재하는' 것이 아니라 자신들의 경이로운 모습으로 우리를 '자신들 앞에 붙잡아 세우는 방식으로 존재한다'. 형이상학에서는 우리가 존재자 전체를 우리 눈앞에 세우고 그것의 공통된 성질과 그것들 전체의 궁극적인 존재 근거를 물어 나갔던 반면에, 경이라는 근본기분에서는 존재자 전체 앞에 우리가 세워지는 것이다.

하이데거는 이렇게 경이라는 기분에서 존재자 전체가 경이롭게 자신을 드러내는 사건이야말로 바로 우리에게 존재자 전체가 그 자체로서 자신을 드러내는 사건이라고 본다. 이러한 사건에서야말로 존재자들은 그 자신의 고유한 존재를 드러내는 것이며, 존재자들을 그 자체로 경험하고 이해하려면 우리는 이러한 경이라는 사건으로 거듭해서 진입해 들어가야만 한다.

그리스인들은 경이라는 근본기분에 사로잡힌 상태에서 존재를 '자신으로부터 현출하면서 본질적으로 자신을 개현하는 것, 자신을 여는 것 그리고 열려진 장 안으로 자신을 개현하는 것'(das von-sich-aus-Aufgehen und so wesenhaft sich-in-den-Aufgang-Stellen, das Sichöffnen und ins-Offene-sich Offenbaren), 즉 피시스로서 파악했다. '존재자란 무엇인가'라는 형이상학의 주도적인 물음, 즉 존재자 전체의 공통된 본질과 궁극적인 존재 근거에 대한 물음은 이렇게 경이라는 기분에서 존재자 전체가 이미 개시되어 있다는 사태에 근거한다.

따라서 소크라테스 이전의 철학뿐 아니라 플라톤이나 아리스토텔레스까지 포함해서 그리스 철학은 경이라는 근본기분 속에서 찬란한 모습으로 자신을 드러내는 존재자 전체, 즉 피시스의 해석이다. 그리스 철학이란 이러한 피시스의 경험에 근거하기에 그리스 철학을 제대로 이해하기 위해서는 오늘날의 자연과학에 비추어 고대철학을 해석하는 것이 아니라 경이의 기분 안에서 열리는 피시스의 경험으로 귀환하는 것이 불가결하다. 근대 과학이란 존재자 전체가 고대와는 전혀 다르게 열리는 근본경험에 입각해 있기에 근대 과학과 고대 과학은 서로 공통된 척도하에서 비교될 수 없다. 그럼에도 근대 과학을 척도로 하여 그리스 철학을 평가할 경우는 그리스 철학이란 한갓 원시적이고 유치한 단계의 사고로밖에 드러나지 않으며 그리스 철학이 갖는 위대성은 보이지 않게 된다.

그러나 그리스인들은 경이라는 근본기분에서 일어나는 피시스의 근원적인 개현의 사건 자체를 문제 삼지 않으며 그러한 존재 자체의 개현을 자명한 것으로 전제한다. 그리스인들에게는 존재 자체의 이러한 개현에서 개시된 존재자들이 갖는 공통된 성질과 존재자들 간의 관계를 파악하는 것이 문제다. 다시 말해서 플라톤 이후의 그리스 철학만 해도 존재자 전체가 존재자로서 개시되어 있다는 사태는 자명한 것으로 간주하면서, 이러한 사태로부터 존재자 전체에 공통된 일반적인 성격과 모든 존재자의 궁극적인 존재 근거를 파악하려고 할 뿐이며, 이러한 존재자 전체의 근원적인 개시가 어떻게 해서 가능한지를 묻지 않는다.

형이상학에게 존재하는 것은 어디까지나 존재자일 뿐이며 그 이외의 것은 무다. 존재는 형이상학에서는 존재자에게 속하는 것으로 생각되며 존재는 존재자 전체가 공통적으로 갖는 성질이 된다. 그리고 이러한 존재자에게 존재가 부여되는 근거는 그 자신의 존재 근거로서 존재하는 최고의 존재자에게서 찾아진다. 이렇게 그 자신의 존재 근거로 존재하는 존재자는 무로부터 철저하게 벗어나 있는 항존(恒存)적인 존재자로서 파악된다. 따라서 형이상학에서는, 존재자를 무로 이끄는 사멸 내지 죽음이란 것도 철저하게 부정적으로 파악되며 존재와 무 그리고 죽음과 영원은 철저하게 대립적으로 파악된다.

이에 따라서 플라톤 이래의 형이상학은 존재자 전체의 근원적인 개시가 경이라는 사건에 의해서 우리에게 주어지는 것이 아니라 자신이 존재자 전체의 존재로 파악한 존재자성에 의해서 주어지는 것으로 해석한다. 즉 형이상학은 이러한 존재자성을 우리가 이미 이해하고 있기 때문에 존재자 전체의 개시도 가능하다고 보는 것이다. 이러한 경향은 플라톤에서 이미 매우 뚜렷하게 드러난다.

플라톤의 이데아란 양의적인 것이다. 이데아는 한편으로는 피시스의 경험에 입각해 있다. 그러나 다른 한편으로 이데아는 존재자들의 개현을 규정하는 존재 자체의 개현을 이미 개시되어 있는 존재자로부터 이해한다. 그리고 이를 통해서 존재 자체는 존재자와 유사하게 파악될 수 있는 것으로 이해되는 것이다. 다만 존재자는 지각의 대상인 반면에 존재는 인간의 정신에 의해서 파악될 수 있는 것으로 간주되며, 존재자는 생성 변화하는 반면에 존재는 영원불변하는 것으로 파악된다. 존재는 존재자를 가능하게 하는 항존적인 근거다. 그리고 그것은 그러한 것으로서 인간의 정신적인 파악 노력에 의해서 언제라도 파악될 수 있는 것이다.

그러나 하이데거는 이러한 존재자성에 의해서는 존재자 전체의 근원적인 개시는 주어지지 않는다고 본다. 하이데거는 그러한 존재자성은, 경이라는 사건에서 주어지는 존재자 전체의 근원적인 개시가 망각되면서 인간에게 주어지는 흐릿한 빛이라고 본다. 이러한 빛 안에서는 존재자 전체는 그 자체로서 자신을 드러내지 않고 은폐된 채로 자신을 드러낸다.

그럼에도 플라톤의 이데아는 피시스의 경험에 입각한 것으로서 아직 피시스의 성격을 보존하고 있다. 플라톤에서 이데아는 근대에서처럼 인간 이성에 속해 있는 것으로 파악되지 않고 오히려 '은닉으로부터 자신을 드러내는 것'이라는 성격을 아직은 보존하고 있는 것이다. 이 점에서 플라톤의 이데아란 칸트가 생각하는 사유 범주나 이념과는 전적으로 다르다. 칸트의 사유 범주나 이념은 인간에게 귀속되는 사유의 틀 이외의 것이 아니지만, 플라톤의 이데아는 '단적인 은닉으로부터 자신을 드러낸다'라는 피시스의 성격을 아직도 가지고 있는 것이다.

그러나 다른 한편 플라톤은 이러한 존재를 지각의 대상인 존재자처럼 파악하고 존재자를 조건 지우는 항존적인 근거로서 파악함으로써, 존재를 존재자에 대한 경험을 가능하게 하고 이를 통해서 경험 대상을 가능하게 하는 항존적인 조건으로 파악하는 칸트식의 근대적인 존재 이해를 가능하게 했다. 이와 함께 플라톤에서부터 존재자와 존재를 조건 지어진 것과 조건 지우는 것 내지 근거 지어진 것과 근거 지우는 것으로 보는 형이상학적인 도식이 시작된다. 존재는 존재자들을 가능하게 하는 조건 내지 근거로서 인간의 정신에 의해서 언제든지 파악될 수 있는 항존적인 것으로 파악되는 것이다.

그리고 바로 이러한 이해가 그 후의 형이상학의 길을 결정하게 된다. 근대에 와서 존재는 칸트에서 대표적으로 볼 수 있듯이 존재자에 대한 경험을 조건 지우는 인간 본래의 직관 형식과 사유 형식으로서 파악된다. 그리고 이와 함께 존재가 갖는 피시스의 성격, 즉 단적인 은닉으로부터 자신을 드러내는 성격은 더욱더 은폐된다.

하이데거는 이를 존재망각의 심화로 보고 있거니와 이러한 망각과 이를 통한 존재의 피시스적인 성격의 은폐는 니체에서 극단에 달한다고 보고 있다. 니체에서 존재란 이제 힘에의 의지의 대표적 구현자인 인간이 자신의 힘을 유지하고 고양하기 위해서 설정한 조건에 지나지 않는다. 니체에게서 존재란 은닉으로부터 자신을 단적으로 드러내는 피시스의 성격을 완전히 상실하는 것이다. 니체에 와서 존재는 인간이 자신의 힘에의 의지를 고양시키기 위해서 설정하는 조건으로 전락하게 된다. 그것은 힘의 고양에 기여하면 가치를 갖고 소중하게 여겨지지만, 그렇지 않으면 무가치한 것으로서 폐기되는 것이다.

플라톤에서 존재로서의 이데아란 인간에 의해서 언제라도 폐지될 수 있는 것이 아니며 오히려 은닉으로부터 발하는 그 자체의 아름다움으로 인간을 사로잡는 성격을 갖고 있었다. 그리고 칸트에서만 해도 직관의 형식과 사유의 형식 그리고 이념이란 결코 인간이 임의로 만들어 낸 것이 아니라 인간이 제대로 사유하려고 할 경우에 항상 의지할 수밖에 없는 것이란 성격을 가지고 있었다. 인간이 적어도 이성적으로 사유하려면 인간은 그러한 직관 형식과 사유 형식에서 비롯되는 사유의 원칙에 따라야만 했던 것이며, 그것은 따라서 인간이 언제라도 철폐할 수 있는 것은 아니었다.

니체에서는 플라톤이 말하는 이데아 혹은 칸트가 말하는 직관 형식이나 범주란 인간이 존재자 전체를 관장하면서 자신의 힘을 유지하고 고양하기 위해 상정한 것들에 지나지 않는다. 그리고 니체에 따르면 이러한 것들은 이제는 힘을 고양하는 것이 아니라 오히려 인간의 힘을 저하시키는 것들로서 마땅히 폐기 처분되어야 한다. 따라서 니체에서는 존재가 인간이라는 존재자에 대해서 가졌던 전통적인 우위는 전적으로 상실되고, 존재는 인간이라는 존재자가 자신의 힘을 유지하고 고양하기 위해서 설정하는 조건으로 전락한다.

다시 말해서 니체는 근대적인 주체성의 형이상학을 극단적으로 밀고 나간 입장으로부터 사유하고 있다. 이러한 맥락에서 하이데거는 니체를 플라톤에서부터 시작된 피시스 망각 내지 존재망각의 완성이라고 보고 있다. 그리고 하이데거는 플라톤에서부터 존재를 망각한 채 존재자 전체를 사유하려고 시도하는 형이상학이 시작된다고 보면서 니체의 철학을 그러한 형이상학의 완성이라고 규정하고 있는 것이다.

서양 형이상학은 궁극적으로 경이라는 기분에서 일어났던 존재자 전체와의 친밀감을 상실하면서 존재자 전체에 대해서 자신을 내세우는 주체성의 철학으로 귀착된다. 그럼에도 불구하고 하이데거는 경이라는 근본기분이야말로 존재자들의 존재자성을 탐구하는 서양 형이상학을 가능하게 했던 근본기분으로 보고 있다. 하이데거의 이러한 생각은 철학의 기원을 경이에서 찾았던 아리스토텔레스의 말과 일치한다. 경이라는 근본기분과 함께 서양 형이상학의 시원이라고 할 수 있는 그리스 철학에게 존재자 전체가 개시되게 되며, 그리스 철학은 이렇게 개시되어 있는 존재자 전체의 공통된 본질과 그것들의 궁극적 존재 근거에 대해서 물으면서 그 이후의 서양 형이상학의 시원을 건립하게 된다.

하이데거는 이러한 형이상학의 사유 방식에 하나의 필연성이 존재함을 결코 부정하지 않는다. 경이라는 근본기분에서 존재자 전체가 인간에게 개시되었을 때, 형이상학은 인간이 전개할 수 있는, 아니 인간이 전개할 수밖에 없는 하나의 사유 형태이며 그것은 그 자체로서 하나의 엄밀함을 갖는다. 하이데거는 형이상학이 엉터리이며 쓸모없는 것이라고 보지 않는다. 형이상학은 형이상학이 처한 물음의 상황에서는 그 상황에 대한 유일하게 가능한 응답 방식이며 그러한 방식으로서 서양의 역사를 지탱해 온 것이다.

그런데 형이상학적인 방식 이외에 존재를 사유하는 다른 방식이 있을 수 있는가? 존재자 전체의 공통된 본질과 그것의 궁극적 근거를 따져 들어가는 형이상학적 사유 방식은 필연적인 것일 뿐 아니라 유일하게 가능한 사유 방식은 아닌가? 하이데거는 형이상학적 사유와는 다른 사유가 가능하다고 생각할 뿐 아니라 필수적이라고 말하고 있다. 하이데거는 그러한 사유를 형이상학의 근거에로 진입하는 사유라고 하고 있다. 그러한 사유란 형이상학적인 주도 물음, 즉 존재자 전체의 본질과 근거에 대한 물음을 가능하게 하면서 형이상학의 역사를 가능하게 했던 사태 속으로 진입하는 사유다.

형이상학에게 존재하는 것은 존재자뿐이다. 그러나 경이라는 기분을 통해서 존재자 전체를 개시하는 그 무엇은 존재자는 아니다. 그렇다고 해서 그것은 공허한 무는 아니다. 그것은 존재자는 아니면서도 오히려 인간을 형이상학적인 물음으로 몰아세우고 우리가 형이상학이란 형태로 응답하도록 촉구하는 강력한 어떤 것이다. 그것은 형이상학의 건립을 통하여 서양의 역사 자체를 가능하게 할 정도로 그 어떤 존재자보다도 강력하게 우리에게 말을 거는 것이다. 그리고 그것이야말로 형이상학에게 자명한 것으로 전제되면서 물음의 대상이 되지 않은 채로 형이상학 자체를 가능하게 하는 것이다.

우리는 이렇게 경이라는 기분에서 존재자 전체를 개시하는 것을 존재라고 할 수 있을 것이다. 경이라는 기분에서 존재는 존재자 전체를 개시하면서도 자신은 은닉한다. 이렇게 자신을 은닉함으로써 전통 형이상학이나 과학 그리고 인간의 모든 실천적인 행위는 존재자들에만 향하게 된다. 그리고 이를 통해서 존재 자체는 망각된다. 그럼에도 그것은 모든 존재자가 근원적으로 자신을 개시하는 것을 가능하게 하는 것이다.

그리고 존재 자체가 망각된다는 사실은 존재자들의 근원적인 개시를 가능하게 하는 빛이 망각된다는 것이며, 이를 통해서 존재자들은 갈수록 피상적으로 드러나게 된다는 것을 의미한다. 따라서 인간이 존재자들을 보다 근원적으로 이해하려면 인간은 항상 경이라는 근본기분을 통해서 인간에게 말을 거는 이 존재 자체에 자신을 열어야 한다. 이는 이 존재 자체가 인간에게 경이라는 근본기분을 통하여 자신을 개시함으로써 모든 존재자가 근원적으로 자신을 개시하기 때문이다.

인간은 경이라는 근본기분을 통하여 존재 자체의 개현에 나가 있으며, 근본기분이란 인간에게 존재 자체의 열림(Lichtung)이 일어나는 사건이다. 형이상학이 우리의 개별 과학적인 탐구와 일상적인 삶을 이끄는 빛으로서 드러내는 존재자 전체에 대한 이해의 틀인 범주와 같은 존재자성은 이러한 존재 자체의 근원적인 열림이 아니다. 존재자성이라는 빛은 사실은 경이라는 근본기분에서 일어나는 보다 근원적인 열림에 근거하고 있다.

이러한 근원적인 열림은 형이상학과 모든 개별 과학을 인도하는 빛과는 달리 인간에 의해서 언제든지 구명될 수 있는 것이 아니라 오히려 인간이 헤아릴 수 없는 은닉된 심연으로부터 비롯되는 열림이다. 이러한 열림은 형이상학에서 존재로 간주하는 존재자성이란 빛의 원천이며, 존재자성이란 빛은 이러한 근원적인 열림의 파생물에 지나지 않는다. 이러한 존재자성은 우리가 존재 자체의 근원적인 열림을 망각했지만 그럼에도 불구하고 이러한 근원적인 열림으로부터 흐릿하게 주어지는 빛인 것이다. 그리고 우리가 이러한 존재 자체의 근원적인 열림을 망각하면 할수록 존재자성의 빛도 갈수록 약해지고 존재자를 그 자체로서 드러낼 수 있는 힘을 갈수록 상실하게 된다.

형이상학이 존재로 간주하는 존재자성이 이러한 근원적인 열림의 한 파생물이라는 점에서 하이데거는 자신의 존재물음을 '형이상학의 근거로의 진입'(Eingang in den Grund der Metaphysik)이라고 명명했던 것이다. 하이데거는 '존재자는 무엇인가?'라는 형이상학의 주도적 물음의 근저에 물어지지 않은 채로 놓여 있었던 것을 물으며, 형이상학 자체가 서있고 근거하고 있으며 형이상학이 그것으로부터 비로소 발원하는 것을 묻는다. 형이상학적인 물음이 존재자로부터 출발하면서 존재를 추궁해 들어가는 것에 반해서, 하이데거는 존재 자체와 그것이 자신을 개시하는 진리의 사건에로 향하는 것이다.

하이데거가 말하는 존재망각이란 형이상학이 존재로 간주하는 존재자성을 가능하게 하는 근원적인 열림에 대한 망각이다. 이러한 근원적인 열림이란 형이상학에서처럼 어둠과 대립되고 모든 종류의 비밀과 은닉의 차원이 배제된 것이 아니라 은닉과 비밀과 내밀하게 연관되어 있다. 우리가 존재자 전체를 개시하는 측면을 존재라고 하고 이렇게 존재자 전체를 개시하면서도 자신은 은닉하는 측면을 무라 한다면, 하이데거에서 존재란 형이상학에서처럼 무의 대립 개념이 아니라 무와 공속(共屬)하는 것이라 하겠다.

형이상학에서 존재는 그렇게 모든 어둠과 무가 배제된 존재이기에 이러한 존재는 냉철한 지성에 의해서 파악될 수 있는 것이라면 하이데거가 말하는 존재란 지성이 아니라 근본기분을 통해서 자신을 드러낸다. 지성에 의해서 파악되는 존재란 지속적으로 존재한다는 고정성을 특색으로 갖는 반면에, 근본기분에서 자신을 드러내는 존재는 인간을 엄습하는(betreffen) 시간성과 역사성을 특징으로 갖는다.

실로 전통 형이상학은 존재자 전체를 문제 삼는다. 그리고 플라톤에서 헤겔에 이르는 고전적 형이상학의 전통뿐 아니라 그것을 비판하는 실증주의나 니체의 철학도 존재자 전체를 문제 삼고 있다. 이는 존재자 전체에 대한 어떤 철학을 비판하려고 할 경우는 스스로 존재자 전체에 대해 입장을 취할 수밖에 없기 때문이다. 소위 감각될 수 있는 것만 존재한다든가 감각 가능한 것에 대한 언표만이 의미 있다고 주장하는 실증주의적인 입장조차

존재자 전체에 대한 발언임에는 틀림이 없는 것이다. 그리고 우리에게 시간-공간상에 나타날 수 있는 존재자만이, 다시 말해 감각적으로 경험될 수 있는 존재자만이 인식 가능하며, 따라서 생각할 수는 있으나 경험될 수는 없는 전체는 우리에게 항상 규제적 이념으로서만 존재할 뿐이며 인식의 대상이 될 수는 없다는 칸트의 입장도 전체에 대한 하나의 입론인 것에는 틀림이 없다.

그런데 이러한 전체에 대한 언표는 어떻게 해서 정당성을 얻을 수 있는가? 전체에 대한 우리의 표상과 그 전체를 비교하는 것은 불가능하다. 전체란 우리 눈앞에 세워 둘 수 있는 존재자가 아니기 때문이다. 그럼에도 그것이 철학자들의 공상에서 비롯된 것이 아니려면 철학 역시 하나의 경험에 입각해서만 가능할 것이다. 물론 그러한 경험은 경험과학적으로 탐구 가능한 감각적 경험은 아니지만, 그럼에도 한갓 상상력의 산물이 아닌 존재자 전체에 대한 경험이 있을 수 있는 것이다.

물론 이 경우 존재자 전체에 대한 경험은 하나하나의 존재자를 일일이 모두 경험한다는 것을 의미하는 것이 아니라 존재자 전체가 각 시대마다 각각 달리 열리는 것을 경험한다는 것이다. 철학이란 하이데거에 의하면 이렇게 각 시대마다 달리 열리는 존재자 전체에 대한 경험을 개념적으로 명확히 해석함으로써 각 시대에게 뚜렷한 형태를 부여하는 것이다. 이러한 존재자 전체는 하이데거에 의하면 인간의 이성적 사유를 통해서 비로소 드러나는 것이 아니라 오히려 각 시대마다의 근본기분을 통해서 비로소 드러난다. 인간은 이성적으로 사유하기 이전에 이미 자신의 근본기분을 통해서 존재자 전체에 나가 있는 것이다.

하이데거에게 서양 형이상학의 역사는 경이라는 근본기분과 그러한 근본기분에서 개시되는 피시스로서의 존재에 대한 경험에서 출발한다. 그러나 이러한 경이라는 기분은 중세를 지배한 그리스도교에서 보는 것처럼 구원의 확실성을 구하는 기분으로 변화되고, 근대에서는 인간이 그 스스로 확실성을 확보하려는 회의와 의심의 기분으로 변화하며, 현대 기술문명이 종언을 고하는 시대에서는 경악이라는 기분으로 변화된다. 그리고 이러한 근본기분의 변화와 함께 그때마다 존재도 다르게 개시되는 것이다.

하이데거는 이렇게 각 시대의 근본기분을 통해서 존재자 전체를 드러내면서 자신은 은닉하는 존재를 사유하는 것을 자신의 철학적 과제이자 이 시대에 부과된 사상적 과제라고 보았다. 이에 반해 플라톤 이래 니체까지의 서양 형이상학은 — 각 시대의 근본기분을 통해서 일어나고 있는 존재의 사건을 통해서 이미 개시되어 있는 — 존재자 전체에 대한 개념적 파악을 자신의 과제로 보고 있다. 하이데거는 형이상학이 탐구하려고 하는 존재자 전체에 공통된 본질과 존재자 전체의 궁극적 근거를 존재자성이라고 부르고 있는 반면에, 이러한 개념 파악을 위해서 이미 전제되어야만 하고 인간의 근본기분을 통해서 일어나는 존재자 전체의 그때마다의 역사적 개시를 형성하는 근원적인 것을 존재(Seyn)라고 부르고 있다. 이런 맥락에서 하이데거는 근본-기분을 의미하는 독일어 'Grund-stimmung' 중 'Stimmung'이란 단어를 존재의 소리(Stimme)와 관련해서 해석하고 있거니와, 인간의 근본기분이란 존재의 소리가 이미 인간에게 말을 걸고 있는 상태를 말하는 것이다.

이와 함께 하이데거는, 형이상학의 역사는 인간의 정신이나 이성 혹은 힘에의 의지에 의한 구성물이 아니라 오히려 존재가 그때마다 다르게 자신을 개시하는 것이라고 본다. 따라서 존재가 자신을 드러내는 그때마다의 방식에 따라서 형이상학과 그것에 기초한 인간 삶의 방식이 바뀐다. 이런 의미에서 하이데거는 우리가 존재의 주인이 아니라 오히려 우리는 존재에 속한다고 말하고 있다. 하이데거에게는 이렇게 형이상학과 형이상학의 역사를 가능하게 하면서도 근대가 진행될수록 주체로서의 인간에 속하거나 니체에서 보는 것처럼 심지어 인간의 산물로 간주되는 존재 자체의 본질이 문제가 된다.

5) 힘에의 의지의 형이상학과 가치 사상의 존재사적 기원: 서양 형이상학과 존재망각의 완성으로서의 니체의 형이상학

앞에서 니체가 니힐리즘의 기원과 전개 그리고 극복을 가치 사상으로부터 사유하고 있다는 사실을 보았다. 그는 니힐리즘을 최고의 가치들이 가치를 상실하는 사건으로 보면서 니힐리즘의 기원을 전통 형이상학이 힘에의 의지가 약화된 상태에서 설정했던 허구적인 가치들을 참된 실재로 보았던 것에서 찾고 있으며, 니힐리즘의 극복을 힘에의 의지라는 새로운 가치 정립의 원리를 정립하는 데서 찾고 있는 것이다. 이렇게 니체가 니힐리즘의 본질과 기원 그리고 그것의 극복 방안을 가치라는 개념을 중심으로 사유하는 것은 니체가 모든 존재자의 본질을 힘에의 의지로 보고 있기 때문이다. 가치 사상은 '힘에의 의지의 형이상학'의 필연적인 구성 요소다.

그러나 하이데거는 여기서 더 나아가 힘에의 의지의 형이상학의 역사적 본질 근거가 어디에 존재하는지를 묻고 있다. 하이데거는 니체가 자명하게 생각하고 있는 힘에의 의지의 형이상학이 비롯된 역사적 근거를 물으면서 니체보다도 더 폭넓고 심원한 역사 이해로부터 니체 사상을 이해하려고 하고 있는 것이다.

니체는 플라톤 이래의 형이상학을 힘에의 의지에 관한 자신의 사상으로부터 해석하고 있다. 플라톤 이래의 형이상학은 니체가 보기에 퇴락한 힘에의 의지의 소산이라는 것이다. 그것은 이른바 초감성적인 가치에 의존하면서 생성 변화하는 현실에서 근근히 자신을 연명하려고 하는 허약한 힘에의 의지의 소산이다. 이렇게 허약한 힘에의 의지는 자신의 고양을 위해서 자각적으로 가치를 정립하는 것이 아니라 실제로는 자신이 설정한 초감성적인 가치를 그 자체로 존재하고 타당한 것으로 간주하면서 그것에 복종하는 무기력한 힘에의 의지다. 이와 같이 니체는 힘에의 의지라는 원리로 모든 시대의 현상을 설명하려고 하지만, 하이데거는 힘에의 의지라는 개념은 특정한 역사적 조건에서만 나타날 수 있는 개념이며 또한 특정한 역사적 시대의 현상들만을 설명할 수 있는 개념이라고 본다.

이와 관련하여 하이데거는 니체의 힘에의 의지의 형이상학은 근대에서만, 더 나아가 근대의 완성기에서만 나올 수 있는 사상이라고 말하고 있다. '니체가 세계를 힘에의 의지로서 기투함에 있어서 단지 서양의 오랜 역사, 특히 근대의 역사가 그것의 가장 은폐된 진행에 있어서 지향하고 있었던 것을 말하고 있을 뿐'이라는 것이다. 아울러 하이데거는 '서양 형이상학이 궁극적으로 힘에의 의지의 형이상학이 된 것은 서양 형이상학의 어떠한 성격에서 비롯되는 것인가'라고 묻고 있다.

가치 사상은 근대에 와서야 비로소 그리고 결정적으로 오직 니체에 의해서 형이상학 내에서 지배적인 지위를 점하게 되었다. 이와 함께 하이데거는 니체가 자신이 극복한다고 생각했던 형이상학의 전통, 특히 근대 형이상학의 전통에 의해서 구속되고 있을 뿐 아니라 니체가 그러한 전통을 궁극에까지 밀고 나가고 있다는 사실을 밝히고자 한다.

앞에서 보았듯이 하이데거는 전통 형이상학을 규정하는 물음을 '존재자란 무엇인가'라는 물음으로 집약하고 있다. 모든 형이상학은 물리적인 것으로서 또는 생물로서 또는 경제적인 것으로서의 존재자가 무엇인지를 묻는 것이 아니라 도대체 존재하는 것으로서의 존재자가 무엇인지를 묻는다. 라이프니츠는 존재자로서의 존재자는 단자(Monade)라고 말하며, 칸트는 초월론적 주관성이라고 말하고, 헤겔은 절대정신이라고 말한다. 그리고 니체는 힘에의 의지라고 말한다.

이와 같이 니체의 철학 역시 '존재자란 무엇인가'를 구명하려고 하는 형이상학의 하나이며 자신이 의식하지 못하는 형이상학의 역사에 의해서 규정되고 있다. 형이상학의 역사는 존재자성으로서의 존재와 인간의 관계가 여러 가지 형태로 전개되는 역사다. 하이데거는 이렇게 말하면서, 자신이 니체 해석의 시발점에서 제기했던 '니체의 가치 사상의 역사적 근원은 어디에 존재하는가'라는 물음을 니체의 형이상학을 종국적으로 배태한 형이상학의 본질은 무엇인가라는 물음으로 심화 전개하고 있다.

하이데거는 가치 사상이 니체 이전의 형이상학에게는 낯설었고 낯설 수밖에 없었지만, 그럼에도 불구하고 가치 사상이 형이상학의 역사 안에서 필연적으로 나타날 수밖에 없었던 근거를 묻는 것이다. 그는 이제 니체의 형이상학의 역사적 근원을 단순히 데카르트 이래의 근대 형이상학의 역사적 지평으로부터 탐색하는 것을 넘어서 플라톤 이래의 서양 형이상학 전체의 역사적 지평으로부터 조망하려고 한다.

다시 말해 하이데거는 다음과 같이 묻고 있는 것이다. '도대체 형이상학의 역사 전체에서 존재자 전체의 존재와 인간의 관계가 문제가 되고 가치에 대한 인간의 관계는 존재의 진리의 한 형태일 뿐일 경우, 형이상학의 어떠한 성격 때문에 니체의 가치 사상이 형이상학의 역사의 종국점에서 나타나게 되는가?' 이러한 물음은 다시 말하면 '힘에의 의지에 대한 니체의 사상은 어떻게 해서 형이상학의 역사의 종국점에서 나타나게 되었는가'라는 물음과 동일하다고 할 수 있다. 이는 가치는 어디까지나 힘에의 의지가 자신을 유지하고 강화하기 위해서 만들어 낸 수단으로 간주되고 있기 때문이다.

따라서 가치 사상의 기원에 대한 물음과 힘에의 의지라는 사상의 기원에 대한 물음은 서로 불가분의 관계에 있지만 우리는 우선 힘에의 의지라는 사상의 역사적 기원을 먼저 살펴보고 그 후 이와 연관하여 가치 사상이 어떻게 해서 서양 형이상학의 전개 과정에서 필연적으로 나타나게 되는지를 살펴볼 것이다.

고대철학이 경이의 기분, 즉 모든 존재자가 경이롭게 존재하는 것으로 드러나는 경험에 입각해 있다면 근대란 고대인이 존재자 전체에 대해서 갖는 경이의 철저한 상실에서 비롯된 것이다. 고대인들이 경이라는 기분 속에서 존재자 각각이 유일무이의 형태로 빛을 발하며 존재하면서도 서로 조화를 잃지 않는 피시스를 경험하면서 피시스의 밝은 세계에 나가 있었다면, 근대의 근본경험이란 존재자 전체와의 이러한 근원적 유대의 상실에 근거하고 있다.

고대인들의 피시스 경험에서는 존재자 자체가 자신의 진리를 드러내었고 인간의 인식이란 이러한 진리가 자신을 발양(發揚)하게 하는(walten lassen) 것 이외의 것이 아니었던 반면에, 근대에서 존재자 전체는 일단은 무규정적인 것으로서 나타나면서 인간이 자신의 지적인 노력을 통하여 비로소 규정해야 하는 것으로서 나타난다. 따라서 진리의 장소는 이제 존재자 자체가 아니라 인간의 판단이 된다. 근대의 근본경험이란 회의와 의심이란 근본기분 속에서 존재자 전체를 인간의 노력에 의해서 규정되어야 할 무규정적인 것으로서 경험하는 것이다.

의심이라는 근본기분은 인식주체로서의 인간이 자신이 어떠한 참된 기반에도 서있지 않다는 기분이면서, 이러한 확고한 기반은 인간의 인식

노력에 의해서 비로소 확보될 수 있다는 기분 이외의 것이 아니다. 이러한 기분에서 인간이 믿을 수 있는 것은 오직 자신의 이성뿐이다. 이 세상에서 가장 믿을 수 있는 확고한 지반은 오직 인간의 이성이며 인간은 이 이성의 빛으로 세상을 비추어 나가고 이를 통해 자신의 활동 지반을 넓혀 나가는 수밖에 없다는 생각이 근대를 규정하는 것이다.

따라서 근대란 이성의 도야가 주창되는 시대, 즉 계몽의 시대이며 인간의 인식 영역과 이를 통한 인간의 지배 영역의 확장을 주창하는 진보의 이념이 지배하는 시대다. 또한 근대의 근본기분이 회의와 의심일 경우, 근대의 관심사는 인류의 확실한 안전의 확보가 된다. 이러한 성격은 근대를 규정하는 본질적 현상으로서의 과학과 기술에서 뚜렷이 나타나고 있다. 과학과 기술은 존재자 전체를 수학적인 방정식으로 표현될 수 있는 인과법칙에 의해서 지배되는 것으로서 파악하는바, 이는 예견 가능하고 계산 가능한 존재자만이 인간이 그것의 작용연관을 인식함으로써 통제할 수 있고 자신의 목적을 위해서 이용할 수 있기 때문이다.

하이데거는 근대의 본질을 파악하기 위해서 데카르트의 철학을 중점적으로 고찰하고 있다. 이는 데카르트의 철학이야말로 회의라는 근본기분에 입각하면서 인간을 주체로 정립한 철학이기 때문이며, 이와 함께 근대를 최초로 철학적으로 정당화한 사상가이기 때문이다.

데카르트에 대한 고찰에서 하이데거는 인간이라는 '주체'가 데카르트의 형이상학에서 특별한 지위를 갖게 된 것은 어떤 연유에서인가라는 물음을 실마리로 삼고 있다. 근대적인 모든 인간 유형과 세계 이해를 주도하는 주체적인 것의 지배는 어디로부터 유래하는 것인가? 이러한 물음은 정당한 물음인바, 왜냐하면 데카르트와 더불어 근대 형이상학이 시작할 때까지 그리고 부분적으로는 여전히 이러한 형이상학 내에서조차 비단 인간만이 아니라 모든 존재자가 'sub-iectum'(기체)으로서 파악되고 있기 때문이다.

'sub-iectum'이란 용어는 'ὑποχείμενον'(히포케이메논)을 라틴어로 번역하고 해석한 것인데 밑에 ── 그리고 근저에 ── 놓여 있는 것, 즉 그 자체로 이미 현존하고 있는 것을 의미한다. 그러나 데카르트를 통하여 그리고 데카르트 이래 형이상학에서 인간은, 보다 정확히 말하면 인간의 '자아'는 탁월한 의미에서 '기체'가 된다. 중세의 그리스도교 시대에 대해서 근대(die neue Zeit)가 갖는 새로운 점(das Neue)은 인간이 존재자 전체의 한가운데서 자신의 존재를 자체로부터 그리고 자신의 능력으로 확실하게 확보하려고 하기 시작한다는 데에 존재한다. 구원의 확보라는 본질적으로 그리스도교적인 사상은 인수되지만, 근대에서의 '구원'은 피안의 영원한 지복에 존재하는 것이 아니며 구원으로 이르는 길도 인간이 자신을 신에게 내맡기는 것으로 파악되지 않는다. 근대에서 구원에로 이끄는 길은 오직 인간이 자신의 모든 창조적인 능력을 자유롭게 전개하는 데에 존재하는 것으로 파악되는 것이다.

근대철학의 발단에는 'ego cogito, ergo sum', '나는 생각한다. 고로 나는 존재한다'라는 데카르트의 명제가 존재한다. 이러한 명제에서 사물들과 존재자 전체에 대한 모든 의식은 모든 확실성의 부동의 기초로서의 인간 주체의 자기의식에로 환원된다. 인간은 자기 자신을 그 존재가 가장 확실한 존재자로서 무조건적으로 확실하게 인식한다. 인간은 모든 확실성과 진리에 대해서 근거와 척도가 되는 것이다. 따라서 데카르트 이후의 시대에는, 현실적인 것의 현실성은 객관성으로서, 즉 주체에게 향해져 있고 주체를 통하여 파악되는 것으로서 규정된다. 현실적인 것의 현실성은 표상하는 주체를 통하여 그리고 이것에 대해서 표상되어 있음(Vorgestelltheit durch das Subjekt und für dieses)에 있다.

존재하는 모든 것과 그것들이 존재하는 방식을 인간의 '소유와 소산'이라고 설하는 니체의 사상은 결국, 모든 진리는 인간 주체의 자기확실성으로 환원된다고 설하는 데카르트의 사상을 극한에까지 전개한 것이다. 데카르트는 'cogitare'(사유한다)라는 말의 의미를 명료하게 하기 위해서 'percipere'(per-capio)라는 단어를 사용하고 있는데, 이 단어는 어떤 것을 소유한다 혹은 하나의 사태를 정복한다는 것을 의미한다. 그리고 그것은 데카르트에서는 '자신의 앞에 세우는(Vor-sich-stellen) 방식으로 자신에게로 가져온다(Sich-zu-stellen)'라는 의미로, 즉 '표-상한다'(Vor-stellen)라는 의미로 사용되고 있다. 데카르트가 'cogitatio'와 'cogitare'를 'perceptio'와 'percipere'로서 파악하는 것은 'cogitare'에는 어떤 것을 '자기 자신에게 가져온다'는 것이 속한다는 사실을 강조하기 위해서다.

'자신에게 가져온다'는 것에는 표상된 것이 앞에 놓여 있게 된다는 것뿐 아니라 '처리될 수 있는 것으로서 노정되어 있다'는 결정적인 사실에 대한 시사가 필연적으로 포함되어 있다. 따라서 인간이 우려나 의심을 갖지 않고 언제라도 그리고 명확히 처리할 수 있는 것으로서 어떤 것이 확정되고 확보되어 있을 경우에만, 비로소 어떤 것이 표-상되었다(cogitatum)고 할 수 있다. 따라서 'cogitare'는 단순히 무규정적인 표상 작용을 의미하는 것이 아니라 자신에게 제시된 것이 무엇이고 그것이 어떠한 방식으로 존재하는지에 대해서 어떠한 의심도 허용하지 않는 식으로 표상하는 것이다. 따라서 'cogitare'는 회의한다(Be-denken), 즉 의심한다(dubitare)라는 의미에서의 '사유', 다시 말해서 오직 의문의 여지가 없는 것만을 확실히 확보된 것으로서 그리고 본래적인 의미에서 표상된 것으로서 간주하려고 하는 '사유'이며, 철저히 검토하고 신중히 계산하는 표상이다.

그러한 사유는 모든 것에 대해서 의구심을 갖고 모든 입장에 대해서 혐의를 품고 어떠한 동의도 거부한다는 의미에서의 '의심한다'는 것은 아니다. 의심한다는 것은 오히려 의심할 수 없는 것, 확실한 것 그리고 그것의 확보(Sicherstellung)와 본질적으로 관련되어 있다. 이러한 회의하는 사유에서 항상 문제되고 있는 것은 표상된 것이 계산하는 처리의 범위 내에 그때마다 확보되어 있는가 하는 것이다. 모든 'cogitare'가 본질상 'dubitare'라는 것은 표상 작용이 본래 일종의 확-보라는 것을 의미한다. 회의하는 사유는, 자신이 '처리했고' 계산을 끝낸 것으로서 의심할 여지가 없는 성격을 갖는 것으로 증시(證示)되는 것만을 확실하게 확보된 것으로서, 즉 참된 것으로서 인정한다.

표상하는 인간은 표상 작용에서 표상된 것을 자신 앞에 세우기 때문에, 표상하는 인간은 모든 표상에 개입한다. 더 나아가 추후적으로가 아니라 처음부터 인간은 자기가 본질적으로 그리고 항상 표상 작용의 근거가 되며, 근저에 놓여 있는 것, 즉 'sub-iectum'이 된다. 데카르트 이전에도 사람들은 표상 작용과 표상된 것은 표상하는 자아와 관련되어 있다는 사실을 이미 알고 있었다. 그러나 데카르트에서 결정적으로 새로운 점은 표상하는 자에 대한 이러한 관련이 그리고 표상하는 자로서의 표상하는 자가, 존재자를 자신 앞에 세우는 표상 작용 안에서 하나의 본질적인 척도로서 기능한다는 것이다.

진리가 이제 존재자의 노정이 확실하게 되었다는 확실성을 의미하고 존재는 '확실하게 표상되어 있음'을 의미하기 때문에, 인간은 그렇게 근거지우는 표상 작용에서 자신이 행하는 역할에 따라 탁월한 기체, 즉 주체가 된다. 데카르트는 표-상하는 인간의 자아를, 표-상되어야 하고 표-상된 모든 것이 그것 앞에 확실하게 세워져야만 하는 '재판소'로서 정립했다. 인간의 자아는 표-상된 것이 일종의 존립과 존속성, 다시 말해 견고함과 안전성을 갖는지, 갖는다면 어느 정도만큼 갖는지에 대해서 결정하는 최고의 그리고 유일한 '재판소'라는 것이다.

이러한 'subiectum'의 지배 영역에서는 'ens'(존재자)는 더 이상 'ens creatum'(피조물)이 아니며 'ens'는 'certum'(확실한 것)='indubiatum'(의심할 수 없는 것)='vere cogitatum'(참으로 인식된 것)이다. 그리고 이제 존재는 표상하는 주체에 의해 표-상되어 있음(앞에 세워져 있음)을 의미한다. 다시 말해 존재는 계산하는 표-상 작용에서 확실하게 확보되어 있음으로 파악되며, 이를 통하여 인간에게는 존재자에 대한 정복과 지배가 보장되고 이러한 정복과 지배를 통해 인간은 신에 의지하지 않고 자신을 구원할 수 있게 된다. 인간은 그 자신의 안전을 스스로 보장하는 주체로 존재할 수 있게 되는 것이다.

데카르트의 이러한 사상에 대해서 니체는 어떠한 입장을 취하고 있는가? 하나의 부동의 확실한 것에 대한 데카르트의 추구를 니체는 일종의 '진리에의 의지'로 파악한다. 이러한 진리에의 의지를 니체는 '나는 속기를 바라지 않는다'라든가 '나는 확신을 갖기를 바라고 확고하게 되기를 바란다'라는 것으로 파악하면서 그것들을 힘에의 의지의 형태들이라고 본다. 여기서 니체는 'ego cogito'를 'ego volo'(나는 의지한다)로 환원하고 있으며, 'velle'(의지한다는 것)를 힘에의 의지로 해석하고 있다.

이렇게 데카르트의 'ego cogito'를 힘에의 의지로부터 해석하면서 데카르트가 의식의 표면에 머물러 있을 뿐 그것을 규정하는 궁극적인 것을 보지 못하고 있다고 니체는 비판하고 있지만, 니체의 힘에의 의지의 철학은 사실은 데카르트의 형이상학적인 근본입장을 근거로 해서만 가능하다. 니체는 자신이 인간을 주체로 보는 데카르트의 입장을 궁극에까지 밀고 나가고 있을 뿐이라는 사실을 망각하고 있다. 니체는 "실체-개념은 주체-개념의 귀결이며 그 역은 아니다"라고 말하고 있지만 이 말이야말로 니체가 근원적인 형이상학적인 성찰의 궤도로부터 이미 얼마나 일탈되어 있는지를 보여 준다.

니체는 '주체'를 여기서 물론 근대적인 의미로 이해하고 있다. 주체는 인간의 자아다. 실체 개념은 니체가 생각하듯이 주체 개념의 귀결이 아니지만, 그렇다고 주체 개념이 실체 개념의 귀결인 것도 아니다. 주체 개념은 전통적으로 'οὐσία'(우시아)와 'ὑποχείμενον'(히포케이메논)으로서 해석되었던 존재자의 진리에 대한 새로운 해석에서 비롯된다. 즉 주체 개념은 'cogito sum'에 근거하여 인간이 본래적으로 근저에 놓여 있는 것(quod substrat), 본래의 실체가 되는 것으로부터 비롯된다. 주체 개념은 전화된 실체 개념이 표상하는 자로서의 인간에게 제한된 것에 지나지 않는다.

니체가 '실체 개념'의 근원을 오인하고 있는 것은 그가 데카르트를 비판함에도 불구하고 형이상학의 근대적 입장을 당연시하면서 모든 것을 주체로서의 인간의 우위 안에 편입시키기 때문이다. 물론 이제 주체는 힘에의 의지로서 파악되며 이에 입각하여 'cogitatio', 즉 사유도 해석된다. 니체는 사유를 '인식'을 위한 수단이 아니라 사물을 지칭하고 질서 지우며 사용하기 쉽게 만드는 수단으로 해석하는 것이다. 달리 말해 니체는 진리를 오직 힘에의 의지를 유지하기 위한 하나의 필연적인 수단 내지 가치로서만 용인한다. 니체는 '진리는 어떤 특정한 종류의 생물(즉 인간)이 그것 없이는 살 수 없는 종류의 조작적 가설이며 생을 위한 가치가 궁극적으로 결정한다'라고 말하고 있는 것이다.

니체는 데카르트의 형이상학적인 근본입장을 전적으로 계승하지만 그것을 힘에의 의지로 환원한다. 즉 그는 '진리에의 의지'로서의 확실성을 힘에의 의지에 의해서 근거 짓는다. 니체가 의식과 사유 대신에 힘에의 의지로서의 신체와 본능을 내세운다는 사실은 데카르트를 통해서 확립된 형이상학적인 근본입장을 전혀 변화시키지 않는다. 니체가 데카르트를 이렇게 거부하는 이면에 데카르트와의 근본적인 일치가 존재하는 것이다. 양자 사이의 이러한 일치는, 데카르트와 니체 모두가 진리와 존재에 대해서 근저에 놓여 있는 것은 'subiectum'으로서의 인간이며, 진리는 확실성으로, 존재는 표상되어 있음으로 파악하고 있다는 데에서 성립한다.

더욱이 이러한 일치는 표면적인 거부의 이면에 그러한 거부와 아무런 관계 없이 존재하는 것이 아니다. 그러한 일치야말로 사실은 니체가 데카르트를 거부하는 가장 결정적인 계기다. 다른 말로 하자면 이러한 거부는 사실은 거부가 아니고, 인간을 'subiectum'으로서 설정하는 것을 — 사유를 충동적인 생의 한 기능으로서 생리학적으로 해석함으로써 — 철저하게 밀고 나간 것이다. 표-상 작용 자체, 즉 'cogitatio'는 니체의 비판에서는 근저에 놓여 있는 것으로서 모든 것이 소급되어야만 하는 신체로 다시 한 번 소급된다.

하이데거는 이렇게 표-상 작용이 신체로 소급되는 과정은 조건 지어진 주체가 무조건적인 주체로 나아가는 과정으로 본다. 그리고 그는 이러한 과정을 데카르트에서 니체에 이르는 근대 형이상학의 전개 과정에서 비진리가 어떻게 파악되는지를 실마리로 하여 고찰하고 있다.

데카르트에서 비진리는 'falsitas'(거짓, Falschheit)로서 파악되며 이것은 'error'(오류, Irre)로서 파악되고 있다. 오류는 표-상 작용 내에 의심될 수 없음과 확실성의 조건들을 충족시키지 못하는 것이 노정된다는 데서 비롯된다. 그런데 인간이 오류에 빠진다는 것, 이에 직접적으로 그리고 항상 참된 것을 완전히 소유하고 있지 않다는 사실은 인간의 본질이 제한되어 있음을 의미한다. 따라서 데카르트에 의하면 인간은 표-상 작용의 주체로서 기능하지만, 이 주체는 제한되어 있고 유한하다. 인간은 절대적인 인식을 소유하고 있지 않으며, 그리스도교적으로 말하면 인간은 신이 아닌 것이다. 그러나 그가 인식하는 자인 한, 그는 또한 단적으로 공허한 무 안에 존재하지도 않는다. 인간은 'medium quid inter Deum et nihil'(신과 무의 어떤 중간자)이다.

근대 형이상학의 그 후의 전개에서, 특히 헤겔에서 비진리는 진리의 한 단계와 한 양태가 된다. 이러한 사실이 의미하는 것은 주체성은 자신을 실현해 나가는 운동 안에서, 자신을 하나의 조건 지어진 것이면서 유한한 것으로 만드는 비진리를 무조건적인 절대지로 지양(止揚)하는 것을 본질로 갖는다는 것이다. 여기서 모든 오류와 거짓은 그 자체에 있어서 그리고 자각적으로(an und für sich) 투명하게 참된 것에 지나지 않는다. 부정적인 것은 절대적인 표상 작용의 긍정성에 속한다. 주체성은 여기서는 조건 지우는 모든 것을 그 자체 안에 매개하고 지양하는 무조건적인 표-상 작용, 즉 절대정신이다.

니체에게도 주체성은 헤겔에서와 마찬가지로 하나의 무조건적인 주체성이지만 진리의 본질이 달리 규정됨에 따라서 헤겔과는 다른 의미를 갖게 된다. 니체에서는 진리와 비진리 사이의 구별도 붕괴하게 된다. 보다 정확히 말하면 진리와 오류 사이의 구별은 ── 그때마다의 관점들을 무조건적으로 관장하는 ── 힘에의 의지의 절대적인 명령권에 복속된다. 참된 것과 참되지 않은 것에 대한 관장은 오직 힘에의 의지 자체에 속한다. 힘에의 의지의 고양에 기여하는 것은 참이지만 그렇지 않은 것은 오류다. 진리란 단적으로 힘에의 의지가 자신의 유지와 고양을 위해서 정립한 수단에 지나지 않는다.

따라서 주체성은 모든 한계로부터 벗어날 뿐 아니라 이제는 모든 종류의 제한의 설정과 철폐를 관장한다. 이런 맥락에서 하이데거는 니체의 형이상학을 힘에의 의지의 무조건적인 주체성의 형이상학으로 규정한다. 하이데거가 니체의 형이상학을 단순히 '무조건적인 주체성의 형이상학'으로 규정하지 않고 '힘에의 의지의' 무조건적인 주체성의 형이상학으로 규정한 이유는 이러한 규정이 '인식하는 의지의 무조건적인 주체성'으로서의 정신의 형이상학인 헤겔의 형이상학에 대해서도 타당하기 때문이다. 니체에게 주체성은 신체, 즉 충동과 열정, 다시 말해서 힘에의 의지의 주체성으로서 무조건적이다.

무조건적 주체성의 이 두 가지 형태에서, 즉 니체와 헤겔의 형이상학에서 인간의 본질은 각각 달리 파악된다. 형이상학의 역사 전체를 통해서 인간의 본질은 일관되게 'animal rationale'로서 규정되었다. 헤겔의 형이상학에서는 완전히 전개된 'rationalitas'가 주체성을 규정하는 것이 되며, 니체의 형이상학에서는 'animalitas'(동물성)가 중심이 된다. 따라서 니체에서 주체성의 무조건적인 본질은 필연적으로 야만적인 야수성(bestialitas der brutalitas)으로서 전개된다. 형이상학의 종말에는 'homo est brutum bestiale'(인간은 야만적인 야수다)라는 명제가 제시된다. 이와 함께 'animal rationale'의 본질들 내에서 인간을 무조건적으로 규정하는 최후의 가능성이 실현되었다. 'rationalitas'와 'animalitas' 외에 형이상학적으로 어떠한 제3자도 존재하지 않는다.

이는 헤겔에서 인간을 'rationalitas'로 보는 입장이 그리고 니체에서 인간을 'animalitas'로 보는 입장이 궁극에까지 전개됨으로써 형이상학이 완성된다는 것, 즉 본질적으로 종말에 도달한다는 사실을 가리킨다. 여기서 '형이상학의 종말'은 형이상학적인 사유 양식의 중단과 소멸을 의미하는 것이 아니라 형이상학의 본질적 가능성들이 고갈된 역사적 순간을 의미한다.

우리는 이상에서 힘에의 의지에 대한 니체의 사상을 주로 데카르트 이후의 서양 형이상학의 역사에 초점을 맞추어 고찰했지만, 가치 사상의 기원과 관련해서는 플라톤 이후의 서양 형이상학의 전개부터 살펴보기로 한다. 하이데거에 의하면 힘에의 의지에 대한 사상이 실질적으로는 플라톤의 존재망각과 함께 시작된 것과 마찬가지로 니체의 가치 사상의 기원도 실질적으로는 플라톤의 존재망각과 함께 시작되었다.

존재망각은 플라톤으로부터 시작해서 니체에서 완성된다. 형이상학은 니체에 의해서 수행된 전환을 통하여 존재망각의 극단에 이르게 된다. 존재는 이제 인간이라는 존재자의 존립을 확실하게 하는 조건으로서 해석된다. 존재는 힘에의 의지에 의해서 정립된 그 자신의 조건이다. 그런데 존재를 가치로서, 즉 힘에의 의지를 가능하게 하는 조건으로서 형이상학적으로 해석하는 것은 이미 형이상학이 대두되기 시작하면서 나타나기 시작했다.

플라톤에서도 존재는 존재자를 가능하게 하는 조건이라는 성격을 갖고 있다. 존재자를 가능하게 하는 조건으로서의 존재자성과 존재자의 구분은 형이상학의 본래적인 근본구조다. 이데아들 중의 최고의 이데아는 모든 것의 본질로서 선의 이데아다. 이 경우 선의 이데아는 그리스적인 의미에서 쓸모 있게 만드는 것, 즉 존재자를 존재자로서 가능하게 하는 것이란 의미를 갖는다.

그러나 플라톤은 아직은 가치라는 범주를 통해 사유하지는 않았다. 플라톤의 이데아는 은닉으로부터 자신을 개현하는 피시스의 경험으로부터 사유되고 있다. 그런 한 플라톤에게는 힘에의 의지에 의해서 정립된 가치라는 범주를 통해 사유하는 것은 인간을 '주체'로서 사유하는 것 못지않게 낯선 것이다. 이런 맥락에서 하이데거는 니체가 말하는 모든 가치의 전환을 니체와는 달리 해석하고 있다. 즉 하이데거에 따르면 니체에 의해서 수행된 모든 가치의 전환이란 '그가 이제까지의 최고의 가치들 대신에 새로운 가치들을 정립한다는 데에' 존재하는 것이 아니라 '그가 존재, 목적, 진리를 가치로서 그리고 오직 가치로서만 파악한다는 데에' 존재하는 것이다. 가치 전환이란 그것의 근본적인 의미에서 존재자의 모든 규정을 가치 범주를 통해서 사유하는 것을 말한다.

가치라는 범주를 통하여 사유하는 것은 니체 이전의 형이상학에는 실로 낯설었으나 그럼에도 불구하고 이러한 사유 방식이 니체 이전 시대의 형이상학을 통하여 준비되었다. 존재가 이데아로 해석됨으로써 진리의 본질에 있어서 중점은 자신을 은닉으로부터 개현하는 피시스 자체로부터 존재자 전체를 인식하려는 사유에로, 즉 이데아에 일치하려는 사유에로 옮겨진다. 피시스의 경험으로부터 멀어지면 멀어질수록 존재자가 전면에 부각되고 인간의 가장 중심적인 관심사가 되기 때문에 존재는 배후로 물러나지 않으면 안 된다.

이 경우 존재는 존재자를 가능하게 하는 것으로서 존재자보다 앞선 것, 즉 아프리오리가 된다. 그러나 이러한 아프리오리는 그것이 그때마다 가능하게 하는 것인 존재자의 무게를 갖지 못한다. 아프리오리, 즉 존재자보다 앞선 것은 보족적인 것이 되며 존재자의 가능성의 조건으로서 허용되는 것이 되고 만다. 진리는 이데아를 통찰하는 사유의 올바름이 된다. 이데아는 중세에서는 신의 사유 안에 그리고 근대에는 인간의 표상 안에 자신의 기원을 갖게 된다. 즉 근대에 들어와 이데아는 표상되어야 할 것을 그것의 표상됨에 있어서 가능하게 하는 것이 된다. 칸트적으로 말해서 이데아는 경험 가능성과 경험 대상을 가능하게 하는 조건이 된다. 다시 말해 이데아는 시간과 공간이라는 직관 형식과 범주라는 사유 형식과 같이 주체에게 대상이 존립할 수 있기 위해서 주체가 주재하고 주재해야만 하는 선험적 조건이 되는 것이다.

존재를 이렇게 표상하는 주체에게 선험적으로 이미 갖추어져 있는 직관 형식과 사유 형식으로 파악하는 칸트의 해석을 통하여 처음으로 존재는 '가능성의 조건'이라는 의미에서 이해된다. 그리고 이를 통해 니체의 형이상학에서 보는 바와 같은 가치 사유를 위한 길이 트이게 된다. 대상들을 표상함에 있어서 표상의 본질로서 의지가 작용하는 동시에 표상하는 주체가 자신을 무조건적으로 정립할 때 그것은 자신을 힘에의 의지로서 드러내는 것이다. 이런 의미에서 니체는 데카르트의 형이상학적 근본입장의 완성이다. 다만 니체에서는 모든 것이 표상과 의식의 영역으로부터 의지와 충동의 영역으로 이전되면서 힘에의 의지의 생리학으로부터 사유될 뿐이다. 데카르트의 형이상학적인 근본입장이 없었다면 니체가 힘에의 의지를 존재자 전체의 근본성격으로 정립하는 것은 불가능했을 것이다.

이런 의미에서 하이데거는, 니체가 근대의 형이상학을 정초하는 데카르트의 철학에 대해서 항상 거듭해서 아무리 첨예하게 대립적인 입장을 취하더라도 니체는 데카르트가 인간을 아직 완전히 그리고 결정적으로 충분히 주체로서 정립하고 있지 않기 때문에만 데카르트에 대립하는 입장을 취했을 뿐이라고 말하고 있다.

니체의 힘에의 의지는 형이상학적이고 근대적인 주체성의 궁극적 귀결일 뿐이다. 니체는 라이프니츠와 셸링과 헤겔의 의지 개념을 가장 철저하게 사유했다. 니체는 힘에의 의지의 진정한 현실성인 초인에서만 인류가 대표적으로 구현된다고 봄으로써 관념론적인 형이상학적인 주체성을 거꾸로 세웠다. 힘에의 의지는 무조건자로 완성된 주체성이다. 표-상 작용은 니체에서는 모든 것이 근거하는 것인 몸(Leib)으로 다시 한 번 환원된다.

존재자의 존재는 플라톤에서는 존재자를 가능하게 하는 이데아가 되고, 칸트에서는 대상들에 대한 경험을 가능하게 하는 조건이 되며, 니체에서는 가치가 된다. 가치는 힘에의 의지가 자신을 유지하고 고양하기 위해서 정립되는 것이다. 따라서 니체의 철학에는 이성과 주체성을 미리 제약하는 선험적 구조란 존재하지 않는다. 니체의 철학에서는 존재가 절대적인 주체성이라는 성격을 갖는 존재자에 의해서 정립되고 이러한 존재자의 주재 아래 있는 가치가 됨으로써 존재와 존재자의 차이는 사라지고 만다. 주체의 통제를 벗어나 있는 존재 자체란 이제 더 이상 물을 가치가 있는 것으로 나타나지 않으며 인간이 통제할 수 없는 존재의 은닉이란 차원은 완전히 망각되고 만다.

니체는 존재와 존재자의 진리를 가치로서 규정함으로써 형이상학에서 이미 시초부터 나타나고 있던 경향, 즉 존재가 존재자를 가능하게 하는 것으로서 표상 행위의 세력권하에 편입되게 되는 경향을 명확히 드러내고 있다. 다시 말해서 '자신을 드러내는 범형적인 모습'(die sich zeigende vorbildliche Sichtsamkeit)으로서 올바르게 이해된 이데아의 본질과 존재자 전체를 지배하면서 자신을 관철하는 힘에의 의지 사이에는 하나의 통일적인 본질연관이 존재하는 것이며, 이러한 본질연관의 전개에서는 의지적인 것(das Willenshafte)이 갈수록 결정적으로 득세하게 된다.

바로 이러한 전개가 형이상학의 역사다. 플라톤에서 시작했던 것, 즉 존재망각으로서의 형이상학은 니체에서 완성에 달하는 것이다. 니체의 철학에서는 존재와 무는 본질적으로 의지가 자신의 고양을 위해서 사용하는 가치로서만 나타날 수 있을 뿐이다. 니힐리즘의 사건도 니체에서는 힘에의 의지의 고양을 위한 조건, 즉 가치로 간주된다. 다시 말해서 그것은 이제 최고의 존재자가 된 힘에의 의지의 대표적인 구현자로서의 인간으로부터 설명되고 이를 통해 인간의 처분 범위하에 귀속되고 만다.

니체는 힘에의 의지는 현대 기술문명과 현대인뿐 아니라 모든 시대와 인간을 비롯한 존재자 전체를 지배하는 본질이라고 주장할 것이며 자신의 철학의 타당성을 하이데거처럼 현대에 국한하려는 시도를 거부할 것이다. 그러나 하이데거는 니체 철학의 시대적 제약성을 부각시키려고 한다. 하이데거에게는 인간이 힘에의 의지의 주체로 나타나고 모든 존재자를 자신의 권력을 강화하기 위한 발판이나 수단으로 보는 사고방식은 근대에서야 가능하게 되며 그것은 현대 기술문명에서 완성된 형태로 나타나고 있다는 것이다.

하이데거는 인간은 유사 이래로 항상 힘에의 의지의 주체는 아니었고 힘에의 의지의 주체로서 등장하는 것은 근대에 와서야 가능하게 되었다고 말하고 있다. 예를 들어서 하이데거는 고대 그리스인들은 자신을 스스로 드러내는 존재자들의 진리를 드러내려고 했지 자신의 지배력을 강화하려고 하지 않았다고 보며, 중세인 역시 세계를 대상화하여 파악하는 것 대신에 신의 계시에 귀를 기울이면서 그러한 계시의 빛 안에서 존재자들을 이해하려고 했다고 보는 것이다.

인간이 힘에의 의지의 주체로 나타나는 것은 데카르트가 인간을 자신의 이성에 입각하여 세계를 파악해야 하는 주체로 정립한 이후인 근대에서야 가능한 사고방식이다. 그리고 니체는 이러한 데카르트적인 인간중심주의를 극단으로까지 밀고 나간 것에 불과하다. 이 점에서 하이데거는 니체의 형이상학을 근대 형이상학의 정점이라고 보고 있다.[30]

---

30) *HG* vol.5, p.239; *HG* vol.48, p.53.

이상에서 보듯 하이데거는 니체의 사상을 철저하게 역사적으로 고찰하고 있다. 그는 서양의 존재 이해가 어떻게 생성되었고 그것이 어떻게 선화해 가는가 하는 존재사적 관점으로부터 니체 사상을 고찰하고 있는 것이다.

6) 현대 기술문명의 사상가이자 니힐리즘을 완성하는 사상가로서의 니체

하이데거는 인간이 모든 가치를 자신의 고양과 강화를 위한 수단으로서 고안해 내는 'animalitas'가 되면서 형이상학의 본질적 가능성들이 고갈된 역사적 순간이 바로 현대 기술문명이라고 본다. 현대 기술문명에서는 가장 냉철한 지성이 지배하는 것 같지만 하이데거가 보기에는 맹목적인 지배에의 의지가 지배하고 있다. 하이데거는 현대 기술문명의 도처에서 이러한 의지의 지배를 본다. 그리고 하이데거는 니체야말로 이러한 의지를 자신의 철학의 원리로 삼으면서 현대 기술문명을 정초하고 있다고 본다.

현대 과학은 존재자들을 있는 그대로 파악하려는 것이 아니라 존재자들에 대한 지배를 목표한다. 아울러 현대의 기술 역시 존재자들로 하여금 자신의 고유한 본질을 드러내도록 하는 것이 아니라 존재자들을 자신의 뜻대로 조종하고 통제하려고 한다. 현대의 과학과 기술에는 본질적으로 인간이 그것을 이용하여 자신을 강화하려는 힘에의 의지가 지배하고 있다. 이러한 힘에의 의지는 생성 소멸하는 세계에서 자신의 존재를 확고하고 지속적으로 존립하는 것으로 확보하려는 의지다.

하이데거에 의하면 현대를 지배하는 것이 힘에의 의지라는 사실은 과학과 기술 이외에 현대 기술문명의 전형적인 특색이라고 볼 수 있는 세계관의 투쟁에서도 나타난다. 나치즘이나 맑스주의와 같은 세계관 자체가 현대인이 세계를 자신의 이론적인 체계 속에 편입시킴으로써 세계 안에서 자신의 삶의 방향과 의미를 찾으려는 몸부림에서 비롯된 것이다. 세계관이란 변화무상한 세계에 던져진 인간이 세계를 고정된 이론적 체계 안에 편입시킴으로써 자신의 지속적인 안전을 확보하려는 시도다.

그런데 이러한 세계관은 그야말로 세계 전체를 자신의 체계 안으로 포섭하려는 것이기에 다른 세계관이 자신 곁에 대등한 것으로 존재하는 것을 허용할 수 없다. 바로 이러한 사실로부터 두 번의 세계대전이란 형태로 나타난 세계관들의 투쟁이 발생하게 된다. 어떤 특정한 세계관을 신봉하는 인간들은 자신의 세계관이 승리했을 때 자신의 존재도 그만큼 안전하게 되고 강화되었다고 생각한다. 세계관의 투쟁이란 특정한 세계관에 사로잡힌 자들이 내세우는 것처럼 진리나 민족이나 인류를 위한 것이 아니라 자신들의 힘에의 의지를 강화하기 위한 투쟁에 불과하다.

하이데거에 의하면 모든 시대는 그 시대를 근저에서 규정하는 존재관과 진리관을 정립하는 형이상학에 의해서 정초된다.[31] 니체는 인간을 비롯한 모든 존재자의 본질을 힘에의 의지로 봄과 동시에 진리의 본질을 힘에의 의지가 자신을 유지하고 강화하는 수단으로 봄으로써 현대 기술문명을 준비하는 사상가다. 니체는 현대문명을 지배하는 것이 과학이나 세계관이 주장하는 것처럼 진리나 인류애나 민족애가 아니라 힘에의 의지일 뿐이라는 사실을 드러낸 최초의 사상가다. 그는 과학이든 기술이든 세계관이든 사실은 힘에의 의지가 자신을 강화하기 위해서 정립한 수단들로 보고 있다.

실로 20세기에 들어오면서, 니체가 이미 19세기에 고지했던 신의 죽

---

31) *HG* vol.5, p.75 참조.

음과 함께 모든 절대적인 가치와 규범은 그동안 인간들에 대해서 가졌던 지배력을 상실하게 되었다. 사람들은 이제 모든 가치와 규범의 기원을 인간학적이고 조작주의적이고 실용주의적인 관점에서 해석하고 있다. 모든 가치와 규범은 그 자체로서 타당하고 참된 것이 아니라 인간이 자신의 삶의 유지와 강화를 위해서 만들어 낸 것에 불과하다는 생각이 현대를 지배하고 있는 것이다. 하이데거는 이러한 생각은 자유주의와 맑스주의 그리고 나치즘과 같이 20세기를 규정했던 세계관들을 근저에서 지배하고 있다고 본다.

20세기 이후의 인간들은 이제 그 자체로 타당한 초월적이고 절대적인 규범과 가치에 의거하여 생각하고 행동하는 것이 아니라 오직 자신의 삶의 보존과 강화를 목표로 하여 생각하고 행동한다. 이렇게 자신의 삶의 보존과 강화를 목표하는 의지를 니체는 '힘에의 의지'라고 불렀다. 이러한 힘에의 의지만이 모든 가치와 규범의 근거이기 때문에, 현대인들은 어떤 가치와 규범이 인간의 힘을 강화하는 데 기여하면 그것을 기꺼이 수용하지만 그렇지 않으면 언제든지 폐기 처분해 버린다.

하이데거는 이렇게 인간 중심적이고 조작주의적이며 실용주의적인 사고방식은 20세기 이후의 현대 기술문명에서 역사를 규정하는 힘을 갖게 되었지만 이미 니체에 의해서 19세기에 정초된 것이라고 보고 있다. 이런 의미에서 하이데거는 니체를 19세기에 살았지만 20세기 이후의 현대 기술문명을 철학적으로 정초한 사상가라고 보고 있다. 하이데거는 니체를 맑스나 프로이트 혹은 20세기의 그 어떠한 사상가보다도 20세기 이후의 세계의 본질을 철저하게 사유한 사상가로 보고 있는 것이다. 실로 20세기의 대부분의 인간 중심적인 사상들은 모두 다 니체 사상의 권역 안에서 움직이고 있다.

힘에의 의지가 지배하는 상황에서 존재자는 자신의 유일무이의 존재로 인간을 사로잡고 인간의 경이를 요구하는 것이 아니라 인간의 안전 확보와 욕구 충족을 위한 수단이 된다. 존재자 전체는 인간이 사용할 수 있는 에너지의 담지자로 나타나는 것이다. 그러나 이러한 과정에서 사실은 인간도 도구화되는바, 인간은 물질과 마찬가지로 양화 가능한 에너지인 노동력의 담지자로 간주된다. 인간은 자신을 힘에의 의지의 주체로 간주하지만 사실은 힘에의 의지의 수단에 불과한 것이다. 현대 기술문명에서는 인간이 아닌 다른 존재자들만이 인간을 위한 에너지를 내놓도록 강요되는 것이 아니라 인간들마저도 존재자들에 대한 지배를 위해서 자신의 모든 에너지를 다 발휘하도록 강요당한다. 모든 사람은 존재자들에 대한 지배를 위해서 자신의 심신을 혹사한다. 현대인은 자신이 존재자들을 지배하려는 힘에의 의지의 주체라고 생각하지만 사실은 힘에의 의지의 노예가 되고 있는 것이다.[32]

인간은 존재자들을 지배하면 할수록 자신의 지배력이 강화되고 자신이 강화되었다고 믿는다. 그러나 이는 전체적인 인격으로서의 인간 실존이 강화되고 고양된 것이 아니라 자신의 힘에의 의지만이 강화되고 고양된 것이며 오히려 전체적인 인격으로서의 자신은 힘에의 의지의 수단이자 노예로 전락해 버렸을 뿐이다. 자신의 세계관이 승리했을 경우에도 인간은 자신이 승리했다고 생각하지만, 사실은 세계관의 승리를 위해서 자신을 소모했을 뿐이다.

따라서 과학과 기술 시대에서 주체는 사실은 개개의 인간도 집단으로서의 인간도 아니고 인간을 포함한 존재자 전체를 자신의 확장을 위한 수

---

32) *HG* vol.5, p.278 이하 참조.

단으로 삼는 물화(Verdinglichung)의 체계다. 이러한 사실은 자본주의든 이를 비판하는 사회주의든 이 양자가 근대적인 존재 개념에 근거하고 있는 한 양자 모두에 타당하다. 물화의 체계에서 인간은 자신의 물질적 욕구 충족을 위한 물품들을 제공받는 대가로 물화 체계의 확장을 위해 자신의 노동력을 제공한다. 물화의 체계로서의 기술 세계에서는 인간을 비롯한 모든 사물은 자신의 고유한 존재를 상실하고 이러한 체계의 맹목적 확장을 위한 부품으로 전락하고 만다.

따라서 현대 기술문명의 본질은 '인간이' 존재자 전체를 지배하는 것이 아니라 힘에의 의지만이 자신을 끊임없이 강화할 뿐이라는 것이다. 그리고 그러한 힘에의 의지가 지배하는 와중에서 인간을 비롯한 모든 존재자는 자신의 고유한 가치와 의미를 잃고 소모된다는 점에서, 기술 시대란 궁극적으로 공허한 무가 지배하는 시대, 즉 니힐리즘이 지배하는 시대다. 그리고 니체의 철학은 이러한 기술 시대를 정당화하는 철학이기에, 그것은 자신이 주장하는 것처럼 니힐리즘을 극복하는 것이 아니라 니힐리즘을 완성한다.

니체가 니힐리즘을 궁극적으로 초감성적 가치의 설정과 구체적인 인간과 대지의 경멸에서 비롯된 것으로 보았던 반면에, 하이데거는 현대의 니힐리즘은 현대의 특정한 존재 이해, 즉 존재자 전체를 기술적 지배의 수단으로 보는 존재 이해에서 비롯된다고 보고 있다. 니체는 니힐리즘의 극복을 위해서 초감성적 가치라는 기만의 폐기와 인간이 적극적으로 주체가 될 것을 요구한 반면에, 하이데거는 인간이 절대적이고 무조건적인 주체로 자처하는 현대 기술문명에서 오히려 인간을 비롯한 존재자 전체의 고유한 가치와 의미는 박탈되었고 모든 것은 양화 가능한 에너지의 담지자로 전락하게 되었다고 보고 있다.

하이데거에 따르면 현대 기술문명에서 진정한 주체는 자신을 사회와 역사 그리고 자연에 대한 주체라고 자부하는 인간이 아니라 인간을 비롯한 존재자 전체를 처분 가능한 에너지로서 이용하면서 자신을 확대해 가는 하나의 맹목적이고 광기 어린 의지다. 이 시대의 주역들로서 간주되는 소위 정치가나 기업가조차도 그리고 히틀러와 스탈린과 같은 전체주의적인 독재자들조차도 하이데거가 보기에는 이러한 광기 어린 의지의 자기확장을 위한 도구일 뿐이다. 현대인들은 스스로를 이러한 의지의 주체라고 생각하고 있지만 사실은 이러한 의지의 수행을 통해서 오히려 자신의 심신과 존재자 전체를 황폐시키고 있는바, 오히려 이러한 의지의 하수인에 불과한 것이다.

하이데거는 현대 기술문명을 지배하는 이러한 맹목적인 지배의지를 의지에의 의지라고 부른다. 이러한 의지는 자신 이외의 어떤 다른 목적을 갖지 않고 오직 자신의 강화와 고양만을 의지하기 때문이다. 하이데거는 니체의 힘에의 의지는 이러한 '의지에의 의지'를 겨냥하고 있지만, 니체는 당시의 낭만주의나 생리학적·심리학적 사고에 구속되어 있어서 이러한 의지에의 의지를 사태에 맞게 개진하지는 못했다고 본다. 이런 의미에서 하이데거는 니체가 말하는 힘에의 의지를 '의지에의 의지'의 전(前) 단계라고 부르고 있다.

이러한 '의지에의 의지'는 제1차 세계대전과 제2차 세계대전 그리고 냉전체제에서 보듯 각국 간의 이데올로기 전쟁을 통해서, 그리고 동구 몰락 이후에는 각국 간의 경제 전쟁을 통해서 국민 전체와 존재자 전체를 한갓 소모품으로서 총동원하는 체계로 몰아가고 있으며, 이로 인해 생태계의 파괴를 비롯한 전(全) 지구적 규모의 황폐화가 진행되고 있다. 따라서 하이데거는, 이러한 의지의 철저한 관철이 니힐리즘의 극복을 가져올 수 있다고 보았던 니체에 반해서 그것은 오히려 — 플라톤 이래 진행되어 온 — 니힐리즘의 완성을 초래한다고 보았다. 하이데거는 니체가 실로 니힐리즘이 완성되는 시대에 니힐리즘의 몇 가지 특성과 고향상실을 경험했다고 인정하면서도, 니체가 이러한 특성과 고향상실을 니힐리즘적으로 해석하면서, 다시 말해 존재망각에 입각하여 해석하면서 니힐리즘의 본질을 완전히 은폐시켜 버렸다고 보는 것이다.[33]

7) 니힐리즘의 극복에 대한 하이데거의 사상

위에서 본 것처럼 니체가 니힐리즘의 기원과 그것의 극복을 절대적인 인간 주체성의 관점에서 해석하고 있는 반면에, 하이데거는 그것을 인간의 철저한 유한성과 역사성이란 관점에서 보려고 한다.

하이데거에서 현대의 니힐리즘이 궁극적으로 존재자 전체를 기술적으로 처리 가능한 에너지로 보는 존재 이해에서 비롯되는 것이라면 니힐리즘의 극복을 위해서도 새로운 존재 이해가 우리에게 열리지 않으면 안 된다. 그러나 이러한 새로운 존재 이해는 우리가 임의로 발견할 수 있는 것이 아니다. 우리 인간이 이러한 새로운 존재 이해를 임의로 발견하거나 구상해 낼 수 있다면 현대를 지배하는 니힐리즘은 이미 극복되었을 것이다. 현대의 니힐리즘이 비롯된 존재 이해마저도 현대인이 임의로 발견하거나 구상해 낸 것이 아니다. 그것은 현대인이 통제하지 못하고 오히려 현대인이 이미 편입되어 있는 서양 형이상학의 역사에서 형성되어 나온 것이다. 현대의 존재 이해를 극복하는 새로운 존재 이해 역시 이러한 역사 과정 자

---

33) *HG* vol.5, p.264 참조.

체에서 형성되어 나오는 것이지 않으면 안 된다. 그럴 경우에만 그것은 우리를 사로잡으면서 새로운 역사를 건립할 수 있는 힘을 갖게 된다.

현대의 존재 이해는 궁극적으로 그리스 형이상학의 대두 이래 피시스의 경험을 망각하고 존재자 전체와의 근원적인 친근함을 상실한 후 의심과 회의라는 근본기분이 근대를 규정하게 된 데서 비롯되는 것이다. 따라서 현대와 현대를 마련한 서양의 역사를 극복하는 새로운 존재 이해도 하나의 새로운 근본기분에서 열리지 않으면 안 된다. 이러한 근본기분이 바로 하이데거가 경악(Erschrecken)이라고 부르는 기분이다. 이 경우 경악은 각 존재자의 유일무이한 존재가 존재자에게서 사라져 버렸다는 사실 앞에서의 경악이다. 하이데거는 자신의 철학을 규정하는 근본경험을 존재망각의 경험이라고 말하고 있다. 그러나 이러한 경험은 존재가 망각됨으로써 존재가 존재자를 떠나 버리고 니힐, 즉 공허만이 남아 있다는 사실 앞에서의 경악 이외의 것이 아니다.

이러한 경악이란 기분은 어떻게 가능한가? 우리는 존재자의 고유한 존재가 존재자에게서 떠나 버렸다는 사실을 이론적으로 확인한 후 이러한 사실 앞에서 경악하는 것이 아니다. 오히려 그러한 사실은 경악이라는 근본기분을 통해서 비로소 개시되는 것이며 이러한 개시를 바탕으로 해서만 그러한 사실에 대한 개념적인 고찰도 가능하게 되는 것이다. 경악이란 근본기분은 우리를 엄습하면서 이 시대의 진상 앞에 직면하게 한다.

존재망각의 경험으로서의 경악이란 그런데 이미 존재에 대한 예감이다. 경악이란 기분에서 존재는 우리가 앞에서 살펴본 불안이란 기분과 유사하게 현대인들이 집착하는 기술적으로 처리 가능한 존재자들이 아무런 의미도 없는 공허한 것이라는 것을 드러내는 무로서 자신을 드러낸다. 이 경우 존재가 무로서 자신을 드러낸다는 것은 또한 존재가 기술적으로 처리 가능한 존재자가 아니라 인간이 마음대로 처리할 수 없는 비밀스런 충만의 성격을 갖는다는 사실을 시사한다.

경악이란 기분에서 이렇게 기술적으로 처리 가능한 존재자들을 무의미하고 헛된 것으로서 경험함으로써 우리는 현대 기술문명을 지배하는 맹목적인 지배의지에서 벗어나게 된다. 이렇게 지배의지에서 벗어나 인간이 기술적으로 처리 가능한 존재자들에 대한 집착을 버리고 존재의 비밀스런 충만에 자신을 열게 될 때 경악이라는 근본기분은 경외라는 근본기분으로 전환된다. 이러한 경외라는 근본기분에서 존재자에게서 떠나 버렸던 존재가 다시 존재자에 깃들게 되고 존재자 각각은 자신의 유일무이하고 충만한 존재에 있어서 나타나게 된다.

하이데거는 현대의 니힐리즘의 궁극적 근원을 형이상학을 통한 존재망각에서 찾고 있다. 이러한 존재망각이야말로 현대에 있어서 힘에의 의지의 지배를 가능케 한 것으로 보는 것이다. 형이상학은 존재를 존재자 전체에 대한 이론적 고찰을 통해서 파악될 수 있는 근거로 보는바, 인간은 이러한 근거에로 귀의함으로써 존재자 전체 내에서 자신의 궁극적 안전을 확보하려고 한다. 결국 형이상학은 존재자 전체의 근거에 의거함으로써 존재자 전체 내에서 자신의 안전을 확보하려고 하는 의지에 의해서 규정되고 있다.

이 경우 존재자 전체의 형이상학적 근거로서의 존재는 서양 형이상학의 역사에서 이데아로서, 창조신으로서, 인간의 이성으로서, 절대정신으로서 나타났다. 실로 니체는 그전의 형이상학자들이 존재자 전체의 근거로서 파악했던 이데아나 신 그리고 절대정신 등을 인간의 투사물로서 파악함으로써 전통 형이상학을 전복하려고 하지만, 하이데거가 보기에 이러한 전복은 형이상학의 진정한 극복이 아니다. 오히려 그것은 형이상학을 근저에서 은연중 규정해 온 지배의지, 다시 말해서 존재자 전체 내에서 자신의 안전을 확보하려는 의지를 철저하게 밀고 나간 것이라는 점에서 형이상학의 철저화이자 완성이다. 전통 형이상학을 진정한 의미에서 극복하려고 한다면 전통 형이상학을 암암리에 규정해 온 지배의지의 극복이 요구되는 것이지만, 니체는 오히려 지배의지의 철저한 추구를 주창하는 것이며 바로 이런 의미에서 그가 수행한 전통 형이상학의 전복이란 그것의 극복이 아니라 그것의 완성이자 철저화인 것이다.

그런데 하이데거는 형이상학적인 존재 이해가 지배해 온 서양의 역사를 인간의 자의에서 비롯된 것이 아니라 존재자 전체를 개시하면서 자신을 은닉하는 존재 자체로부터 비롯된 것으로 본다. 즉 그리스인들은 경이라는 근본기분 안에서 자신을 고지해 오면서 존재자 전체의 진리 앞에 인간을 직면시키는 존재의 사건 자체를 문제 삼지 않았다. 오히려 그들은 경이라는 근본기분을 통해서 이미 개시되어 있는 존재자 전체에 몰입하면서, 이러한 존재자 전체에 대한 이론적 고찰을 통해서 드러나는 존재자 전체의 근거로부터 존재자 전체의 출현을 설명하려고 했다는 것이다.

하이데거에 의하면 형이상학의 역사로서의 서양의 운명은 존재가 서양인에게 처음으로 자신을 고지한 사건으로서의 경이라는 기분의 성격에 의해서 규정되어 있다. 경이란 기분은 이러한 기분에서 자신을 고지하는 존재 자체에 주목하게 하기보다는 그러한 기분 안에서 빛을 발하면서 나타나는 존재자들에 주목하게 하는 것이다. 그리스인들에게 있어서는 경이란 기분과 이를 통한 존재자 전체의 개현이란 사건은 자명한 것으로 전제되었다.

바로 여기에 그리스적인 제1의 시원(der erste Anfang)에 대해서 하이데거가 말하는 제2의 시원(der zweite Anfang)으로서 현대에 일어나고 있는 존재의 사건이 갖는 특성이 존재한다. 제1의 시원에서 존재는 경이라는 기분에서 존재자 전체를 경이로운 것으로서 드러내면서 인간으로 하여금 눈앞의 존재자들에 주의를 향하게 함으로써 플라톤 이래의 형이상학이 존재자 전체의 본질과 구조를 이론적으로 고찰하는 것을 가능하게 한다. 이에 반해 현대에서 존재는 인간이 집착하는 기술적으로 처리 가능한 존재자들을 공허하고 무의미한 것으로 드러내는 무로서 자신을 드러낸다. 다시 말해서 존재는 이론적으로 파악될 수 있고 실천적으로 다루어질 수 있는 존재자와는 전적으로 다른 무로서, 존재자처럼 파악하려 할 때는 자신을 철저하게 은닉하는 비밀로서 자신을 드러내고 있는 것이다.

인간은 경악이란 기분에서 무와 심연으로서의 존재 자체에 엄습된다. 이 경우 무와 심연으로서의 존재 자체는 인간의 이론적 표상의 대상으로서의 모든 형이상학적 근거를 공허하고 무의미한 것으로 드러내는 것이며, 이러한 존재 자체에 의해 엄습됨으로써 인간은 모든 형이상학의 지배로부터 벗어나게 된다. 그리고 이렇게 형이상학의 지배에서 벗어남으로써 인간은 인간을 엄습하면서 존재자 전체를 개시하면서 자신은 은닉하는 존재 자체에 자신을 열게 된다. 이렇게 인간이 존재 자체에 자신을 열면서 경악이라는 근본기분은 경외라는 근본기분으로 전환되게 된다. 그런데 경외란 기분은 모든 형이상학적 근거의 공허함을 깨닫는 경악이라는 기분을 전제로 한다는 점에서 경악이란 기분과 밀접하게 연관되어 있다. 이렇게 경악과 경외가 결합되어 있는 기분을 하이데거는 삼감(Verhaltenheit)이라는 기분이라고 부르고 있다.

제1의 시원을 건립하는 근본기분으로서의 경이는 존재자 전체를 개시하면서 자신은 은닉하는 존재의 심연적 차원에 주목하지 않고 개시된 존재자 전체의 아름다움에 매료되어 있는 상태다. 이에 반해 삼감이라는 근본기분은 존재자 전체를 개시하면서도 자신은 은닉하는 존재 자체의 비밀스럽고 심연적인 차원에 주목하면서 존재를 근거로서 대상화하려 하지 않고 오직 그것에 청종함으로써 존재자 전체를 있는 그대로 개시하려 하는 것이다.

현대에서 일어나고 있는 존재의 사건은 존재망각의 긴 역사를 거친 후에 비밀과 은닉의 차원으로서의 존재 자체가 자신을 고지한다는 점에 특수성을 갖는다. 그리고 바로 여기에 그것이 제1의 시원이 아닌 제2의 시원이란 성격을 갖는 이유가 존재한다.

8) 무에 대한 니체와 하이데거 사상의 비교

니체에서 현대의 니힐리즘이란 존재자 전체에게 의미와 목표를 제시하던 초감성적 세계가 붕괴됨으로써 존재자 전체가 의미를 잃었다는 사실을 가리킨다. 그러나 하이데거에게 니힐리즘의 본질은 존재자는 존재로부터만 존재자로서 개시될 수 있는데 형이상학과 서양의 역사에서는 존재 자체가 철저하게 은폐됨으로써 존재자 전체가 자신의 진정한 존재를 상실했다는 것을 의미한다. 존재로부터 사유할 경우 니힐리즘의 니힐은 존재가 망각되어 존재가 아무런 의미를 갖지 못한다는 사실을 의미한다. 니힐리즘의 본질, 즉 존재자 전체가 의미를 잃었다는 사실의 본질은 존재망각이다.

하이데거에서 니힐리즘이 존재망각에서 비롯되는 것이라면, 니체에서 니힐리즘은 궁극적으로는 힘에의 의지의 대표적인 구현자로서의 인간 자신이 모든 가치의 진정한 근원이란 사실을 망각한 데서 비롯된다. 인간이 모든 가치의 근원임에도 불구하고 초감성적인 가치를 만들어 내어 이러한 초감성적인 가치야말로 모든 가치의 근원이라고 생각하면서 인간 자신과 지상의 존재자 전체를 그 자체로는 아무런 가치도 갖지 못하는 공허한 것으로 생각한 데서 니힐리즘이 비롯된다는 것이다.

그런데 근대에 들어와 이러한 초감성적인 가치를 더 이상 실재하는 것으로 믿지 않게 되면서 가치와 의미의 공백 상태가 오게 된다. 이러한 상태를 니체가 중간상태라고 부르고 있다는 사실을 우리는 보았다. 이러한 중간상태를 극복할 수 있는 길은 결국은 힘에의 의지의 대표적인 구현자로서의 인간이 모든 가치의 근원이라는 것, 그리고 자신의 힘에의 의지를 최대한 고양하고 강화하는 방향으로 새로운 가치를 정립하는 것이라는 것을 깨닫는 것이다.

이런 의미에서 니체에게 초감성적인 가치들이 가치를 상실하게 되는 중간상태로서의 니힐리즘은 기존의 형이상학적 가상에서 벗어나 진정한 실재로서의 힘에의 의지가 자신의 본질을 본격적으로 구현할 수 있는 기회다. 하이데거에게도 니힐리즘은 니체에서와 같이 하나의 기회지만 그것은 인간이 힘에의 의지의 대표적인 구현자로서의 자신을 망각한 데서 비롯된 것이 아니다. 하이데거에서 니힐리즘은 서양 형이상학에서 끊임없이 점증해 가는 힘에의 의지의 지배에 의한 존재망각에 기원을 갖는 것이다.

니체에게든 하이데거에게든 니힐리즘은 무를 경험하는 것이다. 그런데 니체에게는 무의 경험이란 최고의 가치들이 무가치하게 되는 경험을 의미한다. 이에 대해 하이데거는 무를 존재자와의 차이로부터 경험된 존재 자체로 보면서 무의 경험을 존재 자체에 대한 경험으로 해석하고 있다.

니체는 실로 존재자 전체가 공허한 무라는 사실을 경험한다. 이러한 경험을 그는 니힐리즘의 가장 극단적 형태로서의 '동일한 것의 영원회귀'라는 사상에서, 즉 생이 이미 정해진 어떠한 목표도 의미도 없이 자신을 반복할 뿐이라는 사상에서 표현하고 있다. 이러한 극단적인 니힐리즘의 적극적인 인수로부터 참된 세계와 가상적인 세계 사이의 구별이 사라진 새로운 세계가 생성해 온다. 그러나 이러한 사건, 즉 니힐리즘과 그것의 극복의 사건을 니체는 힘에의 의지로부터 설명하려 하고 있다. 이를 통해 니힐리즘의 사건은 인간이라는 존재자로부터 이해된다. 다시 말해 '동일한 것의 영원회귀'라는 극단적인 니힐리즘은 힘에의 의지의 대표적 구현자인 인간이 자신을 고양하기 위해서 정립한 조건 내지 가치로서 이해되는 것이다.[34]

따라서 '동일한 것이 영원히 자신을 반복한다'라는 설의 진리, 즉 극단적인 니힐리즘의 진리는 그것이 인간으로 하여금 자신을 초극하도록 몰아대는 데에 있어서, 다시 말해 인간이 자신의 본질인 힘에의 의지를 최대한 발휘하도록 내모는 데에 있어서 갖는 효과에 존재한다. 영원회귀 사상의 진리는 힘에의 의지가 자신을 고양하는 데에 있어서 그것이 기여하는 가치에 존재하는 것이다. 인간은 극단적인 니힐리즘인 '동일한 것의 영원한 회귀'를 힘에의 의지의 자기완성을 위한 조건으로서 정립하고 그것을 적극적으로 견뎌 냄으로써 자신의 최고의 가능성과 힘을 획득해야 한다는 것이다.

이런 의미에서 니체에서 니힐리즘과 그것의 극복의 사건은 철저하게 주의주의적(主意主義的)인 입장에서, 다시 말해 주체성의 형이상학의 입장에서 사유되고 있다. 존재의 원천은 주체성이다.

존재하는 모든 것은 그것이 존재하는 한, 힘에의 의지의 최고의 형태인 인간의 '소유'다. 인간의 시선 앞에서 어떤 것도 은닉된 채로 존재할 수

---

34) *HG* vol.44, p.164 참조.

없고 어떠한 존재자도 빠져 달아날 수 없다. 인간이야말로 그리고 인간만이 모든 존재자에게 '존재'라는 낙인을 찍을 수 있기 때문이다.[35]

　니체가 형이상학과 니힐리즘의 본질을 존재망각으로서 경험하지 않고 오히려 힘에의 의지에 의해서 정립된 가치로서 간주하면서 그것을 극복하려 할 때 형이상학과 니힐리즘은 오히려 완성된다. 니체의 형이상학의 극복이란 형이상학이 시작할 때부터 암암리에 작용하고 있던 주체의 의지, 즉 존재자 전체 내에서 자신의 안전을 확보하기 위해서 존재자 전체의 지속적인 근거를 건립하는 주체의 의지를 노골적으로 드러내고 자신의 철학적 원리로 삼음으로써 형이상학의 본질인 존재망각을 완성하고 있는 것이다.

　형이상학은 오직 존재자만을 존재하는 것으로 파악하면서 존재 역시 존재자처럼 파악한다. 즉 형이상학은 존재를 인간이 언제라도 파악할 수 있고 의거할 수 있는 지속적인 근거들과 혼동한다. 따라서 존재는 형이상학에서는 일면적으로만, 즉 백일하에 드러나 있는 현재(Präsenz)로서만 나타난다. 존재의 본질에는 사실은 은닉이 속하는데도 말이다. 오직 존재자만이 존재하고 존재가 지속적인 현존을 의미하는 사유에서는 무에게는 어떠한 존재도 귀속될 수 없으며 무는 단적인 공허, 아무런 존재자도 전혀 존재하지 않는 상태를 의미한다. 존재자 전체에 대한 형이상학적인 사유가 그 자체로 무를 은폐하며 형이상학에서 무는 모든 존재자의 총체적 부재로서 공허에 불과한 것인 한, 형이상학은 현대 세계를 철저하게 관통하고 있는 무와 니힐리즘의 본질을 사유할 수 없다. 이렇게 무를 묻지 않기에 서

---

35) *HG* vol.55, p.67 참조.

양 형이상학은 니힐리즘에 떨어질 수밖에 없는 것이다.[36] 형이상학의 존재 망각이란 존재의 은닉 차원의 망각, 무의 망각 이외의 것이 아니다.

특히 니체에서 존재와 존재자의 차이는 완전히 제거되고 모든 것은 힘에의 의지의 최고의 구현자로서의 인간이라는 존재자의 관점으로부터 설명되면서, 인간의 지배에서 벗어나 있는 존재의 은닉 차원은 완전히 망각되고 만다. 니체에서 존재와 무는 인간이 자신을 유지하고 고양시키기 위해서 정립한 조건으로서의 가치에 지나지 않는다.[37] 이와 함께 존재의 은닉 차원은 결정적으로 망각된다.

이에 대해서 하이데거에서 니힐리즘의 경험, 즉 존재자 전체가 의미를 잃고 존재자가 무근거한 채로 존재하고 있다는 사실의 경험은 현대 기술문명에서는 존재가 인간의 과학과 기술에 의한 공격으로부터 빠져나가 (sich entziehen) 존재자 전체로부터 존재가 상실되었다는 사실의 경험을 의미한다. 이는 다른 한편으로는 존재 자체가 인간의 모든 지배의지로부터 벗어나 자신을 은닉하는 것으로서 자신을 현대인에게 경악의 기분에서 고지하고 있다는 것을 의미한다.

현대는 존재망각이 한편으로는 극단에 이른 시대이기도 하면서 다른 한편으로는 바로 이를 통해서 존재의 은닉 차원, 즉 존재의 비밀스런 측면이 자신을 드러내고 있는 이행기(Übergang)라는 점에 자신의 특색을 갖는다. 현대인들이 경악이라는 기분을 통해서 자신을 드러내고 있는 존재의 은닉에서 도피하지 않고 경외라는 기분 속에서 그것에 자신을 열 때 현대는 제2의 시원으로의 이행이 될 수 있는 것이다. 이러한 이행이 일

---

36) *HG* vol.48, p.44 참조.
37) *HG* vol.5, p.209 참조.

어날 때 존재자를 떠났던 존재의 진리는 존재자 안으로 다시 진입하며 이를 통해서 존재자들은 자신들의 고유성과 무게를 되찾게 된다. 즉 그것들은 인간이 지배할 수 없고(unverfügbar) 또한 인간의 지배를 거부하는(verweigern) 사물(das Ding)로서 나타나는 것이다.

9) 니힐리즘의 기원과 본질 그리고 극복에 대한 니체와 하이데거 사상의 비교

니힐리즘이란 문제와 관련해서 하이데거와 니체만큼 많은 유사성을 지닌 사상가들도 없을 것이다. 니체의 사상은 하이데거의 사상과 같이 니힐리즘의 경험으로부터 출발하면서 그것의 극복을 지향하고 있는 것이다. 하이데거가 니힐리즘을 서양 역사의 근본운동으로 보듯이 니체에게도 니힐리즘은 서양 역사의 근본운동이며, 이에 두 사상가는 니힐리즘의 기원과 극복을 역사적으로 사유하려 하고 있다. 현대를 니힐리즘이 지배하는 시대로서 진단한 사상가는 많았지만 니체와 하이데거는 니힐리즘의 사건을 근대에서 돌발적으로 나타난 사건이 아니고 오히려 그것의 기원을 서양 형이상학의 출발 지점에서부터 찾음으로써 니힐리즘의 역사적 기원을 밝히고 이를 통해 그것을 보다 근본적으로 극복하려 했다는 점에 특색을 갖는다.

　　두 사상가의 유사성은 여기서 그치지 않는다. 니체에게 기존의 최고의 가치들이 가치를 상실하는 니힐리즘의 사건은 우리들이 어떻게든 피해야만 하는 한갓 부정적인 사태가 아니라 오히려 우리가 그것에 과감하게 직면하고 그것의 본질을 철저히 경험함으로써 우리 자신이 창조적으로 고양될 수도 있는 사건이다. 이와 마찬가지로 하이데거에게도 존재망각으로서의 니힐리즘이 정점에 달하는 시대로서의 기술 시대는 어떻게든 타기해야 할 부정적인 것이 아니라 오히려 보다 근원적인 사유를 가능하게 할 수도 있는 기회로서 파악되고 있다.

양자 간에 존재하는 이러한 유사성에도 불구하고 하이데거는 니체의 사상을 존재망각의 완성, 즉 니힐리즘의 완성으로서 보고 있다. 니체가 형이상학을 극복하려고 했음에도 불구하고 니체의 사상은 궁극적으로는 니힐리즘적인 형이상학적 전통에 의해 규정되고 있으며, 아니 그것을 넘어서 니체는 형이상학을 극복하려고 하면서 사실상은 형이상학을 완성하고 있다는 것이다. 니체의 형이상학은 그것에서 서양 형이상학의 가능성이 완전히 소진된다는 점에서 그리고 존재망각이라는 서양 형이상학의 본질이 철저하게 드러난다는 점에서 서양 형이상학의 종국점이며 완성이다. 그리고 이는 니체가 니힐리즘을 극복하려고 했지만 사실은 완성하고 있다는 것이 된다.

하이데거는 자신과 니체 사이의 이러한 차이가 자신이 니힐리즘을 존재 사상이라는 입장으로부터 접근하고 있는 것에 반해서 니체는 니힐리즘을 가치 사상으로부터 접근하고 있다는 데서 비롯된다고 보고 있다. 하이데거의 이러한 견해는 정곡을 찌른 것이 아닌가 생각된다. 니체는 니힐리즘을 '최고의 가치들이 무가치하게 되는 사건'으로 파악하면서 '가치'라는 도식 아래 사유하는 반면에, 하이데거는 니힐리즘을 존재망각의 사건으로 파악하고 있는 것이다. 니체에게 니힐리즘은 기존의 초감성적인 최고의 가치들이 존재자 전체에 대한 자신의 지배력을 상실하는 사건이고 니힐리즘의 극복은 새로운 가치 정립에 의해서 수행되는 것인 반면에, 하이데거에게 니힐리즘은 존재망각에 의해서 인간을 비롯한 존재자 전체가 황폐화되어 가는 사건이고 니힐리즘의 극복은 존재의 진리에 대한 상기에 의해서만 가능하다.

니체가 니힐리즘을 궁극적으로 초감성적 가치의 설정과 구체적인 인간과 대지의 경멸에서 비롯된 것으로 보았던 반면에, 하이데거는 현대의 니힐리즘이 현대의 특정한 존재 이해, 즉 존재자 전체를 기술적으로 지배해야 할 에너지로 보는 존재 이해에서 비롯된다고 본다. 니체는 니힐리즘의 극복을 위해서 초감성적 이념이라는 기만을 폐기하면서 인간이 적극적으로 주체가 될 것을 요구한 반면에, 하이데거는 인간이 절대적이고 무조건적인 주체로 자처하면서 존재자 전체를 지배하려고 하는 현대 기술문명에서 오히려 인간을 비롯한 존재자 전체의 고유한 가치와 의미는 박탈되고 모든 것은 양화 가능한 에너지의 저장원으로 환원되었다고 보고 있다.

하이데거에 따르면 니체가 그의 모든 통찰에도 불구하고 니힐리즘의 은폐된 본질을 인식할 수 없었던 것은 그가 니힐리즘을 위에서 보듯이 처음부터 그리고 오직 힘에의 의지의 철학으로부터 그리고 그에 입각한 가치 사상의 입장에서 파악하며 최고의 가치들이 무가치하게 되는 과정으로서 파악하기 때문이다. 그리고 니체는 서양 형이상학의 궤도와 영역 안에서 사유하기 때문에, 더 나아가 그러한 궤도와 영역에서 서양 형이상학을 종국에 이르기까지 사유하고 있기 때문에, 니힐리즘을 그런 식으로 그리고 오직 그런 식으로만 사유할 수 있다.

하이데거는 오늘날 니힐리즘은 경악이란 기분 속에서 기술적으로 처리 가능한 모든 존재자들이 공허하고 무의미한 것으로서 드러내는 사건으로서 나타나고 있다고 본다. 하이데거는 이러한 니힐리즘을 극복하기 위해서는 경악이란 기분 속에서 우리가 집착해 온 기술적 존재자들을 무화(無化)하는(nichten) 무로서 자신을 드러내고 있는 존재에 우리 자신을 열어야 한다고 본다. 이 경우 무는 전적으로 없는 것이 아니라 오히려 그 어떤 존재자들보다도 우리에게 와 닿고 말을 거는 그러한 것이다. 그것은 존재자들처럼 우리가 지각하고 파악할 수 있는 방식으로 존재하는 것은 아니지만 그럼에도 불구하고 존재하는 것이다.

하이데거에서 무는 존재와 대립되는 것이 아니라 존재 자체 내에 존재하는 무화시키는 것(das Nichtende)으로 보아야 한다고 본다. 무는 우리가 집착하는 기술적 존재자들을 무의미한 것으로 드러내면서, 다시 말해서 무화하면서 우리를 존재와 존재의 진리 안으로 진입하게 한다.[38] 오늘날 일어나고 있는 니힐리즘을 극복하기 위해서는 이러한 니힐리즘에서 무로서 자신을 고지하는 존재를 이해해야 한다. 여기서 우리는 니힐리즘의 문제가 왜 하이데거에게는 존재물음과 불가분의 관계를 갖는지를 이해할 수 있다.

하이데거 사상의 근본경험이 경악과 공존하는 경외라는 근본기분, 즉 삼감이란 근본기분에서 존재자 전체가 자신의 고유한 본질과 진리를 드러내는 피시스를 경험하는 것이었다면, 니체의 근본경험은 신의 죽음을 통한 절망의 경험과 이를 강력한 힘에의 의지를 통해서 극복하는 것이었다. 근본경험이 갖는 이러한 차이에 따라서 양자가 전통 형이상학을 파악하는 시각은 완전히 달라진다. 하이데거에게 전통 형이상학은 플라톤과 아리스토텔레스로 거슬러 올라갈수록 피시스의 경험에 더 가까워지며, 근대로 올수록 인간의 주체적인 힘에 대한 과신을 통해 피시스로부터 멀어진다.

이에 반해 니체는 서양의 역사를 인간이 얼마나 자신의 힘에의 의지를 최대한 발휘하면서 자신의 주체성을 실현했는지에 따라 평가한다. 니체는 고대 그리스인들과 로마인들 그리고 르네상스 시대의 인간들이 자신들의 힘에의 의지를 최대한 발휘했다고 본다. 그리고 니체는 현대인들이 자신

---

38) *HG* vol.65, p.267 참조.

에게 잠재되어 있는 최고의 힘을 발휘할 것을 촉구한다. 니체 철학의 이러한 성향은 다음과 같은 글에서 극명하게 나타난다.

> 우리가 실재하는 사물과 공상의 사물에 대여했던 모든 아름다움과 고상함을 나는 인간의 소유와 산물로서, 즉 인간에 대한 가장 아름다운 변명으로서 반환을 요구한다. 시인, 사상가, 신, 사랑 그리고 권력으로서의 인간 ─ 오, 왕과 같은 관대함으로 사물들을 풍요롭게 하고 자신은 빈곤하게 되고 비참하게 느끼게 된 인간. 그가 경탄하고 기도하면서, 그 자신이야말로 그가 경탄하는 바로 그것을 창조한 자라는 사실을 자신에게 숨길 줄 알았던 것이야말로 그가 가장 사심이 전혀 없었기 때문이다.[39]

니체의 이러한 그리스도교 비판이 포이어바흐의 그리스도교 비판과 놀라울 정도로 일치한다는 사실을 우리는 쉽게 간취할 수 있다. 포이어바흐도 니체와 마찬가지로 인간이 신에게 귀속시켰던 사랑과 지혜와 같은 능력을 자신의 것으로 되찾아야 한다고 주장하고 있다. 바로 이러한 맥락에서 하이데거는 니체를 근대철학의 정점으로 보며 그와 아울러 존재가 망각되고 인간 주체가 전면에 부각되어 오는 서양 형이상학의 완성의 정점이라고 보고 있다. 데카르트나 칸트와 같은 근대의 철학자들에 대한 니체의 비판은 이들에 대한 근본적인 비판이 아니라 이들이 인간의 주체성을 보다 더 철저하게 주장하지 않았다는 것을 골자로 한다.

니힐리즘의 기원과 극복을 니체가 절대적인 인간 주체성의 관점에서 해석하고 있는 반면, 하이데거는 존재의 은폐와 개현의 역사라는 존재사

---

39) Nietzsche, *Der Wille zur Macht*, introduction of Book II(above §135).

적 관점과 그러한 존재의 역사에 내맡겨져 있는 인간의 유한성과 역사성의 관점에서 보려고 한다. 니체는 자신이 오직 경험적 사실에 대한 탐구에 입각하여 힘에의 의지를 존재자의 본질로 보게 되었다고 생각한다는 점에서 아직 비역사적으로 사유하고 있다. 이에 반해 하이데거는 자신의 사유의 역사적 규정성을 철저히 의식하고 있다. 자신의 사유를 이 시대에 비로소 열린 사유의 한 가능성으로서 보고 있는 것이다. 이렇게 자신의 사유의 역사성을 철저히 의식하기에 하이데거는 니체 철학의 역사성도 통찰할 수 있게 된다. 하이데거에 따르면 니체의 철학이든 맑스의 유물론이든 나치즘이든 어느 시대에나 가능한 것이 아니라 인간 주체가 존재를 대신해 가는 과정인 형이상학 역사의 정점으로서의 근대에서나 가능한 것이다.

하이데거는 존재자 전체를 개시하면서 자신을 은닉하는 존재 자체에 대한 자신의 물음도, 존재가 인간이 집착하는 기술적 대상과 기술적 행위를 무의미한 것으로 드러내는 무로서 자신을 개시하는 현대에서나 가능하다고 본다. 따라서 거듭 말하지만 하이데거가 형이상학이 존재를 망각했다고 말할 때 그것은 결코 형이상학의 무능력에 대한 비난이 아닌 것이다.

그 이전의 모든 형이상학자가 선대의 형이상학자들을 자신의 관점에서 해석하면서 기존의 형이상학자들의 오류를 극복하는 형태로 자신의 사유를 전개했던 것처럼 니체 역시 플라톤을 비롯한 그 이전 사상가들을 자신의 관점에서 비판한다. 그러나 하이데거에서 플라톤과 니체는 전혀 다른 역사적 상황 속에 위치해 있는바, 니체의 플라톤 해석은 플라톤에게 근대의 관점을 강요하는 것으로 간주되고 있다.

니체는 힘에의 의지라는 존재자의 본질을 자신이 발견한 것으로 생각하지만, 하이데거는 니체에게 존재자의 본질이 힘에의 의지로서 나타나게 되었다고 보면서 그것이 그렇게 나타나게 되는 역사적 조건을 문제 삼는다. 다시 말해 하이데거에서는 니체에 있어서 사유되지 않은 것이 문제가 되고 있는 것이다. 하이데거는 자신의 사유의 역사성을 철저히 의식함으로써 각 시대를 각 시대에게 고유한 의미로 해방한다. 각 시대는 각각 서로 대체될 수 없는 전제들에 서있으며, 각 시대를 개념적으로 명확히 사유하는 과제를 맡는 형이상학들도 서로 대체될 수 없는 각각의 고유성을 갖는 것이다.

니힐리즘의 역사로서의 형이상학의 역사는 인간에 의한 오류의 역사가 아니며 존재의 요구에 대한 응답의 역사다. 하이데거에서는 니힐리즘의 극복도 이 시대를 니힐리즘의 시대로서 드러내는 존재의 진리에 응하는 것에 의해서만 가능하다. 이는 다시 말해 기존의 형이상학을 다시 부활시키는 것에 의해서는 니힐리즘을 극복할 수 없다는 것을 의미한다. 그리스 시대로 다시 복귀하는 것으로도 니힐리즘은 극복될 수 없다.[40] 역사는 '만들어질 수 없다'. 소크라테스 이전의 사상가들을 모범으로 삼는 것은 하이데거에서는 "지상의 사원들이 무너져 내렸거나 성소들이 버려진 채로 존재하고 아니면 공허한 관습에 의해서 사람들이 찾아올 뿐이며 역사적으로 비본질적인 것이 되었다"[41]라는 사실을 보지 못하는 것을 의미한다.

니힐리즘의 극복은 우리 자신이 이미 진입해 있는 역사의 필연성으로부터만 가능한 것이다. 존재망각의 극복은 오직 이 시대에 드러나고 있는 존재의 요구에 주의를 기울이는(Achtsamkeit) 것만을 필요로 한다. 이렇게 주의를 기울이는 것을 통해서만 존재는 자신을 그 자체로서 드러내는 것이다.

---

40) *HG* vol.55, p.69.
41) *Ibid.* 참조.

하이데거가 서양의 역사를 존재사로서 고찰할 경우 이는 역사를 소위 '객관적으로' 고찰하는 것을 의미하지 않는다. 이는 역사를 객관적으로 고찰할 수 있는 역사 밖의 어떠한 관점도 존재하지 않기 때문이다. 인간은 항상 그때마다의 역사적 상황 안에 존재하기 때문에 역사 밖의 절대적인 입장은 존재하지 않는다. 따라서 하나의 역사적 상황에 대한 이론적 고찰이 상황을 개시하는 것이 아니라 그러한 이론적 고찰 자체는 실존 전체를 통한 우리의 응함 속에서 자신을 드러내는 존재 자체의 그때마다의 자기 개현에 의거하는 것이다.[42]

현대는 경악이란 근본기분에서 존재의 은닉 차원, 존재의 비밀스런 측면이 자신을 드러내고 있다는 데에 자신의 고유성을 갖고 있다. "이는 존재 망각의 형태로 형이상학을 특징 지우는 [존재의] 탈거(脫去, Entzug)가 지금 은닉의 차원으로서 자신을 드러낸다는 것을 의미한다."[43] 이러한 차원은 형이상학에서는 배제되었다. 형이상학은 존재를 오직 지속적으로 현재하는 것으로서만 사유함으로써 존재의 은닉 차원을 은폐하는 것이다. 이러한 배제는 인간의 임의에서 비롯되는 것이 아니라 존재가 자신을 은닉하는 운동에서 비롯된다.

이는 다시 말해 존재 자체는 인간의 본질과 본질적으로 관련되어 있기에 존재 자체가 인간의 사유 내에서 그리고 인간의 사유를 통하여 자신의 배제가 일어나는 것을 함께 조성한다는 것이다.[44] 따라서 형이상학이 이러한 은닉을 배제했던 사태의 극복은 오직 존재 자체가 현존재로 하여

---

42) *HG* vol.45, p.20 참조.
43) *HG* vol.14, p.44.
44) 마르틴 하이데거, 『니체 II』, 박찬국 옮김, 길출판사, 2012, 337쪽 이하 참조.

금 존재가 자신을 은닉하는 것으로서, 즉 무로서 개시하는 것을 존재 자체의 하나의 도래로서 경험하게 하면서 그렇게 경험된 것을 사유하도록 촉구하는 방식으로만 일어날 수가 있는 것이다. 즉 이 시대에 무로서 자신을 드러내는 존재를 사유함으로써 니힐리즘의 극복은 일어날 수가 있다. 니힐리즘의 본질적인 경험은 우리로 하여금 무를 존재 자체에 속하는 것으로서 사유하도록 촉구한다. 이렇게 그것을 장악하려는 인간의 모든 시도를 거부하면서 자신을 은닉하는 존재를 사유하면서 존재자가 그것으로부터 비로소 개시되는 비밀의 차원에 우리 자신을 열 때, 존재자는 인간에 의해서 처분이 불가능할(unverfügbar) 뿐 아니라 인간의 처분을 거부하는(verweigern) 사물(Das Ding)로서 자신을 드러내는 것이다.

존재가 망각되면서 존재자를 떠났던 존재의 진리는 존재자 안으로 다시 진입하며 이를 통해 존재자는 자신의 고유성과 무게를 되찾게 되는 것이다. 무로서 자신을 개시하는 존재 자체에 이렇게 우리를 열면서 이와 함께 드러나는 사물들의 본질적 가능성을 발현케 할(sein-lassen) 때, 고향으로서의 세계(die heimatliche Welt)가 건립된다. 사물들로 하여금 자신의 본질적 가능성을 발현하게 한다는 것은 존재자가 자신의 충만하고 전적인 풍요 속에서 나타나게 하고 자라나게 하면서 그것을 보다 더 존재하게(seiender) 하는 것을 의미한다.

하이데거는 「휴머니즘 서한」(Brief über den Humanismus)에서 존재를 '우리를 진정으로 사랑하고(mögen) 우리를 가능케 한다(ermöglichen)'는 의미에서 가능한 것(das Mög-liche)이라고 부르고 있다. 그것은 우리의 풍요로운 존립을 가능케 하는 조용한 힘(die stille Kraft)이다.[45] 이 존재가

---

45) *HG* vol.9, p.316.

각각의 사물들에게 각자의 고유한 본질적 가능성을 증여한다. 인간의 과제는 존재의 진리에 의해서 개시된 사물들의 본질적 가능성을 그 자체로서 발현하게 하는 것이다. 그러나 현대 기술문명에서 인간은 생태계 파괴와 유전자 조작 등에서 보는 것처럼 사물들의 고유한 본질적 가능성을 파괴하면서 자신의 힘만을 증대시키는 데 몰두하고 있다. 하이데거는 이러한 현실을 아래와 같이 비판하고 있다.

눈에 보이지 않는 대지의 법칙은 각각의 사물들에게 부여된 가능한 것의 권역에서 사물들이 출현하고 소멸하도록 하면서 대지를 보존하고 있다. 각각의 사물은 자신에게 할당된 가능성의 권역을 의식하지 못하면서도 그것에 따른다. 새는 자신에게 가능한 것을 넘어서지 않는다. 꿀벌은 자신에게 가능한 것 안에서 살고 있다. 기술을 통해서 도처에서 활개를 치는 의지를 통해서 비로소 대지는 인위적으로 피폐하게 되고 남용되고 변형된다. 그러한 의지는 대지로 하여금 자신에게 가능한 것의 권역을 넘어서도록 강요하며 더 이상 가능하지 않은 것, 즉 불가능한 것에로까지 나아가게 한다.[46]

---

46) *HG* vol.7, p.94.

2장

하이데거의 니체 해석과
에른스트 융거

2장 하이데거의 니체 해석과 에른스트 융거

앞에서 본 것처럼 하이데거에 의하면 니체는 서양 형이상학을 극복하려고 했지만 오히려 그것을 완성하고 있는 사상가다. 서양 형이상학은 존재망각이라는 니힐리즘을 통해서 특징지어지는데 니체의 철학에서 존재는 완전히 망각되고 있기 때문에 니체는 서양 형이상학의 완성자이자 니힐리즘의 완성자라는 것이다. 그리고 하이데거에 의하면 플라톤 이후 서양의 역사를 규정해 온 존재망각은 현대 기술문명에서 극에 달하는바, 니체는 또한 이러한 현대 기술문명을 철학적으로 정초하는 자이기도 하다.

하이데거의 이러한 니체 해석은 자신이 근대와 근대의 형이상학을 극복하려고 하고 있다고 생각했던 니체의 자기 이해에 반할 뿐 아니라, 이러한 니체의 자기 이해를 충실하게 따르면서 니체를 반(反)근대적인 사상가로 보는 통상적인 니체 해석에도 전적으로 반하는 것이다. 그런데 니체에 대한 하이데거의 이러한 해석은 나치즘에 대한 하이데거의 해석과 연관해서 볼 때 극히 첨예한 성격을 띠게 된다.

하이데거에 의하면 니체는 나치즘을 비롯, 자유주의와 볼셰비즘 등 현대의 세계관을 규정하는 형이상학적인 힘인 힘에의 의지를 자신의 철학적 원리로 삼음으로써 20세기의 본질을 규정한 사상가다.[1] 그리고 하이데거는 나치즘이야말로 니체가 말하는 힘에의 의지를 극단적으로 체현한 세계 관이기에 니체의 사상은 나치즘에서 가장 철저하게 실현되었다고 본다.[2] 나치즘을 니체와 아울러 비합리주의적이고 반근대적인 사상으로 보는 통상적인 해석에 반해서, 하이데거는 나치즘이야말로 맑스주의나 자유주의보다도 훨씬 더 근대의 근본적인 성격을 철저하게 구현한 것으로 보고 있는 것이다. 나치즘은 니체와 마찬가지로 근대의 주체성 형이상학의 이념을 극단에 이르기까지 밀고 나가면서, 인간을 모든 가치와 규범의 근거로 보는 것과 동시에 인간의 힘의 보존과 강화를 위해서는 모든 것이 정당화될 수 있다고 보는 것이다.[3]

하이데거는 예를 들어 인간의 사육(飼育, Züchtung)에 대한 니체의 사상은 나치즘에서 가장 노골적이고 체계적으로 실행되었다고 본다. 니체는 힘에의 의지를 최고도로 구현하는 탁월한 인간들을 계획적으로 육성해야 한다고 보았다. 이와 유사하게 나치들도 자신들의 힘의 강화를 위해서 소위 우수한 인간들을 인공적으로 사육하려는 데까지 나아갔다. 하이데거는 나치의 이러한 시도야말로 니체의 사상을 철저하게 실현하고 있을 뿐 아니라 인간을 포함한 모든 존재자를 기술적으로 처리할 수 있는 에너지로 삼는 현대 기술문명의 근본적 경향성을 극단적으로 밀고 나간 것이라고 본다.

---

1) *HG* vol.7, p.77.
2) 하이데거, 『니체 II』, 283쪽 이하 참조.
3) 나치즘을 근대의 주체주의적인 경향을 그 어느 세계관보다도 철저하게 추구한 것으로 보는 관점은 비단 하이데거만이 아니다. 하이데거의 철학을 전혀 수용하지 않는 랄프 다렌도르프와 같은 갈등사회학자마저도 나치즘을 근대화에 대립된 모든 전통적인 구속을 파괴하면서 사회 전체를 기술적인 조직으로 변화시킨 것으로 본다. Ralf Dahrendorf, *Gesellschaft und Demokratie in Deutschland*, München: Piper, 1965, p.40.

이에 반해 하이데거에 따르면 맑스주의나 자유주의는 아직 서양의 전통적인 인도주의적 규범에서 철저하게 벗어나지 못하고 있으며 이에 따라서 근대 주체성 형이상학의 귀결을 철저하게 끌어내지 못하고 있다. 즉 맑스주의나 자유주의는 인간의 천부적인 권리 등을 내세우면서 인간이 추구해야 할 절대적이고 초월적인 가치들이 존재하고 있는 것처럼 생각하고 있다는 것이다. 이에 반해 나치즘은 인간의 힘의 강화를 위해서는 그 모든 것이 허용될 수 있는 것으로 간주하고 있다. 이런 의미에서 하이데거는 현대 기술문명을 규정하고 있는 조작주의적이고 실용주의적인 사고방식을 극단으로까지 추구한 나치즘이야말로 주체성의 철학으로서의 근대 형이상학이 도달한 종국점이라고 본다.

그런데 이렇게 나치즘을 평가할 경우, 근대 형이상학을 극단으로까지 밀고 나간 니체와 나치즘 사이에는 극히 긴밀한 연관이 존재하게 된다. 나치는 니체의 사상을 자신들을 대표하는 사상가로 간주했거니와 하이데거는 그것을 우연한 일로 보지 않는 것이다. 하이데거는 결국 니체의 사상은 근대의 주체주의적인 경향을 가장 극단적으로 구현한 나치즘을 철학적으로 정초했다고 보고 있는 것이다.

물론 하이데거는 니체가 반(反)유태주의를 철저하게 반대했다는 사실을 잘 알고 있다. 이 점에서 하이데거는 니체의 사상과 나치즘이 전적으로 동일하다고 보지는 않는다.[4] 다만 하이데거는 니체의 사상이 나치즘을 '철학적으로' 정초했다고 보는 것이다. 니체는 모든 가치와 규범의 근거를 힘에의 의지로서의 인간 주체성에서 찾음으로써, 자신들의 힘의 강화를 위해서 수단과 방법을 가리지 않는 나치들의 니힐리즘적인 사고방식을 정당

---

4) *HG* vol.42, p.40 참조.

화했다는 것이다. 이런 의미에서 하이데거가 자신이 1936년부터 1943년
까지의 니체 강의에서 수행한 니체와의 대결은 나치에 대한 저항이기도
했다고 말했을 때 그것은 단순한 자기변명이 아니라 사실이었다. 하이데
거는 1946년 프라이부르크대학의 총장에게 보낸 편지에서 이렇게 말하고
있다.

1936년 이래 나는 일련의 니체 강의와 강연을 통하여 보다 분명하게 나
치와 대결하였으며 그것에 정신적으로 저항하였습니다. 물론 니체는 나
치와 동일시되어서는 안 됩니다. 근본적인 것을 도외시할 경우, 니체는
일단 반(反)유태주의에 대해서 비판적인 입장을 취하고 있고 러시아를
긍정적으로 보고 있다는 점에서 나치와 니체는 결코 동일시될 수는 없습
니다. 그러나 보다 높은 수준에서 볼 때 니체의 형이상학에 대한 나의 대
결은 니힐리즘과의 대결이자 파시즘과의 대결이었습니다. 이는 파시즘
은 니힐리즘의 정치적 현상이라는 것이 갈수록 명확하게 드러났기 때문
입니다.[5]

이상에서 보듯이 후기 하이데거는 나치즘이든 니체의 사상이든 니힐
리즘의 경험에서 비롯된 것이면서 니힐리즘의 극복을 목표로 했으나 오히
려 극단적인 니힐리즘에 빠졌다는 평가를 양자에 대해서 동일하게 하고
있다.[6]

---

5) Otto Pöggeler, "Nietzsche, Hölderlin und Heidegger", ed. Peter Kemper, *Martin
Heidegger: Faszination und Erschrecken*, Frankfurt a.M./New York: Campus, 1990, p.180
참조.
6) Ibid., p.180 참조.

그런데 하이데거는 이렇게 힘의 강화를 위해서 자연물뿐 아니라 인간들마저도 기술적으로 조직된 체계 안에 편입하면서 이용하는 것은 나치즘뿐 아니라 자유주의와 사회주의마저도 규정하고 있는 근본 경향이라고 본다. 사실상 우리가 자본주의든 나치즘이든 사회주의든 우리 시대에 나타난 거대한 사회체계들을 살펴볼 경우, 그것들 사이의 차이에도 불구하고 그것들 간에는 간과할 수 없는 동일성이 존재한다는 것을 부정할 수 없다. 그것들은 인간을 비롯한 모든 존재자를 기술적으로 총동원함으로써 인류 역사상 그 유례를 찾아볼 수 없는 엄청난 속도로 생산력을 발전시키는 데 성공했다.

단적으로 말해서 하이데거는 기술 시대의 모든 사회체제는 그것이 아무리 자유주의적이거나 인도주의적인 외관을 갖는다고 해도 전체주의 체제라고 본다. 그러한 전체주의는 그것에서는 소위 지도자조차 기술 관료(Technokrat)로서 전체의 기능인자로 전락하게 된다는 점에서 철저한 것이다.[7] 여기서 개체는 없고 전체만이 있으며 개체는 전체 내의 한 기능에 지나지 않는다. 이런 맥락에서 또한 하이데거는 나치즘이야말로 전체주의적 체계를 노골적으로 추구한 체제라고 보고 있다.

니체와 나치즘 사이의 연관을 지적하는 많은 해석들이 있어 왔지만, 니체와 나치즘 사이의 연관에 대한 하이데거의 해석은 기존의 해석들과는 전적으로 성격을 달리한다고 보아야 할 것이다. 기존의 해석들이 불구

---

7) 하이데거는 니체의 초인도 결국은 이러한 기술 관료에 불과한 것으로 본다. 이에 반해 니체의 철학을 나치즘의 정당화를 위해서 이용하는 데 가장 적극적으로 앞장섰던 철학자인 알프레트 보임러는 니체의 초인을 영웅적 게르만주의의 대표자로 보았다. Wolfgang Müller-Lauter, "Einleitung: Über die Stationen von Heideggers Weg mit Nietzsche", *Heidegger und Nietzsche: Nietzsche-Interpretationen III*, Berlin/New York: Walter de Gruyter, 2000. p.103 참조.

자들 혹은 유태인들과 같이 이른바 퇴락한 인종에 대한 나치즘의 말살 정책과 폭력성 그리고 침략성을 정당화하는 구절들을 니체에게서 찾는 방식으로 나치즘과 니체 사이의 연관을 지적하는 반면에, 하이데거는 니체와 나치즘이 근대를 규정하는 주체성 원리를 극단으로까지 밀고 나가고 있다는 점에서 니체와 나치즘 사이의 연관을 찾고 있다. 양자 사이의 긴밀한 연관을, 기존의 해석들이 니체와 나치즘 사이에 존재하는 현상적인 유사성들에서 찾고 있는 반면에 하이데거는 나치를 규정하는 근본적인 철학적 원리와 니체의 철학이 동일하다는 데서 찾고 있는 것이다. 바로 이 점에 니체와 나치즘 사이의 연관에 대한 하이데거 해석의 독특함이 존재한다.

1. 융거의 니체 해석에 대한 하이데거의 평가

그런데 하이데거는 어떻게 해서 이렇게 독특하게 니체를 해석하게 되었는가? 니체를 근대의 원리를 철저하게 밀고 나가면서 20세기 이후의 현대 기술문명을 정초한 사상가라고 보는 하이데거의 생각은 어디서 비롯된 것인가? 물론 이러한 생각은 서양의 철학사와 역사에 대한 하이데거 자신의 숙고에서 비롯되었을 것이다. 그러나 하이데거만 해도 동시대의 사상으로부터 영향을 받는 동시에 그것과 대결하면서 자신의 사상을 개척해 나갔다. 일례를 들어서 하이데거가 『존재와 시간』에서 개진하고 있는 사상은 후설과 키르케고르와 같은 사상가들의 영향을 받는 한편 그들과 대결하는 가운데 형성된 것이다. 따라서 니체와 현대 기술문명에 대한 하이데거의 해석만 해도 하이데거가 크게 영향을 받은 사상가가 있으며, 하이데거는 이 사상가와 대결하면서 니체와 현대 기술문명에 대한 자신의 사상을 발전시

컸다고 볼 수 있다. 이 사상가가 바로 에른스트 융거다.[8]

하이데거 이전에 에른스트 융거가 니체를 이미 20세기 이후의 현대 기술문명의 본질을 드러내면서 철학적으로 정초하는 사상가라고 보고 있다. 후기 하이데거의 니체 해석과 현대 기술문명에 대한 해석은 누구보다도 에른스트 융거로부터 가장 큰 영향을 받고 있다. 하이데거 자신이 에른스트 융거를 니체 철학의 정수를 가장 잘 파악하고 있을 뿐 아니라 니체 철학에 가장 철저하게 입각하여 현대 기술문명의 본질을 파악한 사상가라고 보고 있다. 하이데거는 이렇게 말하고 있다.

에른스트 융거는 니체의 진정한 후계자(Nachfolger)라고 할 수 있는 유일한 사람이다. 그의 저작들과 함께 니체에 '대한' 이제까지의 허접한 저작들(Schriftstellerei)은 비본질적이고(wesenslos) 불필요한 것이 되었다. 이는 융거가 [니체가 말하는] 힘에의 의지를 단순히 논의되고 개선되어야만

---

8) 여기에서 문제가 되는 융거의 사상은 1930년대 초에 융거가 개진하고 있는 사상이다. 보다 구체적으로 말하자면 그것은 『총동원』(*Die totale Mobilmachung*, 1930)과 『노동자』(*Der Arbeiter*, 1932)에서 전개되고 있는 사상이다. 잘 알려져 있듯이 융거는 1930년대 후반에는 현대 기술문명과 니체의 철학을 긍정적으로 평가하던 기존의 입장에서 벗어나 하이데거와 매우 유사한 사상적 입장을 취하게 된다. 그러나 현대 기술문명과 니체에 대한 하이데거의 해석에 가장 큰 영향을 미친 저작들은 1930년대 초에 쓰인 것들이기 때문에 융거의 사상에 대한 검토는 이러한 저작들에 한정한다. 1930년대 후반에 융거의 사상이 어떻게 변화되는지에 대해서는 Reinhard Wilczek, *Nihilistische Lektüre des Zeitalters: Ernst Jüngers Nietzsche-Rezeption*, Wuppertal: Wuppertal University dissertations, 1999, p.146 이하; Helmuth Kiesel, *Wissenschaftliche Diagnose und Dichterische Vision der Moderne: Max Weber und Ernst Jünger*, Heidelberg: Manutius, 1994, p.142 이하; Roger Woods, *Ernst Jünger and the Nature of Political Commitment*, Stuttgart: Akademischer Verlag Heinz, 1982, p.293; Jan Ipema, "Pessimusmus der Stärke. Ernst Jünger & Nietzsche", eds. Hans Ester and Meindert Evers, *Zur Wirkung Nietzsches*, Würzburg: Königshausen & Neumann, 2001, p.23 이하 참조.

하는 하나의 교설에 불과한 것으로 받아들이지 않았기 때문이다. 융거는 냉철하고 예리한 눈으로 세계의 도처에서 힘에의 의지를 본다.[9]

융거의 책은 '니체에 관한 모든 문헌'이 할 수 없었던 것을 하고 있기 때문에 중요하다. 즉 그것은 존재자를 힘에의 의지로서 기투하는 니체 철학의 빛 안에서 존재자에 대한 경험과 '존재하는' 것에 대한 경험을 매개하기 때문이다. 그런데 존재자에 대한 이러한 경험이란 존재자 한가운데에서 인간이 자신의 존립을 확보하는 것이다.[10]

융거는 니체의 철학을 단순히 하나의 흥미 있는 철학적 교설로 보는 것을 넘어서 현대 기술문명의 도처에서 니체가 말하는 '힘에의 의지'가 지배하고 있는 것을 보고 있다는 것이다.[11] 하이데거는 또한 이렇게 말하고 있다.

---

9) Ms.341. Peter Trawny, "Heidegger und "Der Arbeiter", Zu Jüngers metaphysischer Grundstellung", eds. G. Figal and G. Knapp, *Verwandtschaften*, Jünger-Studien, vol.2, 2003, p.86에서 재인용('Ms'는 독일 바덴뷔르템베르크 주 마르바흐Marbach에 있는 독일문헌아카이브Deutsche Literaturarchiv에 소장된 원고를 말한다).

10) *HG* vol.90, p.27.

11) 슈테펜 마르투스 역시 융거가 의상과 노동 복장의 변화, 대중들의 여가시간 활용 방식의 변화, 신체 숭배, 예술과 문학에서 양식상의 변화, 연극이 영화에 의해서 대체되는 것 등과 같은 다양한 현상들을 면밀하게 관찰하고 서술하면서 현대 기술문명과 이 시대의 인간의 본질을 파악하고 있다는 것을 융거의 가장 독창적이면서도 아직까지 제대로 평가받지 못하고 있는 공적이라고 보고 있다. Steffen Martus, *Ernst Jünger*, Stuttgart: Metzler, 2001, p.92 참조. 하이모 슈빌크 역시 하이데거와 동일한 맥락에서 이렇게 말하고 있다. "말년의 니체에게는 아직 최초의 비전(Vision)에 지나지 않았던 것을, 융거는 우리 세기[20세기]의 파괴적인 힘들과 건설적인 힘들에 대한 장대한 서술로 발전시키고 있다. 그러한 서술이 우리 시대에 미치는 영향은 슈펭글러의 『서양의 몰락』 못지않게 클 것이다"(Heimo Schwilk, *Ernst Jünger, Leben und Werk in Bildern und Texten*, 1988, p.134. Martus, *Ernst Jünger*, p.94에서 재인용).

니체는 힘에의 의지를 현실적인 것의 현실성으로서 통찰하기(ersehen) 위해서(철저하게-사유하기) 위해서 묻는 자(ein Fragender)일 수밖에 없었다. 융거는 니체가 개시한 영역에서 기술하는 자(Beschreiber), 저 묻는 자의 대답에 자신을 복속시키는 기술하는 자다.[12]

하이데거는 융거는 니체의 철학에 의해서 눈이 열리면서 니체가 말하는 힘에의 의지가 현대 기술문명의 현실에서 구체적으로 어떻게 나타나고 있는지를 기술하고 있다고 보는 것이다. 그런데 위의 인용문은 한편으로는 융거의 의의와 함께 한계도 지적하고 있다고도 볼 수 있다. 즉 융거는 니체가 말하려고 하는 것을 가장 정확하게 이해하고 있지만 결국은 니체의 철학에 복속되어 있으며 니체를 넘어서는 지평에까지는 나아가지 못하고 있다는 것이다. 그러나 어떻든 하이데거는 융거야말로 니체 철학의 본질을 탁월하게 통찰하면서 니체가 현대 기술문명을 철학적으로 정초한 사상가라는 사실을 정확히 통찰한 유일한 사람이라고 말하고 있다. 하이데거는 이렇게까지 말하고 있다.

오늘날 사람들은 융거를 통해서 비로소 니체를 이해할 수 있게 된다.[13]

더 나아가 하이데거는 융거의 철학과 니체의 철학을 본질적으로 동일한 것으로 보면서 "융거에 대한 반-박(Wider-spruch)은 니체의 형이상학

---

12) Ms.384. Trawny, "Heidegger und "Der Arbeiter"", p.87에서 재인용. 하이데거는 융거의 저작에서는 "니체의 형이상학이 결코 사상적으로 파악되고 있지 않다"라고도 말하고 있다(*HG* vol.90, p.27 참조).

13) Ms.324. Trawny, "Heidegger und "Der Arbeiter"", p.87에서 재인용.

에 대한 반박일 수 있을 뿐이다"라고 말하고 있다.

이와 같이 하이데거는 자신 이전에 이미 융거가 니체의 철학에 입각하여 현대 기술문명에서 힘에의 의지가 지배하고 있다는 것을 꿰뚫어 보았다는 사실을 인정하고 있다. 하이데거는 현대 기술문명과 니체에 대한 해석과 관련해서 자신이 융거의 영향을 크게 받고 있다는 사실을 인정하고 있는 것이다.

하이데거는 실로 자신이 융거의 저작 『총동원』과 『노동자』를 자신의 제자들과 심도 있게 연구했다는 사실을 고백하고 있으며, 또한 자신의 글 「기술에 대한 물음」(Die Frage nach der Technik)이 융거의 『노동자』로부터 크게 도움을 받았음을 고백하고 있다.[14]

물론 현대 기술문명에 대해서 하이데거와 융거는 전적으로 다른 평가를 보이고 있다. 『총동원』과 『노동자』에서 융거가 현대 기술문명을 긍정적으로 보면서 현대 기술문명에서 행해지는 노동과 전쟁에서 힘에의 의지를 고양시킬 수 있는 기회를 보는 반면에, 하이데거는 이러한 노동과 전쟁이 인간을 비롯한 모든 존재자에 대한 남용과 파괴를 의미한다고 본다. 융거는 우리가 현대 기술문명을 지배하는 힘에의 의지를 적극적으로 수용할 때 생명의 고양을 맛볼 수 있다고 생각하는 반면에, 하이데거는 그 경우 우리는 고양되기는커녕 오히려 힘에의 의지의 노예가 되며 광기 어린 도취의 희생자가 된다고 보았다.[15] 이와 함께 니체에 대한 평가에서도 융거가 니체의 힘에의 의지 사상을 근대의 니힐리즘에 대한 돌파구를 제시한 것으로 보는 반면에, 하이데거는 니체의 사상을 니힐리즘의 완성으로 보고 있다.

---

14) *HG* vol.9, p.391 참조.
15) 마르틴 하이데거, 『강연과 논문』, 이기상·신상희·박찬국 옮김, 이학사, 2008, 44쪽 참조.

그러나 현대 기술문명을 지배하는 힘에의 의지와 니체의 철학에 대한 '평가' 면에서 양자는 서로 다르지만, 힘에의 의지를 현대 기술문명의 지배 원리로 보는 동시에 니체야말로 이러한 현대 기술문명의 본질을 파악한 사상가로 보는 점에서 양자는 서로 일치한다. 이 점에서 융거는 하이데거의 니체 해석에 결정적인 영향을 끼쳤다고 볼 수 있지만, 하이데거의 니체 해석에 미친 융거의 영향은 국내에서는 물론이고 해외에서도 거의 연구된 바가 없다. 이 장은 하이데거 연구사에서의 이러한 공백을 메우는 것을 목표로 하고 있다.

2. 현대 기술문명에 대한 융거의 해석

『총동원』과 『노동자』에서의 융거의 사상은 융거 자신이 제1차 세계대전 중 장교로 전선에서 직접 전투를 수행한 경험이 바탕이 되고 있다. 그는 14 번이나 부상을 당하면서도 계속 전쟁에 투신하면서 제1차 세계대전 중 가장 많은 훈장을 받은 전쟁 영웅 중의 하나였다.

융거는 이렇게 대전을 온몸으로 직접 체험하면서 제1차 세계대전이야말로 새로운 시대와 새로운 인간 유형의 탄생을 고지하는 사건이라고 보게 된다. 제1차 세계대전은 첨단의 장비와 기술 그리고 전 국민이 총동원된 엄청난 규모의 최초의 물량전(die Materialschlacht)이었다. 이러한 전쟁에서는 18세기의 군주 간 전쟁이나 19세기의 국가 간 전쟁과는 달리 용병이나 국민군이 아니라 국가의 경제력과 국민 전체의 총동원이 승패를 결정하게 된다. 근대의 물량전에서는 기술 수준, 생산력, 화학, 교육제도, 교통 시스템 등이 눈에 띄지는 않지만 승패를 결정짓는 결정적인 요소가 된다.[16]

전쟁터에서 쏟아지는 폭탄과 총알은 국가 자원과 국민 전체를 총동원하여 뽑아낸 에너지의 결정체일 뿐이다. 제1차 세계대전에서는 이렇게 국민 전체가 총동원되면서 군대뿐 아니라 산업·교육·예술·철학 등 국가의 모든 부문과 국민 전체가 전쟁에 참여하게 되었으며 전투원과 시민 간의 구분이 없어져 버렸다. 제1차 세계대전을 계기로 하여 개인의 자유는 폐기되었으며 국가는 거대한 공장으로 변화되었고, 국가 구성원들은 이러한 공장에서 일사불란하게 일하는 소모품으로서의 노동자가 되었다. 이러한 사회에서 노동자는 전체의 명령에 죽음마저도 불사하면서 복종하는 군인 같은 존재가 된다.

그러나 군인들도 이전의 군인들과는 전적으로 다르다. 제1차 세계대전의 군인들은 색깔이 요란한 제복을 입는 것이 아니라 노동자들처럼 자신의 기능에 알맞고 가급적 눈에 띄지 않도록 고안된 노동복을 착용한다. 그들은 공장의 노동자들이 자신들의 도구를 다루듯 숙달된 솜씨로 무기를 다루어야 한다. 병사들은 기술자이자 노동자가 된 것이다. 그리고 이렇게 자신을 공장으로 변화시키고 국민 전체를 자신에게 할당된 과업을 위해서 헌신하는 희생적인 노동자로 변화시키지 못하는 국가는 사멸하게 된다. 따라서 기술 시대에는 공공연한 형태에서든 암암리든 전쟁이 영구적인 상태가 되며, 이와 함께 군인과 노동자 간의 낡은 분리는 폐기된다. 모든 사람은 노동자이자 군인이다.

각 개인의 개성을 절대시하던 부르주아 질서는 파괴되고 인간들의 모든 능력과 성격 그리고 습관은 획일화되며 궁극적으로는 모든 종류의 독립된 생활이나 개인적인 존재 그리고 개인적인 판단의 가능성은 소멸하게

---

16) Ernst Jünger, *Erzählungen*, Sämtliche Werke 15, Stuttgart: E. Klett, 1978, p.16 참조.

된다. 개인은 존재하지 않고 유형만이 존재하게 된다. 융거에 의하면 현대의 예술과 도덕 그리고 신문 등 일체의 것들이 개인과 개성의 존엄이 종말에 처했음을 고지하고 있다. 전쟁에 참여하는 자유주의 국가들은 이른바 개인의 권리와 자유를 내세우면서 싸웠지만 이는 전쟁의 현실과는 전혀 맞지 않는 것이다. 기술 시대에 존재하는 정당들의 차이도 피상적이고 가상적인 것에 불과하며 그것들 간의 차이도 결국은 기술 체계를 어떻게 조직할 것인가에 대한 차이에 불과하다. 그것들은 서로 경쟁하는 가운데 기술 체계가 사람들을 장악하는 것에 기여할 뿐이다.[17]

이러한 기술 시대에서 인간은 평화 시에는 전체적인 사회체계의 부속품으로 자신을 소모시키는 한편, 전쟁터에서는 쏟아지는 엄청난 양의 포탄 앞에서 극히 무력하기 짝이 없는 존재로 전락하는 것 같다. 실로 제1차 세계대전에서 인간보다는 포탄과 기관총이 전쟁의 승패를 규정하는 와중에서, 융거도 처음에는 자신을 하나의 무력한 나사 부품으로 경험하면서 자신이 무로 해체되는 공포를 맛보았다. 그러나 그가 죽음을 각오하면서 전쟁에 투신했을 때 그는 자신의 밑바닥까지 뒤흔드는 강력한 고양감과 생명의 충일감을 맛보았다.

그는 자신을 기꺼이 전쟁 물자로 희생하려고 함으로써 죽음에 대한 공포감을 극복하게 되면서 강력한 고양감과 충만감 그리고 전우들과의 짙은 형제애를 맛보았다. 이와 함께 융거는 어떠한 가공할 파괴력도 죽음을 각오한 전사의 용기를 분쇄할 수 없다고 느끼게 되면서, 자신을 소모품으로 사용하면서 공허한 무로 전락시키려는 물량전에 대해서 자신이 우월한 지

---

17) Ernst Jünger, *Der Arbeiter,* Sämtliche Werke 8, Stuttgart: E. Klett, 1981, p.262 이하 참조.

위를 확보하게 되었다고 생각하게 된다.[18]

그는 이러한 느낌을 자신의 사적인 주관적인 체험이 아니라 인간의 삶과 세계를 근저에 규정하는 우주적인 의지와 만나는 경험으로 간주했고, 그렇게 자신의 생명력이 고양되는 경험을 니체가 말하는 힘에의 의지가 고양되는 경험으로 해석했다. 자신의 이러한 경험을 일반화시키면서 그는 모든 인간을 한갓 무가치한 나사 부품으로 환원하고 소모하는 근대적인 기술과 전쟁의 공포를 극복하는 가장 좋은 방법은 인간 개개인을 소모품으로 사용하면서 기술 세계를 근저에서 규정하는 맹목적인 의지의 운동을 기꺼이 받아들이는 것이라고 결론지었다. 그것을 받아들이지 않는 자는 공포에 사로잡혀서 자신이 무력하게 해체되는 것을 경험하지만, 그것을 받아들이는 사람은 기술 세계를 규정하는 우주적인 의지와 하나가 되면서 그것에 실려서 자신이 고양되는 최고의 충일감을 맛보게 된다는 것이다.

융거는 인류의 각 시대는 모든 자연현상의 근저에 있는 우주적 의지의 발현이라고 보았으며 이러한 우주적인 의지는 각 시대마다 자신을 다르게 개시하면서 각 시대의 인간 형태(Gestalt)를 규정한다고 보았다. 그리고 그는 기술 시대에서 우주적인 의지는 노동자-군인의 형태로 나타나고 있으며 이러한 형태가 인간들의 모든 사유 방식과 행동 방식을 각인한다고 보았다. 융거는 노동자-군인이라는 형태를 간단히 노동자라고도 말하고 있거니와, 이 경우 융거가 말하는 노동자란 맑스가 말하는 사회적인 피지배계급으로서의 프롤레타리아를 의미하지 않고, 지도자층이나 문학인들까지 포함한 기술 시대의 모든 인간을 각인하는 특정한 인간 유형을 가리킨다.

---

18) Ernst Jünger, *Der Erste Weltkrieg*, Sämtliche Werke 1, Stuttgart: E. Klett, 1978, p.451 참조.

기술 시대에서 우주적인 의지는 노동자-군인으로서의 인간들 간의 전쟁과 투쟁을 통해서 자신을 실현한다. 전쟁은 우리를 단련시키고 강화하며, 전쟁에 투신함으로써 우리는 우리 내면에서 흐르고 있는 우주적인 힘에의 의지와 하나가 되는 황홀경과 고양감을 맛보게 된다. 융거는 자신의 이러한 생각을 뒷받침하기 위해서 니체뿐 아니라 '전쟁은 만물의 아버지'라는 헤라클레이토스의 말을 원용하고 있다.

융거에 따르면 현대 기술문명에서 전쟁은 존재자 전체를 지배하는 힘에의 의지가 확장되기 위해서 필수적이다. 전쟁을 통한 국가 간의 처절한 경쟁을 통해 산업화는 가속화되고 존재자 전체에 대한 의지의 지배가 확장된다. 하이데거에서와 마찬가지로 융거에서도 근대에는 평화상태란 전쟁상태의 연속이며 평화상태와 전쟁상태는 본질적으로 차이가 없는 것이다.[19] 이와 아울러 공장에서 일하는 노동자와 전선에서 싸우는 전사는 본질적으로는 차이가 없다. 이러한 기술 시대에 요구되는 인간은 자기희생

---

19) Ernst Jünger, *Betrachtungen zur Zeit*, Sämtliche Werke 7, Stuttgart: E. Klett, 1980, p.357 참조. 케텔센은 이렇게 전쟁을 예외적인 상태가 아니라 정상적인 상태로 보는 견해는 융거에게서만 보이는 견해가 아니라 공격적인 성격의 '사회진화론'과 결합되어 이미 1900년경에 융성했던 견해라고 보고 있다. Uwe-K. Ketelsen, "Nun werden nicht nur die historischen Strukturen gesprengt, sondern auch deren mythische und kultische Voraussetzungen: Zu Ernst Jüngers *Die totale Mobilmachung*(1930) und *Der Arbeiter*(1932)", eds. Hans-Harald Müller und Harro Segeberg, *Ernst Jünger im 20. Jahrhundert*, München: Wilhelm Fink, 1995, p.85 참조. 그러나 케텔센의 이러한 견해에도 불구하고 우리는 융거의 견해가 갖는 독자성을 무시해서는 안 될 것이다. 무엇보다도 융거는 20세기 전쟁이 갖는 독특한 성격을 극히 선명하게 부각시키고 있을 뿐 아니라 평화 시에도 이러한 성격이 사회 모든 부문에서 구체적으로 어떻게 나타나고 있는지를 드러내고 있다. 더 나아가 그는 이러한 성격을 니체 철학을 원용하면서 우주적인 의지와 결부시키고 있다는 점에서, 전쟁상태와 평화상태가 동일하다고 보는 여타의 사상가들과는 분명히 구분된다고 할 것이다. 융거의 분석은 역사학적이거나 사회학적이 아니라 형이상학적인 성격을 띠고 있는 것이다. Ernst Niekisch, "Die Gestalt des Arbeiters", ed. Hubert Arbogast, *Über Ernst Jünger*, Stuttgart: Klett-Cotta, 1995, p.85 참조.

을 마다하지 않는 뜨거운 가슴과 정해진 목표를 실현하기 위해서 철저하게 합리적으로 생각할 수 있는 냉철한 두뇌의 소유자다.

그러나 대다수의 인간들은 힘에의 의지가 인간의 노동 행위와 전투 행위를 통해서 자신을 확장하는 과정에 주체적으로 참여하지 못함으로써 의지의 자기 확장을 위한 부속품으로 전락하게 되고 이를 통해 자신의 정체성을 상실하고 니힐리즘에 빠진다. 이에 반해 자신의 연명이나 부를 획득하기 위해서가 아니라, 노동 그 자체를 위해서 모든 위험을 무릅쓰거나 전투 그 자체를 위해서 죽음을 불사하지 않는 자는 자신의 내부에서 존재자 전체를 움직이는 힘에의 의지를 실감하고 그것에 사로잡혀 고양됨으로써 니힐리즘을 극복할 수 있다는 것이다.

이와 함께 융거에서 노동과 전투 행위는 미학적으로 해석된다. 니체에서 힘에의 의지가 예술을 통해서 자신의 본질을 실현한다면, 노동 행위와 전투 행위는 융거에게는 의지의 고양이 일어나는 예술인 것이다. 따라서 융거는 노동이 이윤 획득을 위한 수단으로 전락하는 자본주의를 배격하고, 노동 자체를 위한 노동과 전쟁 자체를 위한 전쟁을 주창한다.

이런 맥락에서 융거는 이 시대의 영웅이란 각 개체를 전체적인 체계의 부품으로 몰아가면서 전체의 힘을 고양시키는 보다 높은 힘을 기꺼이 수용함으로써 전체와 하나가 되면서 자유를 성취하는 인간이라고 본다. 융거가 이 시대를 각인하는 인간형으로 보고 있는 노동자-군인이라는 형태는 바로 그러한 인간이다. 노동자-군인이라는 형태에 의해서 각인된 인간은 기술 시대의 본질을 파악함으로써 자신이 현대 기술문명에서 경험하는 소외를 극복한다. 그러한 인간이 기술 시대의 본질을 파악한다는 것은, 인간을 철의 정확성과 강인한 의지를 갖는 인간으로 고양시키고 심화시키는 우주적 의지가 현대 기술문명의 근저에서 작동하고 있다는 사실을 실감하

는 것을 의미한다. 그리고 그러한 우주적인 의지를 내면화함으로써 그는
더 이상 자신을 고립된 자아로 생각하지 않고 우주적 의지의 발현으로 간
주하게 되는 것이다. 융거가 말하는 이러한 우주적 의지는 니체가 말하는
디오니소스적인 의지로서의 힘에의 의지에 대한 융거 나름대로의 해석이
라고 할 수 있다.[20]

이러한 노동자-군인이라는 형태는 19세기 자본주의 사회의 부르주아
적인 인간들처럼 이른바 자신들의 개성이나 안일과 쾌락만을 추구하는 것
이 아니라 전체를 위해서 자신을 내던지는 희생정신과 용기에 가득 차있
다. 이러한 인간은 기계와 기술이 지배하는 황량한 산업 현장과 기관총과
탱크 그리고 전투기가 지배하는 전장에서 편안함을 느끼는 원초적인 인간
이며, 국민들을 국가권력의 강화를 위한 부속품으로 무자비하게 사용하면
서 희생적인 노동과 전투로 몰아대는 전체주의적 국가를 고향처럼 아늑하
게 느끼는 인간이다.

이러한 인간은 물질적인 안락이 아니라 전쟁터에서의 전사와 마찬가
지로 유희와 모험, 증오와 사랑 그리고 승리와 몰락을 열망한다. 그는 자
기희생을 불사하는 뜨거운 가슴과 정해진 목표를 실현하기 위해 냉철하
게 생각할 수 있는 지성의 소유자다. 이 경우 노동자란 맑스의 프롤레타리
아와는 달리 부르주아와 프롤레타리아를 극복한 존재다. 그는 개인주의적

---

20) Julian Young, *Heidegger, Philosophy, Nazism*, Cambridge: Cambridge University Press,
1997, p.30 참조. 이렇게 현대 기술문명을 우주적 의지의 발현으로 본다는 점에서 융거는 막
스 베버의 '탈주술화'(Entzauberung) 명제와 전적으로 대립되는 근대관을 제시하게 된다. 이
점에서 헬무트 키젤은 융거에게 근대는 오히려 주술에 홀린(verzaubert) 것으로 나타나고 있
다고 보면서, 융거는 막스 베버가 보지 못한 근대의 이면을 드러냄으로써 베버가 근대의 불행
이 비롯되는 원천으로 보았던 '탈주술화'를 극복하려고 했다고 말하고 있다. Helmuth Kiesel,
Wissenschaftliche Diagnose und Dichterische Vision der Moderne, p.5 참조.

가치와 대중적인 가치 양자를 극복한 자다. 그는 무자비하고 정확하며 기술의 리듬에 유연하게 적응할 수 있는 인간이며, 자신의 신체에 대한 철저한 지배, 프로이센 군대의 강철 같은 규율과 권위에 대한 복종, 전투적 영웅주의와 기계적인 충직함과 냉정함을 특성으로 갖는다. 그러나 그에게는 복종과 자유가 대립되는 것이 아니라 동일하다.[21] 단적으로 말해서 이러한 인간은 철(鐵)의 낭만주의를 구현한 인간이다.

이러한 인간이야말로 인간의 본질을 제대로 구현하고 있는 자이지만 그러한 본질은 그동안 망각되어 왔다. 융거는 제1차 세계대전이 일어났을 때 전쟁을 환호하면서 자원입대하던 사람들을 통해서 그러한 인간의 본질이 다시 부활하게 되었다고 본다. 이러한 인간은 현대 기술문명을 근저에서 가능하게 하는 자연 지배와 군사적인 규율에의 의지를 자신의 의지로 전폭 수용한다. 부르주아에게 현대 기술문명은 단조롭고 무기력하며 공허한 것으로 나타나는 반면에, 노동자들에게는 의지와 박력으로 가득 찬 것으로 나타난다.[22]

융거는 니체와 마찬가지로 힘에의 의지의 강화는 무엇보다도 자신에 대한 지배를 통해서 이루어진다고 본다. 강한 인간은 자연의 지배를 통한 소비물의 확보와 향유에서 기쁨을 느끼는 것이 아니라 자연과의 싸움을 통한 자신의 지배와 함께 일어나는 자기 고양에서 희열을 느낀다. 그는 노동 자체에서 그리고 자신이 흘리는 땀에서 기쁨을 느낀다. 전쟁터에서도 그는 적을 격퇴하는 데서 기쁨을 느끼는 것이 아니라 오히려 적과의 싸움

21) Jünger, *Der Arbeiter*, p.155 참조.
22) Pierre Bourdieu, *Die politische Ontologie Martin Heideggers*, Frankfurt a.M.: Suhrkamp, 1988, pp.44~45 참조.

에서 모든 두려움을 극복하는 것과 함께 일어나는 자기 고양에서 기쁨을 느낀다. 그는 자신의 힘의 강화에서 기쁨을 느끼는 것이다. 이런 의미에서 전쟁과 노동이란 인간이 어떤 상황에서도 의연히 존재할 수 있는지를 시험할 수 있는 시험대다.

융거는 니체야말로 최초로 노동자의 형태를 조명하면서 그 안에 숨겨져 있는 잠재력을 인식했다고 본다. 융거의 『노동자』를 선전하는 출판사의 소개문에서는 니체의 『힘에의 의지』의 한 구절이 모토로 이용되고 있다.

노동자는 언젠가 부르주아들과 함께 살아야 한다. 그러나 자족이란 탁월성과 함께 부르주아들 위에 존재하는 보다 높은 카스트로서! 따라서 보다 더 빈곤하고 보다 더 단순하면서도 힘을 소유하고 있는 카스트로서.[23]

노동자에 대한 융거의 서술은 니체가 처음으로 통찰했던 노동자의 파괴적이면서도 창조적인 힘에 대한 장대한 서술이라고 할 수 있다.[24] 융거는 니체의 통찰을 극단적으로 발전시키면서 노동의 형태가 아니라 노동의 의미를 전환함으로써 노동자에게 전사로서의 자부심을 심어 주려고 한다.

노동의 의미는 이윤을 올리고 임금을 버는 것에 있지 않고 민족에게 충만한 가치를, 즉 민족의 생이 자신의 완전한 전개를 위해서 필요로 하는 가치를 부여하는 것이다. 따라서 노동에는 외부에로 향해진, 이를테면 전사

---

23) Marta Kopij, "Antizipationen des Arbeiters. Nietzsche-Brzozowski-Jünger", eds. Marta Kopij and Wojciech Kunicki, *Nietzsche und Schopenhauer: Rezeptionsphänomene der Wendezeiten*, Leipzig: Leipziger Universitätsverlag, 2006, p.139에서 재인용.
24) Ibid., p.139 참조.

적인 가치가 내재한다. 모든 기계 작동은 발사된 총탄과 같으며 노동일은 군대에서 개인의 행군일과 같다.[25]

융거는 임금이 아니라 노동의 내적인 의미만이 기계화된 시대가 창조적인 모든 인간을 짓누르는 압력을 극복할 수 있다고 본다. 이는 어떠한 임금 인상도 임금 노예의 상황을 변화시킬 수는 없기 때문이다. 노동자는 위험한 삶과 총체성에 대한 열망을 통해서 부르주아로부터 구별된다. 부르주아는 한갓 안식과 빵을 구할 뿐이다. 이에 반해 노동자의 삶은 공격적이며 원초적인(elementar) 우주 의지에 뿌리박고 있다.

융거가 보기에 독일이 제1차 세계대전에서 패전한 이유는 기술 시대의 근저에서 작용하는 힘에의 의지에 부응하지 못한 데 있다. 즉 독일인들은 니체의 말세인(der letzte Mensch)이 되어 있었다는 것이다. 독일인들은 관념론적이고 낭만주의적인 전통에 의해서 지나치게 부르주아가 되어 있었다는 것인바, 독일인들은 안락과 무사안일 그리고 쾌락과 개인주의적인 자유에 탐닉하고 있었다. 독일인들은 이렇게 힘에의 의지를 주체적으로 구현하면서 그것의 실현을 위해 모든 것을 거는 모험정신과 희생정신을 결여하고 있었기 때문에 제1차 세계대전에서 패할 수밖에 없었다.[26]

융거의 이러한 생각은 나치즘의 사상적 기반에 극히 가깝다고 할 수

---

25) Ernst Jünger, "Unsere Kampfstellung", *Politische Publizistik 1919 bis 1933*, p.333 이하. Ibid., p.151 이하에서 재인용.

26) 제1차 세계대전에서 독일의 패전 이유에 대한 융거의 이러한 해석에 대해서는 지나치게 자의적이라는 비판이 가해질 수 있을 것이다. 독일이야말로 전쟁에서 독가스나 화염방사기를 사용하는 것을 서슴지 않을 정도로 낭만주의나 관념론을 일찍이 폐기 처분해 버렸다고 할 수 있으며, 철학이나 예술을 포함한 모든 시민적인 자원을 전쟁 수행에 총동원했다는 점에서 전통적인 전쟁 방식을 가장 먼저 폐기했다고 할 수 있다. Martus, *Ernst Jünger*, p.67 참조.

있다. 나치즘은 처음에는 현대 기술문명에 대해 적대적인 입장을 취했으나 갈수록 기계문명과 도시 그리고 노동 행위를 미화시켰다. 그러나 융거는 처음에는 나치즘을 지지했으나 나치즘이 자신이 생각하는 총동원을 통한 니힐리즘의 극복을 제대로 구현하지 못하고 있다고 보면서 오히려 당시의 소련이야말로 힘에의 의지의 지배를 제대로 구현하고 있다고 보았다. 그는 레닌과 스탈린과 같은 볼셰비키 지도자들이야말로 모든 부르주아적 안일을 배격하고 인간들을 철저하게 산업전사로 몰아가면서 무자비한 불굴의 의지로 자신들의 지배를 굳혀 가는 힘에의 의지의 화신으로 보았던 것이다.

따라서 융거는 레닌이나 스탈린이 융거 자신이 표방하고 있는 파시즘의 미학을 히틀러보다도 더 철저하게 구현하고 있다고 보는 셈이다. 그러나 융거는 인간들이 이렇게 노동자-군인이라는 인간형으로 총동원되는 현상은 사회주의나 자본주의 그리고 나치즘의 이데올로기나 정치체제의 차이와 무관하게 현대 기술문명 전체를 본질적으로 규정하고 있는 현상으로 보았다.[27]

3. 반동적 근대주의로서의 융거의 사상

피에르 부르디외는 융거의 사상을 전사적 유미주의(der kriegerische Ästhetizismus)라고 규정하면서 그것의 본질적인 특성을 계산적인 이성의 약함과 우유부단에 대한 혐오에서 찾고 있다.[28] 이와 동일한 맥락에서 지

---

27) Jünger, *Betrachtungen zur Zeit*, p.127 이하 참조.
28) Bourdieu, *Die politische Ontologie Martin Heideggers*, p.46 참조.

머만은 윙거를 반동적 근대주의자라고 부르면서 이러한 반동적 근대주의의 특성을 냉철한 기술주의(der Technizismus)와 비합리주의적인 낭만주의(der Romantizismus) 사이의 기묘한 혼합에서 찾고 있다.[29]

윙거의 이러한 전사적인 유미주의와 반동적 근대주의는 마리네티류의 미래파와도 극히 유사하다고 할 수 있다. 마리네티(Filippo Tommaso Marinetti)는 이탈리아 미래파의 창시자이자 지도자로서 일생을 파시스트로 지냈다. 윙거가 말하는 노동자라는 인간 유형은 마리네티와 같은 미래파들이 꿈꾸던 이상적인 인간형이라고 할 수 있다. 윙거의 노동자와 마찬가지로 마리네티가 그리는 이상적인 인간형도, 현대 기술문명을 근저에서 규정하는 자연 지배와 군사적인 규율에의 의지를 자신의 의지로서 전폭적으로 수용한다. 그러한 이상적 인간형은 현대 기술문명을 더 이상 단조롭고 무기력하고 공허한 획일성이 지배하는 문명으로 경험하지 않고 인간들을 하나의 유기적인 전체로 총동원하는 의지와 박력에 찬 문명으로 경험하면서 그러한 의지와 박력을 자신의 것으로 수용하는 것이다.

윙거나 마리네티와 같은 사상가들의 사상이 반동적인 근대주의로 평가되는 것은 이들이 보통 근대의 업적으로 찬양되는 인권 사상과 민주주의를 조소하면서도 현대 기술문명은 찬양하기 때문이다. 그러나 이들이 현대 기술문명을 찬양하는 것은 현대 기술문명이 사람들의 복지를 향상시키기 때문이 아니라 오히려 현대 기술문명의 근저에서 자연 지배를 향한 광기 어린 의지를 읽으면서 그것이야말로 우주와 삶을 규정하는 근본적인 의지라고 보기 때문이다. 이들은 그러한 의지를 우리가 삶의 본질로 받아

---

29) Michael E. Zimmerman, *Heidegger's Confrontation with Modernity, Technology, Politics, and Art*, Bloomington: Indiana University Press, 1990, p.34 이하 참조.

들임으로써 냉철한 기술주의의 지배 아래서도 생명의 고양과 충만을 맛볼수 있다고 보는 것이다. 아니 오히려 이들은 자신의 몸을 돌보지 않고 자연을 기술적으로 지배하고 전쟁터에서도 기술적으로 적들을 제거하는 데서우리는 죽음을 뛰어넘는 자신의 폭발적인 힘을 경험할 수 있다고 본다.

이렇게 냉철한 기술주의에 광기 어린 힘의 도취를 결합하는 반동적 근대주의의 이념은 마리네티에 의하여 1909년의 「미래파 선언」(Manifesto del Futurismo)에서 문학적인 형식으로 표현되었다. 「미래파 선언」의 핵심적인 내용을 우리는 다음과 같이 정리할 수 있을 것이다.

ⓐ 저돌적인 용기와 대담함에 대한 찬양

오늘날까지 문학은 수심에 잠긴 정태적인 상태나 황홀경, 잠자는 상태를찬양해 왔다. 반면 미래파는 위험에 대한 사랑과 두려움을 모르는 정력에충만한 정신을 노래한다. 용기, 대담함, 반역이 우리 시의 본질적 요소다.

ⓑ 스피드의 찬양

우리는 세계가 새로운 아름다움, 즉 스피드의 아름다움에 의하여 더욱 풍성해졌다고 선언한다. 폭음을 울리면서 돌진하는 경주용 자동차는 사모트라케 섬의 니케상(에게 해의 사모트라케 섬에서 출토된 승리의 여신상)보다 아름답다. 우리는 핸들을 잡은 사나이에게 찬가를 부를 것이다. 그는그의 정신의 창을 자신의 궤도를 도는 지구가 꿰뚫어지도록 던지는 것이다. 스피드는 살아 움직이고 있는 모든 힘의 정화(精華)다. 기도가 신과의교류를 의미한다면 고속으로 달리는 것은 신에 대한 기도이자 신과의 합일이다. 스피드란 모든 행동하는 용기의 총합이며, 공격적이며 호전적인것을 의미한다. 이에 대해서 느림이란 모든 침체된 분별을 의미하고 수동적이며 평화주의적인 것을 의미한다.

ⓒ 전쟁과 투쟁 그리고 남성적 패기의 찬양

시인은 근원적인 정열에 의해서 끓어오르지 않으면 안 된다. 오직 투쟁에만 아름다움이 존재한다. 공격적 성격을 갖지 않는 작품은 걸작일 수 없다. 시는 미지의 힘에 돌진하면서 그것을 인간 앞에 굴복시키는 것으로서 파악되지 않으면 안 된다. 우리가 찬미하는 것은 세계의 유일한 건강법으로서의 전쟁이며, 군국주의이고, 애국주의이며, 해방자의 파괴의 몸짓이고, 그것을 위해 울 가치가 있는 아름다운 사상이며 여성에 대한 경멸이다. 우리는 박물관, 도서관, 온갖 종류의 아카데미를 파괴하며 도덕주의, 페미니즘, 모든 기회주의적-공리주의적 겁쟁이들과 싸울 것이다.

ⓓ 전투적인 노동과 기계문명의 찬양

우리는 노동과 쾌락 그리고 폭동에 흥분한 대중을 노래할 것이다. 격렬한 전깃불로 타오르는 병기 공장과 조선소에서 밤마다 고동치는 열광을, 연기의 날개 장식을 달고 있는 뱀을 무수하게 삼키고 또 삼키는 철도역을, 이리저리 구부러진 연기의 실로 구름에 매달린 공장을, 나이프의 광채와 같이 태양빛에 반사되어 번쩍이면서 장대한 체조 선수처럼 강물을 타고 넘는 철교를, 수평선의 냄새를 맡는 모험적인 기선을, 강철의 거대한 말발굽 같은 차바퀴로 선로 위를 달려가는 굵은 음성의 기관차를, 바람 속의 깃발처럼 프로펠러를 펄럭이고 열광한 군중처럼 환성을 울리면서 날아가는 항공기의 미끄러운 비행을 노래할 것이다.[30]

전쟁과 투쟁, 스피드 그리고 남성적인 용기와 역동성에 대한 찬양 그리고 여성적인 약함과 부드러움에 대한 혐오, 공격의 수단으로서의 시, 여

---

30) 에리히 프롬, 『희망이냐 절망이냐』, 편집부 옮김, 종로서적, 1983, 209쪽 참조.

성에 대한 증오, 살아 있는 힘으로서의 기관차나 비행기에 대한 숭배가 마리네티가 지향하는 인간 형태의 근본적인 특성들이며, 그것은 융거가 말하는 노동자-군인의 인간 형태가 갖는 근본적인 특성들과 거의 동일한 것이다. 반동적 근대주의는 현대 기술문명이 차가운 계산적인 이성과만 결합될 수 있는 것이 아니라 낭만주의적인 헌신과 열정 그리고 힘의 고양과도 결합할 수 있다고 보는 것이다.[31]

마리네티가 기관차나 비행기를 찬양하고 있다면 융거는 모터를 찬양하고 있다. 이들은 자신들이 찬양하는 기계들이 인간이 추구하는 힘에의 의지를 강력하게 상징하고 있다고 보는 것이다.

가장 엄격한 질서와 공존하는 명랑한 무정부상태(eine heitere Anarchie)의 가능성이 생긴다. 그러한 가능성은 이미 거대한 전투나 거대한 도시들에서 보이는 광경이다. 이러한 거대한 전투나 거대한 도시들의 상은 금세기의 초에 분명히 나타나고 있다. 이런 의미에서 모터는 우리 시대의 지배자가 아니라 우리 시대의 상징이며 폭발과 정확성이 서로 대립하지 않는 어떤 힘을 상징하는 것이다. 그것은 유쾌하게 공중으로 자신을 폭파시킬 수 있으며 이런 폭발적인 작동에서 질서의 한 확증을 통찰하는 인간 종족의 대담한 장난감이다.[32]

현대 기술문명에 대한 융거나 마리네티의 견해와 이들이 이상적인 인간형으로 제시하는 인간 형태는 언뜻 보기에는 극히 기괴한 것처럼 보인

---

31) Young, *Heidegger, Philosophy, Nazism*, p.30 참조.
32) Jünger, *Der Arbeiter*, p.324.

다. 그러나 오늘날에도 우리는 우리 자신도 모르게 융거가 말하는 노동자-군인이라는 인간형에게 상당히 끌리고 있으며 그들이 규정한 현대 기술문명의 본질은 오늘날에도 타당한 면이 있다.

나치즘과 사회주의가 붕괴한 오늘날에도 소위 강인한 의지와 냉철한 지성으로 자신의 영역을 확장해 가는 기업가들이 이상적인 인간형으로 간주되는 경향이 있으며, 「터미네이터」와 「로보캅」 등의 영화에서 보듯 기계처럼 강력하고 무자비하며 규율을 철저하게 따르고 정확한 인간형에 대해서 현대인들은 묘한 매력을 느낀다. 그리고 현대인들이 끊임없이 무기를 개발하고 또한 자연을 완전히 자신의 지배 아래 두기 위해서 끊임없이 기술을 개발하는 것과 관련하여 현대인이 자신이 통제하지 못하는 모종의 의지에 의해서 철저하게 사로잡혀 있다고 볼 수 있다.

현대 기술문명에서는 그 어떠한 사회체제에서든 인간들은 사실 동일한 모습을 보인다. 그러한 모습이란 기업 차원의 계획이든, 국가 전체 차원의 계획이든 그러한 계획 아래서 일사불란하게 움직이는 노동자의 모습이다. 이런 맥락에서 하이데거 역시 현대인들은 노동하는 동물이 되었다고 말하고 있다.[33] 이러한 노동자의 모습이란 사실은 중세적인 수공업적인 노동자와는 완전히 성격을 달리한다. 그것은 중세적인 수공업자에 가깝다기보다는 오히려 중앙집권적인 군대 내의 군인에 더 가깝다. 현대의 노동자들은 전체적인 조직과 계획하에서 자신에게 부과된 과제를 기계처럼 수행해야 하는 것이다.

이런 의미에서 융거의 사상은 현대 기술문명이 추구해야 하는 이상적인 방향에 대한 하나의 주장이면서도 동시에 현대 기술문명에 대한 하

---

33) 하이데거, 『강연과 논문』, 90쪽 참조.

나의 현상학적 기술이라고 볼 수 있다. 이에 따라서 우리는 융거의 철학을 '영웅적 사실주의'(der heroische Realismus)라고도 부를 수 있을 것이다. 융거식으로 말하면 이 시대의 대다수 소시민들은 이 시대를 지배하는 힘에의 의지가 자신을 확장하기 위해서 소모하는 부품들로서 살고 있는 반면에, 이 시대를 주도하는 소수의 정치인들과 기업인들 그리고 노동자들과 군인들은 남들보다 탁월한 의지력과 냉철한 지성으로 힘에의 의지를 주체적으로 구현하고 있다고 볼 수 있을 것이다.

4. 하이데거의 니체 해석과 융거

융거에게는 니체의 경우와 마찬가지로 민족은 중요하지 않다. 그가 목표하는 것은 우주적 의지의 실현을 통한 인간의 고양과 강화다. 하이데거는 이러한 융거의 분석이야말로 사실 현대 기술문명을 내적으로 규정하고 있는 근본적인 힘에 대한 가장 심원한 분석이라고 생각했던 것 같다.

> 에른스트 융거가 노동자의 지배와 형태라는 사상에서 사유하고 있는 것 그리고 이러한 사상의 지평에서 보고 있는 것은 [현재의] 세계 역사에서 힘에의 의지가 보편적으로 지배하고 있다는 사실이다. 공산주의든 파시즘이든 세계민주주의든 오늘날 모든 것은 이러한 현실[힘에의 의지]의 지배 아래 있다.[34]

---

34) Martin Heidegger, "Die Selbstbehauptung der deutschen Universität", *Die Selbstbehauptung der deutschen Universität: Das Rektorat 1933/34, Tatsachen und Gedanken*, Frankfurt a.M.: Vittorio Klostermann, 1983, p.24.

이런 맥락에서 하이데거는 현대 기술문명에 대한 융거의 견해가 현대 기술문명을 근저에서 추동하고 있는 형이상학적인 본질을 가장 잘 표현한 것이라고 보고 있다. 하이데거는 현대 기술문명에서 지배하는 것을 맹목적인 힘에의 의지라고 본다. 하이데거는 합리적인 계산적인 이성이 현대 기술문명을 지배하는 것이 아니라 그러한 합리적인 계산적인 이성을 수단으로 하면서 공간과 시간에 대한 정복을 꾀하는 광기 어린 의지가 현대 기술문명을 실질적으로는 지배하는 것이라고 보고 있는 것이다. 현대 기술문명에서는 차가운 계산만이 지배하는 것 같지만 사실은 그 이면에서 광기 어린 의지가 지배하고 있다는 것이다.

하이데거는 오늘날에도 광범위하게 존재하는 모험과 위험에 대한 열망과 그것들에서 사람들이 느끼는 쾌감은 모든 가치와 이상이 붕괴되고 힘의 의지만이 지배하는 현실과 밀접한 연관이 있다고 보고 있다. 즉 '힘에의 의지'만이 인간의 행위를 규정하는 현실에서는 인간의 모든 계획과 활동은 모험의 성격을 띠게 된다는 것이다. 기존의 세계를 와해시키면서 모든 것을 힘의 강화를 위해서 동원하는 세계에서는 위험과 모험에서 느끼는 짜릿함만이 인간에게 자신이 살아 있다는 실감을 주게 된다.[35] 융거의 사상은 바로 이러한 현실의 반영이다.

아울러 하이데거는 "고상한 인간은 자신을 모험자로 느낀다"[36]라는 니체의 말에 입각하여 융거의 모험의 사상과 니체의 사상이 상통한다고 본다. 이와 함께 하이데거는 '노동자'와 '군인'이라는 용어들은 형이상학적인 용어들이며 존재자 전체에 대해서 인간이 취하는 특정한 태도를 가리

---

35) 마르틴 하이데거, 『근본개념들』, 박찬국·설민 옮김, 길출판사, 2012, 67쪽 참조.
36) 같은 책, 67쪽에서 재인용.

킨다고 보면서, 니체가 이미 19세기에 사회적·정치적 상황에 대한 관찰에 의해서가 아니라 존재자 전체의 본질을 힘에의 의지로 보는 형이상학적 인식에 입각하여 그러한 인간 형태가 나타날 것을 분명하게 예견했다고 본다. 이와 관련하여 하이데거는 니체의 다음 구절을 인용하고 있다.

> 노동자의 미래로부터. 노동자는 군인처럼 감각하기를 배워야 한다. 사례금이나 봉급을 받아야지 임금을 받아서는 안 된다!
> 임금의 지불과 성과 사이에는 아무런 관계도 없다! 오히려 각 개인이 각기 제 방식에 따라서 자신이 담당하는 영역에서 최상의 것을 성취할 수 있도록 배치되어야 한다.[37]

하이데거는 니체가 말하는 노동자와 군인은 전통적인 의미의 노동자나 군인과는 다른 의미를 갖는다고 말하고 있다.

> '노동자'와 '군인'이라는 표제어는 물론 오래된 명칭이기는 하지만 그럼에도 그 명칭은 지구상에 등장하고 있는 인류를 그것의 본질적인 윤곽 면에서 대략적으로 나타낼 수 있다. 만일 농부가 식료 공급 산업노동자로 변화한다면 이것은 한 연구소의 권위 있는 학자가 경영자로 되는 것과 동일한 과정이다. 그러나 만일 이러한 과정들을 이전의 '정치적인' 생각에 따라 예컨대 '무산계급화'로 지칭하면서 그로써 최소한의 것이라도 파악했다고 생각한다면, 그것은 단지 퇴행적으로 사유하고 있는 것이다. 그리고 그것은 그 때문에 어설프게 사유하고 있으며 전혀 진지하지 못하게 사

---

37) Nietzsche, *Der Wille zur Macht*, §763.

유하고 있는 것이다.[38)]

더 나아가 하이데거는, 1880년에 출간된 니체의 저술 『방랑자와 그의 그림자』(*Der Wanderer und sein Schatten*)에 실려 있는 '교사로서의 기계' 라는 제목의 글(218번)을 인용하고 있다.

[집단의] 각자가 오직 [자신에게 할당된] 일만을 해야만 하는 집단적인 행동에서 인간 상호 간의 상호 협동을 기계는 가르친다. 즉 기계는 당의 조직과 전쟁 수행의 모범적 형태를 보여 주면서, 개인주의적인 자기주장을 넘어설 것을 가르친다. 기계는 많은 부분들로부터 하나의 전체를 만들며 모든 개별자를 하나의 목적을 위한 도구로 만든다. 기계는 중앙 집중의 유용함을 가르치는 데에서 가장 큰 영향력을 발휘한다.[39)]

5. 니체와 융거에 대한 하이데거의 비판

그런데 융거가 인간을 비롯한 존재자 전체를 순수한 에너지로 총동원하는 국가적인 권력의지에 개개인이 주체적으로 참여하는 데서 니힐리즘의 극복을 보았던 반면에, 하이데거는 그것에서 오히려 니힐리즘의 극단, 즉 죽음과 파괴의 정신을 보았다. 하이데거에게 융거는 니체와 마찬가지로 니힐리즘을 극복하려고 했지만 니힐리즘을 완성하고 니힐리즘을 극단적으로 추구한 사상가인 것이다.

---

38) 하이데거, 『근본개념들』, 69쪽 이하.
39) 하이데거, 『니체 II』, 282쪽 이하에서 재인용.

융거는 힘에의 의지를 주체적으로 구현함으로써 니힐리즘을 극복할 수 있다고 본 반면에, 하이데거에게는 힘에의 의지를 주체적으로 인수하는 자들이든 아니면 힘에의 의지의 지배 아래에서 단순히 연명해 가는 자들이든 모두 힘에의 의지의 도구들이며 자신들과 존재자 전체를 황폐하게 만들고 있다는 점에서는 차이가 없다. 융거에게는 니힐리즘의 극복이었던 것이 하이데거에게는 니힐리즘의 극단이었으며 광기에 지나지 않았다. 이와 함께 하이데거는 융거식의 영웅주의를 존재 상실의 결과 현대 기술문명의 근저에 만연되어 있는 권태와 공허감에서 벗어나려는 몸부림 정도로 보고 있다. 따라서 융거가 힘에의 의지를 철저하게 실현할 것을 요구하는 반면에, 하이데거는 그러한 힘에의 의지의 지배로부터 벗어나는 길을 모색하려고 하는 것이다.

하이데거는 니체가 설파하는 초인은 궁극적으로 볼셰비즘이나 파시즘의 이른바 지도자(Führer)들에서 가장 대표적으로 구현되었다고 본다. 니체의 초인은 이제까지의 인간을 '넘어선' 인간이다. 이제까지의 인간은 자신 위에 존재하는 이상이나 가치를 신봉하고 그것에 복종했던 인간이다. 이에 반해 초인은 자신 위에 있는 어떠한 이상이나 가치에 의해서 구속받지 않고 권력의 강화만을 목표로 한다.[40] 그는 어떠한 이상이나 가치든 권력의 강화를 위한 수단으로 이용하는 인간이다. 하이데거는 이러한 초인은 휴머니즘이든 민족주의든 모든 세계관을 권력의 강화만을 위해서 사용하는 현대의 지도자들에서 구현되어 있다고 본다.

하이데거는 이 경우 초인은 형이상학적으로 해석되어야 한다고 본다.[41] 그것은 근대적인 주체성 형이상학의 표현이다. 사람들은 지도자들이

---

40) 하이데거, 『니체 II』, 115쪽 참조.

맹목적인 이기주의적인 욕망 때문에 모든 것을 자기 마음대로 한다고 생각한다. 그러나 하이데거가 보기에 그들은 존재 상실의 공허함이 존재자의 체계화와 확실한 통제를 요구한다는 사실의 결과다. 존재자 전체를 관장하기 위해서, 즉 존재자 전체를 계획적인 계산을 통해 확실하게 장악하기 위해서 지도자가 요구되는 것이다. 지도자란 존재자를 처리하기 위해서 모든 부문을 관리하는 노동자다.[42] 그리고 하이데거는 니체가 말하는 초인이란 이러한 지도자에 지나지 않는다고 본다.

여기서 우리는 하이데거를 뒷받침하기 위해서 다음과 같은 니체의 글을 인용할 수 있을 것이다.

저 불가피하게 임박하고 있는 대지의 경제의 전체적인 관리가 비로소 이루어질 수 있게 될 경우, 인류는 기계로서 이용될 것이며 그것에서 최선의 의미를 발견할 수 있게 된다. 인류는 거대한 전체적인 힘으로서 그것의 개별적인 요소들은 최소의 힘들(Minimal-Kräfte)이고 최소의 가치들(Minimal-Werte)을 표현한다. 이러한 전문화된 유용한 존재로 왜소하게 되는 인간들과는 대조적으로 종합적이고 총괄하고 정당화하는 인간들이 필요하다. 이러한 인간들에게 인류의 저 기계화는 생존의 선행 조건이다. 이러한 하부구조를 바탕으로 [저 종합적이고 총괄하며 정당화하는] 인간은 자신의 보다 높은 형태를 발견할 수 있다. 이러한 보다 높은 형태의 귀족주의가 미래의 귀족주의다.[43]

---

41) 하이데거, 『강연과 논문』, 117쪽 참조.
42) 같은 책, 119쪽 이하 참조.
43) Friedrich Nietzsche, *Nachgelassene Fragmente Herbst 1887 bis März 1888*, KGW VIII-2, 1970, p.128.

이와 같이 하이데거는 노동자-군인(Arbeiter-Soldat)이라는 인간 형태가 이 시대를 각인하고 있다는 융거의 견해를 전적으로 수용하면서도, 융거와는 달리 그러한 현실을 부정적으로 평가하고 있다.[44] 하이데거가 보기에는 노동자-군인이라는 인간 형태가 지배하면서 인간들은 산업 전사 내지 노동 전사로서 혹은 군인으로서 산업 현장이나 전쟁에서 무의미하게 소모될 뿐이다.

하이데거는 실로 이러한 사회에서는 융거가 말하듯이 전쟁과 평화의 차이는 사라진다는 사실을 인정한다. 그러나 하이데거에 따르면, 이러한 사실은 융거가 말하듯이 평화 시에도 사람들이 힘에의 의지의 고양을 경험하게 될 것이라는 것을 의미하기보다는 오히려 이른바 평화로운 시대에도 전쟁 시와 마찬가지로 인간을 비롯한 모든 존재자가 소모품으로 사용될 것이라는 것을 의미한다.[45] 따라서 하이데거에게는 오늘날 진정으로 문제가 되는 것은 세계관들의 투쟁을 통해서 세계평화가 위협을 받고 있다는 것이 아니라 평화 시에도 모든 존재자가 자신의 품격과 존엄을 잃었다는 것이다.[46]

이런 맥락에서 하이데거는 융거가 말하는 노동자에 대해서 아래와 같이 단호하게 부정적으로 평가하고 있다.

자신이 아무런 제약도 받지 않는 주인인 것처럼 의기양양해하는 무조건적인 노예로서의 …… 노동자.[47]

---

44) *HG* vol.55, p.396 참조.
45) 하이데거, 『강연과 논문』, 118쪽 이하 참조.
46) *HG* vol.5, p.294 이하 참조.
47) *HG* vol.90, p.6.

하이데거는 융거의 책에서 거기에서 쓰인 것보다 더 '많은 것'을 읽어내고 경험하기 위해서는 보다 넓은 시야와 지평을 가져야 한다고 말하고 있다. 이러한 지평은 하이데거가 존재의 역사로 해석하고 있는 서양의 역사 전체다.

소크라테스 이전의 사상가들에게 진리와 피시스로서의 자연은 동일한 것이며 존재 자체이다. 플라톤은 그러나 진리를 피시스에서가 아니라 인간의 지성에 의해서 파악되는 이데아에서 찾는다. 진리의 장소는 이제 피시스가 아니라 인간의 지성에 존재하는 것이 되고 사유는 형이상학이 된다. 형이상학은 존재와 존재자의 차이를 초감성적인 것과 감성적인 것, 정신적인 것과 물질적인 것의 차이로 대체했다. 근대로 들어오면 인간은 자신을 피시스의 주인이자 지배자로 생각하게 된다. 이에 반해서 플라톤 이전의 사유에서는 인간은 자신과 신들을 피시스의 선물(Gabe)로 이해했다. 데카르트 이래로 인간이 존재자 전체의 주체로 부각되면서 인간 존재에 대한 이해에서는 의지가 갈수록 더 중심적인 역할을 하게 되었다. 라이프니츠, 칸트, 헤겔에서 의지는 존재와 사유 일반의 근본적인 특성이 되며 이러한 의지는 니체의 초인과 융거의 노동자-군인에서 자신의 힘의 강화만을 의지하는 '의지에의 의지'가 된다.

그러나 융거는 이러한 존재사적인 지평에서 근대적인 주체성의 본질과 근거를 보지 못하고 있다. 따라서 그는 '노동자'가 근대적 주체성을 완성하는 것으로서 이러한 주체성에 속한다는 사실을 보지 못하고 있다.[48] 융거는 자신의 철학이 서양의 역사에서 어떠한 위치에 있는지를 파악하지 못한 채 단순히 니체의 철학에 의지하여 현대 기술문명의 근본 현상들을

---

48) *Ibid.*, pp.13, 40 참조.

기술하고 있을 뿐인 것이다. 이에 반해 하이데거는 융거의 철학이 그리고 그와 함께 니체의 철학이 근본적으로 우리 시대에 어떤 의미를 갖는지를 제대로 파악하기 위해서는 서양의 역사 전체를 규정하는 존재의 역사에서 그것이 차지하는 지위와 의미를 파악해야 한다고 본다. 그리고 그는 이러한 존재사적 시각에 입각하여 노동자-군인에 대한 융거의 철학과 니체의 철학은 플라톤에서 시작하는 존재망각의 완성이자 종점이라고 규정하고 있는 것이다.[49]

하이데거의 이러한 니체 해석을 어떻게 보아야 하는가? 하이데거는 니체를 지나치게 융거의 시각에서 보는 것은 아닌가? 그러나 융거가 노동을 찬미하고 전체를 위한 노동 속에 자신을 헌신하는 전사가 되어야 한다고 주장하는 반면에, 니체는 노동을 찬양하지 않으며 니체가 생각하는 전사도 융거가 생각하는 전사와는 다르다. 니체는 이렇게 말하고 있다.

노동을 찬미하는 자. ── 사람들이 '노동'을 찬미하고 '노동의 축복'에 대해서 지치지 않고 말할 때, 나는 그것들에서 공익을 위한 비개인적인 행위들에서와 같은 저의, 즉 모든 개인적인 것에 대한 공포를 본다. 사람들은 그러한 노동 ── 사람들은 이 말로 아침부터 밤늦게까지 행해지는 저 고된 노동을 의미하는데 ── 을 보면서 그러한 노동이야말로 최고의 경찰이며, 그것은 모든 사람을 억제하고 이성, 열망, 독립욕의 발전을 강력하게 저지할 수 있다는 사실을 현재 깊이 느끼고 있다. 왜냐하면 노동은 극히 많은 신경의 힘을 소모하고 성찰, 고민, 몽상, 걱정, 애정, 증오를 위해서 쓰일 힘을 앗아 가기 때문이다. 그것은 항상 작은 목표를 겨냥하고 손

---

49) *HG* vol.90, p.14 참조.

쉽고 규칙적인 만족을 가져다준다. 따라서 끊임없이 고된 노동이 행해지는 사회는 보다 안전하게 될 것이다. 그리고 이 안전이 현재는 최고의 신성으로서 숭배되고 있다. 그런데 이제는! 가공할 일이다! 다름 아닌 '노동자'가 위험한 것이 되었다! '위험한 개인들'이 우글거리고 있다! 그리고 그것들 배후에는 위험들 중의 위험, 즉 개인이 있다.[50]

이 인용문에서 니체는 노동이 사람들의 자립적인 이성과 독립욕을 저지하기 위한 수단으로 사용되고 있다고 비판하고 있다. 니체는 융거처럼 노동자들이 자신을 잊고 전체를 위해서 희생하는 전사가 될 것이 아니라 오히려 '개인'이 될 것을 요구하고 있다. 니체가 생각하는 전사적 인간은 자연을 정복하는 기술적인 인간이 아니다. 니체가 생각하는 전사는 유럽의 미덕인 자신에 대한 존중과 긍지를 갖는 인간이다.

융거도 현대를 규정하는 힘으로서의 기술을 중심으로 니체 철학을 해석하는 것이 니체 철학에 대한 결정적인 혁신을 의미한다는 사실을 알고 있었다. 니체는 르네상스를 높이 평가하면서 기계를 크게 고려하지는 않았다. 그러나 융거는 삶은 단순한 연명을 넘어서 보다 높은 목표를 둘러싼 투쟁이라는 니체의 설을 기계에 적용하는 것이 우리의 과제라고 본다. 기계는 생산이나 물질적인 만족을 위한 수단이 아니라 인간들에게 보다 높고 심원한 삶의 의미를 부여하는 것으로 해석되어야 한다는 것이다. 융거는 이렇게 말하고 있다.

우리는 기계를 지성의 팔로부터 떼어 내서 피의 의지 아래 두어야만 한

---

50) 프리드리히 니체, 『아침놀』, 니체전집 10권, 박찬국 옮김, 책세상, 2004, 173절.

다. 지성의 언어에서는 진보를 위한 수단에 불과한 것이 피의 언어에서는 힘을 위한 수단이다.[51]

융거는 현대의 기술은 파괴적이면서도 창조적이며 자연에로의 회귀가 불가능하게 된 세계에서 존재의 유일한 대안이라고 본다. 융거는 실로 니체 철학에서 노동자는 어떠한 중심적인 인물은 아니지만 니체는 노동자가 갖는 창조적인 잠재력을 인식했다고 본다. 그러나 정작 니체는 노동 자체를 정신의 빈곤을 초래하는 것으로 보았으며 긍정적으로 보지 않았다.[52] 니체는 사람들이 노동에 쓸 에너지를 자신의 정신적 성숙과 독립을 위해서 써야 한다고 보는 것이다. 융거는 전쟁과 노동을 통해 전체를 위해서 자신을 희생하는 것을 최고의 힘에의 의지로 찬양하지만 니체는 하이데거와 유사하게 그것에서 죽음을 향한 충동과 죽음으로의 도피를 볼 것이다.[53]

---

51) Ernst Jünger, "Die Maschine", *Politische Publizistik 1919 bis 1933*, p.161. Kopij, "Antizipationen des Arbeiters, Nietzsche-Brzozowski-Jünger", p.155에서 재인용.
52) 물론 니체에게는 다른 주제들에 대해서도 모순된 견해를 보이는 경우가 있는 것처럼, 기계적인 노동이라는 주제와 관련해서도 하이데거가 위에서 인용한 글들에서 보듯이 긍정적으로 파악하고 있는 경우도 있다.
53) 융거와 거의 동일한 사상적 노선을 취하고 있는 마리네티에서는 죽음에 대한 동경이 노골적으로 보이고 있다. 그는 「죽음에 바치는 찬가」(Inno alla Morte)에서 다음과 같이 죽음을 찬미하고 있다. "만세! 만만세! 쾌활한 정부(情婦), 죽음이여!"(전진성, 『보수 혁명: 독일 지식인들의 허무주의적 이상』, 책세상, 2001, 36쪽에서 재인용).

초기 하이데거의
니체 해석

3장 초기 하이데거의 니체 해석

1장에서 본 것처럼 후기 하이데거는 자신의 존재 사유에 대해서 가장 대척적인 입장에 서있는 철학을 니체의 철학이라고 말하고 있다. 그에 따르면 니체는 전통 형이상학을 극복하려고 하지만 오히려 완성하고 있다는 것이다. 후기 하이데거가 니체에 대해서 취하는 이러한 비판적인 입장에 비추어 볼 때, 초기의 하이데거가 니체에 대해서 취하는 입장은 상당히 의외라고 할 수 있다. 초기의 하이데거가 니체에 대해서 취하는 입장은 극히 긍정적이며, 자신의 철학적 입장을 니체의 사상을 극복한다기보다는 오히려 완성하는 것으로 보고 있기 때문이다.

『존재와 시간』에서 하이데거는 특히 역사성 개념과 관련하여 니체에 대해서 언급하고 있다. 니체는 『반시대적 고찰』(*Unzeitgemässe Betrachtungen*, 1874)의 두 번째 글 「생에 대한 역사학의 공과」에서 역사학을 기념비적 역사학, 골동품적 역사학 그리고 비판적 역사학으로 구분하고 있다. 그러나 하이데거에 의하면 니체는 역사학이 이렇게 세 가지 형태를 갖게 되는 필연적인 이유와 그것들의 통일성의 근거를 명확하게 제시하고 있지 않다. 하이데거는 자신이 현존재의 시간성에 기초하여 드러내고 있는 현존재의 역사성이 역사학이 세 가지 형태를 갖게 되는 필연적인

이유이자 그것들의 통일성의 근거라고 말하고 있다.[1]

하이데거는 자신의 역사성 개념이 역사학과 관련하여 니체가 사유하고 있는 사태를 보다 통일적이고 근원적으로 드러내는 것으로 보고 있는 것이다. 이로 미루어 볼 때 『존재와 시간』에서 하이데거는 니체의 사상을 비판하기보다는 오히려 그것을 완성하려고 하고 있는 것이다.[2]

아울러 하이데거는 아직은 초기의 하이데거에 속하는 해인 1929/30년의 겨울학기에 강의된 『형이상학의 근본개념』(Die Grundbegriffe der Metaphysik)을 니체의 시를 인용하면서 끝맺고 있다.[3] 그러한 인용에서 우리는 하이데거가 드러내려고 하는 세계는 니체가 경험한 세계와 동일한 것이라는 암시를 받는다.[4]

물론 그렇다고 하여 여기서 초기 하이데거와 니체의 완전한 동일성을 주장하려는 것은 아니다. 다만 초기 하이데거가 드러내는 본래적인 현존

---

1) Martin Heidegger, *Sein und Zeit*, 12th ed., Tübingen: Max Niemeyer, 1972, p.396 이하 참조.
2) 『존재와 시간』에서 하이데거와 니체 사이에 존재하는 근친성, 특히 양자의 역사철학에 존재하는 근친성을 다루는 논문으로는 Jacques Taminaux, "The Presence of Nietzsche in *Sein und Zeit*", *Heidegger and the Project of Fundamental Ontology*, New York: State University of New York Press, 1991이 있다.
3) *HG* vol.29/30, p.536 참조.
4) 인용된 시는 다음과 같다. "오, 인간이여! 귀를 기울여라! / 깊은 밤은 무엇을 말하고 있는가? / "나는 잠들어 있었다. 나는 잠들어 있었다. / 그러다가 깊은 꿈에서 깨어났다. / 세계는 깊다. / 한낮이 생각하는 것보다 더 깊다. / 세계의 고통은 깊다. / 기쁨은 - 마음의 고뇌보다 더 깊다. / 고통은 말한다. '사라져라!'라고. / 그러나 모든 기쁨은 영원을 원한다. / - 깊고 깊은 영원을 원한다!"(Oh Mensch! Gieb Acht! / Was spricht die tiefe Mitternacht? / "Ich sschlief, ich schlief-. / Aus tiefem Traum bin ich erwacht:- / Die Welt ist tief, / Und tiefer als der Tag gedacht. / Tief ist ihr Weh-, / Lust - tiefer noch als Herzeleid: / Weh spricht: Vergeh! / Doch alle Lust will Ewigkeit -, / - will tiefe, tiefe Ewigkeit!). Nietzsche, "Das trunkene Lied", *Also sprach Zarathustra. HG* vol.29/30, p.532에서 재인용.

재와 세계의 모습이 니체가 드러내는 본래적인 인간과 세계의 모습과 일정한 구조적 유사성을 갖는다는 것을 지적하려고 한다. 그러나 이와 함께 초기 하이데거와 니체 사이에 존재하는 일정한 차이도 드러내려고 한다. 양자 사이에는 이러한 차이가 있기에 하이데거가 사상적인 전회를 감행할 수 있었다고도 생각한다. 이 점에서 이 연구는 초기 하이데거와 니체 사이에 본질적인 유사성을 상정하는 해석가들과 일정한 거리를 두려고 한다.

여기에서는 먼저 초기 하이데거의 핵심 사상과 초기 하이데거가 전통 형이상학을 어떤 식으로 해체하려고 하는지를 소개할 것이며, 그다음에 초기 하이데거와 니체 사이의 구조적 유사성과 그러한 유사성이 하이데거의 사유 도정과 관련하여 갖는 의미 그리고 양자 사이에 존재하는 차이를 고찰할 것이다.

1. 초기 하이데거의 사상

하이데거에 따르면 인간은 한갓 눈앞에 존재하는 사물(das Vorhandene)이 아니다. 눈앞에 존재하는 사물은 자신의 존재를 문제 삼지 않지만, 인간은 자신의 존재를 문제 삼는다. 자신의 존재를 문제 삼는다는 것은 자신이 현재 영위하는 삶의 방식에 의문을 품고 새로운 삶의 방식을 모색한다는 것이다. 하이데거는 인간에게만 고유한 이러한 존재 방식을 실존(Existenz)이라고 부르고 있다.[5]

하이데거에 따르면 인간은 '우선 그리고 대개는'(zunächst und zumeist) 비본래적인 방식으로 존재한다. 『존재와 시간』에서 '비본래적으

---

5) Heidegger, *Sein und Zeit*, p.42 참조.

로 존재한다'라는 말은 '얄팍하고 산만한 삶을 살고 있다'라는 것을 의미한다. 인간의 삶에 깊이와 전체성이 결여되어 있다는 것이다. 하이데거가 비본래적인 삶의 특성으로 보고 있는 잡담과 호기심 그리고 애매성은 얄팍함과 산만함을 공통분모로 갖는다.

우리는 어떤 사태를 경험할 때 대부분의 경우 그 사태를 깊이 있게 경험하는 것이 아니라 말초적인 호기심을 충족시키는 방식으로 경험한다. 이 경우 우리는 사태에 대해 깊이 있는 관계를 맺지 못하며, 그 사태가 처음에 갖는 신선함을 잃으면 우리의 관심은 더욱 자극적인 다른 사태로 쉽게 옮겨 간다. 이 경우 우리들이 서로 주고받는 말이라는 것도 깊이와 책임성이 결여된 잡담일 뿐이다. 잡담과 호기심은 타인과 사태에 대한 진정한 관심이나 이해를 목표하지 않는다. 잡담과 호기심에는 항상 타인과 사태에 대한 애매하고 무책임한 추측만 있을 뿐 깊이 있는 관심과 이해는 존재하지 않는다. 이러한 비본래적인 삶과 그것이 관계하는 세계에는 통일성과 깊이가 결여되어 있다.

그러나 인간은 자신의 심층에서 자신의 삶이 깊이와 전체성을 갖게 되기를 갈구한다. 그리고 인간은 깊이와 통일성을 갖춘 삶의 방식을 불명료하게나마 이미 이해하고 있다. 이 때문에 우리는 그러한 삶을 갈구할 수도 있으며, 그러한 삶에 비추어 호기심, 잡담, 애매성으로 관철된 현재의 삶에 대해 공허감과 아울러 권태를 느낄 수도 있다.

그런데 현존재는 자신의 존재를 문제 삼되 하나의 특정한 세계 안에서 자신의 존재를 문제 삼는다.[6] 현존재는 세계로부터 독립해서 존재하는 것이 아니라 이미 세계 안에 존재한다. 그러나 세계 안에 존재한다고 해서, 어

---

6) *Ibid.*, p.87 참조.

떤 사물이 용기(容器) 안에 들어 있는 것처럼 현존재가 세계 안에 존재하는 것은 아니다. 현존재는 자신이 속하는 세계를 목적연관의 전체로서 구성하는 방식으로, 혹은 ――「근거의 본질」(Vom Wesen des Grundes)에 나오는 용어를 빌리자면 ―― 건립하는(stiften) 방식으로 존재한다.[7]

하이데거는 『존재와 시간』에서 세계의 구조를 우리가 일상적으로 사용하는 도구적 존재자를 실마리로 하여 분석하고 있다. 우리의 일상적 삶에서 존재자는 어떤 것은 현존재의 목적에 합당한 것으로, 어떤 것은 현존재의 목적 실현에 방해가 되는 것으로 나타난다. 우리의 일상적 삶에서 존재자는 우선 도구로서 드러나는 것이다. 존재자가 이렇게 도구로서 드러날 경우 그것은 자신의 존재 의미를 목적들의 지시 연관의 전체 안에서 갖게 된다. 예컨대 장도리는 못을 박기 위한 것이고 못은 옷을 걸기 위한 것이며 현존재가 못에 옷을 건다는 것은 자신의 옷을 구겨지지 않게 잘 보관하기 위한 것이다. 이에 장도리는 못을 지시하며 못은 궁극적으로 옷을 잘 보존하려는 현존재의 관심을 지시한다.

모든 도구적 존재자는 이러한 목적 연관의 전체 안에서 자신의 존재 의미를 획득하며 이러한 목적 연관의 체계 내에서 어떤 것'으로서', 예를 들어 못을 박기 위한 망치'로서' 자신을 드러낸다. 따라서 어떤 존재자가 자신을 드러내기 위해서는 이러한 목적 연관의 전체가 이미 개시되어 있지 않으면 안 된다. 이러한 목적 연관의 전체가 바로 인간이 어떤 특정한 존재자 내지 도구를 사용하기 전에 이미 그 안에서 거주하는 세계다.[8]

목적 연관의 전체로서의 세계가 최종적으로는 현존재의 관심을 지시

---

7) *HG* vol.9, p.165 참조.
8) Heidegger, *Sein und Zeit*, pp.63~89 참조.

할 경우, 현존재가 궁극적으로 관심을 갖는 것은 무엇인가? 그것은 자신의 고유한 존재 가능성, 자신의 진정한 자기다.[9] 그러나 현존재는 우선 대부분의 경우 세상 사람이 주입한 존재 가능성을 자신의 고유한 존재 가능성으로 착각한다. 따라서 현존재가 살고 있는 세계도 세상 사람이 주입한 존재 가능성을 궁극 목적으로 하여 구성된 허구적인 세계다. 이러한 세계에서는 현존재뿐 아니라 다른 존재자들의 고유한 존재도 왜곡되어 드러난다. 예를 들어 황금만능주의자는 돈을 버는 것을 최고의 목적으로 삼으면서 다른 인간들이나 존재자들을 돈벌이를 위한 수단으로만 본다. 현존재가 자신의 진정한 존재 가능성을 구현할 경우에만 모든 존재자가 자신의 고유한 존재를 개시하는 근원적인 세계도 개시된다.

이런 의미에서 현존재의 자기실현과 세계 이해는 서로 내밀한 관계를 갖는다고 할 수 있다. 세계는 현존재의 구체적인 실존 수행 없이 대상과 같이 내 눈앞에 존재하는 것이 아니라 현존재의 실존 방식에 따라서 다르게 개현되는 것이다. 세계와 현존재 사이에 존재하는 이러한 내밀한 공속관계(共屬關係, Zusammengehörigkeit)가 하이데거가 '세계-내-존재'라는 말로 의미하려고 하는 것이다.

그러나 현존재의 진정한 자기 발견과 이를 통한 세계의 근원적인 개시는 어떻게 해서 가능한가? 하이데거는 현존재를 세계-내-존재라고 부르고 있는 반면에 여타의 존재자들은 내세계적인(innerweltlich) 존재자라고 부름으로써 양자를 구별하고 있다. 목적 연관의 전체로서의 세계가 궁극적으로는 현존재의 관심을 지시한다는 점에서 현존재는 세계 내에 존재하면서도 세계를 건립하고 유지하는 자로서 존재하는 반면에, 여타의 존재

---

9) *Ibid.*, p.84 참조.

자들은 이미 개시된 세계로부터 자신의 존재 의미를 부여받는다는 점에서 양자 간에는 큰 차이가 존재하는 것이다.

현존재는 한갓 내세계적인 존재자가 아닌바, 현존재의 본래적인 가능성은 우리가 이미 살고 있는 일상적인 비본래적인 세계 내에서는 개시될 수 없다. 그것은 오히려 그러한 비본래적 세계에 예속되어 있던 상태에서 벗어나 단독자가 될 때만 개시된다. 그리고 우리는 죽음에로 앞서 달려감(Vorlaufen)을 통해서 단독자가 된다.

인간의 삶에서 죽음은 삶의 마지막 순간에 나타나면서 그때에야 비로소 문제가 되는 것이 아니다. 죽음에서 회피하는 방식으로든 그것과 적극적으로 대면하는 방식으로든 인간은 항상 자신이 언제든 죽을 수 있다는 것을 알고 있으며 그것에 대해서 태도를 취하고 있다. 인간에게는 자신의 존재가 문제가 되듯이 항상 죽음이 문제가 된다. 이런 의미에서 하이데거는 죽음이 인간에게 임박해 있다(bevorstehen)라고 말하고 있다. 이 경우 임박해 있다는 것은 죽음이 인간 자신이 받아들이지 않으면 안 되는 하나의 존재 가능성이라는 사실을 가리킨다.

하이데거는 우리 인간은 항상 죽음에 대해서 태도를 취한다는 의미에서 '죽음을 향한 존재'이지만 그것에는 '본래적인' 존재 방식과 '비본래적인' 존재 방식이 있을 수 있다고 본다. 죽음을 향한 비본래적인 존재가 죽음으로부터 도피하는 것이라면, 죽음을 향한 본래적 존재는 죽음을 임박한 것으로 생각하면서 자신이 그동안 집착했던 일상적인 가능성들을 무의미한 것으로 자각하는 것과 동시에 어떻게 살아야 할지를 진지하게 고민하는 것을 가리킨다. 이러한 태도를 하이데거는 또한 '죽음에로 앞서 달려감'이라고 부르고 있다. 하이데거는 이렇게 죽음에로 앞서 달려갈 때 죽음은 현존재의 '가장 고유하고 가장 극단적이며 다른 가능성에 의해서 능가

될 수 없는 가능성'(die eigenste, äußerste, unüberholbare Möglichkeit)으로서 나타난다고 말하고 있다.[10]

죽음은 어느 누구도 대체할 수 없는 구체적이고 유일한 존재로서의 나의 죽음이다. 나는 그 어느 누구와도 구별되는 나의 유일한 삶의 역사와 삶의 세계를 갖고 있다. 죽음은 이러한 독자적인 역사와 상황을 갖는 나의 죽음이다. 이렇게 죽음의 경험은 각자의 것이기에 우리는 그것을 정확하게 묘사하는 것에 의해 다른 사람에게 전달할 수 없으며, 타인은 나의 죽음의 경험을 과학적으로 통제 가능한 경험에서처럼 동일한 조건하에서 반복할 수 없다. 따라서 죽음은 어느 누구에 의해서도 내 대신에 행해질 수는 없다. 각자는 죽음을 전적으로 홀로 떠맡지 않으면 안 된다.

죽음은 이렇게 어디까지나 각자적인 죽음이기에 나에게 외부로부터 부과되는 모든 낯선 규정은 죽음과 더불어 의미를 상실하며, 이를 통해 나에게 절대적으로 고유한 것이 비로소 드러난다. 이렇게 나에게 고유한 것은 "현존재의 본래적인 진리이기에 가장 근원적인 진리"다.[11] 죽음에로 선구함으로써 현존재는 자신의 가장 고유한 존재 가능성(die eigenste Möglichkeit)에 직면하게 된다.

죽음에로 선구할 때, 죽음은 또한 이제까지 현존재가 비본래적으로 살면서 자신의 고유한 존재 의미로 여겨 왔던 모든 가능성의 허망함을 드러내고 그것들을 무(無)로 떨어뜨리는 극단적인 가능성으로서 나타난다. 이러한 가능성으로서 그것은 다른 가능성들에 의해서 능가될 수 없는 가능성(die unüberholbare Möglichkeit)이다. 죽음이 이렇게 능가될 수 없는 가

---

10) Heidegger, *Sein und Zeit*, p.263 이하 참조.
11) *Ibid.*, p.235 참조.

능성으로서 개시됨으로써 우리는 그동안 우리가 집착했던 일상적인 가능성들에서 해방되는 것과 동시에, 능가할 수 없는 가능성 앞에 펼쳐져 있는 가능성들을 비로소 본래적으로 이해하게 되고 선택하게 된다. 다시 말해서 인간은 죽음에로 선구하면서 자신에게 무한한 시간이 주어져 있지 않다는 것을 깨닫게 되며, 이와 함께 자신이 집착해서는 안 되는 가능성들이 어떤 것들이고 자신이 진정으로 소중하게 생각해야 할 가능성이 어떤 것인지를 분명하게 깨닫게 되는 것이다.

죽음은 가장 고유한 가능성으로서 현존재를 단적으로 정초하는 근거이며 현존재의 최고의 심급이다. 죽음으로부터 도피하지 않고 그것에 단호하게 직면함으로써, 즉 죽음에로 앞서 달려감으로써 현존재의 궁극 목적(Worumwillen)인 진정한 자기가 개시되는 것이다. 그리고 현존재가 이렇게 진정한 자기를 구현할 때 현존재가 관계하는 다른 존재자들의 고유한 존재도 함께 개시된다.

죽음에로 앞서 달려가는 결단을 통해 현존재는 자신을 본래적인 실존으로서 구성한다.[12] 즉 현존재는 일상적인 세계를 위한 기능인자가 아니라 그것으로부터 세계가 근원적으로 개시되는 단독자가 된다. 그러나 이러한 단독자화는 현존재가 자신의 내면에로 도피하여 자신이 만들어 낸 허구적인 세계에서 사는 것이 아니다. 단독자화는 인간이 자신의 본래적 자기와 아울러 근원적인 세계를 발견하는 사건이다.

이러한 자기(Selbst), 즉 본래성이란 타인과 구별된 고립된 자로서의 '나'(Ich)가 아니다. 그것은 "너에 대한 나의 관계와 우리에 대한 나의 관계 그리고 너희들에 대한 우리의 관계가 근거하는 현-존재(現-存在, Da-sein)

---

12) Heidegger, *Sein und Zeit*, p.305 참조.

다. 이러한 관계들은 오직 이러한 현-존재로부터만 수행될 수 있고 그러한 관계들이 하나의 힘을 가지려면 그것들은 비로소 이러한 현-존재로부터만 수행되어야만 한다".[13]

현존재가 단독자가 된다는 것은 그가 자신의 고립된 섬으로 후퇴하고 일상적 가능성들이 단순히 거부된다는 것을 의미하는 것이 아니라, 그러한 가능성들이 전혀 새로운 빛 아래서 나타나게 되는 사건을 의미하는 것이다. 일상적 세계로부터 각자의 죽음으로 향하는 길은 일상적인 나와 비본래적인 세계로부터 벗어나 세계의 근원적인 개시를 향한 길이다. 현존재가 보다 무조건적으로 죽음에로 앞서 달려가면서 세계는 보다 순수하고 근원적으로 개현된다.

그러나 우리는 일상적으로 죽음으로부터 도피한다. 물론 이렇게 죽음으로부터 도피한다는 것은 죽음을 전적으로 도외시한다는 것을 의미하지는 않는다. 다만 우리는 죽음을 부단히 발생하는 재난으로서, 즉 하나의 자연적인 사망 사건으로 간주하면서 죽음이 우리들 각자의 죽음이라는 사실을 은폐하는 방식으로 죽음에서 도피한다. 가깝거나 먼 이 사람 혹은 저 사람이 죽는다. 모르는 자들이 매일 매시간 죽는다. 일상적으로 죽음은 세계에서 항상 발생하는 잘 알려진 사건으로 나타난다. 따라서 죽음은 일상적으로 일어나는 다른 일들과 마찬가지로 '비현저성'이라는 성격을 갖는다. 죽음을 이렇게 하나의 일상적인 사건으로 보는 세상 사람의 이해는 "인간은 언젠가는 죽는다. 그러나 아직 나 자신은 죽지 않았다"라는 말 속에서 전형적으로 드러난다.[14]

---

13) *HG* vol.44, p.23 참조.
14) *Ibid.*, p.253 이하 참조.

'인간은 언젠가는 죽는다'라는 말에서 죽음은 어딘가에서 닥쳐오는 것은 틀림없지만 자기 자신에게는 아직 임박해 있지 않기 때문에 위협적이지 않은 것으로 이해되고 있다. '인간은 죽는다'라는 말은, 죽음은 나에게 해당되는 것이 아니라 모든 사람, 즉 세상 사람에게나 해당된다는 생각을 퍼뜨린다. 그리고 사람들은 '이러한 세상 사람은 아무도 아니기 때문에 죽음은 나 자신에게는 일어나지 않는다'라고 생각한다. 죽음은 인간에게 일어나기는 하지만 어느 누구에게도 고유하게 속하지 않는 하나의 사건으로 전락하게 되는 것이다.

그런데 죽음이 우선 대부분의 경우 위와 같이 망각되고 은폐되고 있을 경우 그것은 어떻게 우리에게 고지될 수 있는가? 하이데거에 따르면 죽음은 불안이란 근본기분을 통하여 자신을 고지한다.[15] 인간이 자기의 죽음에 맡겨져 있고 이와 함께 가장 고유하고 능가할 수 없는 가능성에 내맡겨져 있다는 사실을 우리가 단순히 머리로만 이해할 때 이러한 이해는 우리의 삶을 변화시킬 수 있는 아무런 힘도 갖지 못한다. 그러한 사실에 대한 이해가 불안이란 기분 속에서 주어질 때 그것은 우리의 삶을 근본적으로 변화시키는 진정하고 근원적인 것이 된다.

불안이라는 기분은 그것에 엄습될 때 우리가 그동안 집착하던 모든 세간적인 가치가 무의미하게 나타나는 기분이다. 인간이라면 누구나 인생을 살아가면서 그 정도가 심하든 약하든 간에 인생이 덧없고 무의미하다는 느낌을 가져 본 적이 있을 것이다. 이러한 느낌을 하이데거는 불안이라고 부르고 있는바, 우리가 불안이라는 기분에 엄습될 때 우리 자신과 우리가 그 안에서 안주하던 일상적인 세계는 갑자기 의미를 상실하고 전혀 낯설

---

15) Heidegger, *Sein und Zeit*, p.251 참조.

게 나타나게 된다. 불안은 현존재가 이제까지 자신을 이해하는 준거로 삼아 온 모든 허위적인 가능성을 파괴한다. 이와 함께 돈이든 명예든 가족이든 사회든 심지어는 자신이 이제까지 섬겨 온 신에게 의지할 수 있는 가능성은 배제된다.

그런데 불안이란 기분에 엄습되면서 우리가 그동안 집착하던 세간적인 가치들이 무의미한 것으로 나타나는 것과 동시에 '내가 존재한다'라는 적나라한 사실이 자신을 드러낸다. 그러나 자신이 존재한다는 적나라한 사실이 드러날 뿐 자신이 어디서 오고 어디로 가는지는 어둠에 싸여 있다. 이와 함께 우리는 '우리 자신이 아무런 이유도 근거도 없이 존재한다'라는 단적인 사실 앞에 직면하게 된다.

우리가 어디서 오고 어디로 가는지가 이렇게 은폐되어 있을수록, 우리 '그 자신이 아무런 이유도 근거도 주어지지 않은 채로 존재하면서도 존재해야만 하는 존재'라는 사실은 더욱더 또렷하게 분명해지면서 우리를 짓누르게 된다. 이 경우 우리 자신의 존재는 우리가 아무런 이유도 근거도 없이 짊어져야만 하는 짐으로서 나타나게 된다.

불안을 통해서 우리에게 자신의 적나라한 존재가 개시되고 이러한 낯선 존재가 짐으로서 우리를 짓누르기 때문에 우리는 자신의 존재를 문제 삼을 수밖에 없게 된다. 다시 말해서 우리는 자신을 짓누르는 존재의 무게에서 벗어나기 위해서 자신은 어떻게 살아야 하는지를 고뇌할 수밖에 없는 것이다.[16]

'우리가 아무런 이유도 근거도 주어지지 않은 채로 존재하면서도 그러한 존재를 자신의 존재로서 떠맡아야만 한다는 사실'을 하이데거는 내

---

16) *Ibid.*, p.134 이하 참조.

던져져 있음(Geworfenheit)이라고 부르며, 우리 인간의 이러한 존재 성격을 현사실성(Faktizität)이라고 부르고 있다.[17] 인간이 갖는 이러한 현사실적 성격은 불안이란 기분에서 가장 분명하면서도 직접적으로 드러나지만 다른 기분들에서도 간접적이고 은폐되어 있는 방식으로 드러나 있다.

우리는 항상 어떤 기분 속에 있으며, 좋은 기분이나 나쁜 기분 혹은 고양된 기분이나 짓눌리는 듯한 기분 속에서 존재한다. 우리가 무덤덤한 상태에 있는 것처럼 보일 때조차도 우리는 사실은 그렇게 무덤덤한 기분 속에 있는 것이다. 우리는 종종 불쾌한 기분을 전환하려고 하지만 그러한 전환도 불쾌한 기분을 다른 기분으로 바꾸는 것일 뿐이며, 우리가 항상 어떤 기분 속에 있다는 사실에는 변함이 없다.

이러한 기분들 속에서 우리의 존재는 직접적으로든 간접적으로든 짐으로서 개시되어 있다. 우리는 무엇보다도 불쾌한 기분 상태에 있을 때는 자신의 존재를 참을 수 없는 짐으로 여기게 되고 기분이 고양될 때는 자신의 존재를 짐으로 느끼는 상태에 벗어나게 되지만, 이러한 고양된 기분의 가능성이 다시 우리의 존재가 일차적으로 우리에게 짐으로서 주어져 있다는 사실을 개시한다.

그러나 대부분의 기분들에서는 '우리의 존재가 아무런 이유도 근거도 없이 주어져 있다'라는 사실은 직접적으로가 아니라 간접적으로만 나타나 있다. 그것들에서는 우리에게 자신의 존재가 종종 견딜 수 없을 정도로 불쾌하고 자신을 짓누르는 것으로 나타날지라도, 우리는 보통 우리가 처해 있는 삶의 조건들이 우리의 바람에 부응하지 않기 때문에 자신의 존재가 그렇게 나타난다고 생각한다. 그리고 우리는 그러한 조건들만 바뀌면 자

---

17) Heidegger, *Sein und Zeit*, p.135 참조.

신의 삶도 견딜 만한 것으로 나타나고 자신의 기분도 바뀔 것이라고 생각한다.

그러나 앞에서 언급한 불안과 같은 기분에서는 '우리에게 자신의 존재가 아무런 이유도 근거도 없이 짊어져야 할 짐으로서 주어져 있다'라는 사실이 우리가 어떠한 조건에 처해 있는가와 전혀 상관없이 단적으로 개시된다. 불안과 같은 기분은 일상의 모든 일이 가장 순조롭게 진행될 경우에도 우리를 엄습하면서 우리의 '던져져 있음'을 개시한다.

이렇게 불안이 시도 때도 없이 어떠한 장소에서도 우리를 엄습하고 있다는 것은 그것이 우리 안에 항상 잠복해 있으면서 우리를 엄습할 기회만 노리고 있다는 것을 의미한다. 불안이란 기분이 이렇게 인간의 근저에서 항상 잠복해 있으면서 언제든지 우리를 엄습할 수 있다는 것은 죽음이 언제든지 우리에게 닥쳐올 수 있는 가장 확실한 가능성으로서 우리에게 이미 개시되어 있다는 것을 의미한다.

불안에서는 우리가 그동안 집착했던 일상적인 가능성들은 아무런 의미도 갖지 못하기 때문에 불안은 우리 자신을 일상적인 가능성들로부터 이해할 가능성을 우리에게서 박탈한다. 이와 함께 불안은 인간을 '단독적인 자기'(solus ipse)로서 단독자화하고 개시하면서 우리를 우리의 '본래적인 가능성'을 향해서 되던진다. 즉 불안에 엄습되면서 현존재는 철저하게 자기 자신 앞에 직면하게 되며 자신의 심연으로부터 자신의 고유한 본질을 발견하도록 촉구되는 것이다. 그러나 이러한 실존론적 유아론(唯我論)은 이른바 고립된 주관을 무세계적인 공허함 속에 고립시켜 놓는 것이 아니고, 도리어 인간을 근원적인 세계에 직면하게 한다.[18]

---

18) *Ibid.*, p.248 참조.

인간이 불안에서 도피하지 않고 불안을 흔쾌하게 수용하면서 일상적인 가치들에 대한 집착에서 벗어나게 될 때 인간은 자신 자신의 고유한 존재뿐 아니라 다른 모든 존재자의 고유한 존재에 직면하게 된다. 다시 말해서 인간은 모든 존재자가 자신의 고유하면서도 경이로운 존재를 드러내는 근원적인 세계 안으로 진입하게 된다.[19]

불안은 결국 우리가 집착해 온 모든 일상적인 가능성을 무화하는 죽음에 대한 경험이며, 우리가 불안이란 기분에서 도피하지 않고 그것을 인수하는 것이야말로 죽음에로 앞서 달려가는 것이다. 이렇게 불안을 인수하면서 죽음에로 앞서 달려감으로써 자신의 진정한 가능성과 본래의 세계를 개시하는 현존재의 실존 수행을 하이데거는 결의성(Entschlossenheit)이라고 부른다.[20] 이러한 결의성에서 현존재는 자신의 장래의 가능성, 즉 자신의 진정한 자기에로 선구하면서 자신이 이미 던져져 있는 자신의 처지를 적극적으로 인수하고 새로운 빛 아래에서 반복한다(wiederholen). 그리고 이렇게 자신의 장래의 가능성에로 선구하고 자신이 이미 처해 있는 처지를 인수하면서 현존재는 현재(Gegenwart)를, 즉 현존재들과 현존재가 아닌 존재자들이 자신들의 본질을 개시하는 상황을 연다.

하이데거는 현존재의 본래적인 존재 방식은 결의성이며 이러한 결의성은 본래적인 시간성이란 성격을 갖고 있다고 본다. 현존재의 본래적 삶이 이렇게 본래적인 시간성이란 성격을 갖는다는 것은, 우선 대부분의 경우는 은폐되어 있고 망각되어 있는 현존재의 본래적인 삶이 시간적인 구조를 갖는다는 것, 즉 매 순간 죽음에로 앞서 달려감으로써 자신의 장래의

---

19) *HG* vol.9, p.118 참조.
20) Heidegger, *Sein und Zeit*, pp.329, 426 참조.

가능성을 개시하면서 자신이 이미 처해 있는 과거를 새롭게 인수하고 현재를 창조적으로 형성하는 삶이라는 것을 의미한다.

2. 초기 하이데거에서 전통 형이상학의 해체와 존재물음

주지하다시피 하이데거는 『존재와 시간』에서 존재물음을 새롭게 제기하는 것을 목표하고 있다. 그런데 왜 하이데거는 존재물음을 새롭게 제기해야만 한다고 보는가? 이는 전통 형이상학에서는 존재가 제대로 파악되지 못했다고 하이데거가 생각하기 때문이다.

전통 형이상학은 존재를 문제 삼을 경우에 항상 눈앞에 존재하는 사물들을 실마리로 하여 고찰한다. 이에 따라서 전통 형이상학은 존재를 모든 존재자에게 공통된 성질들과 존재자 전체의 궁극적 근거로서 파악한다. 이 경우 존재는 인간 지성에 의해서 언제든지 파악될 수 있는 '항존적 현전'이라는 시간적 특성을 갖는 것으로 파악된다.

전통 형이상학과는 달리 하이데거는 존재를 현존재에 대한 분석을 실마리로 하여 이해하려고 한다. 이는 인간은 존재를 개념적으로 분명하게는 아니지만 이해하고 있으며 이와 함께 인간 자기 자신을 포함한 모든 존재자의 존재를 이해하고 있기 때문이다. 이렇게 존재 이해를 가지고 있기 때문에 현존재는 다른 존재자들에 대해 한갓 자신의 이해 관심에 입각해서 관계하지 않고 그것들의 존재와 진리를 드러내는 식으로 관계할 수 있다.

하이데거의 존재물음이 궁극적으로 무기물의 존재든 식물의 존재든 인간의 존재든 모든 존재자의 존재를 포괄하는 존재 일반을 문제 삼는다고 할 경우 그러한 존재 일반을 개념적으로 탐구하기 위해서는 무엇보다도 존재 일반이 그 자체로서 자신을 개시하고 있어야만 한다. 이러한 존재 일반은 궁극적으로는 현존재를 포함한 모든 존재자의 존재가 드러나는 가장 포괄적인 장인 세계를 가리킨다고 볼 수 있다.

따라서 존재 일반을 탐구하기 위해서는 무엇보다도 모든 존재자가 자신의 존재를 드러내는 세계의 근원적인 개현이 우선되지 않으면 안 된다. 따라서 『존재와 시간』이 우선적으로 목표하는 것은 존재론적인 탐구가 가능하기 위해서 전제되지 않으면 안 되는 세계의 근원적 개현이 어떻게 해서 가능한가를 고찰하는 것이다. 세계의 근원적 개현은 현존재의 근원적 세계 이해에서 일어나는 것인바, 세계의 근원적 개현이 어떻게 해서 일어나는가라는 물음은 결국은 현존재의 근원적 세계 이해는 어떻게 일어나는가라는 물음이라고 할 수 있다.[21]

하이데거는 이러한 세계는 존재자가 아니기에 눈앞의 존재자를 고찰하는 방식으로 드러날 수는 없다고 본다. 세계는 존재자들의 단순한 합이 아니고 오히려 존재자들의 존재를 이해하기 위해서 미리 개현되지 않으면 안 되는 지평이다. 하이데거는 이러한 지평은 죽음에로 앞서 달려감으로써 과거와 현재 그리고 미래의 지평을 여는 현존재의 실존적 수행, 즉 시숙(時熟, Sich-zeitigen)을 통해서 드러날 수 있다고 본다.[22] 다시 말해서 세계의 근원적 개현은 현존재가 죽음으로 선구하면서 기재적인 삶의 가능성을 반복하는 것과 함께 자신이 처하고 있는 현재의 상황을 개시하는 본래적 시간성에서 일어난다는 것이다.

『존재와 시간』에서의 현존재 분석론에서는 따라서 인간이라는 특정

---

21) Richard Schaeffler, *Die Wechselbeziehungen zwischen Philosophie und Katholischer Theologie*, Darmstadt: Wissenschaftliche Buchgesellschaft, 1980, p.236 참조.
22) Heidegger, *Sein und Zeit*, p.437 참조.

한 존재자의 존재가 문제되고 있는 것이 아니라, 존재 일반인 세계가 개현되는 장으로서의 인간의 존재 양식이 문제되고 있다. 현존재의 본래적인 시간성에서 존재 일반인 세계가 기투된다.[23] 따라서 『존재와 시간』에서 현존재의 존재망각은 모든 존재자의 고유한 존재가 개시되는 근원적 세계에 대한 망각을 의미하며, 이러한 근원적 세계에 대한 망각은 근원적 세계 개현을 가능케 하는 현존재의 본래적 시간성의 망각에 근거하고 있다.

하이데거가 보기에는 전통 형이상학도 이러한 존재망각에 빠져 있다. 즉 그것은 현존재의 본래적 시간성을 보지 못했기에 존재를 눈앞에 현존하는 사물들을 실마리로 하여 고찰했다.[24] 이런 의미에서 전통 형이상학에서는 존재물음이 제대로 제기되지 못했으며 존재자들이 갖는 다양한 존재 방식들은 획일적으로 파악되면서 단순히 '눈앞에 존재하고 있음'이라는 존재 방식으로 환원되었다.[25] 이에 반해 진정한 존재론에서는 무기물과 생물 그리고 인간과 신과 같이 다양한 존재자들의 고유한 존재를 파악하는 것이 문제인바, 이를 위해서는 다양한 존재자들의 고유한 존재가 그 자체로서 개현되지 않으면 안 된다. 이는 달리 말해서 그러한 다양한 존재자들의 고유한 존재를 포괄하는 존재 일반이 우선적으로 개현되지 않으면 안된다는 것을 의미한다. 하이데거는 이러한 존재 일반의 근원적 개현은 오직 현존재의 근원적 시간성의 수행에서 일어난다고 보는 것이다.

다시 말해서 전통 형이상학에서 존재가 망각되고 제대로 파악되지 못한 것은 궁극적으로는 전통 형이상학이 근원적인 시간성을 수행하지 않

---

23) *Ibid.*, p.437 참조.
24) *Ibid.*, p.11 참조.
25) *HG* vol.29/30, p.398 이하 참조.

고 눈앞의 존재자들에 빠져 있었기 때문이다. 전통 형이상학은 눈앞의 존재자들에 빠져서 존재까지도 그러한 눈앞의 존재자들을 실마리로 하여 파악하려고 했던 것이다. 그런데 이렇게 눈앞의 존재자들에 빠져 있는 상태가 죽음에 대한 망각과 그것으로부터의 도피에 입각하고 있다면, 전통 형이상학의 존재망각은 결국은 죽음에 대한 망각으로 소급될 수 있을 것이다. 현존재의 본래적 시간성은 일차적으로 죽음과 진정한 관계를 맺는 데서 성립하기 때문이다.

3. 초기 하이데거의 사상과 니체 사상 사이의 비교

이상에서 초기 하이데거의 핵심 사상을 살펴보았다. 1장에서 후기 하이데거의 니체 해석의 틀 내에서 소개한 니체의 핵심 사상과 초기 하이데거의 핵심 사상을 서로 비교해 보면 양자 사이에는 전혀 유사성이 존재하지 않는 것처럼 보일 수 있다. 양자가 사용하는 용어만 해도 양자의 비교를 허용하지 않을 정도로 서로 다르다. 그러나 이러한 외관상의 현저한 차이에도 불구하고 양자 간에는 구조적 유사성이 존재한다.

무엇보다 양자는 모두 전통 형이상학을 극복하려고 한다. 아울러 전통 형이상학을 극복하기 위해서 양자는 세계에 대한 보다 객관적인 설명을 목표하는 것이 아니라, 실존의 변화와 이를 통한 본래적인 세계의 개현을 목표한다. 이와 관련하여 니체와 하이데거는 전통 형이상학이 이론적으로 틀렸다고 비판하는 것이 아니라, 전통 형이상학이 힘에의 의지의 쇠퇴와 현존재의 퇴락에서 비롯된 것이면서 그러한 쇠퇴와 퇴락을 부추긴다는 측면에서 비판하고 있다. 니체에게 전통 형이상학은 힘에의 의지가 쇠퇴한 상태에서 피안이나 미래의 유토피아라는 허구적인 도피처에서 위안을 찾으려는 시도다. 하이데거에게도 전통 형이상학은 현존재가 죽음에로 앞서 달려감으로써 자신의 본래적인 자기와 근원적인 세계를 개현시키는 과제를 망각한 결과 우리 인간이 우선 대부분의 경우 빠져 있게 되는 눈앞의 존재자들에 대한 이론적인 탐구의 결과물일 뿐이다. 전통 형이상학은 눈앞의 존재자들에 대한 체계적인 설명을 통하여 존재자 전체 내에서 인간들의 안전을 확보하려고 하는 것이다.

전통 형이상학에 대해 양자가 취하는 입장 사이에 존재하는 이러한 유사성 이외에, 양자의 사상 자체에도 구조적 유사성이 존재한다. 무엇보다도 우리에게는 니체의 중심 사상 중 하나인 영원회귀 사상과 '불안과 죽음에로 앞서 달려감'이라는 하이데거의 사상 사이에 존재하는 유사성이 눈에 띈다.

앞에서 보았듯이 니체에게 영원회귀는 야누스의 머리와 같은 성격을 갖고 있다. 그것은 일단은 니힐리즘의 극단적인 상태를 의미한다. 그것은 형이상학이 내세우는 모든 초감성적인 가치는 다만 힘에의 의지로서의 인간이 고안해 낸 허구들에 불과하다는 사실을 드러내면서, 존재하는 것은 아무런 목표도 의미도 없이 생성 소멸하는 현실뿐이라는 사실을 드러낸다. 이런 의미에서 영원회귀 사상은 일단은 부정적인 기능을 갖는다.

그러나 이러한 극단적인 니힐리즘에서 도피하지 않고 그것을 적극적으로 인수함으로써 인간은 존재자 전체를 지배하는 모든 우상을 파괴하고 힘에의 의지로서의 존재자 전체의 실상 앞에 직면하게 된다.[26] 이 경우 인간은 자신의 존재 의미를 초감성적인 가치들로부터가 아니라 자신의 본질인 힘에의 의지 자체로부터 길어 내려고 한다. 이렇게 극단적인 니힐리즘

---

26) Nietzsche, *Der Wille zur Macht*, §112 참조.

을 자각적으로 인수함으로써 힘에의 의지는 자기 자신에게로 결단하는 것이며 힘에의 의지의 이러한 자기 고양으로부터 존재자 전체에 대한, 즉 생성 변화하는 현실에 대한 새로운 관계가 형성된다. 이제 존재자 전체는 풍요롭고 투명하고 본질적으로 경험되는 것이다. 이런 맥락에서 볼 때 영원 회귀 사상은 한편으로는 인간을 극단적인 니힐리즘의 상태에 빠뜨리지만 인간이 그것을 적극적으로 인수할 경우에는 자신과 세계에 대한 진정한 경험을 가능하게 한다는 양의적인 의미를 갖는 것이다.

니체에서 극단적 니힐리즘을 적극적으로 인수함으로써 힘에의 의지가 자신에로 결단하는 것은 초기 하이데거에서 불안이란 기분에 엄습되고 죽음에로 선구하는 것에 상응하는 것이라고 하겠다. 존재자 전체가 목표도 의미도 없이 회귀할 뿐이라는 극단적 니힐리즘의 경험은 『존재와 시간』에서의 불안이란 기분에 엄습되는 것에 상응한다. 자신이 죽음에 던져져 있다는 사실을 불안이란 기분 속에서 절실하게 경험함으로써, 현존재는 자신이 그동안 자신이 집착했던 우상으로서의 모든 일상적인 가능성을 공허한 것으로 경험하게 된다. 아울러 현존재는 이제 의지할 어떠한 가치도 없다는 허무주의적 상황에 직면하게 된다. 이런 의미에서 불안의 경험은 일단은 부정적인 기능만을 갖는 것 같다.

그러나 불안이란 기분을 적극적으로 인수함으로써, 즉 죽음에로 앞서 달려감으로써 현존재는 전통적으로 내려오는 가치에 예속되어 있던 상태에서 벗어나 자기 자신 앞에 직면하게 된다. 즉 불안이란 기분은 현존재가 그것에서 도피하지 않고 그것을 적극적으로 인수할 경우에는 현존재를 자신의 고유한 근거에로 육박하게 하면서 이를 통해 고유한 자기 자신에로의 결단을 가능하게 하는 것이다. 이러한 불안과 결단의 운동을 통해 자기 자신 안에 뿌리를 내림으로써 현존재는 자신의 삶을 자신의 고유한 근거로부터 살게 된다. 그리고 이와 아울러 현존재를 둘러싼 존재자 전체도 전혀 다르게 드러나게 된다. 즉 현존재는 자기 자신과 여타의 존재자 전체를 보다 본질적으로 경험하게 되는 것이다.

초기 하이데거에서 죽음에 현존재가 내던져 있다는 사실을 불안 속에서 경험하는 것은 현존재가 진정한 자기로 존재하고 세계를 근원적으로 경험하는 것을 가능하게 한다.

> 그의 존재에 있어서 본질적으로 장래에로 향하는 자만이, 즉 자신의 죽음에로 자신을 열면서 그것에서 분쇄되면서 자신의 현사실적 개시성에로 다시 내던져질 수 있는 자만이, 다시 말해 장래에로 향하면서도 등근원적으로 기재성에 뿌리를 내리는 자만이 계승된 가능성을 전승하고 자신의 고유한 내던져짐을 인수하면서 자신의 시간에 자신을 열 수 있다.[27]

이런 의미에서 현존재가 불안이란 기분에 엄습되는 경험은 영원회귀의 경험과 마찬가지로 양의적인 성격을 갖는다. 영원회귀의 경험은 일차적으로는 모든 것이 의미를 상실하게 되는 극단적인 니힐리즘으로서 나타난다. 그러나 영원회귀의 사실에서 도피하지 않고 그것을 적극적으로 인수할 경우에는 자신과 세계에 대한 본래적인 경험이 가능하게 된다. 이와 마찬가지로 불안에 엄습될 경우 일차적으로 현존재는 자신이 그동안 의지했던 모든 일상적인 가치를 허망한 것으로 경험하게 되지만 그럼에도 불구하고 불안이란 기분에서 도피하지 않고 그것을 적극적으로 인수할 경우에는 자신과 세계에 대해서 본래적으로 경험하게 되는 것이다.

---

27) Heidegger, *Sein und Zeit*, p.385.

힘에의 의지가 어떠한 전통적인 가치에 구속받지 않고 자신의 본질로부터 자기 자신과 영원회귀의 세계를 개시하는 것처럼, 현존재는 자기 자신으로부터 자신의 본질과 자신의 세계를 기투한다. 이와 관련하여 하이데거는 니체의 영원회귀 사상에서 힘에의 의지의 자기 입법이라는 성격을 강조한다.

의지는 자기 자신에로의 결단이다. 그러나 그것은 의지에 의해서 정립된 것을 의지하는 자기 자신에 대한 결단이다.[28]

마찬가지로 초기 하이데거에서는 현존재라는 탁월한 존재자를 통한 존재론 내지 존재 이해의 정초가 문제가 된다. 현존재가 자기 자신에 대해서 맺는 관계가 세계 개현의 근거로서 파악되는 것이다.

이와 관련하여 하이데거는 동일한 것의 영원회귀 사상에서, 장래와 기재의 만남으로서의 순간(Augenblick)에 대한 자신의 사상과의 동일성을 보았다.

그럼에도 불구하고 거기에는 [장래와 기재의] 부딪힘(Zusammenstoß)이 존재한다. 물론 이는 한갓 방관자로서 머물지 않고 그 자신 순간으로서 존재하는 자, 즉 장래에로 나아가면서도 그 경우 지나간 것을 떨쳐 버리지 않고 그것을 동시에 인수하고 긍정하는 자에게만 그러하다[그러한 부딪힘이 존재한다]. 순간 안에 서있는 자는 두 방향으로 향해 있다. 그에게 과거와 장래는 [일직선으로가 아니라] 서로 마주 보면서 달린다. [……] 순

28) *HG* vol.43, p.48.

간을 본다는 것은 순간 안에 서는 것을 의미한다. 순간 안에 선다는 것은 그러나 바로 충만한 현재와 그것의 역사성에로 나가 서는 것을 의미한다. [……] 영원성이 순간 안에 존재한다는 것 그리고 순간은 금방 흘러가 버리는 지금이 아니라는 것, 방관자에게 있어서처럼 휙 하고 지나쳐 버리는 찰나가 아니고 장래와 기재의 부딪힘이라는 사실이 영원회귀설에서는 가장 [이해하기] 어려우면서도 본래적인 것이다.[29]

영원회귀 사상에서 순간은 그것을 방관하는 자, 달리 말해 단순히 머리로만 이해하는 자에게는 하나의 찰나에 불과한 것으로 나타나지만, 자신의 실존 전체를 통해서 그것을 인수하는 자에게는 그 안에 영원이 존재하는 순간으로서, 다시 말해서 장래와 기재가 마주치는 것으로서 존재한다는 것이다.

니체와 초기 하이데거 사이에 존재하는 이상과 같은 유사성을 초기 하이데거는 직접 명시하고 있지는 않다. 그러한 유사성은 우리가 니체와 초기 하이데거를 비교하면서 추론해 낸 유사성이다. 그러나 초기 하이데거가 니체와 자신 사이의 사상적 유사성을 직접적으로 명시하거나 크게 암시하고 있는 구절들이 존재한다.

특히 앞에서 언급한 것처럼 초기 하이데거는 시간성과 역사성에 대한 자신의 분석이 역사학에 대한 니체의 분석에 결여되어 있는 점을 보완하면서 니체의 분석을 완성하는 것으로 보고 있다.

하이데거는 니체가 그의 『반시대적 고찰』의 두 번째 글 「생에 대한 역사학의 공과」에서 생에 대한 역사학의 공과에 대한 본질적인 사실들을 인

---

29) *HG* vol.44, p.59 이하.

상적으로 서술하고 있다고 말하고 있다.

니체는 그 글을 "아무튼 나는, 나의 행동력을 고양하거나 직접 생기를 불어넣지 않으면서 단순히 나를 가르치려고만 하는 모든 것을 혐오한다"라는 괴테의 말로 시작한다. 니체는 과거의 소소한 사실까지도 객관적으로 탐구해야 한다고 보는 당시의 실증주의적 역사학은 "생기를 주지 못하는 가르침, 행동력을 시들게 하는 지식, 값비싼 인식 과잉과 사치"라고 평하면서 그러한 역사학은 괴테와 마찬가지로 혐오해야만 한다고 말하고 있다.

물론 그렇다고 해서 니체가 역사학이 불필요하다고 보는 것은 아니다. 다만 니체는 우리가 필요로 하는 역사학은 "지식의 정원에서 한가하게 빈둥거리는 응석받이가 필요로 하는 역사학"이 아니라 세계 한가운데서 적극적으로 자신의 삶을 개척해 가는 자가 필요로 하는 역사학이라고 말하고 있다. 다시 말해서 우리는 삶과 행동을 위해서 역사학을 필요로 하는 것이지, 순수학문을 한다는 미명하에 삶과 행동으로부터 도피하는 것을 정당화하기 위해서 역사학을 필요로 하는 것은 아니라는 것이다.

더 나아가 니체는 과거에 대한 지식이 과잉될 경우 우리는 그러한 기억의 무게에 눌려서 창조적인 힘을 상실하게 된다고 본다. 니체는 이와 관련하여 실증주의적인 역사학이 지배하던 자신의 시대를, 역사학이 과잉으로 추구되는 것과 함께 과거에 대한 기억이 무분별하게 증대됨으로써 삶이 과거의 기억에 의해서 질식당하면서 창조적인 활력을 상실한 시대로 규정하고 있다. 이와 함께 니체는 역사학이 어떠한 방식으로 수행될 때 삶에 유익하고 해로운 것이 되는지를 분명히 밝히고 있다. 니체는 삶에 유익한 역할을 할 수 있는 역사학으로 기념비적인 역사학과 호고(好古)적 역사학 그리고 비판적 역사학을 들고 있다.

기념비적 역사학은 과거의 역사에서 현재의 우리가 계승해야 할 '기넘비적인' 실존 가능성을 발견하려고 하는 역사학이다. 호고적 역사학은 현재를 혼돈과 무질서에 차있는 것으로 보면서 과거의 역사를 현재에 비교하여 훨씬 우월한 것으로 보면서 이상화하는 역사학이다. 비판적 역사학은 과거를 부정되어야 할 것으로 평가하면서 새로운 창조적인 변혁을 촉구하는 역사학이다. 하이데거는 니체가 이렇게 역사학이 나아갈 수 있는 세 가지 방향을 제시하고 있는 것을 높이 평가하면서도, 니체가 역사학이 삼중적인 것(Dreiheit)으로 존재하게 되는 필연성과 그것의 통일성의 근거를 명확하게 제시하고 있지는 않다고 말하고 있다.

하이데거에 따르면 역사학의 삼중성은 현존재의 역사성에 근거하고 있다. 현존재는 결의성에 입각하여 본래적인 자기로 되돌아가면서 삶의 기념비적 가능성들을 반복하는 방식으로 그것들에게 열려 있다. 그러한 역사성에서 비롯되는 역사학은 '기념비적'이다. 그러나 다른 한편으로 현존재는 기재적인 것으로서 자기의 내던져져 있음에 내맡겨져 있다. 따라서 가능한 것을 반복하면서 자기 것으로 한다는 것은 동시에 기재적 실존을 경모(敬慕)하면서 수호하는 것이기도 하다. 이런 의미에서 본래적 역사학은 기념비적이면서 동시에 '호고적'이다.

그런데 현존재는 장래와 기재의 통일 속에서 현재로서 시숙한다. 특히 순간으로서의 현재는 '오늘'을 본래적으로 개시한다. 그러나 이 '오늘'이 현존재가 스스로 포착한 실존 가능성을 장래적으로-반복하면서 이해하는 것으로부터 해석되는 한, 본래적 역사학은 '오늘'을 탈현전화하는(entgegenwärtigen) 것이 된다. 즉 그것은 '오늘'의 퇴락한 세론(世論)으로부터 거리를 취하는 것이다. 따라서 기념비적-호고적 역사학은 본래적 역사학으로서 필연적으로 '현재'에 대한 비판이기도 하다.

본래적 역사성은 역사학이 취할 수 있는 세 가지 방식을 통일하는 근거다. 그러나 역사성은 시간성에 근거하기 때문에 본래적 역사학의 궁극적인 근거는 현존재의 시간성이다. 현존재의 역사성에 입각해서 볼 때, 본래적 역사학은 현사실적으로 이 세 가지 가능성들의 구체적 통일이어야 한다는 사실이 분명하게 된다. 이런 의미에서 하이데거는 니체가 역사학을 그렇게 세 가지로 구분한 것은 우연한 것이 아니라고 말하면서, 『반시대적 고찰』의 모두(冒頭)를 보면 니체는 자신이 글로 표현한 것보다 더 많은 것을 이해하고 있었다고 말하고 있다.

더 나아가 하이데거는 『존재와 시간』에서뿐 아니라 이미 사상적인 전회를 수행한 1936년과 1937년까지도 자신이 『존재와 시간』에서 전개하고 있는 결의성(Ent-schlossenheit)이란 개념을 니체의 힘에의 의지와 유사한 것으로 보고 있는 듯한 뉘앙스를 풍기고 있다.[30]

---

30) 한나 아렌트 역시 하이데거가 프라이부르크대학에서 1936년에서부터 1940년까지 행한 강의들을 수록한 『니체 I』에서 해석되고 있는 니체는 하이데거 사상과 강한 유사성을 보여 주고 있다고 말하고 있다(Hannah Arendt, *Vom Leben des Geistes II: Das Wollen*, München: Piper, 1979, p.164 이하).

아렌트 외에도 국내에서는 최상욱이 1936~1937년의 하이데거와 니체 사이에서 강한 유사성을 보고 있다. 그는 "일반적으로 니체에 대한 하이데거의 해석을 다룬 책과 논문들은, 니체의 철학이 허무주의의 완성이라는 점을 공통적으로 지적하며, 하이데거를 통해 허무주의의 본질과 극복 가능성을 제시하는 데 그치고" 있지만 자신은 "니체의 철학이 하이데거와 연관해 긍정적인 평가도 받을 수 있다는 점을 지적하고자 한다"라고 말하면서(최상욱, 「니체에 대한 하이데거 초기 해석(1936~37)의 존재사적 위치」, 『존재론연구』, 17권, 2008, 7쪽 각주 3번 참조), 1936/37년 겨울학기 강의록인 『예술로서의 힘에의 의지』(*Der Wille zur Macht als Kunst*)와 1937년 여름학기 강의록인 『동일한 것의 영원회귀』(*Die ewige Wiederkehr des Gleichen*)를 전거로 하여 하이데거가 니체를 긍정적으로 수용하고 있는 면들을 드러내고 있다. 이와 함께 최상욱은 1940년부터 하이데거는 니체를 니힐리즘이라는 주제를 중심으로 하여 분석하는 것과 함께 니체에 대해서 본격적으로 거리를 두기 시작한다고 보고 있다.

하지만 본인은 하이데거의 1939년 강의인 『인식으로서의 힘에의 의지』(*Nietzsches Lehre vom Willen zur Macht als Erkenntnis*)에서부터 니체에 대해서 후기 하이데거가 행하고 있는 전형적인 해석이 이미 보이기 시작한다고 생각한다. 이 점은 한나 아렌트와 관련해서도 강조되어야 할 것이다. 아렌트는 『니체 I』과 초기 하이데거 사이에 유사성이 존재한다고 말하이데거는 『예술로서의 힘에의 의지』에서 니체가 힘에의 의지를 정열이라고 부르고 있다는 사실에 주목하면서 니체가 정열이란 개념으로 무엇을 의미하는지를 분석함으로써 니체가 말하는 힘에의 의지가 의미하는 바를 보다 분명히 파악하려고 한다. 하이데거는 니체가 말하는 위대한 정열의 특징을 "형안을 가지고 집중하면서 가장 멀리까지 존재자에로 나아가면서 그것을 붙잡는 것"이라고 해석하고 있다. 이러한 정열에는 증여하는 것이면서 창의적인 것이 속한다. 단순히 나눠 줄 수 있다는 것이 그것에 속하는 것만이 아니다. 나눠 주지 않을 수 없다는 것과 동시에 나눠 준 것이 어떻게 될 것인가에 대해서 걱정하지 않는 마음가짐과 위대한 의지의 특징인 태연자약함이 정열에 속한다는 것이다.

이와 함께 하이데거는 정열로서의 힘에의 의지를 결의성이라는 용어를 빌려서 정의하고 있다. 즉 힘에의 의지는 자신을 자신의 상태에로 폐쇄시키는 것이 아니라, 탈-폐쇄성으로서의 결의성(Ent-schlossenheit)이며,

---

하고 있지만, 『니체 I』에 수록되어 있는 『인식으로서의 힘에의 의지』에서만 하더라도 동일한 책에 수록되어 있는 『예술로서의 힘에의 의지』와 『동일한 것의 영원회귀』에서와는 달리 하이데거와 니체 사이의 유사성은 찾아보기 힘들게 된다.

아울러 『예술로서의 힘에의 의지』와 『동일한 것의 영원회귀』에서의 니체는 초기 하이데거와 일정한 유사성을 가지고 있지만 초기 하이데거는 이 책들에서도 니체를 서양 형이상학의 종언이자 완성으로서 규정하고 있다. 따라서 이 강의록들에서 하이데거가 니체에 대해서 취하는 입장은 긍정과 부정을 포함하는 상당히 유동적인 것이라고 할 수 있다. 이에 대해서 최상욱은 하이데거가 『예술로서의 힘에의 의지』에서 니체를 서양 형이상학의 종언이라고 보고 있을 뿐 완성이라고는 보고 있지 않다는 점을 강조하면서 하이데거가 니체에게서 새로운 시원에로의 가능성을 보고 있다고 말하고 있다(최상욱, 「니체에 대한 하이데거 초기 해석(1936~37)의 존재사적 위치」, 10쪽 이하 참조) 그러나 하이데거는 『예술로서의 힘에의 의지』에서도 "서양 사상의 이제까지의 전승이 하나의 결정적인 관점에서 볼 때 니체의 사유 안에 집약되고 완성되어 있다"라고 말하고 있다(하이데거, 『니체 II』, 21쪽). 또한 하이데거는 『동일한 것의 영원회귀』에서도 "니체의 형이상학적 근본입장이 형이상학의 종말이기 때문에 니체의 형이상학적 근본입장에서 가장 위대하고 가장 심오한 집성이, 즉 플라톤 이래의 서양 철학의 모든 본질적인 근본입장의 완성이 수행된다"라고 말하고 있다(같은 책, 449쪽 이하).

이러한 탈-폐쇄성에 입각하여 힘에의 의지는 자기 자신을 가장 멀리까지 존재자에게로 나아가게 하며 이를 통해서 존재자를 자신의 행동 범위 안에 확보한다. 위대한 정열로서의 위대한 의지는 평정한 상태 속에서 서서히 움직이면서 쉽게 대답하지 않으며 쉽게 반응하지 않지만, 이는 그것이 자신(自信)이 없고 아둔해서 그런 것이 아니라 탁월한 자가 갖는 멀리까지 장악하는 확신과 내적인 경쾌함 때문에 그렇다.[31]

그러나 의지가 자신을 초월하여 의욕하는 것이라면 이러한 자기 초월은 의지가 단순히 자신을 무시하고 간과하는 것이 아니라 자신을 의욕함 안으로 끌어들이는 것을 의미한다. 의욕하는 자가 자신을 자신의 의지 안으로 끌어들인다는 것은 의욕함 내에서 의욕함 자체가 그리고 그와 함께 의욕하는 자와 의욕된 것이 자신에게 개시된다는 것을 의미한다.

의지의 본질인 결의성에서는 의지가 의지의 움직임에 대한 관찰이나 그것에 대한 반성과 같이 결의성에 덧붙여지는 추가적인 행위를 통해서 비로소 개시되는 것이 아니라 자기 자신을 자신에게 개시한다. 즉 의지 자체는 자신을 개시하면서 개방한다는 성격을 가지고 있는 것이다. 자신에 대한 관찰과 분석을 아무리 철저하게 하더라도 그것은 우리들의 자기(Selbst)와 이러한 자기의 내용을 결코 드러내지 못한다.

쉽게 말해서 힘에의 의지는 자신에 대한 내면적인 관찰에 의해서가 아니라 자신을 초월하는 결의성 속에서 비로소 본래적인 자기를 개시하고 발견한다는 것이다. 즉 우리는 내적인 자기반성에 의해서가 아니라 자신을 초월하는 의욕함을 통해서 우리 자신을 스스로를 초월하는 자로서 인식하게 된다. 이렇게 자신을 초월하면서 '자신의 주인으로 존재하는 상태'

---

31) 하이데거, 『니체 I』, 65쪽 참조.

는 기쁨이라는 기분을 통해서 우리에게 느껴진다. 기쁨이라는 쾌감을 통해서 우리는 이미 도달된 그리고 자신을 고양하는 힘을 인식하게 된다. 이러한 기쁨은 '자신이 보다 강해졌다고 느끼는 것', '자신을 초월하여 나가 있고 그렇게 나가 있을 수 있다'는 감정이다.

4. 초기 하이데거의 니체 해석과 하이데거 사상의 전회

초기 하이데거의 이러한 생각에 대해서 다다시 오쓰루(大津留直)와 함께 우리는 후기 하이데거의 입장에서 다음과 같이 의문을 제기할 수 있을 것이다.

> 탈자적이면서 지평적인 세계 이해(ekstatisch-horizontales Weltverstehen) 와 자기 이해의 구조적 통일성에 대한 이러한 견해에서는, 진리를 확실성으로, 그리고 존재를 항존성(Beständigkeit)으로 보는 생각이 진리를 비은닉성(Unverborgenheit)으로, 그리고 존재를 비-본질의 극복과 에어아이크니스(Ereignis)로 보는 생각에 대해서 의도치 않게 우위를 점하고 있지 않은 것은 아닌가? 그와 아울러 힘에의 의지라는 무조건적인 주체성이 현존재에 대한 이러한 견해가 도달하게 되는 하나의 귀결은 아닌가?[32]

> 하인리히 롬바하(Heinrich Rombach)는 근대철학의 역사를 인간의 자기반성이 심화되어 가는 과정으로 보고 있다.[33] 그에 의하면 근대적 사유

---

32) Tadashi Otsuru, *Gerechtigkeit und Dike: Der Denkweg als Selbstkritik in Heideggers Nietzsche-Auslegung*. Würzburg: Königshausen & Neumann, 1992, p.125.

는 자체 내에 존립하는(in sich stehen) 사유다. 이러한 사유 방식으로부터 데카르트가 말하는 새로운 과학, 즉 보편수학(Mathesis universalis)이 비롯된다. 이러한 보편수학은 인간 주체 안에 순수하게 존재하는 지식을 주체에게 고유한 원리에 따라서 전개하는 것을 목표한다. 이렇게 자체 내에 존립하는 사유의 운동 방식은 자신의 고유한 근거에로 보다 깊이 반성해 들어가면서 그것을 밖으로 전개하는 운동이다. 즉 그것은 자신을 명확하게 드러내는 것(Selbstklärung)을 목표한다. 이 경우 모든 철학은 그 이전의 철학의 근거에로 파고 들어가 그것의 전제를 드러내고 그것을 그러한 전제로부터 설명해 내고자 한다.[34] 예를 들자면 헤겔은 칸트의 선험적 통각을 절대정신의 하나의 역사적 현현 방식으로서 해석하며, 니체는 이러한 절대정신을 힘에의 의지의 하나의 정립 형태로서 해석하는 것이다.

하이데거의 기초존재론은 주체성의 궁극적 근거를 현존재의 본래적 시간성에서, 즉 '자기'(Selbst)에서 발견한다. 이러한 자기는 근대철학의 반성 과정 전체에서 더 이상 그 배후를 물을 수 없는 궁극적 근거다. 롬바하에서와 마찬가지로 초기 하이데거에서도 근대철학의 역사는 주체성의 진리, 다시 말해 주체성의 본질이 갈수록 보다 더 명료하고 보다 더 철저하게 사유되는 과정이다. 이 주체성의 본질은 갈수록 보다 더 깊은 근거에서 찾아지는 것이다.

근대적 이성은 자신의 자율성을 확보하기 위해서 자신과 세계를 오직 자기 자신으로부터만 정초하려고 한다. 즉 그것은 신과 같은 외부의 존재

---

33) Heinrich Rombach, *Die Gegenwart der Philosophie*, Freiburg/München: Alber, 1962, p.52 참조.
34) *Ibid.*, p.51 참조.

에 의한 규정을 거부한다. 근대철학의 역사는 주체성의 본질인 이성이 갈수록 철저하게 사유되어 가는 과정이다. 이성의 본질은 갈수록 보다 심원한 근거에 정초되며 그것은 결국은 니체에서는 힘에의 의지에 그리고 하이데거에서는 본래적인 시간성으로서의 현존재에 정초된다.

이런 의미에서 니체의 사상과 초기 하이데거의 사상은 근대적 이성 규정의 완성이다. 니체의 의지와 초기 하이데거의 현존재는 자신이 아닌 외부의 것에 의한 모든 규정을 거부한다. 그것들은 자신을 자신의 본질로부터 기투하려고 한다. 이성 자신이 아닌 신 등에 의해서 이성이 자신의 본질을 규정하는 것은 하이데거에서는 불안이란 근본기분에서 그리고 니체에서는 극단적인 니힐리즘으로서의 영원회귀에서 그 힘을 상실한다. 이를 통해 현존재와 힘에의 의지는 자신의 가장 순수한 본질에 직면하게 된다.

그런데 오직 자체 내에 존립하는 근대적 사유는 모든 것을 인간 의지의 힘으로 세계를 전적으로 변혁시킬 수 있다는 나치즘과 맑스주의 등의 세계관과 기술관료주의에서 종말에 달한다.[35] 근대철학의 정점인 니체와 하이데거의 철학이 이러한 퇴락한 사유 방식들과 동일시될 수는 없지만 그러한 사유 방식들 역시 근대적 사유를 일정한 방식으로 철저하게 밀고 나간 결과다.

앞에서 본 것처럼 후기 하이데거에 따르면 니체는 형이상학의 완성 내지 종국으로서 새로운 시원으로의 이행이기도 하다. 형이상학의 완성으로서의 니체는 우리를 전통 형이상학에로의 복귀가 아니라 새로운 시원에로 촉구한다. 이는 하이데거의 초기 철학이 주체성이 자신 안에 자신을 정초하려는 근대적 의지의 종국으로서 전혀 새로운 사유, 즉 존재사적 사유에

---

35) *HG* vol.7, p.76 참조.

로의 전회를 촉구하는 것과 마찬가지다. 하이데거의 초기 철학은 근대적 주체성의 자기 정초 의지의 완성으로서 존재사적인 사유와 새로운 시원에로 전회(Kehre)하도록 촉구하는 것이다.

니체가 말하는 극단적 니힐리즘으로서의 영원회귀와 초기 하이데거가 말하는 불안은 후기의 하이데거에서는 현대 기술문명에서 존재자들에 대한 기술적 지배에 의해서 존재자들에게서 존재가 빠져 나갔다는 사실에 대해서 사람들이 경악하게 되는 사건으로서 존재사적으로 사유된다. 아울러 이러한 기술의 지배는 근대철학에서 심화되는 존재의 빠져나감(Seinsentzug)의 극단적 형태로서 사유된다. 이와 아울러 니힐리즘의 극복조차 현존재의 결단을 통해서가 아니라 존재의 말걸음에 대한 응답을 통해서 가능하게 된다.

니체에 대한 후기 하이데거의 대결은 사실은 형이상학의 완성으로서의 초기의 자기 자신과의 대결이다.[36] 여기서 하이데거 사유에서 전회가 갖는 의미가 명확해진다. 이러한 전회는 단순히 『존재와 시간』으로부터 존재 사유에로의 전회라는 하이데거의 사유 내에서의 전회만이 아니라 『존재와 시간』을 포함하는 서양 형이상학 전체로부터의 전회다.

5. 초기 하이데거와 니체 사이의 차이

그러나 하이데거와 니체 사이에 위에서 살펴본 것과 같은 유사성이 존재함에도 불구하고 양자를 동일시하는 것은 상당히 큰 문제가 있다. 초기의 하이데거는 한편으로는 근대철학의 정점이면서도 근대철학적인 사고틀

---

36) Otsuru, *Gerechtigkeit und Dike*, p.3 참조.

을 이미 상당히 극복하고 있다. 하이데거의 이러한 측면은 그의 「형이상학이란 무엇인가?」에서 특히 잘 드러나고 있으며,[37] "Welt weltet"(세계가 현성한다)든지 "Nichts nichtet"(무가 무화한다)와 같은 표현에서 드러나고 있고, 아울러 기분이 갖는 의미에 대한 강조에서도 드러난다. 물론 초기 하이데거는 기분(Stimmung)의 근거를 현존재의 심연에서 찾으려고 하고 있는 반면에 후기의 하이데거는 기분의 근거를 존재의 소리(Stimme des Seins)에서 찾고 있지만, 그럼에도 불구하고 초기 하이데거의 기분 분석에서는 근대 주체성 철학이 전제하는 주-객 분리를 극복하려는 단초가 극히 분명하게 드러나고 있다.

다시 말해서 초기 하이데거는 근대 주체성 철학의 언어를 사용하고 있지만 그럼에도 불구하고 근대 주체성 철학의 전제가 되는 주체와 객체의 분리를 넘어서려고 하고 있는 것이다. 물론 근대 주체성 철학 중에서 셸링이나 헤겔과 같은 객관적 관념론자는 주체와 객체를 포괄하는 무한한 정신을 상정함으로써 주체와 객체의 분리를 넘어서려고 한다. 그러나 하이데거는 그러한 무한한 정신을 상정하지 않고, 근대 주체성 철학이 전제하는 주체와 객체 사이의 분리 자체가 첫째로는 주체에 대한 오해에 입각해 있으며 둘째로는 주체와 객체 사이의 관계에 대한 오해에 입각해 있다고 본다.

전통 형이상학은 주체와 객체의 관계를 논하는 데 있어서 주체가 객체에 대해서 갖는 가장 근본적인 관계를 인식으로 보면서 이러한 인식을 통해서 주체와 객체 사이의 관계가 비로소 성립된다고 보고 있다. 그리고 전통 형이상학은 이러한 인식은 판단 내지 진술 명제라는 형태로 이루어진다고 보면서 인식의 본질을 판단 내지 진술 명제의 본질을 분석함으로써

---

37) *HG* vol.9, p.114 참조.

파악하려고 했다. 그런데 근대 주체성 철학에서는 판단을 주체가 객체에 대해서 주관적인 표상을 형성하는 것으로 보았다. 즉 근대의 경험론적 철학에서는 우리가 우리의 감각기관에 주어지는 감각적인 잡다(雜多)를 연상 법칙에 의해서 결합함으로써 판단이 형성된다고 보았으며, 근대의 합리론적 철학에서는 주체에게 태생적으로 주어져 있는 객체에 대한 관념을 연역적으로 전개함으로써 판단이 형성된다. 그리고 칸트와 같은 선험철학에서는 판단을 주관이 자신에게 이미 마련되어 있는 아프리오리한 직관 형식과 사유 형식에 따라서 객체 내지 대상을 구성하는 것으로 보았다. 그리고 근대 주체성 철학의 극단이라고 할 수 있는 니체는 판단이란 결국 생성 변화하는 현실에 주관이 고정적인 형태를 부여하는 것으로 보았다.

즉 근대 주체성 철학에서는 인식과 판단이란 주관이 객관에 대해서 주관적인 표상을 형성하는 것으로 보았으며, 이에 따라서 근대 주체성 철학에서는 이러한 주관적인 표상과 객관 사이의 일치가 어떻게 가능한가가 항상 문제되었다. 니체 역시 이러한 문제를 제기하지만 니체는 판단은 쉴 새 없이 생성 변화하는 현실을 고정시키는 것이기 때문에 판단이란 결국 실재를 항상 왜곡시키는 것이고 따라서 오류라고 말하고 있다.

초기 하이데거는 근대 주체성 철학의 언어를 사용하고 있지만 그럼에도 불구하고 이미 이러한 근대 주체성 철학의 인식론에 대해서 비판적인 입장을 취하고 있다. 이와 함께 그는 판단 내지 진술 명제의 본질에 대해서 논할 때에도 근대 주체성 철학의 인식론에 의지하기보다 오히려 아리스토텔레스를 원용하고 있다.

하이데거는 판단의 본질을 주관이 객체에 대해서 주관적인 표상을 형성하는 것이 아니라 '존재자를 그 자체로서 드러내는 것'을 목표한다고 보고 있다. 즉 우리는 인식이나 판단에서 주관적인 표상과 관계하는 것이 아니라 존재자 자체와 관계하고 있다는 것이다. 바로 이 점에서 초기 하이데 거가 근대 주체성 철학과 니체와 근본적으로 다른 입장을 취하고 있다는 사실이 드러난다.

우리는 아래에서 하이데거의 판단론을 살펴보는 것에서 출발하면서 하이데거가 궁극적으로 판단의 가능 근거를 현존재의 근저에서 일어나는 초월 작용에서 찾고 있다는 사실을 볼 것이다. 현존재의 근저에서 일어나 는 초월 작용은 주체와 객체의 분리를 뛰어넘으면서 존재자가 그 자체로 서 드러내는 사건으로 후기 하이데거가 존재의 사건, 즉 에어아이크니스 라고 부르고 있는 사건이다. 우리는 여기에서 초기 하이데거의 판단론과 초기 하이데거가 판단의 궁극적인 가능 근거라고 보는 초월의 사건이 갖 는 특성을 분명히 밝힘으로써, 초기 하이데거가 언어상으로는 아닐지라도 내용상으로는 이미 근대 주체성 형이상학의 기본틀을 넘어서고 있으며 이 와 함께 니체의 철학과도 근본적인 차이를 갖고 있다는 점을 분명하게 드 러내려고 한다.

1) 판단의 가능 근거로서의 선술어적 차원에서의 존재자들의 개현

사물을 있는 그대로 인식하고자 하는 판단 작용은 현존재가 사물에 대해 서 취하는 다양한 태도들 중의 하나다. 우리는 어떤 것을 인식할 뿐 아니 라 어떤 것을 만들어 내고 사용하고 즐긴다. 우리는 사물을 판단을 통해서 'A는 무엇이다'라고 분명하게 규정하기 이전에도 사물을 사용하고 즐기는 방식으로 그 사물과 관계하고 있다. 강의실에 들어와서 의자에 앉을 때 '여 기에 의자가 있다'라고 주제적으로 의식하지 않고 의자에 앉으며, 물에서 수영을 할 때도 '이것이 물이다'라고 주제적으로 판단하지 않고 이미 물과의 접촉을 즐긴다. 이 경우 우리는 의자나 물이 무엇인지를 판단을 통해서 규정하지 않고서도 이미 의자가 무엇이고 물이 무엇인지를 온몸으로 이해하고 있다. 이렇게 온몸으로 이해하고 있기에 우리는 그것들을 의식적으로 주제화하여 파악하지 않고서도 그것들에 대해서 각각 상이한 태도를 취하는 것이다. 즉 우리는 의자에는 앉고 물속에서는 수영을 하는 것이다.

존재자와의 이러한 접촉에서 존재자는 이미 자신을 분명하게 드러내고 있지만, 이 경우 존재자는 현존재가 의식적으로 그것을 대상화함으로써 드러난 것은 아니다. 예컨대 햇볕 아래서 젖은 몸을 말릴 경우 우리는 그러한 행위 속에서 이미 태양이란 존재자를 이해하고 있고, 태양은 내가 그것을 대상화시켜 객관적으로 고찰하기 이전에 자신이 무엇인지를 드러내고 있다. 이러한 의미에서 하이데거는 "사물과의 직접적인 관계 자체가 그 사물을 드러내고 있다"(der Umgang selbst ist in sich selbst enthüllend)라고 말하고 있다.[38]

흔히 우리는 사물들에 대한 이론적인 인식이 이루어진 후에 이러한 인식에 기초함으로써 비로소 사물들과 구체적으로 관계를 맺는 것이 가능하다고 생각한다. 그러나 사실은 우리는 사물들을 이론적으로 인식하기 이전에 이미 우리가 관계하는 사물이 무엇인지를 이미 이해하고 있는 것이다. 그리고 이러한 이해란 단순히 머릿속에서만 행해지는 이해가 아니라 온몸에서 이루어지고 있는 이해다. 내가 태양으로 몸을 말리고 있을 경우 나는 태양이 무엇인지를 이미 온몸으로 이해하고 있는 것이다.

전통적으로 진리란 판단과 대상과의 일치로서 파악되었지만, 하이데거는 판단이 대상과 일치할 수 있는 근거를 주체와 객체를 포괄하는 선험

---

38) *HG* vol.26, p.159 참조.

적인 통각이나 절대정신에서 찾지 않고 우리가 판단 이전에, 즉 선(先)술어적 차원에서 이미 존재자와 관계하면서 존재자를 드러내고 있다는 데서 찾고 있다. 즉 판단이 존재자와 일치할 수 있다는 것은 우리가 생활 세계에서 이미 관계하고 있는 존재자와 어떻게든 이미 일치했다는 것, 다시 말해 이러한 존재자가 우리에게 이미 드러나 있다는 것, 존재자와의 선술어적 만남이 이미 일정한 진리를 갖는다는 것에 근거하고 있다. 이렇게 드러난 진리는 판단의 진리가 그것에 근거하고 있는 한 판단의 진리보다 근원적인 진리다.

이런 관점에서 볼 때 판단이란 우리가 대상과 분리되어 있는 상태에서 대상에 대해서 주관적인 표상을 형성함으로써 대상과 다리를 놓으려는 행위가 아니라 선술어적인 차원에서 이미 드러나 있는 대상 자체를 분명하게 그 자체로서 드러내려는 행위다. 판단의 본질에 대한 하이데거의 이러한 견해는 판단을 생성 변화하는 현실을 고정하는 오류로 보는 니체의 견해와 근본적으로 다른 것이라고 보아야 할 것이다.

니체는 근대 인식론을 비판하지만 그럼에도 불구하고 근대 인식론의 근본 전제를 받아들이고 있다. 즉 니체는 주체와 객체는 근본적으로 분리되어 있다고 보면서 판단을 인간이 객체에 대해서 주관적인 표상을 형성하는 것으로 보는 것이다. 그리고 니체는 그러한 주관적인 표상은 항상 고정하고 통일시키는 특성을 갖는바, 생성 변화하는 현실과 일치하지 않는다고 보는 것이다. 이에 반해 하이데거는 판단은 존재자에 대한 주관적인 표상을 형성하는 것이 아니라 존재자 자체를 드러내는 것을 목표하며 또한 존재자 자체를 드러낼 수 있다고 본다. 하이데거가 이렇게 말할 수 있는 것은 우리가 구체적인 삶의 차원에서 이미 존재자 자체와 관계한다고 보고 있기 때문이다.

그런데 니체가 판단을 우리가 현실에 대해 한갓 주관적인 표상을 형성하는 것이라고 본다고 해서, 그가 그러한 주관적인 표상들 간의 우열을 가릴 수 있는 어떠한 기준도 존재하지 않는다고 보는 상대주의나 회의주의에 빠지는 것은 아니다. 물론 니체는 근본적으로 주객 분리를 상정하기 때문에 주관적인 표상들이 실재와 일치하느냐가 그것들의 우열을 가릴 수 있는 기준은 아니라고 본다. 니체는 그러한 주관적인 표상들이 얼마나 우리의 힘에의 의지를 고양할 수 있느냐가 그러한 주관적인 표상들의 우열을 가릴 수 있는 기준이라고 본다. 즉 우리가 현실에 대한 여러 주관적인 표상들 중에서 어떤 것을 선택할 것인지는 그러한 주관적인 표상들 중 어느 것이 우리 삶을 유지하고 강화하는 데 더 큰 효력을 갖느냐에 달려 있는 것이다. 이 점에서 니체는 "학문을 예술로부터 이해하고 예술을 생으로부터 이해한다"라고 말하고 있다. 즉 니체는 존재자 자체를 인식한다고 생각하는 학문도 사실은 예술과 마찬가지로 존재자에 대한 하나의 형상을 창조해 내는 것이며 이는 어디까지나 생의 고양과 강화를 위한 것이라고 보는 것이다.

2) 초월의 사건에 대한 분석

그런데 하이데거는 이렇게 판단 내지 진술 명제의 진리가 선술어적인 차원에서의 진리에 의존한다고 말하지만, 우선 대부분의 경우 우리는 비본래적으로 살고 있기 때문에, 즉 퇴락 속에서 살고 있기 때문에 선술어적인 차원에서 존재자들의 진리를 제대로 드러내지 못하고 있다고 본다. 우리는 우선 대부분의 경우 존재자들의 진리를 경험하지 못하고 세상 사람들이 형성한 선입견, 즉 세론(世論)에 입각하여 파악한다. 그런데 이렇게 선술어적인 차원에서 존재자들의 진리가 왜곡되어 있다면 그것에 입각해 있는 판단도 존재자를 왜곡할 수밖에 없다.

따라서 우리가 술어적인 차원, 즉 판단의 차원에서 존재자들을 제대로 판단하기 위해서는 우리는 비본래적인 실존 방식에서 벗어나 존재자들을 그 자체로서 경험하지 않으면 안 된다. 하이데거는 이렇게 우리가 비본래적인 실존 방식에서 벗어나 존재자들을 그 자체로서 경험하는 선술어적인 차원에서의 사건이 있다고 보며, 그것을 초월의 사건이라고 부르고 있다.

하이데거에서 초월이란 말은 현존재에게 고유한 성격, 즉 인간의 모든 행위에 선행하면서 그것들을 가능하게 하는 현존재의 본질적 특성을 의미한다. 우리가 인간에 대해서 '주체'라는 명칭을 택할 경우 초월은 주체의 본질적 특성을 의미한다. 주체는 우선 '주체'로서 존재하면서 '객체'가 눈앞에 있을 경우 그것에로 초월하기도 하는 것이 아니라, 주체로서 존재한다는 것(Subjektsein) 자체가 이미 초월 안에서 그리고 초월로서 존재한다는 것을 의미한다. 이 경우 초월은 인식론에서 말하는 것과 같은 '주체-객체-관계'를 의미하지 않는다. 초월은 주체가 인식 행위나 지각과 같은 여타의 지향적 행위를 통하여 객체에게로 나간다는 것을 의미하지 않고 주체가 이러한 지향 행위에 선행하여 이미 존재자의 진리에 나아가 있다는 것을 의미한다. 오히려 인식론상의 초월 문제, 즉 주체가 객체로 어떻게 나아갈 수 있느냐 하는 문제는 궁극적으로는 주체의 이러한 '주체성', 즉 초월에 대한 이해를 통해서만 해명될 수 있다.

이러한 초월은 객체들을 향해 일어나는 것이 아니다. 오히려 초월되는 것은 일상적인 현존재를 포함한 모든 존재자다. 하이데거가 존재자 전체의 초월을 말할 경우 이러한 존재자 전체는 이론적으로 파악 가능한 대상이나 모든 구체적인 삶의 행위가 관여하는 존재자 전체, 그리고 우리가 지금 당장 관심을 가지고 있는 존재자뿐 아니라 우리들의 희망과 공포의 대상으로서의 존재자 모두 그리고 일상적인 현존재 자신을 포함하는 것이다.

현존재는 그의 신체를 통하여 자연의 한가운데 던져져 있는 현사실적인 존재자로서 존재한다. 그러나 현존재는 이렇게 비록 존재자 전체의 한가운데 존재하고 존재자 전체에 의해서 둘러싸여 있으면서도 실존하는 자로서 자연을 항상 이미 초월했다. 초월하는 자로서, 즉 자유로운 자로서 현존재는 자연에게는 낯선 어떤 것이다.[39] 인간은 자연을 초월하여 우리의 실존이 구현해야 할 가능성들의 전체인 세계에로 나아간다. 인간은 동식물처럼 자연에 매몰되어 있는 존재가 아니라 자연을 초월하여 세계로 나아갈 수 있는 존재다.

그러나 가능성들의 전체로서의 세계는 우리 인간이 임의로 상상하는 세계가 아니다. 인간은 그러한 상상의 세계를 자신의 근거로 할 수는 없다. 그러한 세계는 인간이 이미 던져져 있는 자연에 직면할 경우, 쉽게 깨져 버릴 수 있는 환상의 세계다. 그러한 세계는 인간이 그 안에서 안주할 수 있는 굳건한 근거가 될 수 없다. 인간은 한편으로 가능성들의 전체로서의 세계를 추구하면서도 다른 한편으로는 모든 존재자를 사멸로 몰아가는 자연에 내던져져 있는 존재다. 인간은 그러한 자연에서 벗어나서 상상의 세계에서 안정을 찾을 수는 없다. 따라서 우리가 추구하는 세계는 그러한 자연에 뿌리박으면서도 그것을 초월하는 세계다. 즉 가능성으로서의 세계는 임의의 상상적인 가능성이 아니라 현실화될 수 있는 가능성이지 않으면 안 된다.

그런데 그러한 세계를 우리는 어떻게 건립할 수 있는가? 인간이 임의로 지어낼 수 없는 것이라면 그러한 세계는 우리에게 어떻게 개시될 수 있

---

39) *HG* vol.26, p.212 참조.

는가? 그러한 세계는 우리가 마주하고 있는 존재자가 아니다. 그렇다고 하여 그것은 존재자들을 단순히 합한 것도 아니다. 그것은 존재자도 아니고 존재자들의 집합도 아니고 오히려 현실적으로 존재하는 존재자들을 넘어서 있는 것이라는 점에서 무라고 할 수 있다. 그러나 그것은 무이지만 우리가 임의로 상상하는 공허한 무가 아니고 우리의 삶의 토대가 될 수 있는 무다. 그러한 무는 존재자처럼 존재하지는 않지만 공허한 무는 아닌 것이다. 세계가 그러한 무라면 그것은 우리에게 어떻게 개시될 수 있는가?

하이데거는 우리가 그러한 무를 불안이라는 기분에서 경험한다고 말하고 있다. 불안이란 근본기분에서 우리는 우리가 몰입해 있는 존재자들을 초월하는 경험을 한다. 우리가 그동안 집착해 오고 그것에서 삶의 안정을 구하려던 일상적인 존재자들은 일순간에 아무래도 좋은 것이 되고 만다. 그것들은 갑자기 공허하고 무의미한 것이 되고 만다. 이와 아울러 우리는 이러한 존재자들에 대한 집착으로부터 벗어나게 된다. 이러한 경험은 우리가 임의로 지어낼 수 있는 경험이 아니라 인간의 심연으로부터 우리를 엄습해 오는 경험이다. 이와 아울러 우리는 우리가 사로잡혀 있던 일상적인 존재자들과 이것들에 사로잡혀 있던 일상적인 자기를 초월하게 된다. 이러한 초월은 그러나 상상의 초월과는 다르다. 상상적인 초월은 우리가 임의로 지어낼 수 있으나 무의 경험에서 일어나는 초월은 어느 순간 우리를 엄습하면서 우리가 그동안 집착하던 일상적인 존재자들과 일상적인 자기를 초월하게 하는 것이다.

그러나 우리는 존재자들을 초월하지만 그렇다고 존재자들이 없는 텅 빈 공간으로 초월하는 것은 아니다. 존재자들의 초월은 오히려 우리가 존재자들에게 그동안 부과해 왔던 일상적인 의미들로부터의 초월이며, 여전히 우리가 존재자들에 내던져져 있다는 데는 변함이 없다. 다시 말해 그것은 존재자들에게 그동안 부과되어 온 일상적인 의미, 존재자의 무엇임(Was-sein)으로부터의 해방이지 존재자가 단적으로 있다(Daß-sein)는 존재자들의 현사실적인 존재로부터의 해방은 아니다. 오히려 우리는 무의 경험을 통해 존재자들에 부과되어 있던 존재자의 일상적인 의미를 초월함으로써 존재자들이 단적으로 있다는 사실에 새삼스럽게 직면하게 된다. 그동안 우리는 존재자들이 갖는 속성이나 의미에 관심을 기울여 왔지 결코 존재자가 단적으로 '존재한다'라는 것에 대해서는 주목하지 않았던 것이다. 그러나 무의 경험에서 존재자들은 자신들의 적나라한 존재를 드러낸다.

이러한 적나라한 존재는 어떠한 의미도 결여한 공허한 존재인 것처럼 보인다. 그러나 하이데거는 우리가 불안의 기분에서 도피하지 않고 그것을 기꺼이 인수할 경우, 다시 말해서 우리가 존재자들에 부여했던 일상적인 의미에 대한 집착에서 철저하게 벗어날 경우에 존재자들이 드러내는 자신의 적나라한 존재는 공허한 것이 아니라 오히려 성스럽고 경이로운 깊이를 갖는 것으로서 나타난다고 말하고 있다. 예를 들어서 장미는 예전과 똑같은 장미이고 그것이 갖는 빨간색은 여전히 빨간색이지만 장미는 이제 전혀 다르게 '존재하게' 된다. 장미와 그것이 갖는 빨간색도 이제 전혀 다른 빛을 띠게 되는 것이다. 우리가 그전에 장미에서 볼 수 없었던 아우라를 우리는 장미에게서 보게 되는 것이다. 하이데거는 장미가 갖는 그러한 아우라를 존재라고 부르고 있다.

그러한 존재는 어떠한 의미도 결여한 공허한 존재가 아니라 오히려 우리가 규정할 수 없는 무한한 의미로 충만한 존재다. 이런 의미에서 하이데거는 불안의 경험에서 오히려 존재자는 더 존재하게 된다(seiender)고 말하고 있다. 장미는 존재의 빛 안에서 전혀 새롭게 드러난다. 장미는 이제 한갓 우리가 보고 팔고 즐기는 대상으로서가 아니라 오히려 그것의 무한한 깊이로서 우리를 잡아끄는 사물(Ding)로서 나타나는 것이다.

불안이란 기분에 엄습되기 이전과 그 이후의 장미는 사실상 변한 것은 없다. 다만 그 장미를 보는 우리의 태도에 변화가 생긴다. 우리는 그전에 장미를 우리가 임의로 처분할 수 있는 단순한 대상으로 보았다면 그것은 이제 무한한 깊이를 갖는 사물로서 경험된다. 그러나 이렇게 장미가 충만한 빛을 갖는 사물로서 나타나는 것이 결국은 우리의 태도 변화에 의한 것이라면, 장미가 갖는 무한한 깊이라는 것도 우리 인간이 임의로 부여한 주관적인 의미와 같은 것이 아닐까? 그러나 그러한 경험에서 우리는 장미에게 이러저러한 의미를 부여하는 주체가 아니라 오히려 장미에서 발산되는 존재의 빛에 매료되는 자로서 존재한다. 이 경우 우리가 장미를 우리 앞에 세우고 그것을 이렇게 저렇게 규정하는 것이 아니라 장미 자체가 우리를 자신 앞에 세우는 것이다. 이러한 경험에서 인간은 더 이상 주체가 아니라 장미에서 발하는 존재의 빛으로 나아가 있는 현존재다.

세계에로의 초월은 이렇게 공허한 상상의 무에로 도피하는 것이 아니라 우리에게 존재자들을 전혀 새로운 존재의 빛 안에서 드러나게 하는 무에로의 초월이다. 이러한 무에로의 초월은 어떤 대상과 같은 것으로서의 무에로의 초월이 아니라 오히려 무에 의해서 사로잡히는 것이다. 이렇게 사로잡힘으로써 우리는 존재자들 자체로 초월하게 되고 존재자들은 이제 전혀 다르게 자신의 존재를 드러내게 된다. '존재자가 존재한다'는 것은 그전에는 존재자가 단순히 우리의 눈앞에 존재한다는 것을 의미하고 우리에게 전혀 관심의 대상이 되지 않았던 반면에, 이제 그것은 경이로운 것으로서 드러난다.

다시 말해서 무라는 세계에로의 초월을 통해서 존재자들은 자신을 새롭게 드러내는 것이다. 하이데거는 이러한 사건을 존재자들의 세계 진입이라고 말하고 있다. 존재자들은 이를 통해서 내세계적인 존재자가 된다. 이러한 내세계성은 존재자의 어떠한 속성도 아니다. 이러한 내세계성이란 존재자가 그 자체로서 자신을 고지할 수 있는 조건이다. 그것은 달리 말하면 현존재가 존재자를 그 자체에 있어서 경험하고 파악하기 위한 초월론적인 가능 조건이다.

존재자가 세계 안에 진입하게 된다는 것은 존재자가 그 자체에 있어서 어떤 변화를 겪는다는 것을 의미하는 것이 아니다. 세계 진입이란 오히려 존재자가 있는 그대로 자신을 드러내는 사건을 의미할 따름이다. 존재자가 세계 내에 존재하게 됨으로써 존재자에 또 하나의 속성이 덧붙여진 것이 아니라고 할 경우, 존재자가 내세계적으로 존재하게 된다는 것은 존재자에 속하는 것이 아니고 세계에 속하는 것이 된다. 그리고 세계 진입의 사건을 통하여 존재자가 어떠한 실질적인 변화도 겪지 않는다는 데서 세계가 존재자가 아니라는 사실이 다시 한 번 드러난다. 세계는 무다. 세계란 존재자에 어떤 변화를 야기하는 어떠한 존재자도 아니며 이런 의미에서 무인 것이다. 그러나 그것은 공허한 무가 아니라 존재자가 존재자로서 드러나기 위한 조건으로서의 존재 자체다.

무에로의 초월을 통해 존재자들이 자신의 진정한 존재를 드러낼 경우에 그러한 존재자들은 서로 고립된 것으로서가 아니라 서로 조화와 통일을 이루는 것으로서 드러난다. 그리고 그러한 조화와 통일을 가능하게 하는 전체성이야말로 존재자들의 단순한 집합이 아니라 존재자가 자신의 진정한 존재를 드러내기 위해서 이미 개시되어야 하는 무와 세계다. 물론 이 경우 이미 개시되어 있어야 한다는 것은 존재자들로부터 분리되어서 무와 세계가 따로 개시될 수 있다는 것이 아니다. 그 경우 무와 세계는 또 하나의 존재자가 될 것이다. 무와 세계는 오히려 항상 존재자들의 근원적인 개시와 함께 개시된다. 후기의 하이데거는 이렇게 존재자들의 근원적인 개시와 함께 개시되는 전체성과 통일성을 피시스라고 부르고 있다. 이러한 피시스의 전체적인 빛 안에서 존재자는 자신의 존재를 드러내는 것이다.

전통적 형이상학은 존재자들의 본질을 파악하기 위해서 존재자 전체를 초월하여 존재자 전체의 근거인 신에게로 초월했으며 이것으로부터 존재자를 이해하려고 했다. 이는 전통적 형이상학도 존재자들의 본질을 제대로 파악하기 위해서는 전체적인 조망이 필요하다는 것을 깨닫고 있었다는 것을 의미한다. 그러나 하이데거는 최고의 존재자로 나아가는 것이 아니라 세계에로 초월한다. 전체성으로서의 세계는 인간의 존재와 불가분의 관계에 있다. 이는 세계의 개현은 초월이라는 인간의 실존 수행을 통해서만 가능하기 때문이다. 초월이라는 현존재의 실존 수행이 없다면 세계의 개현은 불가능하며 아울러 존재자가 그 자체로서 자신을 드러내는 것도 불가능하다.

3) 세계가 근원적으로 개현되는 사건과 현존재가 진정한 자기가 되는 사건의 공속성

현존재의 본질을 하이데거는 실존에서 찾고 있다. 이 경우 실존은 현존재에서는 자신의 존재가 문제가 된다는 사실을 의미한다. 이러한 현존재의 존재에서는 자신의 고유한 존재가 문제가 된다. 현존재는 그 자신의 고유한 자기를 실현하려고 하는 것이다. 이렇게 현존재가 자신의 고유한 자기를 실현하고자 한다는 것은 현존재가 모든 존재자와 관계를 끊고 홀로 존재하려고 한다는 것을 의미하는 것은 아니다. 현존재는 이미 존재자들 한가운데 처해 있는 존재이기에 현존재는 그러한 존재자들에 대한 의존으로부터 벗어날 수 없다. 따라서 현존재에게 자신의 고유한 자기가 문제된다는 것은 자신을 비롯한 모든 존재자와 근원적으로 관계하는 방식이 문제된다는 것이다.

현존재가 자신을 비롯한 존재자 전체와 근원적으로 관계를 맺기 위해서는 자신을 비롯한 존재자 전체가 그 자체로서 자신을 드러내지 않으면 안 된다. 그리고 이를 위해서는 근원적인 세계가 열리지 않으면 안 된다. 전체성으로서의 세계는 어떠한 존재자가 아니며 그것으로부터 현존재가 '자신이' 어떠한 존재자에 관계를 맺을 것인지 그리고 어떻게 그것에 태도를 취할 수 있는지를 이해할 수 있는 지평이다. 따라서 현존재가 진정한 자기를 구현하면서 자유로운 존재가 되는 것과 근원적인 존재의 진리인 세계에로 초월하는 것은 항상 함께 일어난다.

4) 플라톤의 선의 이데아와 초월의 사건

하이데거는 초월이란 현상이 현존재의 중심적인 현상일 경우는 모든 진정한 철학에 이러한 현상이 은폐된 형태에서일지라도 어떤 형태로든 이미 나타나 있을 것이라고 생각한다. 하이데거는 이미 플라톤에서 세계가 존재자의 피안에 있는 선의 이데아로서 사유되고 있다고 본다. 선의 이데아에 대한 물음은 폴리스 내에서의 현존재의 실존의 근본 가능성에 대한 구체적인 물음의 정점인바, 선의 이데아를 하이데거는 세계로서 해석하고 있는 것이다. 선의 이데아에서는 존재자의 진리와 그것에 대한 이해 그리고 존재자의 존재인 이데아들을 가능케 하는 근거가 문제가 되고 있는 것이다. 선의 이데아는 존재자의 진리와 이해 그리고 존재자의 존재로서의 이데아들을 동시에 통일적으로 가능케 하는 강력한 힘(Mächtigkeit)이다.

선의 이데아는 현존재의 궁극 목적(Umwillen)으로서 현존재가 수행하는 다양한 가능성들의 원천이다. 이러한 궁극 목적과 현존재의 관련이 문제가 되지만 플라톤에서는 이 문제는 의식되지 않고 있다. 오히려 이미 전통이 되어 버린 그의 학설에 따르면 이데아들은 피안에 존재하며 따라서 그것들을 객체들 중에서 가장 객관적인 것으로서, 존재자들 중에서 가장 많이 존재하는 것으로서 확보하는 것만이 중요한 것으로 간주된다. 그 경우 궁극 목적은 세계의 일차적인 성격으로서 드러나지도 않으며 플라톤이 선의 이데아가 '존재자의 피안에 있다'라고 말할 때 이러한 말이 갖는 근원적 의미, 즉 현존재의 초월은 의식되지 않고 있는 것이다. 역으로 나중에는, 플라톤의 상기설에서 이미 그 단초가 마련된 것이지만 이데아들을 '주체'가 타고나는 것으로 보는 경향조차 생기게 된다. 그러나 이러한 두 해석에서는 한편으로는 세계가 현존재 앞에 가장 객관적인 것으로서 제시되어 있으면서도 동시에 다른 한편으로 현존재 안에서 형성된다는 것이 시사되고 있다.

이데아 문제의 역사는 초월이 항상 이미 문제로서 의식되고 있으면서도 그것이 충분히 정초되지 않은 두 개의 대립하는 해석들 사이에서 제대로 파악되고 있지 않았다는 사실을 보여 준다. 세계 현상 대신에 항상적으로 존재하는 이데아가 들어서듯이, 현존재가 세계에 대해서 맺는 관련조차도 항존적인 이데아에 대한 특정한 태도로서의 직관(intuitus), 즉 매개를 거치지 않은 직접적인 수용(Vernehmen)을 의미하는 '이성'으로서 해석된다. 이데아들 자체 그리고 그것들에 대한 인간의 관계가 존재자를 파악하는 특정한 방식인 직관으로부터 사유됨으로써, 존재는 직관을 통해서 파악되는 것으로 이해된다. 그러나 이러한 직관과 초월이란 현상은 본질적으로 서로 다른 것이다.

세계라는 현상이 이데아들의 왕국으로서 존재자와 같이 이해되는 것은 초월의 사건이 현존재의 본래적인 실존 수행에 의거하여 이해되지 않고 처음부터 직관(theorein)이라는 의미로 파악되었기 때문이다. 이렇게 초월의 문제를 직관을 실마리로 하여 파악하려는 경향으로부터 근대에서 초월 문제가 인식이론적인 주체-객체-관계에 입각하여 다루어지는 계기가 마련된다. 그러나 플라톤에서는 초월이 근원적으로 파악되고 있지는 않다고 해도 전적으로 은폐되지는 않았다. 직관의 상관자로서의 이데아들을 넘어서 선의 이데아가 플라톤에서는 문제되고 있는 것이다. 여기서 이데아들이 가변적인 존재자에 대해서 초월적인 것인 한, 그것들이 가장 근원적인 것으로서 요청해야만 하는 초월이 출현하고 있는 것이다. 선의 이데아는 모든 존재자가 그것을 근거로 해서 존재하는 궁극 목적이다. 그것은 존재자와 이데아들의 왕국을 넘어서 있는 것으로서 이것들 모두를 조직하는 것이며 이들 모두에게 전체성의 형식, 즉 서로 속함(koinonia)이라는 형식을 부여한다. 세계란 존재자 전체가 그것을 통하여 전체성의 형식을 부여받는 궁극 목적이라는 성격을 갖고 있는 것이다.[40]

초월은 따라서 객관적인 것으로의 도피를 통해서가 아니라 '주관주의'도 '객관주의'도 넘어선 주체의 주체성에 대한 존재론적인 해석을 통해서만 드러날 수 있으며 또한 파악될 수 있다. 이는 그렇다고 하여 초월이 이론적 태도가 아닌 실천적인 태도로부터 이해될 수 있다는 말은 아니다. 초월은 이론적인 태도든 실천적 태도든 미학적 태도든 모든 태도를 가능케 하는 것이며 이것들의 공통된 뿌리다.

이상에서 본 것처럼 초월은 현존재에서 비록 우선 대부분의 경우에는

---

40) *HG* vol.26, pp.233~238 참조.

은폐된 형태라도 필연적으로 일어나고 있는 이상, 세계와 초월은 이미 철학사에서 완전히 은폐된 것은 아니며 그 흔적을 남기고 있다. 초기 하이데거가 내세우는 전통 형이상학의 파괴는 그러한 은폐를 파괴함으로써 전통 형이상학에 은닉되어 있는 초월과 세계에 대한 근본경험을 명확히 드러내는 것이다. 즉 그것은 전통 형이상학을 부정하고 제거하는 것이 아니라 그것이 바탕하고 있는 그것의 근거에로 귀환함으로써 전통 형이상학이 본래적으로 지향했던 것을 실현하려고 하는 것이다. 그것은 전통 형이상학이 원래 말하려고 했지만 그것이 이미 빠져 있는 근원적인 선입견 때문에 본래적으로 말할 수 없었던 사태를 말하려고 하는 것이다.

하이데거의 이러한 의도는 플라톤에 대한 위의 해석에서도 드러나고 있다. 하이데거는 플라톤이 선의 이데아라는 관념 안에서 이미 세계와 초월을 드러내려고 했다는 것을 인정한다. 그러나 플라톤은 초월을 직관적인 행위로 봄으로써 초월을 오해하며 이와 아울러 세계를 직관에 의해서 파악되어야 하는 대상처럼 생각하고 있다. 하이데거에 따르면 플라톤이 이렇게 생각하는 이유는 존재의 의미를 눈앞에 존재함으로 보는 선입견에 의해서 사로잡혀 있었기 때문이다. 이러한 선입견은 우리가 일상적으로 눈앞에서 보는 사물들에는 타당할지 모르나 초월과 세계에 대해서는 타당하지 않다. 다시 말해서 플라톤은 우리가 눈앞에서 보는 사물들에 타당한 존재 이해를 철학적 사유의 단서로 삼고 있는 것이다.

이에 반해 오히려 초월과 세계의 고유한 존재 방식에 주목함으로써 존재의 의미에 대한 물음을 새롭게 제기하는 것이 필요하다. 이 경우 존재자가 존재한다는 것도 단순히 존재자가 우리의 이론적 고찰이나 직관의 대상으로서 존재한다는 것이 아니라 세계의 개현과 아울러 존재자가 그 자신을 스스로 드러낸다는 것으로 이해되지 않으면 안 된다. 존재자의 존재는 '눈앞에 존재함'이 아니라 오히려 '자신을 은닉으로부터 드러냄'(Un-verborgensein)으로서 해석되어야 하는 것이다.

이상에서 보듯이 초기의 하이데거는 플라톤 철학이 하이데거 자신이 말하려고 하는 초월의 사건을 이미 경험했으며 그것을 표현하려고 하지만, 현존재가 세계에 대해서 맺는 관련을 직관이라고 봄으로써 초월의 사건의 본질을 제대로 이해하지 못하고 있다고 보고 있다. 이는 후기 하이데거가 플라톤의 철학이 피시스의 경험에 입각해 있지만 그러한 피시스의 개현이 어떻게 일어나는지를 묻지 않고 그것을 자명하게 생각하면서, 존재자들의 본질인 이데아를 파악하는 접근 방식을 정신적인 직관이라고 봄으로써 존재망각에 빠지고 있다고 보는 것과 유사하다고 할 수 있다.

이런 의미에서 우리는 초기 하이데거는 근대 주체성 형이상학의 언어를 사용하고 있지만 사실은 이러한 근대 주체성 형이상학을 넘어서는 것을 지향하고 있다고 볼 수 있다. 이 점에서 초기 하이데거는 근대 주체성 형이상학을 극단에 이르기까지 밀고 나가는 니체와는 근본적으로 다르다고 할 수 있다.

5) 세계의 개현과 근본기분

초기 하이데거에서 보이는 니체와의 차이는 하이데거가 동물과 인간을 근본적으로 구별하는 데서도 드러난다. 니체는 동물도 생성 변화하는 현실에 적응하면서 자신을 유지하기 위해서 그러한 현실을 고정한다고 보고 있으며, 인간의 인식이라는 것도 사실은 이렇게 동물적인 차원에서 이미 이루어지고 있는 고정화의 연장이라고 보는 것이다. 이에 반해 하이데거는 인간은 존재자를 그 자체로서 드러낼 수 있다고 본다. 그리고 하이데거는 본래적인 전체성으로서의 세계가 우리에게 개현될 때 존재자가 그 자체로서 개시된다고 말한다.

즉 하이데거는 세계에는 존재자가 그 자체로서, 다시 말해서 존재자가 존재자'로서'(Seiendes als solches, Seiendes als Seiendes) 개현되어 있다는 성격이 속한다고 보면서, 세계라는 현상에는 이러한 수수께끼 같은 '로서'가 속하며 그러한 것은 동물에게는 근본적으로 닫혀 있다고 말하고 있다. 존재자가 자체로서 개현되어 있는 경우에만 존재자에 대한 관계도 필연적으로 우리가 마주치는 것을 있는 그대로 존재케 하거나 존재케 하지 않는다는 의미에서의 존재자 자체에 대한 관여(das Sich-darauf-Einlassen im Sinne des Sein- und Nicht-sein-lassens)라는 성격을 갖게 된다. 존재자가 존재하는 대로 존재케 한다는 것을 하이데거는 동물의 행태(Benehmen)와 구별하여 태도를 취함(Verhalten)이라고 부르고 있다.[41]

우리는 앞에서 세계의 개현이 일어나는 초월의 사건을 이해하기 위해서 불안이라는 기분을 분석했다. 앞에서 이미 언급한 것처럼 기분은 하이데거에 의하면 한갓 심리상태가 아니다. 그것은 존재자들이 이렇게 혹은 저렇게 드러나는 현존재 자체의 근본방식이다. 기분은 존재자 전체와 우리 자신을 존재자 전체의 한가운데에 처해 있는 것으로서(als inmitten des Seienden im Ganzen befindlich) 드러낸다. 이렇게 볼 때 기분이란 단순히 심리학적 고찰의 대상이 되는 우리의 내면적인 심리상태가 아니라 존재자 전체와 이러한 전체의 한가운데에 처해 있는 것으로서의 현존재 자체가 그때마다 전체의 특수한 개현성에로 진입하는 것을 의미한다.[42]

---

41) *HG* vol.29/30, p.397 이하 참조.
42) *Ibid.*, p.410 참조.

그런데 기분 중에서 불안과 같은 기분은 존재자 전체와 현존재가 개현되는 탁월한 가능성이다. 하이데거는 이러한 기분을 근본기분이라고 부르고 있거니와 그러한 근본기분이 다른 기분들에 대해서 갖는 탁월성은 모든 기분에서 일정한 방식으로 드러나는 전체(das 'im Ganzen')가 근본기분들에서는 극히 명확하게 개현된다는 데에 있다. 이러한 전체를 우리는 파악하기 어렵다. 그것을 파악하기 어려운 것은 그것이 우리에게 너무 떨어져 있어서가 아니라 오히려 너무 가까이 있어서 그것을 보기 위해서 필요한 거리를 취할 수 없기 때문이다.[43]

이상에 입각해서 볼 때 세계란 존재자 전체의 개현성(Offenbarkeit des Seienden im Ganzen)이다. 하이데거가 존재자 전체의 개현에 대해서 말할 경우 이는 인간의 주관적 인식 이전에 일어나고 있는 존재자 전체의 개현의 사건을 의미하고 있다. 그러한 개현은 인간의 주관성에서 벗어나 있는 것이다.[44] 주관적 인식에서는 인간이란 주체가 세계와 관계 없이 독자적으로 존재하면서 자신의 인식을 통해서 세계를 파악하고자 한다. 그러나 하이데거가 말하는 존재자 전체의 개현은 그러한 개현의 사건을 통해서 인간이 비로소 본래적인 인간으로서 실존하게 되는 사건을 말한다. 그러한 사건에서 인간은 세계와 독립해서 존재하는 주체가 아닌 것이다. 하이데거는 그 경우의 인간을 이러한 주체로 오인하는 것을 막기 위해서 현-존재(Da-sein)라고 부르고 있다.

하이데거는 인간이 이렇게 현-존재가 되면서 존재자 전체의 개현을 수행하는 사건이 바로 근본기분이라고 보았다. 근본기분은 인간에 대한

---

43) *HG* vol.29/30, p.411 참조.
44) *Ibid.*, p.414 참조.

어떤 기존의 개념에 입각하여 해석될 수 있는 하나의 심적인 현상이 아니다. 그것은 오히려 우리가 인간을 이해하는 데에 있어서 하나의 근원적인 전망을 여는 것이다.[45]

우리는 이상에서 초기 하이데거에서도 초월의 사건은 주체와 객체가 함께 초월되면서 인간이 현-존재로서 변화되면서 그 자체로서 자신을 드러내는 존재자 전체 앞에 세워지는 사건이라는 사실을 보았다. 인간은 근대 주체성 형이상학이 주장하는 것처럼 존재자에게 자신에게서 비롯된 주관적인 형상을 투입하는 것이 아니라, 오히려 비본래적인 삶을 살던 퇴락한 기존의 자신과 세상 사람의 세론에 의해서 왜곡되어 있는 존재자들을 초월하면서 본래적인 자기로서 새롭게 탄생하는 동시에 그 자체로서 자신을 드러내는 존재자 전체 앞에 직면하게 되는 것이다.

즉 초기 하이데거는 근대 주체성 형이상학의 언어로 말하고 있지만 사실은 후기 하이데거와 마찬가지로 근대 주체성 형이상학의 극복을 지향하고 있는 것이다.

6. 하이데거의 나치 참여는 니체의 영향에 의한 것이었는가?

1) 하이데거의 나치 참여를 니체의 영향에 의한 것으로 보는 해석들

앞에서 언급되었던 것처럼 초기의 하이데거는 그 어느 사상가들에 대해서보다도 니체에 대해서 사상적 동질성을 느꼈다. 그리고 하이데거에 대한 많은 해석자들, 특히 푀겔러나 헬트와 같은 사람들은 초기의 하이데거가

---

45) *Ibid*., p.415 참조.

니체에게 끌렸다는 사실이야말로 하이데거가 나치즘에 참여할 수 있었던 사상적 배경이 된다고 보았다. 이들에 따르면 나치즘과 초기의 하이데거는 니체의 사상을 동일한 사상적 기반으로서 수용하고 있었기에 하이데거는 나치즘을 통해서 자신의 사상을 정치적으로 실현할 수 있다고 생각하게 되었다는 것이다.

앞에서 본 것처럼 만약 초기 하이데거를 근대 주체성 철학의 완성이라고 볼 수 있다면, 후기의 하이데거가 나치와 니체 철학 사이에 상정하는 연관은 초기 하이데거와 나치 사이에도 상정할 수밖에 없게 된다. 그리고 후기 하이데거가 나치즘을 근대 주체성 철학의 극단이라고 보면서 그것을 니체의 사상이 철학적으로 정초하고 있다면, 초기 하이데거도 근대 주체성 철학의 완성으로서 나치즘을 철학적으로 정초하고 있다고 말할 수밖에 없을 것이다.

이와 함께 우리는 푀겔러나 헬트와 같은 사람들과 마찬가지로 하이데거가 나치에 참여하게 된 중요한 원인을 니체의 영향에서 찾아야 할 것이다. 우리는 하이데거에서조차도 자신을 자신 안에 정초하려고 하는 근대적 의지가 나치즘에 대한 그의 참여를 사상적으로 가능하게 했다는 것을 부인할 수 없게 되는 것이다. 이와 관련하여 헬트는 이렇게 말하고 있다.

세계에로의 초월이라는 근원적인 운동(Urbewegung)을 통하여 현존재는 원래 자신 안에 폐쇄되어 있고 어두움에 차있는 존재자에게서 존재자가 나타나는 밝은 차원, 즉 그것의 빛 안에서 존재자가 자신을 드러낼 수 있는 세계 지평을 탈취한다. 후설의 대상에 고정된 의식에서 명증에의 의지가 작용하고 있었던 것처럼 일종의 투쟁적 의지가 현존재를 그의 실존의 자유에 있어서 지배하는바, 이러한 투쟁적 의지란 궁극 목적으로서의 자기 자신에게 이러한 자유를 위한 보편적 활동 공간으로서의 세계를 개시하는 의지다. 이러한 사상을 통해 하이데거는 의지 원리의 지배와 근대의 주의주의적인 세계 이해를 극단으로까지 추구하며 이 점에서 세계 구성에 대한 후설의 의식 내재적인 이론을 능가한다. 세계는 이제 완전히 의지의 통제 아래 들어가게 되는 것이다.[46]

　 　 뵈겔러나 헬트와 같이 하이데거가 나치에 참여하게 된 동기를 니체의 주의주의 사상에 의한 영향에서 찾는 사람들은 또한 하이데거의 사상이 초기 사상에서 후기 사상으로 바뀌게 된 원인을, 즉 하이데거 사상이 이른바 전회를 수행하게 된 원인을 나치 참여의 실패에서 찾는 경향이 있다. 이들은 하이데거가 나치 참여의 실패와 함께 근대 주체성 철학과 그것의 극단으로서의 니체에 대해서 거리를 취하게 된다고 보는 것이다. 이와 관련하여 특히 록모어(Tom Rockmore) 같은 사람은 하이데거의 나치 참여 배경과 사상적 전회에 대한 뵈겔러와 헬트의 해석을 받아들이면서, 종래의 다른 해석가들이 하이데거 사상의 전회를 그의 나치 참여를 고려하지 않고 순전히 철학적으로 해석했다고 비판하고 있다.[47]

　 　 뵈겔러나 헬트뿐 아니라 하버마스와 같은 사람도 하이데거가 나치에 참여하게 된 동기를 이른바『존재와 시간』에 존재하는 결단주의적이고 주의주의적인 성격에서 찾고 있다. 결단주의(Dezisionismus)란 어떤 보편적

---

46) Klaus Held, "Heidegger und das Prinzip der Phänomenologie", eds. Annemarie Gethmann-Siefert and Otto Pöggeler, *Heidegger und Praktische Philosophie*, Frankfurt a.M.: Suhrkamp, 1988, p.124 이하.

47) Tom Rockmore, "Die geschichtliche Kehre oder Otts Verdienst im Fall Heideggers", ed. Schäfer Hermann, *Annäherungen an Martin Heidegger: Festschrift für Hugo Ott*, Frankfurt a.M./New York: Campus, 1996, p.20.

인 가치와 규범이 아니라 결단의 심각성과 진지함이 행위를 평가하는 기준이라고 보는 입장을 의미한다. 이러한 결단주의는 흔히 '나는 결단한다. 그러나 무엇을 향해서 결단해야 할지 모르겠다'라는 식의 무책임하고 허무주의적인 입장으로 비판을 받아 왔다. 특히 하이데거의 『존재와 시간』은 이러한 결단주의를 설파하는 철학으로 평가되어 왔다. 그리고 『존재와 시간』을 중심으로 한 하이데거의 초기 철학이 이렇게 결단주의에 입각하고 있었기에 하이데거는 『존재와 시간』의 연장선상에서 나치에 가담할 수 있었다고 해석되곤 했다. 이러한 해석은 폰 크로코브(Christian Graf von Krockow)의 『결단』(Die Entscheidung, 1958)이란 책에서 시작하여 프란젠(Winfried Franzen), 에벨링(Hans Ebeling), 푀겔러나 헬트와 하버마스와 같은 사람들에 의해서 지속적으로 제기되어 온 것이다.[48]

그런데 이렇게 초기 하이데거가 니체식의 주의주의적이고 결단주의적인 입장 때문에 나치에 가담하게 되었고 나치 참여의 실패로 인해서 존재의 진리에 대한 청종을 요구하는 이른바 수동적이고 체념적인 사상적 입장으로의 전회를 수행하게 되었다고 보는 해석은, 서양 형이상학의 역사에 대한 하이데거의 해석을 그대로 하이데거의 나치 참여와 사상적 전회를 해석하는 데 적용하고 있다고 할 수 있다.

앞에서 본 것처럼 하이데거는 근대의 주체성 형이상학에 입각한 인간중심주의를 근대 서구 문명의 본질로 보면서 그러한 인간중심주의가 극단에 이른 것이 니체의 힘에의 의지의 형이상학이라고 보았으며, 이러한 형이상학이 현대 기술문명과 아울러 나치즘과 볼셰비즘 그리고 자유민주주

---

48) Christian Graf von Krockow, *Die Entscheidung: Eine Untersuchung über Ernst Jünger, Carl Schmitt, Martin Heidegger*, Frankfurt a.M./New York: Campus, 1990.

의를 본질적으로 규정한다고 보았다. 그런데 푀겔러나 헬트, 하버마스나 록모어와 같은 해석가들은 하이데거는 초기에는 주의주의적인 사유 도식에 사로잡혀 있었기에 근대 문명의 극단적인 형태인 나치즘에 가담하게 되었지만 이러한 주의주의적 입장에서 벗어남으로써 나치즘과 근대와 비로소 결별하게 되었다고 보고 있는바, 이들은 하이데거가 서양의 역사와 근대 문명의 본질을 해석하는 사유 도식을 하이데거 자신에게 그대로 적용하고 있는 것이다.[49]

하지만 서양의 역사에 대한 하이데거의 파악을 하이데거 자신의 사유 도정을 해석하는 데 그대로 적용하는 것은 상당한 무리가 있다고 본다. 하이데거가 나치에 참여하게 된 원인을 니체의 주의주의적 결단주의의 영향에서 찾으면서 하이데거의 사상적 전회를 이러한 주의주의적 결단주의의 극복으로 보는 해석은 푀겔러에게서 가장 대표적으로 나타나는바, 푀겔러의 해석을 검토함으로써 그러한 해석이 갖고 있는 문제점을 살펴보겠다.

푀겔러는 하이데거의 사상적 전회를 니체주의에서 휠덜린주의로의 전향으로 해석하고 있다. 하이데거는 나치 참여 당시에는 니체식의 주의주의적이고 결단주의적인 입장에 빠져 있었기 때문에 나치에 가담하게 되었지만 나중에 존재의 진리에 대한 청종을 요구하는 휠덜린식의 입장으로 사상적 전환을 수행함으로써 나치즘과도 결별하게 된다는 것이다.[50]

---

49) 하이데거의 나치 참여에 대한 이들의 해석에 대한 비판에 대해서는 Richard Wolin, "French Heidegger Wars", ed. Richard Wolin, *The Heidegger Controversy*, Cambridge, MA: MIT Press, 1993, pp.284~294를 참조할 것.

50) 푀겔러의 이러한 해석에 게르하르트 슈미트와 페터 트라브니도 따르고 있다. Gerhart Schmidt, "Heideggers philosophische Politik", ed. Bernd Martin, *Martin Heidegger und das "Dritte" Reich*, Darmstadt: Wissenschaftliche Buchgesellschaft, 1989, p.53; Peter Trawny, ""Was ist 'Deutschland'?"": Ernst Jüngers Bedeutung für Martin

퇴겔러에 따르면 하이데거는 자신이 1929년부터 니체로부터 히틀러로 이끌리게 되었다는 것을 1938년에 의식하게 되었다고 말하고 있다. 퇴겔러에 따르면, 1933년에 하이데거는 위대한 창조자들의 창조 행위를 통하여 비극적 세계 경험과 이에 입각한 역사적인 위대함을 다시 구현하려고 했으며 독일인들이 그리스적인 사유의 시원을 다시 회복하기를 원했다.[51] 이와 함께 퇴겔러는 "하이데거는 히틀러에서 니체가 말하는 창조자를 발견했던 것 같다"라고 말하고 있다.

그러나 여기서 퇴겔러가 하이데거의 니체주의라고 보는 사상은 사실은 하이데거가 죽을 때까지 유지한 생각은 아닌가? 후기의 하이데거 역시 여전히 위대한 시인과 사상가라는 위대한 창조자들의 창조 행위를 통해서 비극적 세계 경험과 역사적인 위대함을 다시 구현하려고 하는 것은 아닌가? 그리고 이를 통해서 형이상학적인 민족인 독일 민족이 그리스적인 사유의 시원을 회복하도록 하려고 하는 것이 아닌가?

이와 관련하여 지적되지 않으면 안 되는 것은 하이데거는 나치 참여 이후에서야 횔덜린에 관심을 갖게 되는 것은 아니며 오히려 나치 참여 이전부터 횔덜린을 연구하고 있었을 뿐 아니라 하이데거가 니체와 본격적으로 대결하기 시작하는 1936년 이전부터 이미 횔덜린에 대한 강의를 행하고 있었다는 것이다. 즉 하이데거는 1934/35년에 『횔덜린의 송가 「게르마

Heideggers Stellung zum Nationalsozialismus", ed. Alfred Denker, *Heidegger und der Nationalsozialismus: Interpretationen*, Heidegger-Jahrbuch vol.5, Freiburg/München: Verlag Karl Alber, 2010, p.216 참조.

51) Otto Pöggeler, "Den Führer führen? Heidegger und kein Ende", *Philosophische Rundschau 32*, 1985, p.47; "Praktische Philosophie als Antwort an Heidegger", ed. Bernd Martin, *Martin Heidegger und das "Dritte Reich"*, Darmstadt: Wissenschaftliche Buchgesellschaft, 1989, p.72 참조.

니엔」과 「라인 강」」(*Hölderlins Hymnen "Germanien" und "Der Rhein"*)이라는 강의를 하고 있는 것이다. 나중에 다시 살펴보겠지만 하이데거는 원래는 니체와 횔덜린을 동일한 사태를 지향한 사상가와 시인으로 보았고 이 두 사람 모두로부터 새로운 시대를 건립할 새로운 '신화'를 찾고 있었다. 이런 의미에서 우리는 푀겔러가 주장하는 것처럼 하이데거가 니체로부터 횔덜린으로 전향했다고 할 수 없을 것이다. 하이데거는 니체와 횔덜린 양자를 똑같이 자신이 계승해야 할 위대한 사상가와 시인으로 보았지만 나중에 가서 니체가 아니라 횔덜린이야말로 자신이 계승할 사람이라는 사실을 깨달았다고 보아야 할 것이다.

더 나아가 하이데거는 1936/37년에 행한 강의 『예술로서의 힘에의 의지』에서 니체가 말하는 위대한 정치를 다른 민족들에 대한 정복이나 착취적인 제국주의와 전적으로 무관한 것으로 보고 있다. 하이데거는 니체의 위대한 정치를 민족들 간의 사랑의 투쟁, 즉 민족들이 선의의 경쟁을 통해서 서로의 고유한 문화를 발전시키는 투쟁으로 보고 있는 것이다.[52] 뮐러 라우터가 지적하듯이 이 경우에도 하이데거가 해석하는 니체와 나치와의 근접성은 보이지 않는다.[53]

물론 하이데거는 히틀러에 대해서 본격적으로 환멸을 느끼게 되는 1938년 이후부터는, 새로운 지배 종족이 참된 엘리트의 사육과 부적격자들의 제거를 통해서 육성될 수 있다는 나치적 사유가 니체의 생물학주의에 의해서 규정되어 있다고 본다. 그러나 하이데거가 히틀러에 매료되었

---

52) 하이데거, 『니체 I』, 184쪽 참조.
53) Müller-Lauter, "Einleitung: Über die Stationen von Heideggers Weg mit Nietzsche", p.21 참조.

을 당시에 이해했던 니체는 이러한 생물학주의적인 니체는 아니었다. 니체 철학의 생물학주의가 갖는 치명적 성격을 하이데거는 1938년에야 의식하게 된 것이다.[54] 하이데거의 민족(Volk) 개념은 생물학적인 것이 아니라 역사적인 것이었으며 정신적인 것이었다. 하이데거는 국가는 시인과 사상가에 의해서 건립된다고 말하고 있는 것이다.[55] 그리고 1938년 이전의 하이데거는 니체도 동일하게 사유한다고 보았다.

이렇게 볼 때 하이데거가 히틀러와 나치 운동에 매료되었을 때 염두에 두고 있었던 니체는 상당 부분 『존재와 시간』으로부터 해석된 니체였고 또한 횔덜린의 사상적 지평으로부터 이해된 니체였다. 하이데거는 1933년에 「독일 대학의 자기주장」에서 니체를 '열정적으로 신을 찾는 최후의 독일 철학자'로 묘사했었다.[56] 그러나 이러한 니체는 나중에 보겠지만 횔덜린식의 문제의식에서 해석된 니체라고 보아야 할 것이다.

이상의 사실에 입각해서 볼 때 하이데거가 나치에 참여하게 된 것은 푀겔러가 주장하는 것처럼 주의주의적이고 결단주의적인 니체에 의해서 이끌렸기 때문이라고 볼 수는 없다. 오히려 하이데거는 니체와 횔덜린과의 대결을 통해서 진정한 민족과 국가는 무엇이고 독일인의 참된 사명은 무엇인지를 고민했다고 볼 수 있으며, 이러한 고민의 결과 도달한 사상적 입장이 히틀러와 나치 운동을 통해서 실현될 수 있다고 착각했을 뿐이다.

하이데거가 니체를 통해 히틀러와 나치즘으로 이끌리게 되었다는 견해는 흔히 니체 철학을 나치즘의 '공식적' 이데올로기로 보는 광범위하게

---

54) Müller-Lauter, "Einleitung: Über die Stationen von Heideggers Weg mit Nietzsche", p.21 이하 참조.
55) *HG* vol.39, p.144 참조.
56) Heidegger, "Die Selbstbehauptung der deutschen Universität", p.13 참조.

퍼진 선입견에 바탕하고 있다고 생각한다. 그러나 나치 치하의 독일에서 가장 많이 연구되었던 철학자는 니체가 아니라 피히테였다. 한스 슬러가 (Hans Sluga)는 나치 치하의 독일 사상계는 피히테를 자신들의 사상적 지주로 삼는 보수파와 니체를 지지하는 급진파로 나뉘어 있었다고 분석하면서 그중 보수파의 세력이 더 강했으며 더 잘 조직되어 있었다고 말하고 있다. 보수파들은 1917년에 브루노 바우흐(Bruno Bauch)에 의해서 세워진 독일철학회(Deutsche Philosophische Gesellschaft)를 중심으로 결집했던 반면에, 급진파들에게는 그에 상응하는 통일된 조직이 없었다는 것이다.[57]

또한 니체는 나치의 대표적인 이데올로그들 일부에 의해서 반(反)나치적인 사상가로 비판받았지만 횔덜린이야말로 나치의 어느 누구도 반대한 적이 없는 시인이었다. 횔덜린학회의 창립을 주재한 사람은 나치의 악명 높은 선전상 괴벨스였다. 그리고 1943년에 횔덜린 서거 100주년을 기념하여 독일 전역에서 수많은 간행물들이 나왔으며 수많은 행사가 펼쳐졌다. 그러나 니체 탄생 100주년인 1944년에는 그에 비견할 만한 아무것도 일어나지 않았다. 당시의 독일인들에게는 횔덜린의 죽음이 니체의 탄생보다도 더 중요했던 것이다.[58]

히틀러만 해도 니체의 사상에 대해서 전혀 알지 못했으며 니체의 책도 전혀 읽은 적이 없었다. 히틀러는 제1차 세계대전에 참전하면서 니체의 책이 아니라 쇼펜하우어의 책을 배낭에 넣고 갔다. 『나의 투쟁』에도 쇼펜하

57) Hans Sluga, *Heidegger's Crisis: Philosophy and Politics in Nazi Germany*, Cambridge, MA: Harvard University Press, 1993, p.15 참조.
58) Stanlet Corngold and Geoffrey Waite, "A Question of Responsibility: Nietzsche with Hölderlin at War, 1914-1946", eds. Jacob Golomb and Robert S. Wistrich, *Nietzsche, Godfather of Fascism? On the Uses and Abuses of a Philosophy*, Princeton, NJ: Princeton University Press, 2002, p.201 이하 참조

우어만 언급되고 있다.[59] 이런 맥락에서 스탠릿 콘골드(Stanlet Corngold)
와 제프리 웨이트(Geoffrey Waite)는 니체가 나치의 '공식적' 철학자였다는
견해는 하나의 환상에 불과하다고 말하고 있다.[60] 이들은 나치를 정당화하
는 작업에 아무런 문제 없이 이용될 수 있었던 유일한 저작은 니체의 저작
이 아니라 횔덜린의 저작이었다고 말하고 있다.[61]

이런 사실을 고려해 볼 때 푀겔러가 말하는 것처럼 하이데거가 니체로
인해서 나치에 참여하게 되었고 횔덜린으로 인해서 나치에서 벗어나게 되
었다는 견해가 얼마나 단순한 견해인지를 알 수 있다.

2) 하이데거의 나치 참여를 주의주의적 결단주의에 의한 것으로 보는 해석이 갖 는 문제점

하이데거의 나치 참여를 초기 하이데거와 니체가 공유하고 있는 주의주의
적인 결단주의에 의한 것으로 보는 해석은 나치의 본질을 주의주의적인
결단주의에서 찾는 해석에 토대하고 있다. 하지만 니체의 사상을 주의주
의적 결단주의로 볼 수 있는지도 의문스러우며, 또한 하이데거나 독일 국
민들이 주의주의적인 결단주의에 사로잡혀서 나치를 지지하게 되었다고
보는 것도 무리가 있다고 생각한다.

나치가 독일 국민들에게서 대중적인 지지를 얻을 수 있었던 원인을 폰

---

59) Jacob Golomb and Robert S. Wistrich, "Introduction", eds. Jacob Golomb and Robert
   S. Wistrich, *Nietzsche, Godfather of Fascism? On the Uses and Abuses of a Philosophy*,
   Princeton, NJ: Princeton University Press, 2002, p.2 참조.
60) Corngold and Waite, "A Question of Responsibility", p.203 참조.
61) Ibid., p.202 참조.

크로코브나 헤르만 라우슈닝(Herman Rauschning)처럼 독일 국민들이 비이성적인 결단주의에 사로잡혀서 히틀러의 대중 선전술에 놀아났다는 데에서 찾는 설명은 아직도 나치즘의 득세를 설명하는 유력한 이론으로 간주되고 있다. 그러나 그러한 설명은 제2차 세계대전과 함께 드러난 나치의 잔학상을 근거로 하여 나치즘이 독일 사람들을 사로잡을 수 있었던 이유를 파악하려고 하는 것이라고 할 수 있다. 다시 말해서 그것은 히틀러의 광기가 여실하게 드러나 있는 현재의 관점에서 하이데거나 독일 국민들이 나치를 지지하게 된 원인을 설명하려고 하는 지극히 비역사적인 설명 방식이라고 해야 할 것이다.

그러한 설명은 하이데거나 독일 국민이 나치를 지지하게 된 원인을 당시의 역사적 상황을 연구함으로써 이해하려고 하는 역사학적인 설명이 아니라 인간에게 항상 존재할 수 있는 비이성적인 광기를 근거로 하여 이해하려는 심리학적인 설명이다. 실로 유태인을 기계적으로 살해하고 파리를 철저하게 파괴하려던 히틀러의 광기가 여실히 드러난 오늘날의 관점에서 볼 때 나치즘에 가담한 사람들은 이성적으로는 도저히 이해될 수 없다. 그리고 우리는 어떤 사람들의 행위를 이성적으로는 도저히 납득할 수 없을 때는 그 사람으로 하여금 그렇게 비이성적으로 행위하게 만드는 심리기제를 탐구하게 된다.

그러나 우리가 나치가 정권을 잡을 당시의 독일의 상황에 주목해 볼 때 하이데거와 독일 국민들이 나치를 선택한 것은 비이성적인 광기 때문이 아니라 오히려 나름대로의 이성적인 성찰에 입각한 것이라고도 볼 수 있다. 즉 독일 국민들이 나치를 선택한 것은 나름대로의 진지한 성찰에 입각한 선택일 수 있는 것이며 하이데거의 나치 참여 역시 진지한 철학적 선택으로 볼 수 있는 것이다.

3) 하이데거가 나치에 참여하게 된 동기[62]

여기서는 하이데거가 나치에 참여하게 된 원인을 푀겔러나 헬트처럼 서양의 역사와 서양 형이상학의 전개 과정에 대한 하이데거의 철학적 견해에 입각해서가 아니라 하이데거가 『슈피겔』과의 인터뷰 등에서 밝히고 있는 개인적인 고백에 입각해서 파악하려고 한다.

하이데거의 개인적 고백에 따르면 하이데거가 나치에 참여하게 된 가장 큰 동기는 그가 당시의 많은 독일인들과 마찬가지로 바이마르공화국에 대해서 환멸을 느끼고 있었다는 데에 있다. 하이데거는 한 학생에게 보내는 편지에서 당시의 독일 상황을 이렇게 묘사하고 있다. "1930년대 초에 독일 국민들 사이의 계급 격차 내지 빈부 격차는 사회적인 책임감을 느끼는 모든 사람이 도저히 용인할 수 없을 정도로 컸다. 베르사유 조약은 독일 경제에 족쇄로서 작용하고 있었고, 1932년에는 700만의 실업자가 자신의 가족과 함께 궁핍에 시달리고 있었다." 하이데거는 당시의 바이마르 체제는 이러한 사회적 위기를 해결할 능력을 갖지 못한다고 보았다.[63]

더 나아가 하이데거는 자유주의적인 바이마르 체제를 인간들을 사고 팔 수 있는 노동력으로 전락시키면서 시장 법칙을 통해서 그러한 노동력을 최대한 쥐어짜는 체제라고 보았다. 하이데거가 보기에는 바이마르 체제에서는 영미의 자본주의 체제에서와 마찬가지로 인간은 노동력의 담지자로 전락하고 있었고 인간으로서의 품위를 상실하고 있었다.

---

62) 이 부분은 박찬국, 『하이데거는 나치였는가』, 철학과현실사, 2007, 87~121쪽을 참조했다.
63) Rüdiger Safranski, *Ein Meister aus Deutschland: Heidegger und seine Zeit*, Frankfurt a.M.: Fischer, 1997, p.259 참조.

그렇다고 해서 하이데거는 당시 나치와 함께 독일에서 세력을 급속도로 키워 가고 있었던 볼셰비즘을 바이마르 체제에 대한 대안으로 볼 수도 없었다.[64] 하이데거는 당시 나치를 지지했던 많은 사람들과 마찬가지로 독일이 공산화될 경우 단순히 사유재산이 부정될 뿐 아니라 유럽의 문화가 파괴되고 야만이 지배하게 될 것이라고 보았으며, 독일의 공산화를 막을 수 있는 세력은 나치밖에 없다고 생각했다. 하이데거는 현대 기술문명을 본격적으로 비판하기 전에도 이미 볼셰비즘을 인간을 비롯한 존재자 전체를 계산 가능한 에너지 자원으로 이용하고 지배하려는 현대 기술문명의 한 형태로 보았다. 하이데거에게 볼셰비키 체제란 모든 토착적인 전통을 파괴하면서 국가 자원뿐 아니라 국민 전체를 기술적으로 총동원하는 체제다. 하이데거는 볼셰비즘의 본질이 "소비에트와 전 소련에 전력을 공급하는 것"이라는 레닌의 말에 집약되어 있다고 보았다.

하이데거는 총장직을 사퇴하고 히틀러에 대해서 환멸을 느끼게 된 1938년부터는 나치 운동을 현대 기술문명을 본질적으로 지배하는 니힐리즘의 한 현상으로 보게 되었지만, 나치 참여 당시에는 나치 운동을 니힐리즘에 대한 저항으로 보았다. 다시 말해서 그는 나치 운동에서 인간을 비롯한 모든 존재자에게서 고유한 존재를 박탈하면서 그것들을 소모품으로 전락시키는 현실을 극복할 수 있는 가능성을 보았다.[65] 이와 함께 하이데거는 히틀러를 무솔리니와 아울러 현대의 니힐리즘에 대해서 본격적으로 저항한 최초의 정치가들로 보았다.

---

64) *HG* vol.8, p.65.

65) Martin Heidegger, "Spiegel-Gespräch mit Martin Heidegger", eds. Günther Neske and Emil Kettering, *Antwort, Martin Heidegger im Gespräch*, Pfullingen: G. Neske, 1988, p.105 참조.

더 나아가 두 사람은 국가 및 민족의 정치적 형성을 통하여 유럽에 각자 상이한 방식으로 [니힐리즘에 대한] 대항운동(Gegenbewegung)을 시작했다.[66]

이 구절은 1936년에 행해진 셸링에 대한 강의에 나오는 것이다. 여기서 하이데거는 히틀러와 무솔리니가 니힐리즘을 극복했다고 말하지는 않고 있지만 히틀러와 무솔리니가 니힐리즘을 극복하기 위한 정치적 대항운동을 개시했다고 말하면서 그들이 전개한 나치 운동과 파시즘 운동의 동기를 긍정적으로 보고 있다. 따라서 하이데거에게 나치 혁명은 하나의 정치적 사건 이상의 의미를 가지고 있었다. 그것은 후기 하이데거 식으로 말하자면 서양의 역사에서 새로운 시대를 여는 것을 의미했다.

1933년 11월 히틀러가 정권을 잡고 국제연맹으로부터의 탈퇴를 선언했을 때 독일 전역은 히틀러에 대한 열광의 도가니에 빠졌다. 이 당시 독일 국민들은 좌우를 막론하고, 독일 민족의 자존심을 회복한 히틀러를 찬양했다. 이렇게 전 민족이 하나가 된 분위기에서 하이데거는 히틀러를 중심으로 한 독일 국민 전체의 정신적 각성과 변화가 가능하다고 생각했을 것이다. 하이데거는 히틀러가 제국 수상이 된 지 4개월 후에 '이러한 민족적 각성의 위대함과 영광'(Größe und Herrlichkeit dieses Aufbruchs)에 대해서 말하고 있다.[67]

더 나아가 하이데거는 죽을 때까지, 1933년을 독일 민족과 서구 전체의 정신을 혁신할 수 있었던 기회로 보았으며 그러한 절호의 기회를 살리

---

66) *HG* vol.42, pp.40~41 참조.
67) Heidegger, "Spiegel-Gespräch mit Martin Heidegger", p.84 참조.

지 못했다는 사실을 항상 아쉬워했다. 그는 독일 패전 직후에 쓴 「총장직 1933/34」과 심지어 1969년에 행해진 『슈피겔』과의 인터뷰에서도 모든 진정한 세력이 나치 '운동'을 정화하고 그것에 올바른 방향을 부여하기 위해서 일치단결했더라면 어떻게 되었을까라고 묻고 있는 것이다.[68]

하이데거는 이와 관련하여 나치 운동이 재앙이 될 것이라고 예견하면서 그 당시 방관적인 태도를 취하던 사람들 역시 책임을 피할 수 없다고 말하고 있다. 그렇게 미래를 정확하게 내다볼 정도로 현명한 사람들 모두가 나치 '운동'의 성격이 아직 유동적이었던 상황에서 '나치 운동'에 참여하여 그것을 올바른 방향으로 이끌기 위해서 노력했더라면, 나치 운동은 전혀 다른 양상을 띠게 되었을 것이라는 것이다.[69] 물론 하이데거는 모든 양심적인 세력의 단결이라는 것이 분명히 어려운 과제였으며 더구나 나치 '운동'에 올바른 방향을 부여한다는 것은 더욱더 어려웠을 것이라는 사실을 인정하고 있다. 그러나 그는 그러한 어려움은 그러한 노력을 하지 않은 결과 독일 민족이 나중에 겪게 된 고통에 비하면 충분히 감내할 수 있는 것이었다고 주장한다.

이상의 사실을 고려할 때 우리는 하이데거가 자신의 나치 참여에 대해서 후회한 적은 한 번도 없었다고 보아야 할 것 같다. 그는 당시의 상황을 독일 민족의 정신을 혁신함으로써 독일 민족 전체가 하나가 되고 독일 민족 모두가 독일의 산하(山河)와 사물들에서 발하는 빛을 볼 수 있는 인간으로 전환할 수 있는 절호의 기회로 보았다고 해야 할 것 같다. 따라서 하이데거가 맹목적인 주의주의적인 결단주의에 빠져서 나치에 동조했지만 주

---

68) Ibid., p.25 참조.
69) Ibid., p.26 참조.

의주의적인 결단주의에서 벗어나면서 나치와도 단절하게 되었다는 견해
는 설득력이 없다고 보아야 할 것이다. 하이데거는 죽기 10년 전의 『슈피
겔』 인터뷰에서도 1933년 당시에는 나치 이외에 어떠한 대안도 없었다고
말하고 있다. 하이데거는 나름의 냉철한 통찰에 입각하여 당시의 시대적
인 상황을 민족 갱생의 절호의 기회로 보았으며 이러한 판단을 죽을 때까
지 고수했던 것이다.[70]

4) 하이데거의 나치 참여와 전회 이후의 하이데거의 사상을 규정하는 사상적인 틀로서의 1914년의 이념

하이데거가 나치에 가담했을 때 하이데거를 무엇보다도 지배했던 사상은
니체의 사상보다는 독일 민족 전체가 하나가 되고 독일 민족과 독일의 산
하가 하나가 되는 민족공동체의 이념이었을 것이라고 생각된다. 이러한
민족공동체의 이념은 실질적으로는 니체와는 무관한 것이다. 주지하듯이
초기의 니체는 국수주의자라고 할 수 있을 정도의 독일민족주의자였지만
후기로 갈수록 유럽의 통일을 지향하는 '훌륭한 유럽인'이 되려고 했다. 이
에 반해 하이데거는 독일어를 그리스어를 제외하고는 유일하게 철학적인
언어라고 시종일관 생각할 정도로 국수주의적인 성격까지 갖고 있는 민족
주의자였다. 이 점에서 하이데거의 나치 참여를 가능하게 했던 철학은 니

---

70) 로런스 해텁도 하이데거가 나치에 참여하게 된 동기를 현대 기술문명이 갖고 있는 다음과 같
   은 폐단들을 극복하려고 했다는 데서 찾고 있다. ① 존재가 경제적인 자원과 기술적인 통제의
   대상으로 환원된다는 것, ② 고도의 문화가 소비주의와 사적인 체험에 의해서 파괴된다는 것,
   ③ 전통적인 유산이 합리화된 사회질서에 의해서 파괴된다는 것. Lawrence J. Hatab, *Ethics
   and Finitude: Heideggerian Contributions to Moral Philosophy*, Lanham: Rowman &
   Littlefield, 2000, p.202 참조.

체의 철학이라기보다는 오히려 '1914년의 이념'이라고 불리는 보수 혁명가들의 이념이라고 해야 할 것이다.

1914년의 이념이란 1914년을 전후하여 제1차 세계대전에서 독일이 승리해야만 하는 이유를 정당화하려고 했던 일단의 사상가들이 표방한 이념이다. 이러한 사상가들로 우리는 특히 루돌프 오이켄(Rudolf Euken), 막스 셸러(Max Scheler), 베르너 좀바르트(Werner Sombart), 빌헬름 분트(Wilhelm Wundt)와 막스 분트(Max Wundt)와 같은 사람들을 들 수 있을 것이다.[71]

1914년의 이념은 사상가들마다 뉘앙스의 차이는 있어도 국수주의적인 민족주의와 민족공동체주의의 주창과 현대 기술문명의 물질주의와 개인주의 그리고 자유주의에 대한 비판을 본질적인 내용으로 갖는다고 볼 수 있다.

---

71) 1914년의 이념은 제1차 세계대전을 계기로 하여 갑자기 나타난 사조가 아니라, 독일에 산업기술이 도입되고 자유주의와 자본주의가 발달하면서 그에 대한 반동으로 생긴 낭만주의적인 사조에 뿌리를 두고 있다고 보아야 할 것이다. 이와 관련하여 전진성은 이렇게 말하고 있다. "독일 보수주의는 역사적으로 계몽사상과 프랑스혁명에 대한 투쟁 과정에서 형성되었으며 따라서 줄곧 서구 세계에 대한 저항 의식을 키워 왔다. 이 이념은 특히 범인류적 보편성을 지향하는 서구 자유주의를 문제시했으며 그것의 토대인 계몽적 이성과 개인의 자유의 원리를 모두 거부했다. 헤르더나 슐라이어마허 같은 낭만주의자들이나 피히테나 헤겔 등의 이상주의 철학자들은 그 대안으로 국가나 민족과 같은 '역사적' 공동체를 내세웠다. 이들에게 개인의 자유에 대한 강조는 서구적 관념의 지배력을 확장시키는 것에 불과했다"(전진성, 『보수혁명』, 20쪽). 따라서 아래에서 나치 참여 당시의 하이데거 사상과 1914년의 이념 사이의 친족성을 주장하고는 있지만 이것이 나치 참여 당시의 하이데거 사상이 1914년의 이념에만 뿌리를 두고 있다고 말하는 것은 아니다. 1914년의 이념은 휠덜린의 시를 비롯한 낭만주의 사조에 뿌리를 내리고 있는바, 하이데거의 나치 참여를 규정한 사상적 배경 역시 사실은 1914년의 이념 훨씬 이전에 존재한다고 해야 할 것이다. 그러나 여기서 하이데거의 나치 참여를 규정하는 사상적 배경으로서 특별히 1914년의 이념을 강조하는 것은 1914년의 이념에서 나치 참여 당시의 하이데거 사상을 규정하는 근본적인 이념이 특히 잘 나타나고 있다고 여겨지기 때문이다.

첫째로, 우리가 근대의 대표적인 산물을 계몽주의적인 합리주의와 그것에 입각한 현대 기술문명과 민주주의에서 찾을 경우 1914년의 사상가들은 그것들에 대해서 철저하게 부정적인 태도를 취한다. 이러한 사상가들은 우선 자연과학과 계몽주의적 합리주의의 지배에 대해서 비판한다. 자연과학과 계몽주의적 합리주의는 자연 자체의 비밀스런 소리에 귀를 닫고 자연을 인간의 기술적인 목적을 위해서 이용하려는 의도 아래 자연을 탐구한다는 것이다.

따라서 이러한 사상가들은 인간이 더 이상 폭포를 폭포로서 보지 못하고 전력을 얻기 위한 수단에 불과한 것으로 본다는 사실에 대해서 경악한다. 자연과 공감을 느끼는 심원한 혼은 자연과학과 계몽주의적 합리주의를 통해서 박탈되었다는 것이다. 이들은 세계의 기계화를 통하여 인위적이고 기술적인 세계가 자연적인 세계를 대체할 것이라고 우려한다. 이들은 회의주의적이고 비판적이며 분석적인 학문 태도에 대해서 전체적이고 유기체적인 사유 방식을 내세우며, 고향의 대지와 민족과 자연으로 다시 돌아감으로써 소외(Entfremdung)를 극복하려고 한다. 이 경우 소외란 좌파의 소외 개념과는 달리 고향을 상실했다는 것, 자신의 뿌리를 박탈당했다는 것(Entwurzelung)을 의미한다.[72]

둘째로, 이들은 현대 기술문명과 대중문화 그리고 부르주아적인 상업주의와 물질주의로 대표되는 소위 문명병(Zivilisationskrankheit)에 대해서 강한 혐오감을 갖고 있다. 현대인들은 외면적인 물질적인 풍요와 평등에도 불구하고 내적으로는 공허하며 정신적인 의지처를 상실한 채 방황하고 있다는 것이다. 따라서 이들은 세속적인 성공과 권력, 안락과 이윤에 대한

---

72) Bourdieu, *Die politische Ontologie Martin Heideggers*, p.18 참조.

물질주의적인 추구와의 단절을 통하여 새로운 내면성(Innerlichkeit)과 근원성을 회복하려고 한다.

셋째로, 이들은 민주주의와 대중문화 그리고 맑스주의를 비판하면서 정신적 귀족주의와 위계질서(Rangordnung)의 회복을 주창한다. 이들은 민주주의가 평등이라는 이념하에 탁월한 소수의 인간들에 대한 대중의 질시를 만연시켰으며, 이를 통해서 모든 정신적 권위를 붕괴시키고 사회의 정신적 수준을 하향 평준화했다고 믿는다. 그렇다고 해서 이들은 옛날의 귀족주의로 돌아가려고 하지 않으며 대지에 뿌리박고 소박하게 살고 있는 농민들에 대한 인민주의적인 애정을 가지고 있다.

넷째로, 시대의 위기를 극복할 수 있는 구체적인 방안으로서 1914년의 사상가들은 민족공동체적인 사회주의를 제안한다. 이들은 자본주의 체제가 자유의 이름 아래 민족적인 분열을 가속화하고 실질적으로 대부르주아 계급의 금권적인 지배를 강화한다고 보면서, 좌파 못지않게 자본주의 체제와 부르주아 계급에 대해서 적대적이다. 그러나 이들은 자본주의 체제를 맑스주의적 사회주의처럼 자본가들로부터 생산수단을 박탈함으로써 극복하려고 하지 않는다. 이들이 지향하는 민족공동체적인 사회주의에서 국가는 자본가들의 재산을 박탈하여 자신이 소유하는 것이 아니라 경제를 지도할 뿐이다. 민족공동체적 사회주의의 이념에 의하면 인간의 가장 큰 관심사는 쾌락의 향유가 아니라 각자가 국가에 얼마나 기여하느냐 하는 것이기 때문에 쾌락을 위한 수단일 뿐인 재산의 차이는 그다지 중요한 것이 아니다. 따라서 그것은 재산의 평등을 민족공동체의 필수적인 구성 요건으로 보지 않는다.

재산의 평등을 진정한 사회주의의 조건으로 보는 자들은 자신들이 비판하는 자본주의적 인간과 마찬가지로 물질적 소유욕에 사로잡혀 있는 자들이다. 보수 혁명가들이 보기에 사유재산의 철폐에 집착하는 맑스주의적인 사회주의는 부르주아 사회와 마찬가지로 안락과 안일을 최고의 가치로서 추구하며 부르주아 사회를 거꾸로 세운 것에 불과하다.[73] 이런 의미에서 1914년의 사상가들은 자신들의 사회주의는 유물론적인 것이 아니라 이상주의적인 것이라고 생각했다.

아울러 보수 혁명가들이 내세우는 민족공동체는 엄격한 위계질서를 갖는 권위주의적 사회주의다. 이들은 독일은 러시아의 전제주의와 영국의 개인주의적인 자유주의와 상업주의에 대해서 진정한 자유와 평등을 실현할 사명을 갖는다고 주장한다. 진정한 자유와 평등은 인간들이 하나의 공동의 목표를 향하여 자신들을 헌신하는 것이다. 그러한 자유와 평등을 구현하는 체제는 전쟁 상황에서 행해지는 전(全) 국가적인 차원에서의 조직적인 생산과 전방과 후방의 협동에서 볼 수 있는 사회주의다. 이러한 사회주의는 명령과 복종으로 이루어진 위계사회이며 각 구성원은 자신이 맡은 과제를 철저하게 수행한다. 그러한 민족공동체의 건설이야말로 전 세계를 위해서 독일인이 수행해야 할 사명이다. 1914년의 사상가들은 분열되어 있고 개인주의적인 자본주의 '문명'(Zivilization)에 대해서 도덕적이고 독일적인 사회주의 '문화'(Kultur)를 내세운다.

다섯째로, 1914년의 사상가들은 유럽 전체가 빠져 있는 근대 문명의 위기는 오직 독일 민족에 의해서만 극복될 수 있다고 믿는다. 이들은 독일 민족에게는 역사적으로 특수한 덕과 성격 그리고 그에 따른 특수한 사명이 부과되어 있다고 믿는다. 독일 민족의 주요한 특성은 내면성과 정신성이다. 반면 프랑스 민족은 천박한 감각주의에 물들어 있으며 영국 민족은

---

73) Bourdieu, *Die politische Ontologie Martin Heideggers*, p.43 참조.

이기주의적이고 탐욕스런 상업주의에 지배되고 있다.[74] 유럽의 위기는 내면성과 정신적 가치의 상실에서 비롯되며 이러한 위기에서 세계를 구원할 사명을 독일이 갖는다. 그리고 1914년의 사상가들은 독일의 사명이 정신적인 것일 경우 그러한 사명을 자각하면서 독일인들을 그러한 사명에 대해 각성시킬 사람들은 시인과 사상가들이라고 생각한다.

이러한 보수 혁명의 이념은 어떤 면에서는 초기 니체에게서도 상당 부분 찾아볼 수 있는 이념이다. 초기의 니체 역시 당시의 영국은 상업주의 정신이 지배하고 프랑스에서는 퇴폐적인 감각주의적인 정신이 지배하고 있다고 보면서 독일의 강건한 정신만이 그리스인들의 정신을 계승할 수 있다고 보았다. 그러나 니체는 후기로 갈수록 이러한 보수 혁명의 이념에서 탈피하게 되며 그는 오히려 프랑스인들과 프랑스 문화를 독일인들이나 독일 문화보다도 더 높이 평가하게 된다.

1914년의 이념은 제1차 세계대전에서 독일이 패한 후에도 독일 국민과 지성계에 지대한 영향력을 가지고 있었다. 나치즘은 1914년의 이념을 상당 부분 수용했으며 바로 그 때문에, 이미 1914년의 이념의 영향권 아래 있던 독일 국민들 사이에 급속하게 뿌리를 내릴 수 있었다. 하이데거의 초기 철학에서는 상당히 추상적인 방식으로 존재물음이 수행되고 있기 때문에 1914년의 이념의 냄새는 거의 나지 않지만 그럼에도 불구하고 초기 하

---

74) 제1차 세계대전 당시만 해도 독일 참전을 찬성했던 토마스 만은 제1차 세계대전의 본질을 라틴 문명, 즉 로마 세계에 대한 투쟁에 찾고 있다. "이 전쟁은 본질적으로 새로운 전기(轉機)로서 아마도 가장 웅대하고 최종적인, 독일의 서구 정신에 대한 유서 깊은 투쟁을, 또는 로마 세계가 독자적인 길을 고집하는 독일에 대해 감행한 결전을 의미한다"(전진성, 『보수 혁명』, 20쪽에서 재인용). 로마의 정신에 반하여 그리스의 시원적인 정신을 회복한다는 것은 1930년대 초부터 하이데거를 규정하는 문제의식이기도 하다. 나중에 보겠지만 궁극적으로 하이데거는 니체가 회복하려고 한 것은 그리스 정신이 아니라 로마의 정신이었다고 비판하게 된다.

이데거의 근대 문명에 대한 입장이나 정치적 입장은 이러한 1914년의 이념틀에 의해서 규정되어 있다고 여겨진다. 하이데거의 후기 철학이란 그동안 표면에 나오지 않았던 1914년의 이념적인 성향이 전면으로 부각되면서 하이데거가 그것을 횔덜린의 사상에 입각한 특유의 존재론에 입각하여 발전시키는 것이라고 생각된다.

실로 초기 하이데거는 후기에서 보이는 것처럼 근대 문명과의 본격적인 대결을 자신의 철학의 주요한 과제로 삼고 있지 않기 때문에 초기 하이데거에서는 1914년의 이념이 분명하게 부각되고 있지는 않다. 그러나 하이데거는 이미 대학 시절부터 근대의 도시 문명에 대해서 강하게 비판적인 태도를 보이고 있었다. 이러한 태도는 그가 아우구스티누스 교단의 수사(修士)인 아브라함 아 상타 클라라(Abraham a Sancta Clara)의 기념비 제막을 기리기 위해 쓴 그의 최초의 공간(公刊)된 글에서 명확하게 나타나고 있다.[75]

이 당시 하이데거는 프라이부르크대학 신학부의 학생이었다. 하이데거는 이 글에서 아우구스티누스 교단의 수사로서 당시 가장 유명했던 가톨릭 설교가였던 아브라함 아 상타 클라라가 민중이 갖는 영혼과 신체 양면의 건강성을 추구했다고 말하면서 그것을 현대적인 삶의 병적인 성격과 대조하고 있다. 하이데거에 의하면 "우리 시대를 지배하고 있는 것은 외면적인 문화와 경박함, 혁신과 쇄신에의 광기, 삶과 문화의 심원한 성격의 상

---

75) 아브라함 아 상타 클라라를 기리는 하이데거의 글은 『알게마이네룬트샤우』(*Allegemeine Rundschau*)라는 정간지에 「아브라함 아 상타 클라라, 1910년 8월 15일 크렌하인슈테텐에서의 그의 기념비 제막에 즈음하여」(Abraham a Sancta Clara. Zur Enthüllung seines Denkmals in Kreenheinstetten am 15. August 1910)라는 제목으로 실렸다. Victor Farías, *Heidegger und der Nationalsozialismus*, Frankfurt a.M.: Fischer, 1987, p.65 참조.

실, 부단히 변하는 순간적인 자극에 의한 휘둘림, 오늘날의 예술 활동에 스며들어 있는 질식할 것 같은 우울함이다". 하이데거는 "이 모든 것이 현대의 퇴폐적인 성격을 드러내며 현대가 삶의 건강성과 영원한 의미를 상실하고 있다는 것을 말해 준다"라고 보고 있다.[76]

하이데거는 초기든 후기든 일생을 걸쳐서 근대 문명에 대해서 이러한 비판적인 입장을 견지하고 있다고 생각한다. 이 점에서 본인은 초기 하이데거를 과연 근대 주체성 철학의 완성으로 볼 수 있는지에 대해서 의문을 갖고 있다. 물론 초기 하이데거의 언어는 근대 주체성 철학의 언어이지만 초기 하이데거가 지향하는 사태는 사실은 이미 후기 하이데거가 지향하는 사태라고 보는 것이다.

물론 하이데거는 1929/30년 겨울학기에 행해진 『형이상학의 근본개념』이란 강의에서 1914년의 대표적인 사상가들인 막스 셸러, 루트비히 클라게스(Ludwig Klages), 오스발트 슈펭글러(Oswald Spengler), 레오폴트 치글러(Leopold Zigler)를 비판하고 있다.[77] 그럼에도 하이데거와 이러한 사상가들 사이에는 현저한 근친성이 존재한다. 하이데거는 자기 시대와의 대결을 내세우며 자신의 시대에 대해서 비판적 거리를 유지한다고 자처하지만, 하이데거 역시 시대의 아들인 이상 그 시대를 지배하는 정신적 분위기에서 자유롭지 못했다. 그러한 정신적 분위기란 우리가 위에서 보다시피 국수주의적 민족주의와 반자유주의 그리고 민족공동체의 이념이 지배하는 분위기다. 하이데거는 그러한 정신적 분위기의 영향 아래 나치와 히

---

76) *HG* vol.13, p.3. 아브라함 아 상타 클라라가 지향하는 건강한 세계와 근대 세계와의 대비는 자프란스키가 지적하듯이 『존재와 시간』에서 본래적 실존 양식과 비본래적 실존 양식의 대비로 나타난다. Safranski, *Ein Meister aus Deutschland*, p.27 참조.
77) *HG* vol.29/30, p.103 이하 참조.

틀러를 선택하게 되는 것이다.

하이데거는 나치 참여 당시의 독일이 처한 역사적 상황을 1914년의 사상가들과 유사하게 파악하고 있다. 하이데거는 '1914년의 이념'을 주창한 사상가들과 마찬가지로 자신의 시대를 물질적 풍요와 외면적인 변화함의 이면에 공허한 무와 천박함이 지배하는 니힐리즘의 시대로 보고 있다. 자신의 시대는 그리스도교의 신으로 상징되는 전통적인 가치가 힘을 상실한 채 방향을 잃고 방황하고 있으며 이러한 정신적인 공황상태에서 도피하는 한 방책으로서 물질적인 풍요가 추구되고 있다는 것이다. 이렇게 니힐리즘이 지배하는 상황에서 하이데거는 유럽을 구할 수 있는 유일한 민족을 독일 민족이라고 보았다.

> 유럽은 [⋯⋯] 오늘날 한쪽에서는 러시아, 다른 쪽에서는 미국에 의해서 협공을 당하고 있다. 러시아와 미국 양국은 형이상학적으로 볼 경우 동일한 본질을 갖는다. 즉 그러한 나라들에서는 고삐 풀린 기술 개발과 범용한 인간들의 철저한 조직화가 절망적이고 광란적으로 추구되고 있다.[78]

그리고 하이데거는 근대의 대량생산체계는 인간의 창조성을 박탈한다고 보았고 현대 기술문명과 도시화는 인간을 토착의 고향으로부터 몰아낸다고 본다.

또한 하이데거는 1914년의 사상가들과 마찬가지로 현대의 위기로부터 유럽을 구할 수 있는 길을 자본주의도 사회주의도 아닌 제3의 길로서 민족적 공동체에서 찾고 있다. 하이데거의 이러한 입장은 다음 인용문에

---

78) *HG* vol.40, p.40 이하. 또한 p.49 참조.

서도 드러난다.

민족적 사회주의[나치즘]에 따르면, 지식과 지식의 소유를 통해서 인민
들은 여러 계급으로 나뉘는 것이 아니라 하나의 위대한 국가적인 의지 안
에 결합된다. '인식과 과학'이란 용어들과 마찬가지로 노동자와 노동이란
용어도 변화된 의미와 음향을 갖는다. 노동자는 맑스주의가 말했던 것처
럼 한갓 착취의 대상이 아니다. 노동자 신분은 계급투쟁에 나서는 무산계
급이 아니다.[79]

하이데거가 지향하는 민족공동체는 1914년의 사상가들에서와 마찬
가지로 반개인주의적이며 권위주의적인 성격을 갖는다. 하이데거는 「독일
대학의 자기주장」에서 "지도자는 자신을 따르는 자들에 대해서 책임을 지
고, 따르는 자들은 지도자에 복종한다"라고 말하고 있는 것이다.

우리가 이상에서 보듯이 하이데거가 나치에 가담할 때 동력으로 작용
하고 있는 사상적인 틀은 1914년의 이념이라고 볼 수 있다. 하이데거뿐 아
니라 1933년 당시의 많은 지식인들이 여전히 1914년의 이념의 지배하에
있었고 이들은 바로 그러한 이유로 나치즘에 동조하게 되었다. 그런데 하
이데거의 나치 참여의 동기를 비이성적인 주의주의적인 결단주의에서 찾
으면서 그것을 니체 철학으로부터의 영향에 의한 것으로 해석하는 것은
니체의 철학을 비이성적인 주의주의적인 결단주의의 철학과 동일시하는
것이 된다. 그러나 니체 자신도 그렇고 하이데거도 니체의 철학을 주의주

---

79) Martin Heidegger, "Rede vom 30. Oktober 1933". Bourdieu, *Die politische Ontologie Martin Heideggers*, p.46에서 재인용.

의적인 결단주의와 동일시한 적이 없었다. 니체는 힘에의 의지를 내세우면서 힘에의 의지를 강화하는 가치는 모두 다 정당화될 수 있다고 말하기 때문에 실질적으로 그 어떠한 객관적인 가치 기준도 인정하고 있는 것같이 보이지는 않지만, 니체도 힘에의 의지를 강화하기 위해서 우리가 어떠한 덕들을 육성해야 하는가를 분명히 명시하고 있다. 그러한 덕들은 그리스와 로마의 귀족들이 육성하려고 했던 덕들로서 긍지와 용기 그리고 독립심과 냉철한 지혜와 같은 것들이다.

그리고 앞에서 본 것처럼 하이데거는 1936/37년에 행해진 강의록『예술로서의 힘에의 의지』에서만 해도 니체의 의지 개념을 자신의 결의성과 유사한 의미로 파악하고 있지만 결의성을 통해서 현존재는 오히려 존재자와 세계를 훨씬 더 풍요롭게 보게 된다고 말하고 있다. 따라서 여기서 하이데거가 말하는 의지나 결의성이 단순히 주의주의적인 결단주의를 함축하고 있다고 볼 수는 없으며, 더군다나 그러한 의지를 후기의 하이데거가 현대 기술문명을 규정하는 것으로 보고 있는 '힘에의 의지'나 '의지에의 의지'로 볼 수는 없다.

하이데거의 나치 참여에서 니체는 극히 보조적인 역할만을 하고 있다고 생각한다. 초기와 후기 하이데거 양자의 사상적 배경으로 작용하고 있는 것은 1914년의 이념이며 하이데거는 니체의 사상을 긍정적으로 수용할 때는 1914년의 이념을 기본틀로 하는 가운데 받아들이고 있는 것이다. 다시 말해서 하이데거의 나치 참여에는 니체의 영향보다도 오히려 하이데거 자신이 그 안에서 성장해 온 하이데거 자신의 사상적인 배경이 더 큰 역할을 하고 있는 것이다.

흔히 니체의 영향을 거론하는 사람은 나치 당시에 니체의 철학이 일종의 국가철학의 역할을 했다고 생각하기 때문에 나치에 참여한 사람들은 거의 다 니체 철학의 영향을 받았다고 보는 경향이 있다. 그러나 그러한 사람들은 사실은 나치 치하의 독일 사상계의 상황을 제대로 파악하지 못하고 있다고 할 수 있다. 많은 철학자들이 본질적으로 성질을 달리하는 철학 사조의 이름으로 나치를 지지했다. 칸트주의자들은 칸트 철학의 이름 아래, 피히테주의자들은 피히테 철학의 이름 아래, 헤겔주의자들은 헤겔 철학의 이름 아래, 니체주의자들은 니체 철학의 이름 아래, 횔덜린주의자들은 횔덜린의 이름 아래, 그리고 실존철학자들은 실존철학의 이름 아래 나치를 지지했다.[80]

이와 같은 사태는 히틀러 자신이 나치즘의 사상적 내용을 어느 정도 애매한 상태로 두고자 한 것과 관련이 있다고 볼 수 있다. 이는 그 경우에만 다양한 정파들을 나치즘의 대열에 끌어들일 수 있었기 때문이다. 그 결과 서로 모순되는 사상을 갖는 집단들마저도 나치즘을 지지하게 되었다. 이렇게 모든 사상이 나치 참여를 정당화하는 것으로서 기능할 수 있다는 사실을 고려해 볼 때 우리는 하이데거가 단순히 니체의 사상에 영향을 받았기 때문에 나치에 참여하게 되었다는 생각이 얼마나 짧은 생각인지를 알 수 있다.

따라서 초기 하이데거의 사상과 나치 참여 사이의 연관을 밝히기 위해서는 단순히 니체 사상의 영향을 끌어들이는 것보다 훨씬 더 정교한 고찰이 필요하다. 이는 초기의 하이데거는 단순히 니체뿐 아니라 아리스토텔레스와 키르케고르와 칸트 그리고 후설 등 많은 사상가들의 영향을 받았기 때문이다. 따라서 우리는 하이데거의 나치 참여를 고찰하더라도 초기

---

80) Guido Schneeberger, *Nachlese zu Heidegger, Dokumente zu seinem Leben und Denken*, Bern: Buchdruck, 1962, p.264에 실린 베르너 링스(Werner Rings)의 글 참조.

하이데거 사상이 단순히 누구의 영향을 받았기 때문에 하이데거가 나치에 참여하게 되었다고 말하는 것이 아니라 오히려 초기 하이데거에 존재하는 어떠한 사상적인 요소나 초기 하이데거가 뿌리 내리고 있는 어떠한 사상적 배경이 하이데거를 나치 참여로 이끌었는지를 고찰해야 할 것이다.

5) 1914년의 이념, 니체, 횔덜린 그리고 하이데거의 나치 참여

위에서 하이데거는 암암리에 1914년의 이념에 의해서 크게 영향을 받고 있기 때문에 나치에 참여했다고 했다. 그러나 정작 초기 하이데거에서는 하이데거에게 암암리에 영향을 미치고 있는 1914년의 이념이 그렇게 분명하게 드러나지는 않고 있다. 이는 초기 하이데거가 존재물음을 후기 하이데거처럼 서양의 구체적인 역사 전개와 관련하여 전개하기보다는 철학 내재적인 차원에서 제기하고 있을 뿐 아니라 근대 주체성 형이상학의 언어를 사용하면서 그것에 매여 있었기 때문이다.

　1914년의 이념이 하이데거에게 갖는 영향력은 이른바 전회 후에 그리고 후기로 갈수록 더욱 분명하게 드러나게 된다. 하이데거의 나치 참여는 하이데거가 암암리에 영향을 받고 있었던 1914년의 이념이 하이데거 철학에서 수면 위로 부상되는 사건이었으며 하이데거는 횔덜린의 언어를 수용하면서 이러한 1914년의 이념을 자기 식으로 발전시켰다고 볼 수 있다.

　초기 하이데거는 1930년대 초부터 니체 못지않게 횔덜린을 본격적으로 연구하고 있었고 니체 못지않게 횔덜린에 심취하고 있었다. 최소한 1937년까지만 해도 하이데거는 니체와 횔덜린을 동일한 사태를 말하는 사상가와 시인으로 보고 있으며 새로운 시대의 개현을 위해서 동일하게 새로운 신화를 찾고 있었던 사람들로 보았다.[81]

이러한 사실은 하이데거의 1934/35년 강의록 『횔덜린의 송가 「게르마니엔」과 「라인 강」』에서 분명하게 드러나고 있다. 여기서 하이데거는 횔덜린이 독일인의 과제로 생각한 것이 역시 니체의 과제였다는 식으로 말하고 있는 것이다. 하이데거는 횔덜린이 친구인 뵐렌도르프(Casimir Ulrich Böhlendorf)에게 보낸 서한을 고찰하면서 횔덜린이 그리스인의 과제와 독일인의 과제로 생각한 것이 각각 무엇인지를 분명히 하고 있다.

일단 횔덜린이 뵐렌도르프에게 보낸 편지는 다음과 같다.

우리에게 민족적인 것[das Nationelle, 민족에게 천성적인 것으로 주어진 것]을 자유롭게 사용하기를 배우는 것보다도 더 어려운 일은 없네. 그리고 내가 믿기엔, 표현의 명료성이 우리에게 근원적으로 자연스런 것이듯이, 그리스인들에게는 하늘의 불이 그렇다네. [……] 그리스인들에겐 성스러운 파토스가 천성적인 것으로 주어진 것이었기 때문에, 그들은 그것을 제대로 다룰 줄 몰랐네. 이에 반해 그들은 호메로스에서부터는 탁월한 표현 재능을 갖게 되었네. 왜냐하면 특출한 인간인 호메로스는 자신의 아폴론적 왕국을 위해 서양의 주노[헤라]적인 냉정함을 약탈함으로써 낯선 것을 진정으로 자신의 것으로 하기에 충분할 만큼 뛰어난 영혼이었기 때문이네. 우리 경우는 그 반대일세.[82]

---

81) 니체와 횔덜린을 동일한 사상을 지향했던 사람들로 보는 견해는 1920년대 이래로 하이데거뿐 아니라 독일의 많은 지식인들이 공유한 생각이었다. 니체의 철학을 나치즘의 공식 철학으로 만들려고 했던 알프레트 보임러도 1930년대 중반에 '횔덜린과 니체의 독일'에 대해서 말하고 있다. 이들은 '순수하고 신성한 독일'에 대한 횔덜린의 비전이 니체에게로 계승되었다고 보았다. Corngold and Waite, "A Question of Responsibility", p.199 참조.

82) HG vol.39, p.291(번역은 마르틴 하이데거, 『횔덜린의 송가 「게르마니엔」과 「라인 강」』, 최상욱 옮김, 서광사, 2009, 392쪽을 참조했다).

하이데거는 횔덜린의 이 말을 아래와 같이 해석하고 있다.

그리스인들에게 [천성적으로] 함께 주어져 있는 것은, 하늘의 불을 향한
격정적인 가까움과 존재의 압도적인 힘을 통해 엄습되는 일이다. 그들에
게 과제로 부과되어 있는 것은, 작품을 쟁취함으로써 구속할 수 없는 것
을 [작품 속에] 구속하고 포착하며 존립하게 하는 것이다.
독일인들에게 [천성적으로] 함께 주어져 있는 것은 포착 능력, 영역들을
정비하고 계획하는 것, 계산하는 것, 질서를 부여하여 조직하는 일이다.
그들에게 과제로 부과되어 있는 것은 존재에 의해서 엄습되는 것이다.
그러나 어떠한 민족이든 그 민족에게 가장 어려운 일 — '민족적인 것
[das Nationelle, 민족에게 천성적인 것으로 주어진 것]을 자유롭게 사용하
는 것' — 은 각 민족에게 과제로서 부과되어 있는 것, 즉 '민족적인 것'을
자유롭게 사용할 수 있는 조건들을 쟁취할 때 비로소 성취될 수 있다. 이
러한 투쟁 속에서 그리고 오직 이 속에서만 하나의 역사적 민족은 자신
의 최고의 것에 도달하게 된다. 그리스인들에게는 압도하는 것을 향한 격
정을 자유롭게 사용하는 것이 과제로 부과되어 있었기 때문에, 그들에겐
이러한 투쟁으로부터 그들의 최고의 것, 즉 작품의 그물망(Fuge) 안에 존
재를 이어 넣는 것이 과제로 주어진다. [……] 반대로 우리의 최고의 것이
우리에게 주어지는 것은, 우리에게 천부적인 재능으로서 함께 주어져 있
는 포착 능력을 작품 안에 정립함으로써, 이러한 포착이 스스로를 구속하
고 규정하며, 스스로를 존재의 그물망 안으로 이어 넣을 때, 그렇지만 포
착 능력이 목적 자체로 전도되지 않고 단지 고유한 능력 속에서만 진행될
때이다. 단순히 자신에게 고유하게 주어져 있는 것이 아니라, 오직 쟁취
되어야 할 것 그리고 쟁취된 것만이 최고의 것을 보증하고 증여한다.[83]

이에 이어서 하이데거는 횔덜린이 그리스인과 독일인 각각에게 천부적인 재능으로서 주어져 있는 것과 과제로서 부과되어 있는 것으로 보는 것을 니체는 디오니소스적인 것과 아폴론적인 것으로 사유하고 있다고 말하고 있다.

여기서 횔덜린이 역사적 현존재의 본질이라고 보고 있는 것, 즉 [천성적으로] 함께 주어져 있는 것과 과제로 부과되어 있는 것이 서로 대립하면서 내밀하게 얽혀 있는 것을 니체는 디오니소스적인 것과 아폴론적인 것이란 표제어 아래 다시 발견했다.[84]

하이데거는 이 당시 니체와 횔덜린을 도래해야 할 새로운 신을 불러내는 사상가와 시인으로 보고 있다. 이런 맥락에서 하이데거는 프라이부르크대학 총장 취임 연설인 「독일 대학의 자기주장」에서 니체를 "열정적으로 신을 찾는 최후의 독일 철학자"로서 언급하고 있다. 니체와 함께 하이데거는 고대의 몰락과 함께 기독교가 출현하면서 사멸했던 신을 새롭게 창조하는 힘을 사람들로부터 일깨우려고 하는 것이다.[85] 새로운 신의 창조와 관련하여 하이데거가 니체에 대해서 가졌던 관심은 1936년까지도 지속되고 있다. 하이데거는 1943년까지 이어질 니체 강의를 1936년에 시작하면서 강의의 모토로 "거의 2000년 동안 새로운 신이 하나도 없었다니!"(1888)라는 니체의 말을 내걸고 있다.

---

83) *HG* vol.39, p.292 이하(하이데거, 『횔덜린의 송가 「게르마니엔」과 「라인 강」』, 394쪽 이하).
84) *Ibid.*, p.293 이하(같은 책, 396쪽).
85) *HG* vol.8, p.235 이하 참조.

이와 함께 하이데거는 '신이 죽었다'라는 말은 신의 존재에 대한 부정이 아니라 다가올 신에 대한 가장 내적인 긍정이라고 말하고 있다. 하이데거는 니체가 '신은 죽었다'라는 말을 '역사적 현존재는 신 없이는 그리고 신들 없이는 존재할 수 없다'라는 인식으로부터 사유했다고 본다. 더 나아가 하이데거는 니체를 휠덜린을 제외하고 '19세기에 살았던 유일한 신앙인'이었다고 평하고 있다.[86] 앞에서 언급한 것처럼 여기서 하이데거는 니체를 휠덜린의 문제의식으로부터 사유하려고 하는 것이다.[87]

그러나 과연 니체가 말하는 신을 하이데거가 파악하는 것처럼 휠덜린이 생각하는 신과 동일한 신으로 볼 수 있는지는 의문이다. 휠덜린이 말하는 신은 나중에 사역으로서의 세계에서 하늘과 대지 그리고 인간과 조응하는 신이며, 죽을 운명의 존재인 인간과 대조되는 불사의 신이다. 그러나 니체가 생각하는 새로운 신인 디오니소스는 아무런 목적도 의미도 없이 생성과 소멸, 창조와 파괴를 즐기는 충일한 힘으로 가득 차있는 세계 자체를 상징한다. 그리고 니체는 인간이 이 세계처럼 자신의 탄생과 죽음, 위험과 고난을 유희하듯이 즐길 것을 요구하는 것이다. 이렇게 고통과 위험으로 가득 찬 세계와 자신의 삶을 흔쾌하게 긍정하면서 즐기는 자의 충만한 힘을 니체는 또한 디오니소스라고 부르고 있다.

히틀러와 나치 운동에 대해서 환멸을 느끼기 시작하는 1938년 이후부터 하이데거는 니체로부터 본격적으로 거리를 취하게 되면서, 니체의 디오니소스도 기술문명이 초래하는 권태와 공허함을 메우는 열광적이고 맹

---

86) *HG* vol.43, p.191 이하 참조.
87) Müller-Lauter, "Einleitung: Über die Stationen von Heideggers Weg mit Nietzsche", p.19 참조.

목적인 체험으로 치부하게 된다. 하이데거는 니체가 생에 대한 열광에 빠져 있었기 때문에 존재물음으로 나아갈 수 없었다고 보았다.

그러나 니체와 횔덜린을 동일한 사태를 지향하는 것으로 보았을 당시의 하이데거도 니체와 횔덜린 사이의 차이와 자신이 궁극적으로 지향하는 사태가 니체보다는 횔덜린이 말하려고 하는 사태와 동일한 것이라는 사실을 감지했던 것 같다. 1934/35년에 행해진 횔덜린 강의에서 이미 하이데거는 그리스인들의 역사적 현존재를 횔덜린이 니체보다도 '순수하고 순일하게' 경험했다고 평가한다. 그러나 당시의 하이데거는 니체가 이러한 순수성과 순일성에 도달하지 못한 것은 쇼펜하우어, 다윈, 바그너의 영향을 받았기 때문이라고 보았다.[88]

이 당시까지만 해도 니체와 횔덜린은 거의 동일한 지위를 갖는 사상가로 간주되었지만, 1937/38년 겨울학기에 행한 강의 『철학의 근본물음들』(Grundfragen der Philosophie)에서 횔덜린은 니체를 넘어서는 보다 장래적인 자(das Zunkünftigere)로서 간주된다. 여기서 하이데거는 니체는 그리스인들의 시원적 물음을 근원적으로 인식할 수도 전개할 수도 없었다고 평한다. 그러나 여기에서도 니체 사상이 갖는 이러한 성격은 니체의 본질적 한계에서 비롯되는 것으로 간주되지 않고 그의 시대가 사상적으로 혼란스럽고 조야했으며 소란스러웠던 시대였고 그가 이러한 시대적 영향에서 온전히 벗어날 수 없었다는 사실에서 비롯된 것으로 간주되고 있다.[89]

---

88) *HG* vol.39, p.294 참조. 하이데거는 횔덜린 서거 100주년을 기념하여 1943년에 발표된 『회상』(*Andenken*)에서도 그리스인과 독일인에게 천부적으로 주어져 있는 것과 과제로 부여되어 있는 것을 동일하게 파악하고 있다. 그러나 여기서는 니체의 디오니소스적인 것과 아폴론적인 것에 대한 언급은 빠져 있다. 마르틴 하이데거, 『횔덜린 시의 해명』, 신상희 옮김, 아카넷, 2009, 172쪽 이하 참조.

하이데거는 총장직 사퇴 이후에 나치와 니체에 대해서 거리를 취하지 않고 오히려 1937년까지는 나치 운동의 진정한 이념을 수립한다는 목표 아래 니체와 횔덜린을 원용하고 있다. 그는 당시 나치즘에 대한 인종주의적이고 생물학적인 니체 해석에 대항하면서 니체에 대한 새로운 해석을 통해서 나치 운동에 올바른 방향을 제시하려고 했다고 볼 수 있다. 이런 의미에서 니체가 하이데거를 나치즘으로 이끌었다고 하기보다는 오히려 하이데거가 니체를 원용하여 나치 운동에 올바른 방향을 제시하려고 했다고 보아야 할 것이다. 하이데거의 니체 해석은 어떤 의미에서는 당시의 공식적인 나치즘과의 대결이었던 것이다.

그러나 1937년까지 이루어진 하이데거의 횔덜린 해석에 대해서도 우리는 동일한 말을 할 수 있을 것이다. 횔덜린은 니체 못지않게 나치즘이 자신을 정당화하기 위해서 원용한 시인이었기 때문에, 하이데거는 횔덜린에 대한 독자적인 해석을 통해서 나치즘에 참된 방향을 제시하려고 했다고 할 수 있다.

하이데거가 직접 나치에 참여하게 되고 니체가 나치에 의해서 이용당하게 된 것은 양자가 나치즘과 일정한 근친성을 갖고 있었기 때문이다. 그러나 하이데거에서 나치즘과 가까운 것은 민족공동체의 사상이었다고 볼 수 있는 반면에, 니체에서는 인간들 사이의 위계질서와 초인의 사육에 관한 사상이었다고 볼 수 있다. 그리고 앞에서 본 것처럼 민족공동체의 사상을 강하게 주창한 것은 1914년의 이념이었다.

이러한 사실을 고려해 볼 때 니체와 횔덜린 중 1914년의 이념에 가까

---

89) *HG* vol.45, p.134 이하 참조. Müller-Lauter, "Einleitung: Über die Stationen von Heideggers Weg mit Nietzsche", p.4 이하 참조.

운 사람은 니체가 아니라 오히려 휠덜린이었다. 휠덜린은 독일 민족의 사명을 이야기하면서, 독일 민족이 신과 성스러운 차원이 사라진 시대에 신적인 것을 감지하고 자연과 하나가 되어 자연과 교감을 나누는 동시에 정신과 육체를 통일시키고 서로 형제애를 나눌 수 있는 아름다운 인간으로 변화되기를 바랐다. 휠덜린의 이러한 이념이야말로 하이데거가 나치에 참여했을 때 가지고 있었던 이념이었으며 나치 운동과 히틀러에 환멸을 느끼고 나치즘에 대해서 비판적인 거리를 취하고 있을 때에도 계속해서 견지했던 이념이었다. 그것은 하이데거가 추구했던 하이데거 독자의 나치즘이었던 것이다. 이런 맥락에서 우리는 하이데거가 나치에 참여하게 되었던 것은 니체보다는 1914년의 이념과 휠덜린 때문이었다고 할 수 있다.

6) 하이데거의 나치 참여와 사상적 전회

이상에서 보듯이 하이데거는 나치 참여의 실패와 함께 나치 참여의 동기가 되었던 사상을 버리는 것이 아니라 오히려 그것을 보다 분명하게 철학적인 주제로 부각시키게 되며 그러한 사상적인 토대 위에서 나치 참여의 실패를 반성하게 된다. 하이데거는 나치 참여의 좌절이 자신이 당시에 신봉했던 1914년의 이념이 잘못되어서 아니라 오히려 나치가 1914년의 이념을 실현하기는커녕 근대 주체성 형이상학의 극단이었기 때문이라고 생각하는 것이다. 이와 함께 하이데거는 1914년의 이념이 나치를 통해서가 아니라 오히려 제2차 세계대전의 파국이나 현대 기술문명이 부딪힐 절망과 함께 실현되리라고 생각했다.

　　푀겔러와 같은 사람들은 하이데거의 사상적 전회를 나치 참여의 실패와 연관시켜 해석하려고 한다. 그러나 이러한 해석에 대해서는 하이데거 사상의 전회는 「진리의 본질에 대해서」(Vom Wesen der Wahrheit)라는 강연이 기점이 되고 있다고 일반적으로 인정되고 있으며 이는 하이데거 자신도 인정하고 있다는 사실을 지적하고 싶다. 그리고 그 강연은 하이데거가 나치에 참여하기 3년 전인 1930년에 행해진 것이다.

본인은 가다머와 마찬가지로, 하이데거 사상의 전회란 철학적 입장의 근본적인 변화가 아니라 초기의 입장을 초기가 지향하는 사태에 보다 부합되게 심화한 것에 불과하다고 생각한다. 가다머는 하이데거의 사상적 전회를 『존재와 시간』의 포기나 『존재와 시간』과의 단절이 아니라 오히려 『존재와 시간』에 존재하는 사상적 단초들을 그것이 근본적으로 지향하는 사태에 맞게 변용한 것이라고 보고 있다. 하이데거는 아직 근대의 주체성 형이상학의 사고 도식에 강하게 사로잡혀 있는 『존재와 시간』의 입장으로는 존재망각을 극복할 수 없다는 것을 깨닫게 되었기에 근대의 주체성 형이상학의 사고 도식을 탈피하려고 했으며 바로 이것이 전회라는 것이다. 그러나 이는 뒤집어 말하면 『존재와 시간』은 근대의 주체성 형이상학의 사고 도식에 입각하여 서술되고 있으나 후기의 하이데거 못지않게 존재의 경험에 입각해 있으며 존재망각을 극복하려고 했다는 것을 의미한다.

하이데거가 전회라고 부르는 것은 근대의 선험철학적인 존재망각을 선험철학적인 반성을 통해서 극복하려는 시도가 불가능하다는 사실을 인정한 것뿐이다. 이 점에서 존재의 사건, 존재의 열린 터로서의 현존재(Da als die Lichtung des Seins) 등과 같은 후기의 개념들은 이미 『존재와 시간』의 최초의 단초에 귀결로서 숨겨져 있었다.[90]

---

90) Hans-Georg Gadamer, *Kleine Schriften I. Interpretationen*, Tübingen: Mohr, 1967, p.74.

사상적 전회를 통해서 『존재와 시간』이 지향하고 드러내고자 한 사태가 변화된 것은 아니다. 전회 이전이든 전회 이후든 하이데거가 드러내고자 하는 사태는 변화가 없으며 다만 그러한 사태를 드러내는 그의 언어가 사태에 부합되게 변화되었을 뿐이다. 전회란 존재의 개시를 '현존재의 실존적 수행에 근거 지우는 『존재와 시간』의 근대적인 주체성 형이상학의 입장'에서 '존재 자체의 발현에 근거 지우는 입장'으로의 전환일 뿐이다. 즉 그것은 초기의 주의주의적인 결단주의로부터 횔덜린식의 사유로의 전환이 아니다. 초기 하이데거가 말하려고 했던 사태는 궁극적으로는 횔덜린의 시가 표현하려고 했던 사태라고 할 수 있다. 따라서 하이데거 사상의 전회란 초기 하이데거가 지향했던 횔덜린식의 사태를 더 이상 근대 주체성 형이상학의 언어에 구속되지 않고 그 사태에 맞게 표현하게 되는 것을 의미한다.

다시 말해서 초기의 하이데거도 후기의 하이데거와 마찬가지로 이미 근대의 극복과 아울러 현존재가 세계를 — 모든 존재자가 자신들의 고유한 존재와 진리를 발현하는 — 피시스로서 경험할 수 있는 상태의 회복을 지향하고 있다. 이렇게 문제의식과 지향하는 사태가 동일했기 때문에 하이데거는 자신의 초기 사상을 후기 사상에 입각하여 집요하게 재해석하려고 했던 것이다.

이런 맥락에서 볼 때 푀겔러나 헬트와는 달리 하이데거 사상의 전회는 나치 참여의 실패로 인해서 비로소 행해진 것이 아니라 오히려 나치 참여 전에 이루어졌다고 할 수 있다.

푀겔러와 같은 사람들에게는 『존재와 시간』에서 표명된 초기 입장은 전회 이후의 하이데거의 사상보다 더 나치에 가까운 것이 된다. 이들이 이렇게 해석하는 것은 하이데거가 총장직 사퇴 후에 실제의 나치즘을 비판하는 입장으로 돌아섰기 때문일 것이다. 그러나 하이데거가 실제의 나치즘을 비판하는 입장은 그가 나치에 참여할 때의 입장과 다른 것이 아니다. 하이데거는 자신이 나치에 참여했을 때 품고 있었던 나치 운동의 진정한 이념을 기준으로 하여 실제의 나치즘이 그러한 이념에 미치지 못하고 있다고 비판하고 있는 것이다.

7) 하이데거 사상의 전회와 니체

이런 맥락에서 볼 때 하이데거는 자신의 사유 도정의 초기부터 끝까지 주의주의적인 결단주의에 빠진 적이 없었으며 오히려 그것에 대해서 극히 비판적이었다고 할 수 있다. 따라서 하이데거의 사상적인 전회도 푀겔러가 말하는 것처럼 주의주의적인 니체적인 입장으로부터 횔덜린식의 입장으로의 전회가 아니라 자신이 이미 나치 참여 이전에 가지고 있던 사상적 입장을 보다 명료화하는 과정이었을 뿐이라고 생각한다. 그는 자신이 나치 참여 이전부터 지향한 사태를 그것에 보다 부합되게 표현할 수 있는 언어를 발견하려고 했으며, 횔덜린에서 그러한 언어를 발견하게 되었을 뿐이다.

　물론 하이데거는 푀겔러가 파악한 대로 나치 참여 이전에 니체를 자신의 사상적 영웅으로 생각했을지도 모른다. 앞에서 본 것처럼 『존재와 시간』에서만 해도 하이데거는 특히 현존재의 역사성에 관한 자신의 사상을 니체 철학의 발전적 계승이라고 보고 있다. 그리고 하이데거는 나치 참여 당시까지만 해도 니체를 자신과 마찬가지로 피시스로서의 세계에 대한 근원적 경험을 회복하려고 한 사상가로 생각했을 것이다. 그러나 우리가 그러한 가능성을 인정한다고 하더라도 그러한 니체는 푀겔러와 후기의 하이데거가 해석하는 것처럼 주의주의적인 니체가 아니라 오히려 후기의 하이데거가 해석하는 휠덜린과 근본적으로 동일한 사상적인 내용을 지향하는 니체라고 해야 할 것이다.

즉 본인은 푀겔러와는 정반대로, 초기 하이데거에서 니체는 하이데거와 휠덜린과 마찬가지로 피시스로서의 세계에 대한 근원적인 경험을 회복하려 한 사상가로 간주되었던 반면에 후기 하이데거에서는 단순히 로마적이고 마키아벨리적인 정신을 회복하려 한 자로서 격하되고 있다고 보는 것이다. 니체는 후기 하이데거에서는 인간의 사육을 주창하고 금발의 야수를 찬양하는 철학자로 간주되는 것이다. 그러나 푀겔러는 니체에 대한 하이데거의 해석이 초기와 후기에 전적으로 다른 면모를 보인다는 사실을 고려하지 않고 후기 하이데거의 니체 해석을 초기 하이데거의 니체 해석에 그대로 적용하고 있다.

8) 『존재와 시간』과 하이데거의 나치 참여

초기 하이데거가 니체의 영향 때문에 나치에 가담하게 되었다고 보는 사람들은 『존재와 시간』에서부터 나치 참여의 발단을 찾으려고 한다. 그러나 『존재와 시간』은 현존재가 지향해야 할 구체적인 실존적 이념을 제시하기보다는 현존재의 존재 방식이 취할 수 있는 두 가지 존재 방식인 비본래적인 실존과 본래적인 실존을 극히 형식적인 차원에서 분석하고 있기 때문에, 『존재와 시간』에서 하이데거가 나치에 참여하게 되는 구체적인 실마리를 찾기는 매우 어렵다.

물론 그렇다고 해서 하이데거가 나치에 참여하게 되는 동기가 1914년의 이념과 사상적 전회에 있을 뿐이며 『존재와 시간』에는 전혀 존재하지 않는다고 주장하는 것은 아니다. 그러나 우리는 하버마스나 푀겔러와 같은 사람들이 주장하는 것처럼 『존재와 시간』 안에 존재하는 주의주의적이고 결단주의적인 사고 성향이 하이데거가 나치에 참여하게 되는 동기라고 보지도 않는다. 오히려 『존재와 시간』 내의 '역사성' 개념과 '민족' 개념이 나치 참여의 동기가 되었다고 본다. 역사성과 민족이란 개념들은 『존재와 시간』에서는 나치 참여 이후처럼 전면에 부각되고 있지는 않지만 거기에서도 중심적인 의의를 갖고 있다. 그리고 뢰비트의 전언에 따르면 하이데거 자신도 나치 참여의 사상적 동기를 『존재와 시간』의 주의주의적인 성향에서가 아니라 역사성 개념에서 찾았다고 한다.[91]

하이데거의 초기 사상을 주의주의적 결단주의로 보는 사람들은 하이데거의 결단 개념을 '나는 결단한다. 그러나 무엇을 향해서 결단해야 할지 모르겠다'라는 것으로 비꼬았지만, 하이데거가 말하는 결단은 자신이 처한 역사적인 상황을 무시한 채 개인이 임의로 결단해도 좋다는 것은 아니다. 『존재와 시간』에서 본래적인 결단은 역사적 전통의 반복이란 형태로 수행되는 것으로 파악되고 있으며, 본래적인 자기의 회복 역시 본래적인 공동존재의 회복과 함께 수행되는 것으로 이해되고 있는 것이다.

본래적인 공동존재는 하나의 민족이 자신들의 역사적 유산(Erbe)을 함께 계승하는 것을 의미한다. 그리고 그러한 유산을 계승한다는 것은 그것을 단순히 보존하는 것이 아니라 그 안에 전승되어 온 실존 가능성들을 보다 진정한 형태로 반복하는 것이다.[92] 우리는 우리에게 전승된 역사적

91) Karl Löwith, *Mein Leben in Deutschland vor und nach 1933: Ein Bericht*, Stuttgart: Metzler, 1986. p.59 참조.
92) Heiddeger, *Sein und Zeit*, p.385 참조.

전통 안에서 이미 살고 있지만 그러한 전통은 많은 경우 그것이 본래 나타 났을 당시의 생명력을 상실하고 형해화된 것이기 쉽다. 우리는 그러한 전 통을 보다 근원적인 방식으로 반복함으로써 그러한 생명력을 다시 복원하 지 않으면 안 된다. 본래적인 자기의 회복은 역사적 유산 안의 진정한 실존 가능성을 회복하는 형태로 수행되는 것이다.

하이데거는 『존재와 시간』을 쓸 당시에 독일인들과 유럽인들이 계승 해야 할 정신적 유산이 무엇인지에 대해서 구체적으로 이야기하고 있지 않고 극히 일반적인 차원에서 이야기하고 있다. 따라서 우리는 『존재와 시 간』에서 말하는 정신적 유산이 나치의 사상적인 내용과 일치한다고 말할 수 없을 뿐 아니라 유사하다고도 말할 수 없다. 또한 『존재와 시간』에서의 역사 개념이나 민족(Volk) 개념은 결코 독일이라는 협소한 차원하에서 이 해될 필요는 없다. 『존재와 시간』에서의 하이데거의 역사성 개념은 원시 그리스도교의 정신을 근원적인 유산으로 계승하는 것을 과제로 하는 키르 케고르적인 반복 개념마저도 무리 없이 수용할 수 있을 정도로 형식적인 것이라고 볼 수 있다.

따라서 본인은 『존재와 시간』에서 하이데거가 말하는 전통과 역사성 그리고 민족 개념은 분명히 하이데거가 정치에 참여하게 되는 동기는 될 수 있으나 그가 나치즘을 선택해야 할 필연적인 동기는 아니라고 생각한 다. 다시 말해서 하이데거가 역사성 개념을 나치 참여의 근거로 들었을 때 그것은 '나치' 참여의 근거라기보다는 나치 '참여'라는 형태로 자신이 사 회에 참여할 수밖에 없었던 이유를 말하는 것에 불과하다고 보아야 할 것 이다.

이런 맥락에서 『존재와 시간』에는 나치의 사상적 내용과 유사한 구체 적인 어떤 것, 예를 들어 반유태주의나 제국주의, 독일 국수주의나 권위주의적인 공동체 사상은 없다고 생각한다. 만약 그러한 것이 있었다면 마르쿠제나 아렌트와 같은 유태인 제자들이 하이데거의 『존재와 시간』에 매료될 수도 없었을 것이다.

9) 후기 하이데거 철학을 결단주의라고 보는 입장에 대한 검토: 가치철학에 대한 니체와 후기 하이데거의 입장의 차이

그런데 하버마스나 푀겔러 그리고 뢰비트와 같은 사상가들에 의해서 초기 하이데거 못지않게 후기 하이데거에 대해서도 주의주의적인 결단주의라는 혐의가 계속 제기되고 있다. 물론 이들은 초기의 하이데거가 현존재 각각의 주의주의적인 결단을 강조하는 반면에 후기의 하이데거는 존재사적인 운명을 이야기하면서 그것에 대한 복종을 말한다고 보면서 초기 하이데거와 후기 하이데거를 구별하고 있다. 그러나 이들은 존재의 운명을 말하는 하이데거의 후기 철학은 일종의 숙명주의에 빠지면서 이른바 존재의 소리에 대한 상호 주관적인 이성이나 보편적인 이성에 입각한 검토를 배격하고 있다는 점에서 실질적으로 주의주의적인 결단주의와 동일한 입장으로 귀착된다고 보는 것이다.

특히 하이데거의 후기 철학을 일종의 숙명주의(Fatalismus)라고 비판한 대표적인 사상가는 하버마스였다. 하버마스에 의하면 하이데거의 후기 철학은 그리스 시대 이후의 서양의 모든 역사적 시대를 존재가 자신을 드러낸 역사적 형태들, 즉 존재의 역사적 운명(Geschick)으로 봄으로써 정당화하고 있다. 그것은 더 나아가 어떤 역사적 시대에 저질러진 악, 현대 기술문명을 예로 들 경우 두 번의 세계대전이나 유태인 학살과 같은 악들을 존재의 역사적 운명에서 불가피하게 비롯된 것으로 간주하고 있으며 이와 함께 그러한 악에 대한 수동적 체념을 설파하고 있다.

그리고 하버마스는 이러한 숙명주의는 근본적으로 주의주의적인 결단주의와 다를 바 없다고 본다. 그것은 무엇이 존재의 진리인지를 평가할 수 있는 어떠한 보편적인 가치 척도도 제시하지 않기 때문에 사실은 결단주의의 일종에 불과하다는 것이다. 존재의 진리는 사회 구성원들 간의 상호 주관적인 대화에 의해서 드러난 것이 아니라 소수의 위대한 시인과 사상가들에게 단적으로 자신을 개시하는 것이다. 그러한 존재의 진리가 상호 주관적인 검토와 인정의 대상이 될 수 없는 한, 존재의 진리를 소수의 위대한 시인과 사상가들의 자의적인 결단과 구별할 수 있는 어떠한 기준도 없게 된다. 따라서 후기 하이데거의 존재사적 입장도 결국은 일종의 결단주의에 불과하며 나치즘을 비판할 수 있는 어떠한 척도도 제시할 수 없게 된다는 것이다.

이러한 비판은 하버마스와 같은 비판가뿐 아니라 하이데거에 대해서 전체적으로 긍정적인 입장을 취하고 있는 푀겔러에 의해서도 제기되고 있는 비판이다. 그는 하이데거가 존재의 진리가 개시되는 장으로 보는 소위 경악이나 경외와 같은 근본기분이 자의적인 성격을 띨 수 있다는 사실을 지적하고 있다. 푀겔러에 따르면 우리가 어떤 기분에 사로잡힐 때 이러한 기분이 과연 존재의 진리를 개시하는 근본기분인지 아니면 임의적이고 변덕스러운 기분인지를 구별할 수 있는 기준이 필요하다는 것이다. 따라서 푀겔러는 기분과 전통적인 덕 이론(Tugendlehre)을 결합해야 한다고 주장한다.[93] 이런 맥락에서 푀겔러도 하이데거가 상호 주관적으로 검토할 수 있는 객관적인 가치 이론과 같은 것을 다시 수용하는 것이 필요하다고 보

---

93) Pöggeler, "Praktische Philosophie als Antwort an Heidegger", p.67.

고 있다고 할 수 있다.

카를 뢰비트 역시 하이데거의 철학을 모든 논의와 의사소통을 거부하는 결단주의라고 규정하면서 나치즘과 하이데거의 철학은 본질적으로 동일하다고 본다. 양자의 언어는 폭력적인 언어이며, 양자 사이에는 수준 차이만이 있을 뿐 방법상의 차이는 없다. 뢰비트에 의하면 양자는 운명이 모든 의지를 정당화한다고 주장하지만 그러한 운명이 객관적인 판단의 대상이 될 수 없는 한 그것은 국가나 개인의 자의에 지나지 않는다.

이러한 비판들에 의하면 결국 하이데거는 상호 주관적으로 검토할 수 있는 규범적 척도와 아울러 그것을 인식하고 실현할 수 있는 자율적이고 이성적인 주체의 존재를 인정하지 않기에 나치의 유혹에 빠졌고 나치를 비판하지만 나치즘을 궁극적으로는 극복하지 못했다는 것이다. 그리고 이러한 보편적인 규범과 자율적이고 이성적인 주체를 부정하고 있다는 면에서 하이데거 철학은 윤리적 차원을 결여하고 있다고 비판받았다.

그러나 우리가 이미 앞에서 보았듯이 초역사적이고 보편적인 규범과 가치를 신봉한 신칸트학파나 피히테주의자들도 그러한 규범과 가치의 이름으로 나치에 가담했다. 이러한 사실은 이른바 객관적인 가치의 설정이 전체주의적인 지배나 제국주의적인 침략을 막지 못한다는 사실을 보여 준다. 그리고 아마도 하이데거는 바로 이러한 사실이야말로 이른바 객관적인 가치의 근원이 힘에의 의지에 있다는 니체의 사상이 정당하다는 사실을 보여 준다고 볼 것이다. 실로 니체는 우리가 객관적인 가치라고 생각하는 것들이 사실은 힘에의 의지의 강화와 고양을 위해서 설정한 것에 지나지 않기 때문에 그것들은 사실은 우리의 힘을 강화하고 고양하기 위한 책동을 정당화하는 구실에 지나지 않는다고 보고 있다.

니체가 이렇게 이른바 객관적인 가치를 힘에의 의지를 강화하기 위한 수단으로 보는 반면에, 하이데거는 객관적인 가치를 '상실된 존재'에 대한 일종의 대용물(Ersatz)로 본다. 즉 우리가 존재자들을 관리하고 지배하려는 욕망에 빠져서 존재자가 갖는 고유한 무게와 깊이, 즉 그것의 고유한 존재를 볼 수 있는 눈을 상실했기 때문에 삶에서 경험하게 되는 공허감을 극복하기 위해서 우리는 이른바 객관적인 가치를 상정하게 되고 이러한 가치를 실현함으로써 자신의 삶에 무게와 깊이를 부여하려고 한다는 것이다.

여기서 하이데거와 니체 사이에 객관적인 가치의 기원을 파악하는 관점과 관련하여 존재하는 차이가 극명하게 드러난다. 하이데거에게는 이른바 객관적인 가치의 기원은 플라톤 이래로 경이라는 근본기분이 갈수록 약화됨으로써 존재자들과의 근원적인 관계가 상실된 데 있다. 하이데거는 모든 가치는 인간이 존재와의 근원적인 관계를 상실하게 되면서 존재에 대한 대용물로서 들어서게 된다고 보는 것이다. 가치는 무미건조하게 되어 버리고 그 어떠한 후광을 갖지 못하게 된 존재자의 대상성을 은폐하는 닳아 떨어진 덮개에 불과하다. 따라서 어느 누구도 가치를 위해서 죽지는 않는다.[94] 하이데거가 가치철학을 비판하는 것은 굳이 가치를 매개로 할 필요도 없이 존재자들과의 근원적인 관계가 가능함에도 가치철학은 그

---

94) 마르틴 하이데거, 『세계상의 시대』, 최상욱 옮김, 서광사, 1995, 68~69쪽 참조. 하이데거는 또한 막스 뮐러에게 이렇게 말하곤 했다고 한다. "그것[가치철학, Wertphilosophie]은 부르주아 계급의 최후의 퇴폐적 현상이다. 누가 [추상적인] 가치를 위해서 투신할 수 있고 가치에 대해서 열정을 품을 수 있는가? 사람들은 구체적으로 형성해야 할 특정한 과제에 열광한다. […] 가치철학을 작품의 철학이 대체하지 않으면 안 된다. 추상적인 가치가 아니라 오직 구체적인 것만이 우리를 사로잡고 구속하는 의무를 부과한다." 다시 말해서 추상적인 가치나 규범이 아니라 사람들이 구체적으로 구현해야 할 과제로서 나타나는 작품만이 우리를 사로잡을 수 있고 우리에게 힘을 부여할 수 있다는 것이다. 이러한 작품은 그때마다의 역사적 상황을 개시하는 존재의 진리를 자신 속에 정립한 것이다. Max Müller, "Ein Gespräch mit Max Müller", ed. Bernd Martin, *Martin Heidegger und das 'Dritte Reich'*, Darmstadt: Wissenschaftliche Buchgesellschaft, 1989, p.98.

러한 가능성을 은폐하기 때문이다.

이에 반해서 니체에게는 객관적인 가치의 기원은 힘에의 의지가 아직 허약한 상태에서 인간이 자신이 만들어 낸 가치를 객관적인 것으로 생각하면서 그것에 맹목적으로 매달리는 데에 있다. 니체에게는 이른바 객관적인 가치는 포이어바흐와 같은 인간중심주의적인 사상가들에서와 마찬가지로 인간소외의 산물이다. 이 경우 소외는 인간이 자신이 창조한 허구적 관념이나 자신의 산물에 의해서 지배당하는 사태를 의미한다. 예를 들어 포이어바흐는 그리스도교의 전지전능한 신이라는 관념은 인간이 자신의 무력감과 불안감을 해소하기 위해서 만들어 낸 허구적인 관념임에도 불구하고 그것이 인간을 지배하는 낯선 힘으로 지배하게 된다고 보고 있는 것이다. 이와 마찬가지로 니체도 객관적 가치는 인간이 자신의 힘의 유지와 강화를 위해서 만들어 낸 것임에도 불구하고 이른바 '객관적인' 가치로 나타나면서 인간을 지배하게 된다고 보는 것이다.

근대인들의 실질적인 관심사는 인간을 비롯한 모든 존재자를 지배함으로써 자신의 지배의지를 충족시키는 것이다. 그리고 가치는 이러한 지배의지를 정당화하기 위한 슬로건에 불과하게 된다. 하이데거는 사람들이 형제애와 인류애 그리고 신이란 가치의 이름으로 두 차례의 세계대전을 자행하는 현실을 보고서 이른바 그리스도교적인 휴머니즘이 종말을 고했다고 느꼈다. 그리스도교적인 휴머니즘은 국가 간의 권력투쟁을 위한 세계관으로 전락했다는 것이다. 하이데거가 자신의 총장 취임 연설에서 니체의 '신은 죽었다'라는 말을 수용하고 있는 것은 이 시대의 허무주의적인 상황을 드러내기 위한 것이었을 뿐만 아니라 그리스도교와 그것에 입각한 인도주의적인 이념들이 이제 더 이상 새로운 역사를 건립할 힘을 상실했다는 것을 강조하기 위한 것이었다.[95] 남아 있는 것은 적나라한 힘에의 의지일 뿐이며 형제애와 인류애 그리고 신과 같은 휴머니즘적인 가치들은 힘에의 의지를 정당화하고 미화하는 구호가 되어 버렸다.

이러한 사실을 고려할 때 하이데거는 형제애와 인류애 그리고 신과 같은 휴머니즘적인 가치들이 지향하는 이상 자체를 부정하는 것은 아니라는 사실이 드러난다. 하이데거 역시 인간들이 진정으로 서로를 사랑하고 신을 경외하는 사회를 건설하기를 바란다. 다만 그는 형제애와 신과 같은 것을 가치로 보면서 그러한 가치들의 객관적이고 보편타당한 존재를 주장하는 철학에서 그러한 가치들은 힘에의 의지를 정당화하고 미화하는 구호가 되어 버린다는 점에서 가치철학을 비판하고 있다.

하이데거는 형제애나 인류애 그리고 신을 보편적이고 객관적인 가치라고 보는 것 자체가 이미 존재망각에서 비롯된 것이기에 인간에 대한 진정한 사랑과 신에 대한 진정한 경외를 불가능하게 만든다고 본다. 근대적인 가치 이론 자체가 이미 인간을 비롯한 모든 존재자의 고유한 존재에 대한 경외심을 상실하고 인간이 힘에의 의지의 담지자로 전락한 데서 비롯된 것으로 보는 것이다. 따라서 하이데거가 소위 보편적이고 초역사적인 가치의 존재를 비판하는 것은 상대주의를 주창하기 위해서가 아니라, 존재자를 단순히 인간의 주관적인 평가 대상으로 격하시키는 것에 대해서 대항하면서 '망각된 존재의 진리'를 상기시키기 위한 것이다.

하이데거는 아마 모든 가치가 이상적인 대화 상황을 통해서 정당화되어야 하는 것으로 생각하는 하버마스의 철학에 대해서도 가치철학에 대해서와 동일한 비판을 했을 것이다. 하이데거는 신칸트학파적인 가치 이론이나 후설식의 현상학적인 가치 이론처럼 객관적인 가치를 정립하려는 모

---

95) Heidegger, "Die Selbstbehauptung der deutschen Universität", pp.13, 25.

든 시도는 힘에의 의지를 자신의 궁극적인 본질로 갖는 근대적인 주체성 형이상학에 입각한 것으로 보고 있는 것이다.

하이데거는 가치철학이나 상호 주관적으로 타당한 규범을 주창하는 철학 못지않게 형제애와 정의가 지배하는 사회를 주창하며, 그러한 철학들 못지않게 폭력적이고 부정의한 사회를 비판한다. 그럼에도 그가 가치철학을 비판하는 것은 그것이 자신의 본래의 의도를 실현하기에 턱없이 부족하며 더 나아가 현대가 직면하고 있는 심각한 위기를 어중간한 미봉책으로 극복할 수 있는 것처럼 호도하기 때문이다. 근대인들은 존재자들을 인간이 마음대로 처리할 수 있는 대상으로 만든 후 그렇게 해서 생긴 의미 공백을 이른바 객관적인 가치를 설정함으로써 극복하려고 한다. 이에 반해 하이데거는 인간이 이른바 객관적인 가치나 보편적인 규범을 신봉하는 것을 넘어서 오히려 인간을 비롯한 모든 존재자의 경이로운 존재에 대한 경외감에 사로잡혀야 한다고 본다. 다시 말해 하이데거는 현대의 니힐리즘은 객관적 가치의 추구가 아니라 인간이 존재자들의 고유한 존재에 의해서 엄습되면서 그것을 그 자체로서 발현하게 하는(sein-lassen) 새로운 인간, 즉 존재의 진리가 개시되는 장(場)인 현-존재로 거듭 태어나는 것에 의해서만 극복될 수 있다고 보는 것이다.

하이데거는 근본기분에 대한 자신의 사상이 푀겔러가 말하는 것처럼 애매한 것이라고 보지 않았다. 그는 근본기분은 애매하고 불합리한 것이 아니라 이해와 결합되어 있다고 보았으며 우리가 처해 있는 상황을 그 어떠한 이성적인 고찰이나 반성보다도 더 명증적으로 개시한다고 보았다. 그리고 그는 아무리 객관적인 가치를 내세워도 인간 개개인의 실존이 근본기분의 힘을 타고 근본적으로 변화되지 않으면 그러한 가치는 사실은 그 인간이 이미 가지고 있는 정신적인 성향을 합리화하는 것에 불과하다고 보았다. 따라서 하이데거는 근본기분에서 도피하지 않고 그것을 인수함으로써 인간이 근본적으로 변화되는 것이 문제이지 이른바 객관적인 가치를 내세우는 것은 큰 의미가 없다고 보았다.

4장
/

니체와 하이데거의
차이

4장 니체와 하이데거의 차이

앞에서 거듭해서 본 것처럼 1938년 이후의 하이데거는 니체를 서양 형이
상학의 완성자로서 평가하면서 니체에 대해서 철저하게 거리를 취하려고
한다.[1] 그럼에도 양자 사이에는 언뜻 보기에는 다른 어느 사상가들에서보
다도 더 큰 유사성이 존재하는 것 같다.

　양자는 무엇보다도 이 시대의 가장 근본적인 문제를 니힐리즘의 지배
로 보면서 이를 극복하려고 한다. 그리고 니힐리즘으로부터의 출구를 과
학보다는 예술에서 찾는다. 아울러 이들 양자는 그리스인들로부터 이 시
대를 극복할 수 있는 실마리를 구하려고 한다. 니체는 예술에서 니힐리즘
을 극복할 수 있는 출구를 찾으려고 했지만 그렇다고 해서 그가 모든 예술
을 높이 평가한 것은 아니다. 그는 자신이 추구하는 예술의 모범을 그리스
비극에서 찾았고, 그리스인들의 삶에서 니힐리즘을 극복한 삶의 모습을
보았다.[2] 하이데거 역시 현대의 과학기술에서 완성되는 형이상학적 사유
를 극복하기 위해서 소크라테스 이전의 그리스 사상가들로부터 도움을 얻

---

1) *HG* vol.5, p.209 참조.
2) 프리드리히 니체, 『비극의 탄생』, 박찬국 옮김, 아카넷, 2007, 22쪽 참조.

고자 한다. 하이데거든 니체든 양자가 귀환하려고 하는 세계는 그리스인들의 자연적인 세계, 그리스인들이 살았던 피시스로서의 세계인 것 같다.

　바로 이러한 유사성 때문에 하버마스 같은 사람은 하이데거를 니체 철학의 노선에 서있는 사상가로 볼 수 있었으며,[3] 오이겐 핑크나 만프레트 리델 같은 사람들은 양자를 똑같이 그리스인들이 보았던 자연으로의 귀환을 촉구한 사상가로 볼 수 있었다.[4] 더 나아가 뢰비트는 니체를 서양 형이상학과 특히 근대 주체성 형이상학의 완성자로 보는 하이데거의 니체 해석을 비판하면서 하이데거보다도 니체가 더 그리스적으로 사유하고 있다고 보고 있다.[5]

　우리는 양자 사이에 이렇게 문제의식과 사상적인 내용에 유사성이 존재함에도 불구하고 본질적인 차이가 있다고 생각한다. 그러나 우리는 양자 사이의 차이를 후기 하이데거가 염두에 두고 있는 것과는 다르게 파악하고 있다. 따라서 여기에서는 니체와 하이데거의 차이를 후기 하이데거의 니체 해석에 구애받지 않고 독자적으로 고찰할 것이다.

　사상가들 사이의 차이는 그 사상가들의 사회사상에서 가장 구체적이면서도 선명하게 나타난다고 생각한다. 한 가지 예만 들면, 니체는 그리스 문명뿐 아니라 로마 문명과 르네상스를 높이 평가하는 반면에 하이데거는 자연 친화적인 농촌을 보다 높이 평가하는 경향이 있다. 이러한 사회철학

3) Jürgen Habermas, *Der philosophische Diskurs der Moderne*, Frankfurt a.M.: Suhrkamp, 1986, p.182 참조.
4) Eugen Fink, *Nietzsches Philosophie*, Stuttgart: Kohlhammer, 1960; Manfred Riedel, "Heimisch werden im Denken. Heideggers Dialog mit Nietzsche", ed. Hans-Helmuth Gander, *"Verwechselt mich vor allem nicht!": Heidegger und Nietzsche*, Frankfurt a.M.: Klostermann, 1994.
5) Karl Löwith, *Heidegger: Denker in dürftiger Zeit*, Stuttgart: Metzler, 1984, pp.205, 218 참조.

적인 입장 차이가 이들의 인간관과 자연관과도 밀접하게 얽혀 있다고 생각하기에, 여기서는 먼저 니체와 하이데거의 사회철학적인 입장의 차이를 고찰한 후에 이러한 차이가 양자의 인간 이해와 자연 이해에 어떤 식으로 반영되어 있는지를 고찰하는 방향으로 양자의 차이를 선명하게 드러낼 것이다.

1. 근대 문명에 대한 입장의 차이

니체는 근대의 대표적인 산물인 산업화와 민주주의가 초래한 전문화나 여론의 지배 등에 의해서 야기된 부정적인 현상들에 대해서 비판하기는 했지만, 그렇다고 해서 자연이 잘 보존되고 자연과 어우러진 전근대사회에 대해서 향수를 갖고 있는 것은 아니다. 근대 민주주의나 산업화에 대한 니체의 비판은 그것들이 인간의 삶의 기반으로서의 자연을 파괴한다는 사실보다는 그리스·로마 시대의 탁월한 인간들의 수준으로 인간을 강화하고 고양하지 않고 인간을 오히려 왜소하게 만들고 평준화한다는 데에 초점이 맞추어져 있다.

아울러 니체는 근대 문명을 전면적으로 거부하지 않고 근대적인 계몽주의와 근대 과학이 우상 파괴라는 면에서 기여했다는 사실을 인정하고 있을 뿐 아니라, 자신의 철학을 형성하는 데에서도 근대 물리학이나 근대 생리학으로부터 많은 도움을 받고 있다.[6] 따라서 니체는 하이데거에서 보는 것처럼 자연과 어우러진 시골을 도시보다도 찬양하지도 않았다. 물론 니체는 인간들을 왜소하게 만드는 근대 대도시 문명에 대해서는 비판적이

---

6) 니체, 『아침놀』, 5절, 6절, 7절, 33절 참조.

었지만 그럼에도 불구하고 니체가 찬양했던 로마제국과 르네상스는 도시를 중심으로 성립된 것이었으며 아울러 니체가 높이 평가했던 그리스·로마 시대의 탁월한 인간들이 주로 활동했던 곳도 도시였다.[7] 이러한 사실을 생각해 보면 니체는 오히려 자연과 어우러진 소박한 시골보다는 강건한 문명이 지배하는 도시를 더 높이 평가한다고도 볼 수 있을 것 같다.

이에 반해 하이데거에게는 산업화 이전의 사회에 대한 향수가 강하게 존재한다. 하이데거가 슈바르츠발트에 조그만 산장을 짓고 거기서 연구를 했다는 것은 잘 알려져 있는 사실이며 그는 베를린대학의 교수 초빙도 「창조적인 자연풍광: 왜 우리는 시골에 머무르는가?」(Schöpferische Landschaft: Warum bleiben wir in der Provinz?)라는 글로 거절하고 있다.[8] 아울러 하이데거가 자신의 논문 「사물」(Ding)이나 「짓기, 거주하기, 사유하기」(Bauen Wohnen Denken) 등에서 '사방'(Geviert)으로서의 세계를 모아들이는 사물들의 예로 들고 있는 것은 포도주나 샘물, 슈바르츠발트의 농부의 집이나 중세풍의 다리 등 근대 문명의 산물로 볼 수 없는 것들이다.[9] 현대 기술문명에 대한 하이데거의 비판은 그것이 그리스·로마 시대 당시의 정치적·문화적 영웅들과 달리 인간을 왜소하게 만든다는 점에 향해 있는 것이 아니라, 그것이 인간의 고향인 자연에 대해서 적대적인 태도를 취하면서 자연을 파괴하고 있다는 데에 주로 향해 있다.

---

7) 프리드리히 니체, 『안티크리스트』, 니체전집 15권, 백승영 옮김, 책세상, 2002, 58절 참조.
8) *HG* vol.13, pp.9~13 참조.
9) *HG* vol.7, p.146 이하; p.159 이하 참조.

2. 정치적 입장의 차이

아울러 니체가 지향했던 사회는 국경과 민족의 차이를 넘어서 적어도 유럽이란 하나의 통일된 공간에서 초인에 해당하는 위대한 인간들이 지배하는 사회였다고 생각된다. 초인이 될 수 있는 자격은 혈연이나 지연에 존재하는 것이 아니고 오직 탁월한 정신력에만 존재한다.

따라서 니체는 반유태주의를 비롯한 모든 종류의 인종주의뿐 아니라 민족주의에도 반대했다. 물론 니체는 초기에는 독일 민족주의와 독일 국수주의에 빠져 있었다. 그러나 니체는 갈수록 그것들에 거리를 취하게 되고 자신을 독일인이 아니라 '훌륭한 유럽인'으로 자처하면서 유럽의 통일을 역설하게 된다. 심지어 니체는 나폴레옹의 독일 침공에 대항하여 일어난 민족해방운동에 대해서까지 비판적이었다. 니체는 나폴레옹이 유럽을 통일하기를 바랐던 것이다.[10] 니체가 바그너와 바그너의 오페라가 상연되는 바이로이트 축제에 대해서 반발했던 주요한 이유들 중의 하나는 바이로이트 축제가 이른바 독일 예술과 독일적 미덕, 이른바 독일적 본질에 대한 국수주의적 찬양으로 전락했기 때문이었다.[11]

니체는 『안티크리스트』에서 자신이 구상하는 정치체계를 분명하게 밝히고 있다. 니체는 여기서 플라톤과 유사하게 이상적인 사회는 소수의 정신적으로 탁월한 인간들과 이러한 인간들에 복종하는 군인들이 다수의

---

10) 프리드리히 니체, 『우상의 황혼』, 「독일인들에게 부족한 것」, 4절.
11) Golomb and Wistrich, "Introduction", p.7 참조. 골롬브와 위스트리치는 니체가 바그너와 결별한 것이야말로 니체가 나치와 얼마나 무관한지를 시사하는 중요한 사실이라고 본다. 이들에 따르면 바그너의 독일 국수주의와 반유태주의야말로 히틀러와 나치 이념의 실제적인 선구였기 때문이다. Ibid., p.8 참조.

평균인들을 지배하는 사회로 보고 있다.[12] 니체는 초기에 쓴 글 「우리 교육 기관의 미래에 대하여」에서도 이렇게 쓰고 있다.

따라서 대중을 교육하는 것이 우리 목표가 아니다. 위대하고 영원한 일을 할 수 있는 준비가 되어 있는 엄선된 개인들을 위한 교육이 우리의 목표다. 우리는 이제 올바른 후세는 한 민족의 전체적인 교양 수준을 오로지 고독하게 글을 쓰는 한 시대의 위대한 영웅들에 따라서 평가할 것이며, 이런 사람들이 인정을 받고 후원을 받으며 존중되는가 아니면 숨겨지고 부당하게 취급받고 파괴되는가에 따라 자신들의 표를 던질 것이라는 사실을 알고 있다.[13]

니체는 국가는 사회 구성원들을 자신의 원활한 기능과 강화를 위해서 나사 부품처럼 이용하는 목적 자체가 아니라 문화를 창조하는 예술가들과 천재에 봉사해야 한다고 보며, 진정한 교육은 천재적 개인들이 국가의 이익을 위해서 이용되는 것을 막아야 한다고 본다.[14] 이를 위해서 니체는 탁월한 개인들이 지배하는 귀족정치를 주창한다.

훌륭하고 건강한 귀족정치의 본질적인 특징은 그 귀족정치가 자신을 (왕정이나 공화정의) 하나의 기능이 아니라 그것들의 의미나 최고의 근거로서 인식한다는 데서 찾을 수 있다. 따라서 그것은 자신의 목적을 위해 불

---

12) 니체, 『안티크리스트』, 59번 참조.
13) Friedrich Nietzsche, "Über die Zukunft unserer Bildungsanstalten", *Nachgelassene Schriften 1870-1873*, KGW III-2, 1973, p.190 이하.
14) 이상엽, 『니체의 문화철학』, 울산대학교 출판부, 2007, 31쪽 참조.

완전한 인간이나 노예나 도구로 전락해야 할 무수한 인간들의 희생을 당연한 것으로 받아들인다. 귀족정치의 신조는 다음과 같다. 사회는 사회 자체를 위해서 존재해서는 안 되며 선택된 종족이 자기 자신을 더 높은 직분으로, 더 고귀한 존재 상태로 끌어올리기 위한 토대나 발판으로서 존재해야 한다는 것이다.[15]

그러나 초기와 중기 그리고 후기로 나눌 수 있는 니체의 사유 도정에서 니체는 특히 중기에서 계몽주의와 근대 과학 그리고 민주주의에 대해서 극히 호의적인 입장을 취하고 있다. 『인간적인 너무나 인간적인』, 『아침놀』과 같은 저술에서 니체는 민주주의를 저지할 수 없는 필연적인 흐름으로 본다. 그러나 니체는 민주주의의 자체적인 가치를 인정하기보다는 민주주의가 개인들의 자유와 해방에 유리한 작용을 할 것이라는 점에서 민주주의를 호의적으로 평가한다.[16]

민주주의는 개인을 나사 부품으로 이용하고 싶어 하는 국가의 사멸로 이끌 것이라고 니체는 기대하는 것이다. 이런 의미에서 헤닝 오트만은 니체의 계몽주의는 엄격하게 개인주의적인 성격을 가지고 있으며, 칸트에서 보는 것처럼 공공성과 결합되어 있지 않다고 말하고 있다.[17] 니체는 또한 자본주의 사회에서 일어나고 있는 노동자의 소외에 대해서도 비판하고 있다. 물론 니체는 사회주의 사회가 자본가의 소유에 대한 질시와 탐욕에 입

---

15) 프리드리히 니체, 『선악의 저편』, 니체전집 14권, 김정현 옮김, 책세상, 258절.
16) 프리드리히 니체, 『인간적인 너무나 인간적인 1』, 니체전집 7권, 김미기 옮김, 책세상, 2001, 472절 참조.
17) Henning Ottmann, *Geschichte des politischen Denkens*, vol.3, Stuttgart: Metzler, 2008, p.241 참조.

각해 있으며 개인을 국가권력에 예속시킬 것이라고 비판한다.[18]

니체는 『아침놀』에서 이렇게 말하고 있다.

인격이 아니라 나사가 되는 대가로 하나의 값을 갖게 되다니! 그대들은 무엇보다 가능한 한 많은 것을 생산하고 가능한 한 부유해지려는 국민이 현재 범하고 있는 어리석음의 공모자들인가? 오히려 그대들이 해야 하는 것은 얼마나 많은 내면적인 가치가 그러한 외면적인 목표를 위해서 포기 되는지에 대한 대차대조표를 그들에게 제시하는 것이다. [……] 지금부 터 유럽의 노동자들은 하나의 계급으로서 자신들의 상태를 인간이 참을 수 없는 것으로 천명해야 하며, 보통 주장되는 것처럼 단지 가혹하고 불 합리하게 조직된 것이라 천명해서는 안 된다.[19]

그러나 후기에 쓰인 『우상의 황혼』에서 니체는 다시 당시의 노동운동 에 대해서 극히 비판적인 입장을 취하면서 귀족주의적인 정치를 옹호하는 입장으로 전환한다. 니체에 따르면 유럽의 노동자는 너무나 좋은 상태에 처해 있어서 갈수록 더 많은 것을 그리고 더 뻔뻔스럽게 요구하고 있다. 니 체는 노동자들은 겸손하고 자족적인 종류의 인간들, 중국인과 같은 유형 의 인간들이 되어야 한다고 본다. 그러나 근대의 민주주의는 노동자들을 군에 복무하게 하고 그들에게 단결권과 참정권을 부여하면서 노동자들이 순종적인 신분으로 존재할 수 있는 가능성을 제거하고 말았다는 것이다.[20]

---

18) 니체, 『인간적인 너무나 인간적인 1』, 473절 참조.
19) 니체, 『아침놀』, 206절.
20) 니체, 『우상의 황혼』, 「어느 반시대적 인간의 편력」, 40절 참조.

그러나 다른 한편으로 니체는 유럽의 민주화는 인간들의 평준화와 유약화를 가속화면서 탁월한 소수들이 저열한 다수를 다스리는 것을 용이하게 만들 것이라고 말하고 있다. 탁월한 소수는 온순한 다수를 기반으로 하여 자신의 과제를 실현할 수 있다는 것이다. 니체는 이러한 소수는 고유한 삶의 영역을 가지며 가장 정신적인 것에 이르는 아름다움과 용기와 문화를 위해 넘치는 힘을 갖는 종족, 덕의 명령을 필요로 하지 않을 정도로 충분히 강하고 절약이라든가 작은 일에 구애받을 필요를 갖지 않을 정도로 충분히 풍요로운 종족이라고 말하고 있다.

이런 맥락에서 니체는 국가는 위대한 개인과 위대한 문화를 산출하기 위한 수단적인 의미밖에 갖지 못한다고 본다. 니체는 위대한 정치를 말하지만 이 경우 위대한 정치는 강한 제국을 건설하는 정치가 아니라 위대한 문화와 인간성을 실현하는 정치를 의미한다. 니체는 기술문명의 발달과 함께 인간이 대지를 지배할 수 있는 시대로 진입하는 상황에서 이러한 대지를 지배할 수 있는 인간은 어떤 인간이어야 하는지를 문제 삼는다.

니체가 생각하는 이상적인 국가는 권력과 고귀한 문화가 결합된 국가를 가리킨다. 그것은 레오나르도 다빈치와 체자레 보르자가 결합된 국가이며 괴테와 나폴레옹이 결합된 국가다.[21] 니체는 이와 함께 독일 통일과 함께 세워진 새로운 독일제국에 대해서 신랄하게 비판하고 있다. 독일의 군사력은 강화되었을지도 모르지만 독일의 정신은 퇴락하게 되었다는 것이다. 니체는 국력이 나날이 강화될수록 독일에서는 섬세한 취미나 고상한 본능이 사라지고 있다고 보았다. 한때 시인과 사상가의 민족으로 불렸

---

21) Friedrich Nietzsche, *Nachgelassene Fragmente Anfang 1888 bis Anfang Januar 1889*, KGW VIII-3, 1972, p.245 참조.

던 독일 민족은 진정으로 정신적인 것들을 위해 필요한 모든 진지함을 정치에 다 소모해 버렸다는 것이다.

이런 의미에서 니체는 "권력은 사람들을 어리석게 만들며" "문화와 국가는 서로 적대적인 관계에 있다"라고 말하고 있다. 권력이나 경제, 세계적인 교역, 의회주의, 군사력의 강화에 지성, 진지함, 의지, 극기력을 다 써버린다면, 문화에서는 그것들이 결여될 수밖에 없다는 것이다. 이와 함께 니체는 독일은 강대국이 되었지만 오히려 프랑스는 문화국가로서 지금까지와는 다른 중요성을 갖게 되었으며, 정신의 새로운 진지함과 정열이 파리로 옮겨 가게 되었다고 말한다.[22]

니체와 달리 하이데거는 자신이 지향하는 이상적인 사회의 상을 뚜렷하게 제시하고 있지 않다. 그럼에도 불구하고 우리는 하이데거의 존재론적인 입장으로부터 그의 정치적·사회적 입장도 막연하게나마 추론할 수 있지 않나 생각한다. 하이데거는 세계주의보다는 일종의 지역주의(provincialism)를, 그리고 소수의 탁월한 인간이 지배하는 귀족주의적인 사회보다는 공동체주의적인 사회를 지향한다고 생각된다.

하이데거가 말하는 사방은 각각의 지역의 사방이다. 예를 들어서 독일의 대지와 하늘은 한국의 대지와 하늘과 서로 다르며, 따라서 독일의 언어와 문화는 한국의 언어와 문화와 근본적으로 다른 고유한 토착성(Bodenständigkeit)을 지닐 수밖에 없고 또한 지녀야 한다는 것이 하이데거의 입장이라고 볼 수 있다. 이와 관련하여 우리는 하이데거가 각 지방의 방언이 가지고 있는 깊은 의미에 대해서 말하고 있는 사실에도 주목하지 않으면 안 된다. 하이데거는 방언이 독일어로 'Mundarten'(입의 양식)이라

---

22) 니체, 『우상의 황혼』, 「독일인들에게 부족한 것」, 4절.

고 불린다는 단순한 사태에 주목한다.[23] 이 경우 방언들의 차이는 입이라는 발성 도구를 서로 다른 방식으로 움직인다는 데에 근거하지 않는다. 방언에서는 각각 다르게 그 지방의 자연, 즉 대지가 말하고 있다. 이 경우 입은 단순히 유기체로서의 신체에 속하는 하나의 기관이 아니다.[24]

신체와 입은 대지에 속하는 것이며 죽을 자로서의 우리는 그러한 대지에서 생장하고 그러한 대지는 우리에게 토착적인 안정을 증여한다. 하이데거는 현대 기술문명에서 대지와 함께 토착적인 것이 상실되고 있으며 이와 아울러 방언이 가지고 있는 고유성과 깊이도 무시되고 있다는 사태를 우려하고 있다. 이런 의미에서 하이데거가 가장 염려하는 것은 과학 기술 문명의 지배에 의한 대지의 파괴와 토착 문화의 소멸이라고 볼 수 있다. 근대 민주주의와 기술문명은 대지와 각 지역의 토착적인 고유한 문화를 고려하지 않으면서 모든 것을 계산 가능하고 서로 변환 가능한 에너지로 환원하는 성격을 갖기 때문이다.[25]

따라서 하이데거의 존재론에서 나올 수 있는 정치철학은 각 지역의 고유한 자연과 그것에 뿌리박은 고유한 언어와 문화를 보존하고 육성하는 정치가 될 것이다. 하이데거가 나치에 참여한 것을 근거로 내세우면서 하이데거의 철학은 나치즘과 근친성을 갖는다는 견해가 위세를 떨치고 있지만, 위와 같은 사실을 고려하면 그의 철학은 오히려 푀겔러가 말하는

---

23) *HG* vol.12, p.194 참조.
24) 이러한 하이데거의 사상은 횔덜린의 언어 사상을 계승하고 있다고 볼 수 있다. 횔덜린은 "언어는 입의 꽃이다. 그 안에서는 대지가 하늘의 꽃을 향해서 개화한다"라고 말하고 있다. *Ibid*, p.194.
25) 현대 기술문명에서는 예를 들어 강은 수력에너지로서 파악되며, 이러한 수력은 전력으로, 전력은 동력으로 변환이 가능한 것으로 간주된다. 다시 말해 현대 기술문명에서 존재자들은 독자적인 고유한 존재를 갖지 않는 것으로 간주되는 것이다.

것처럼 자신의 조국과 향토를 지키려는 빨치산의 철학으로 해석될 수도 있다.

이렇게 토착성을 강조하는 면에서 하이데거는 니체와 근본적으로 다르다고 생각되지만 이러한 차이는 자연을 보는 양자의 입장에도 반영되고 있다. 니체가 알프스를 찬양하더라도 이는 그것이 보여 주는 압도적인 힘 때문이라 할 수 있다. 또한 니체는 그러한 산이 우리에게 미치는 다음과 같은 효과 때문에 그러한 산을 찬양한다고 할 수 있다. 즉 그러한 산은 자신의 압도적인 위용을 통해서, 우리로 하여금 소소한 것들에 집착하는 왜소한 자신을 넘어서 그동안 망각했던 자신의 본래적인 긍지를 다시 상기하게 한다는 것이다.

이에 반해서 하이데거가 슈바르츠발트를 찬양할 때 그는 그것이 독일인들의 영혼과 의지를 육성하는 고향의 산이라는 점에서 찬양하고 있다. 이는 슐라게터(Albert Leo Schlageter)[26]에 대한 하이데거의 추도사에서 가장 분명하게 드러난다고 생각한다.

가장 진중한 죽음(das Schwerste)을 견뎌 낼 수 있었던 이러한 강인한 의지(die Härte des Herzens)는 어디서 비롯되는가? 가장 위대하고 가장 심원한 죽음(das Größte und Fernste)을 자신의 영혼으로 인수하는 이 맑은

---

26) 프랑스는 1923년 1월 11일에 독일이 전쟁배상금을 갚지 않는다는 이유로 라인 지방을 점령했다. 프랑스의 행위에 분개하면서 슐라게터는 프랑스 점령군을 공격하는 의용군(Freikorps)에 가담하여 점령군에게 폭탄을 투하하다가 체포되었다. 그는 즉결재판에 회부되어 총살형에 처해졌다. 그는 그 후 극우 민족주의 세력에 의해서 순교자로 추앙되었고, 1933년 이후에는 나치 최초의 전사로 선언되었다. 슐라게터는 하이데거와 마찬가지로 콘스탄츠김나지움의 학생이었는데, 이 김나지움은 1936년에 슐라게터김나지움으로 개명되었다. 박찬국, 『하이데거는 나치였는가』, 155쪽 참조.

마음(die Klarheit des Herzens)은 어디서 비롯되는가?

프라이부르크대학의 학생들이여! 독일의 학생들이여! 제군들이 여행할 때나 행군할 때 슈바르츠발트의 산과 들 그리고 계곡에 들어설 때, 그대들은 [슐라게터의 강인한 의지와 맑은 마음이 어디서 비롯되었는지를] 경험하고 알게 될 것이다. 젊은 농부의 아들[슐라게터]이 성장한 산들은 원생암석과 화강암으로 이루어져 있다. [슐라게터가 가졌던] 강인한 의지는 옛날부터 그 산들에 의해서 길러져 왔다.

슈바르츠발트의 가을 해는 산맥과 숲을 청명하게 비추고 있다. 그 광경은 장엄 그 자체다. [슐라게터가 가졌던] 맑은 마음은 옛날부터 그 햇빛을 통해서 길러진 것이다.

강인한 의지와 맑은 마음으로 알베르트 레오 슐라게터는 자신의 죽음을, 즉 가장 진중하고 가장 위대한 죽음을 인수했다.

프라이부르크대학의 학생들이여, 이 영웅이 성장한 고향의 산들이 갖는 힘을 그대들의 의지에 스며들게 하라!

프라이부르크대학의 학생들이여, 이 영웅이 성장한 고향의 계곡에 비춰드는 가을 해의 힘을 그대들의 마음에 비추게 하라!

강인한 의지와 맑은 마음을 그대 안에 보존하고 그대들의 동료들에게 전하라.[27]

니체의 존재론에서 귀결될 수 있는 정치철학은 각 지역의 풍토의 차이나 문화 또는 언어의 차이를 그다지 중요한 것으로 보지 않고 소수의 탁월한 인간들이 다수를 다스리는 정신적인 귀족주의다. 이에 반해서 하이

---

27) Schneeberger, *Nachlese zu Heidegger, Dokumente zu seinem Leben und Denken*, p.48.

데거의 존재론에서 귀결될 수 있는 정치철학은 모든 지역의 차별성을 제거하는 근대 대중민주주의와 과학기술 문명의 위력을 제한하려고 하는 지역주의의 정치철학이라고 할 수 있을 것 같다. 니체는 인종들 간의 혼혈에 적극적이었던 반면에 하이데거는 혼혈에 대해서 상당히 부정적이었을 것이라고 생각한다. 아마도 하이데거는 피도 토착적인 것으로 보지 않았을까?[28]

하이데거의 지역주의적 정치철학과 그의 공동체주의적인 정치철학은 긴밀하게 연관되어 있다. 하이데거는 하나의 민족이 하나의 운명적인 과제의 실현을 위해서 일치단결하는 사회를 지향했다. 니체는 소수의 탁월한 엘리트들이 지배하는 귀족주의 사회를 꿈꾸었고, 이러한 사회에서 대다수 대중은 소수의 탁월한 인간들이 위대한 문화를 건립하는 것을 보조하는 데 의미를 갖는다고 보았다. 물론 하이데거는 니체와 마찬가지로 자유민주주의를 부정하며 하이데거가 지향하는 공동체는 권위주의적인 성

---

28) Martin Heidegger, *Martin Heidegger zum 80. Geburtstag von seiner Heimatstadt Meßkirch*, Frankfurt a.M.: Klostermann, 1969, p.40. 하이데거는 이렇게 말하고 있다. "많은 독일인들이 자신들의 마을과 도시를 떠나야만 했고 고향의 대지로부터 추방되었다. 고향이 아직 남아 있던 수많은 다른 사람들도 방황 끝에 분명한 대도시로 이주하고 삭막한 산업 구역에서 살 자리를 찾아야만 한다. 그들은 오랜 고향에서 소외되었다. 그러면 고향에 머물러 있는 자들은 어떠한가? 그들이야말로 사실은 고향에서 추방된 자들보다도 훨씬 고향을 상실한 자들이다. 매시간 그리고 매일 그들은 라디오와 텔레비전에 사로잡혀 있다. 매주 영화를 통해서 그들은 상상의 영역에로 도피한다. 그러한 상상의 세계는 별세계인 것 같지만 사실은 습관적인 영역일 뿐이다. 이러한 영역은 하나의 세계인 것처럼 가장하지만 사실은 어떠한 세계도 아니다." 하이데거는 여기서 고향이란 개념을 도시화가 본격화되기 이전에 사람들이 태어난 시골이라는 의미와 존재자들과 진정한 교감이 이루어지는 곳이라는 상징적인 의미로 사용하고 있다. 실로 하이데거는 대부분의 경우에는 고향이라는 말을 후자의 상징적인 의미로 사용하고 있다. 그러나 하이데거가 고향이라는 말을 전자의 의미로도 사용하고 있다는 점에서, 하이데거는 사람들이 태어나 뿌리를 내리고 있는 곳이 사람들의 삶에서 갖는 의미를 상당히 중시하고 있다고 볼 수 있다.

격을 갖는 공동체였다. 그것은 사회 각 분야의 지도자가 책임을 지고 다른 사람들은 지도자를 믿고 따르는 공동체였다.

그러나 하이데거는 지도자는 그 사회가 추구하는 운명적 과제와 이념에 따라서 비판을 받을 수 있고 또한 따르는 자들은 지도자를 비판할 권리를 갖는다고 보았다. 이 점에서 하이데거가 생각하는 공동체는 분명 권위주의적 공동체이지만 모든 사람에게 동등한 존엄성이 인정되는 공동체라고 할 수 있다. 이런 이유로 하이데거는 민족공동체를 내세운 나치즘에 공감을 느낄 수 있었을 것이다. 나치즘은 민족적 사회주의를 의미하는 독일어 'Nationalsozialismus'의 약자이며 나치즘은 현실은 어떻든 간에 명목상으로는 민족공동체를 주창했던 것이다. 이 점에서 하이데거는 '정치적인 것'(das Politische)이나 그리스의 폴리스를 단순히 로마식으로 강력한 제국을 확립하는 식으로 생각하는 당시의 경향에 대해서 비판적이었다.[29]

이에 반해 철저하게 귀족주의적인 입장을 취했던 니체의 사상은 나치즘이 가지고 있는 공동체주의적 성격 내지 사회주의적 성격에 반하는 것이었다. 바로 이 때문에 나치즘의 중요한 이데올로그들 몇몇은 니체의 사상을 나치즘에 반하는 것으로 보았던 것이다. 특히 하인리히 해르트레(Heinrich Härtle), 에른스트 크리크(Ernst Krieck), 크리스토프 스테딩(Christoph Steding), 쿠르트 폰 베스테른하겐(Curt von Westernhagen)과 같은 자들은, 자유정신, 훌륭한 유럽인, 반유태주의, 개인주의를 주창하고 독일인과 독일 문화보다 프랑스인과 프랑스 문화를 더 높이 평가하며 제국에 대해서 비판적인 니체가 과연 나치즘의 선구적 사상가로 간주될 수 있는지에 대해서 회의했다.[30]

---

29) *HG* vol.54, p.63.

더 나아가 하이데거의 지역주의적인 정치와 공동체주의적인 정치 성향은 독일 민족이 유럽에서 유일하게 그리스 정신을 다시 회복할 역사적 과제를 갖는다고 보는 민족주의적이고 국수주의적인 성향과 통한다. 하이데거는 이렇게 말하고 있다.

오직 독일인들로부터만 세계사적인 성찰이 나올 수 있다. 이는 독일인들이 '독일적인 것'을 발견하고 보존할 수 있다는 전제에서만 그렇다.[31]

전쟁이 끝난 후에도 하이데거는 이렇게 말한다.

모든 사람이 지금 몰락을 생각하고 있다. 우리 독일인들은 몰락할 수 없다. 왜냐하면 우리는 아직 상승한 적도 없었기 때문이며 이제 비로소 밤을 통과해야 하기 때문이다.[32]

하이데거는 전쟁이 끝난 후에도 독일인들은 총체적인 몰락을 경험하면서 새로운 시원을 준비할 과제를 갖고 있다고 보았다. 물론 하이데거가 현실의 독일인이 아니라 '독일적인 것'의 본질을 발견하는 독일인만이 그러한 과제를 수행할 수 있다고 보고 있다는 점에서 하이데거는 단순히 자

---

30) Corngold and Waite, "A Question of Responsibility", p.202 참조; Wolfgang Müller-Lauter, "Experience with Nietzsche", eds. Jacob Golomb and Robert S. Wistrich, *Nietzsche, Godfather of Fascism? On the Uses and Abuses of a Philosophy*, Princeton, NJ: Princeton University Press, 2002, p.70 참조; Ottmann, *Geschichte des politischen Denkens*, vol.3, p.255 참조.

31) *HG* vol.55, p.123.

32) *HG* vol.16, p.371.

신이 속한 민족을 우상시하는 광신적인 민족주의나 국수주의와는 다르다고 보아야 할 것이다. 아울러 하이데거는 어떤 민족의 특성도 동일한 피를 나누고 있다는 데서보다는 동일한 역사와 전통 그리고 동일한 언어와 정신을 공유하고 있다는 점에서 찾고 있다는 점에서, 그의 민족주의는 나치의 인종주의적 민족주의와도 다르다고 할 수 있다.[33]

하이데거는 한 민족의 역사적 과제와 이념은 위대한 시인과 사상가 그

---

33) 에른스트 놀테(Ernst Nolte)도 하이데거가 종족 개념에 맞서 민족 개념을 내세웠으며 독일 내 계급들 사이의 화해를 도모하면서 다른 민족들을 존중하는 민족적 사회주의자였다고 평가하고 있다. 이 점에서 놀테는 하이데거를 흔히 나치 좌파로 평가되는 돌격대(SA)의 창시자인 룀(Ernst Röhm)의 입장과 유사하다고 보고 있다. 룀은 "민족사회주의[나치즘]가 다른 나라의 정복을 추구하는 운동이라는 의심을 제거하기 위해서 우리 SA를 민병으로 만들기 원합니다" 라고 말했다고 한다(지그프리트 게플리히, 『에른스트 놀테와의 대화』, 유은상 옮김, 21세기북스, 2013. 151쪽 참조). 히틀러의 친구였던 룀은 히틀러에 의해서 숙청되었다.
　　물론 나치 참여 당시의 하이데거는 민족이 피와 대지에 의해서 규정된다고 말할 때가 있었다. 그러나 이 시기를 제외하면 하이데거는 인종주의나 인종주의에 입각한 민족주의도 근대 주체성 형이상학의 산물로 보면서 기술문명을 근저에서 규정하는 형이상학적 근본힘인 힘에의 의지가 자신을 관철하고 강화하기 위해서 이용하는 세계관에 불과하다고 본다. 하이데거는 이렇게 말하고 있다. "모든 종류의 민족주의는 형이상학적으로 볼 경우 인간중심주의(Anthropologismus)이며 그러한 것으로서 주체성주의(Subjektivismus)다. 민족주의는 한갓 국제주의를 통해서 극복되지 않으며 단지 확장될 뿐이고 체계적인 것이 될 뿐이다. 민족주의는 국제주의를 통해서 인간적으로 되지 않으며 지양되지도 않는다. 이는 개인주의가 무(無)역사적인 집산주의(Kollektivismus)를 통해서 인간적으로 되지도 않고 지양되지도 않는 것과 마찬가지다. 집산주의란 인간의 주체성이 총체적인 형태로 발현된 것이다. 그것은 주체성의 무조건적인 자기주장을 수행한다"(HG vol.9, p.341 이하).
　　그럼에도 불구하고 우리는 하이데거식 민족주의에 대해서 말할 수 있으며, 이와 관련하여 놀테는 인간의 삶을 규정하는 궁극적인 조건을 슈펭글러는 문화에서 그리고 루카치는 계급에서 찾고 있는 반면에 하이데거는 왜 민족에서 찾고 있는지 묻고 있다(Ernst Nolte, *Martin Heidegger: Politik und Geschichte im Leben und Denken*, Berlin/Frankfurt a.M.: Propyläen, 1992, p.83). 민족을 인간의 삶을 규정하는 가장 궁극적인 조건으로 보는 하이데거의 생각은 증명되지 않은 선입견일 수 있다는 것이다. 하이데거는 전기에서뿐 아니라 후기에서도 시종일관 "운명은 민족의 역사적 공동체에 대해서만 존재한다"라고 보고 있다. 심지어 하이데거는 1934/35년에 행해진 횔덜린에 대한 강의에서는 "조국이 존재 자체다"(Das "Vaterland" ist das Seyn selbst)라고까지도 말한 적이 있다(HG vol.39, p.121).

리고 위대한 국가 건립가에 의해서 창조된다고 말하고 있다. 하이데거는 이렇게 말하고 있다.

> 대부분의 경우 시인들은 하나의 시대의 처음이나 종말에 나타났다. 시인들의 노래와 함께 민족들은 자신들의 어린 시절의 하늘로부터 활동적인 생, 문화의 땅에로 오른다. 노래와 함께 그들은 거기에서 근원적인 생에로 귀환한다.[34]

하이데거는 특히 오직 시만이 민족에게 자신의 '운명'의 힘을 개시할 수 있다고 본다. 하이데거가 횔덜린을 당시의 독일 민족에게 자신의 운명을 개시하는 시인으로 보았음은 물론이다. 하이데거의 존재론은 이러한 지역주의와 공동체주의와 밀접한 연관을 갖고 있다. 하이데거는 '존재'는 서양 전통 형이상학에서 주장하는 것처럼 인류 일반에게 공통되어 있는 보편적 사유에 의해서 드러나는 것이 아니라 각 민족의 토착의 시어를 통해서 드러난다고 보는 것이다.[35]

---

34) *HG* vol.39, p.20.
35) 이 점에서 하이데거는 존재의 유한성에 대해서 말하고 있지만, 리하르트 크로너(Richard Kroner)와 같은 사람은 이러한 하이데거에 반대하면서 유한성이 아니라 무한성에 대한 의식이 사유의 조건이라고 말하고 있다. 인간이 무한성을 의식하지 못한다면 자신 안의 유한성도 발견할 수 없을 것이라는 것이다. 사유의 가능성은 유한성과는 다른 차원을 요구한다. 신헤겔주의자인 크로너는 정신의 자기실현에 대해서 말하는 반면에, 하이데거는 나치 참여 당시의 강연 「독일 대학의 자기주장」에서 정신을 대지와 피라는 기본적인 힘에 근거 지울 것을 요구하고 있다. Emmanuel Faye, *Heidegger: Die Einführung des Nationalsozialismus in die Philosophie im Umkreis der unveröffentlichten Seminare zwischen 1933 und 1935*, Berlin: Matthes & Seitz, 2009, p.290 이하 참조.

3. 존재론의 차이

위에서 근대 문명에 대한 하이데거와 니체의 시각과 양자의 정치철학에 존재하는 현저한 차이를 밝혀 보았다. 이러한 차이를 고려할 때 우리는 양자의 존재론에도 현저한 차이가 존재한다고 볼 수밖에 없다. 이는 근대 문명에 대한 양자의 입장과 양자의 정치철학적인 입장 사이의 차이는 결국은 양자의 존재론 사이의 차이에서 비롯된다고 볼 수밖에 없기 때문이다. 니체의 존재론과 하이데거의 존재론의 차이에 대한 그동안의 고찰은 흔히 근대 문명에 대한 양자의 입장과 양자의 정치철학적인 입장상의 차이를 그다지 고려하지 않은 채로 행해져 왔다. 그러나 우리가 "어떤 철학의 본질은 그 철학의 정치적 성향에서 가장 잘 드러난다"라는 야스퍼스의 말을 진지하게 받아들인다면, 니체와 하이데거 사이에 존재하는 정치적 성향의 차이를 고려하지 않고 양자의 존재론을 비교하는 것은 지극히 불충분한 것이 될 수밖에 없을 것이다.

그런데 위에서 본 것처럼 근대 문명에 대한 양자의 입장과 양자의 정치철학적 입장이 근본적으로 다르고 이러한 차이가 궁극적으로 양자의 존재론의 차이에 입각하고 있다면, 양자의 철학에서 동일성을 보았던 하버마스나 핑크보다는 오히려 자신과 니체 사이에 존재하는 차이를 더 강조하려고 했던 하이데거의 입장이 더 설득력을 갖는다고 볼 수밖에 없을 것 같다. 그러나 여기서는 니체의 존재론과 하이데거의 존재론 사이의 차이를 하이데거 자신과는 다르게 보고자 한다.

후기의 하이데거는 니체를 현대 기술문명을 철학적으로 정초하는 최후의 형이상학자라고 보고 있다. 그러나 본인은 니체의 궁극적인 관심사는 현대 기술문명을 철학적으로 정초하는 것이었다기보다는 산업화와 대중민주주의의 확산과 함께 공리주의와 평등주의가 갈수록 득세하게 되면서 망각되어 가는 그리스·로마 시대의 귀족적인 덕을 되살리는 것이었다고 생각한다.[36]

따라서 힘에의 의지를 중심으로 한 니체의 존재론은 위와 같은 그의 궁극적인 관심사를 염두에 두고 해석되어야 하지 하이데거가 말하는 것처럼 현대 기술문명을 근저에서 규정하고 있는 광기 어린 지배의지를 정당화하고 정초하는 것으로 해석되어서는 안 된다고 생각한다. 니체가 보기에는 그리스·로마 시대의 귀족적인 덕은 설령 세계 지배를 목표하더라도 항상 자기 지배를 전제로 하고 있으며 고전적인 기품을 포함하고 있는 것이다. 이런 맥락에서 하이데거가 니체의 철학을 현대 기술문명을 철학적으로 정초하는 것으로 본 것은 에른스트 융거의 니체 해석에 너무 크게 영향을 받은 것은 아닌가 생각한다.

여기에서는 니체의 존재론과 하이데거의 존재론 사이에 존재하는 차이를 무엇보다도 양자의 자연관에서 보이는 차이와 관련하여 고찰하려고 한다.

1) 니체의 자연관

하이데거와 니체는 모두 근원적인 의미의 자연, 즉 피시스에로의 귀환을 주창하고 있지만 그 경우 니체가 염두에 두고 있는 자연과 하이데거가 염두에 두고 있는 자연은 동일하지 않다고 생각된다.

니체의 자연 개념을 논하기 전에 우리는 먼저 니체가 자연에로의 귀환

---

36) 니체, 『안티크리스트』, 59절 참조.

을 내세우는 논의의 맥락부터 고찰해야 할 것이다. 니체가 근대사회의 가장 큰 문제로 보았던 것은 이른바 데카당스, 즉 인간들의 생명력 약화 내지 왜소화였다. 근대인들은 천부인권과 만민평등을 내세우면서 민주주의와 사회주의를 이상적인 정치체제로 내세운다. 그러나 니체가 보기에 이러한 정치체제에서는 결국은 천박한 대중이 사회를 지배하게 되면서 사람들의 정신적 수준은 하향 평준화되고 만다. 보다 구체적으로 말해서 인간들은 적당히 일하고 향락하는 말세인으로 전락하고 만다는 것이다.

이러한 근대사회를 근저에서 지배하고 있는 것은 동정의 이념이다. 민주주의나 사회주의 그리고 현대 기술문명을 근저에서 지배하고 있는 믿음은 인간은 행복하기 위해서 가능한 한 모든 고통과 위험에서 벗어나야 한다는 믿음이다. 다시 말해서 근대를 지배하고 있는 것은 고통과 위험에 대한 두려움이라고 볼 수 있으며 그러한 고통과 위험에 처해 있는 인간들에 대한 동정이라고 볼 수 있다. 이렇게 고통과 위험에 대한 두려움과 동정에 입각해 있는 민주주의나 사회주의 그리고 근대 산업문명이 지속되는 한, 사람들은 두려움과 동정에 사로잡힌 연약한 인간들로 머물러 있을 것이다. 사람들은 전체적으로 동정심 많은 선량한 인간들이 되지만 전체적으로 허약해진다는 것이다.

이렇게 고통과 위험을 두려워하면서 그날그날의 작은 향락과 먹을 것에 연연해하는 왜소한 말세인들로부터 그리스·로마 시대나 르네상스 시대에서 볼 수 있는 위대한 문화가 나올 수 없다는 것이 근대 문명에 대해서 니체가 갖는 염려였다. 니체에게 인간의 삶의 의미는 적당히 향락하면서 연명하는 데에 존재하는 것이 아니라 자신을 고양하고 강화하는 데에 존재한다. 인간이 어차피 사멸할 존재라면 구차하게 연명하는 데에 집착하기보다는 위대한 행위의 수행이나 위대한 문화의 건립을 통해서 자신의 삶에 죽음마저도 능가할 수 있는 의미를 부여하지 않으면 안 된다. 이러한 생각에 입각하여 니체는 "하나의 인간이 몇천 년의 역사를 정당화할 수 있다"라고 말할 수 있었다.

근대 문명을 떠받치고 있는 공리주의적인 신념이 행복을 감각적인 안락과 동일시하면서 가능한 한 모든 종류의 고통과 위험을 제거하는 것을 지향하는 반면에, 니체는 인간이 자신을 고양하고 강화하기 위해서는 위험과 고통이 필수적이라고 본다. 이러한 위험과 고통과 대결하면서 인간은 좌절할 수도 있지만 자신을 강화하고 고양시키면서 위대해질 수도 있다. 따라서 공리주의적인 도덕에서 악으로 간주되는 위험과 고통은 니체에게는 인간이 정신적으로 성장하기 위해서는 필수적인 토양이다. 니체는 이렇게 말하고 있다.

악 — 가장 생산적인 인간이나 민족이 살아가는 모습을 보며 이렇게 자문해 보라. 하늘 높이 자라려는 나무들이 과연 비바람이나 눈보라를 겪지 않고 제대로 그렇게 자랄 수 있을 것인가? 외부로부터 가해지는 불운과 저항, 증오, 질투, 불신, 고집, 냉혹, 탐욕, 폭력은 덕의 위대한 성장을 위해서는 필수불가결한 것이 아닐까? 그것들은 덕의 성장을 위해서 유리한 환경을 조성한다. 나약한 천성을 가진 자들을 사멸시키는 독은 강한 자들에게는 강장제다. 강한 자는 그것을 또한 독이라고 부르지 않는다.[37]

니체는 이렇게 위험과 고통과 대결하면서 자신을 극복하고 자신을 강화하려는 의지가 인간뿐 아니라 모든 존재자에게 존재한다고 보면서 그러

---

37) 니체, 『즐거운 학문』, 19절.

한 의지를 '힘에의 의지'라고 부르고 있다.[38]

이와 관련하여 니체는 사람들을 자기극복에서 행복을 느끼는 소수의 강력한 인간들과 삶의 현실에서 부딪히는 위험과 고난을 두려워하면서 그것들로부터 도피하려고 하는 다수의 연약한 인간들로 대별하고 있다. 즉 인간들은 본래 평등한 것이 아니라 근본적으로 수준 차를 가지고 있다는 것이며, 니체는 이러한 사실은 일종의 자연 질서라고 본다. 니체는 이러한 자연 질서를 무너뜨리려는 운동이 그리스도교와 함께 시작되었다고 보고 있거니와, 니체가 보기에는 근대의 민주주의 역시 그리스도교의 평등주의적인 정신을 계승하면서 이러한 자연 질서를 전복하고 모든 인간을 평준화하려고 하는 것이다.

그러나 민주주의를 지탱하는 대중들에게도 힘에의 의지가 존재하는 바, 그들은 연약한 자신들을 선한 인간으로 미화하는 반면에 다수의 대중들을 지배하려고 하는 강한 자들을 악한 자들로 격하시키면서 강한 자들에게 복수하고 강한 자들에 대해서 우위를 차지하려고 한다. 그들은 자신들의 연약함을 선함과 동일시하면서 미화하고 합리화하는 것이다. 이들은 자신들이 연약하고 무능하기에 지배를 받은 것이 아니라 강자들이 악하기에 자신들을 지배했다고 주장한다.[39] 이러한 왜곡된 논리가 지배함으로써 사람들은 위선적이 될 뿐 아니라 병약하게 된다.

따라서 니체는 위대하고 강력한 문화의 건립을 위해서는 소수의 위대한 인간들이 자신의 능력을 최대한 발휘할 수 있는 사회적인 조건이 마련되지 않으면 안 된다고 본다.[40] 힘에의 의지를 중심으로 한 니체의 사상은

---

38) Nietzsche, *Der Wille zur Macht*, §675 참조.
39) Friedrich Nietzsche, *Zur Genealogie der Moral*, KGW VI-2, 1968, p.284 이하 참조.

결국은 이렇게 위대한 인간들이 지배하는 사회를 준비하는 것을 목표로 한다.

이상의 사실을 고려할 때, 니체가 말하는 자연은 인간을 비롯한 모든 존재자가 서로 힘을 겨루고 이러한 투쟁을 통해서 서로를 고양하는 상태를 말한다. 이러한 힘의 경쟁을 통해서 강하고 탁월한 자가 우위에 서면서 저열하고 연약한 다수들을 지배하는 것은 자연의 질서에 부합하는 것인 반면에, 저열하고 연약한 다수들이 모든 것을 평준화하는 상태는 자연의 질서에 위배되는 것이다. 존재자들 사이의 이러한 힘겨룸에는 자신의 고양과 강화 이외에 다른 목적은 존재하지 않는다. 자기 고양과 자기 강화 자체가 목적일 뿐이다.

따라서 니체가 생각하는 자연이란 무수한 힘들이 서로 자신을 고양하고 강화하기 위해서 자극하는 유희의 세계다. 이러한 세계는 무수한 힘들로 구성되어 있지만 이러한 힘들은 서로의 투쟁을 통해서 서로를 고양시키는 '사랑의 투쟁'에 의해서 하나로 결합되어 있다. 어떠한 힘도 다른 힘들로부터 분리되어서 고립된 채로 존재하지 않고 다른 모든 힘과 연관되어 있다. 이런 의미에서 세계는 하나이면서 다수인 의지가 유희하면서 자신의 힘을 즐기는 장이다. 이와 관련하여 니체는 이렇게 쓰고 있다.

그리고 그대들은 또한 나에게 '세계'란 무엇인지를 알고 있는가? 내가 그대들에게 이 세계를 나의 거울에 비추어 보여 주어야 할까? 이 세계, 그것은 시작도 끝도 없는 거대한 힘, 증대하는 일도 없으며 감소하는 일도 없고 소모되지도 않고 오직 변전할 뿐인 확고한 양의 힘이다. 이 세계는 상

---

40) 니체, 『선악의 저편』, 257절, 259절 참조.

태는 변하지만 전체로서는 그 크기가 불변하며 지출도 손실도 새로운 증가나 수입도 없는 가계(家計)와 같다. 그것은 자기 자신의 한계를 갖는 것이외에는 '무'(無)에 의해 둘러싸여 소진되지도 탕진되지도 않지만 무한한 연장을 갖지 않고 일정한 힘으로서 일정한 공간 속에 주어져 있다. 그러나 이 공간은 어떤 비어 있는 것이 아니다. 그것에는 힘들이 충만하여 있고, 힘들의 유희, 하나이며 동시에 많은 힘의 파도, 이쪽에서 증가하면 저쪽에서는 감소하는, 자신 안에 광포하게 밀려들고 넘쳐 나는 힘을 안고 있는 바다다. 그것은 영겁의 시간과 더불어 영원히 변화하면서 영원히 달음질쳐 돌아오면서 자신의 형성 활동을 때로는 소홀히 하며 때로는 애를 쓰며, 가장 단순한 것에서 가장 복잡한 것 속으로 전진하고, 가장 조용하고 단단하고 냉랭한 것에서 탈피하여 가장 작렬하며 거칠며 자기모순적인 것으로 돌아가서 다음에는 다시 충실한 것으로부터 단순한 것으로 돌아온다. 그것은 모순에 찬 유희로부터 조화에 가득 찬 쾌감으로 되돌아가고, 이러한 전적으로 동일한 자신의 궤도와 연월을 더듬어 나아가면서도 자기 자신을 긍정하며 영원히 회귀하지 않을 수 없는 것이다. 그것은 어떠한 포만, 권태, 피로도 모르는 생성으로서 자기 자신을 축복하고 있는 것 — 영원히 자신을 창조하고 파괴하는 이러한 나의 디오니소스적 세계……[41]

니체는 여기서 세계를 하나의 거대한 힘으로 보고 있다. 이 세계의 힘의 양은 변하지 않는다. 다만 그것의 상태만이 끊임없이 변화할 뿐이다. 니체는 이러한 세계를 바다에 비유하고 있다. 여기서 바다는 무엇보다도 세

---

41) Nietzsche, *Der Wille zur Macht*, §1067.

계의 광대함과 충만함을 상징한다고 할 수 있다. 바다는 한쪽에서 증가하면 다른 쪽은 감소하며 그 양은 변하지 않는다. 이렇게 세계를 구성하는 힘이 일정하다는 것은 세계의 힘이 유한하기 때문에 무한한 것에 의존하지 않으면 안 된다는 것을 의미하지 않고 더 이상 양의 증가를 필요로 하지 않을 정도로 충만해 있다는 것을 의미한다.

아울러 세계 자체에 비유되고 있는 이 바다는 어떤 때는 잔잔하고 평화롭지만 또한 광포하기도 한 바다다. 파도들이 광포하게 몰아칠 때 파도들은 그 광포함으로 바다에서 떨어져 나갈 것 같지만 그럼에도 바다와 하나다. 바다는 하나지만 무수한 파도이기도 하다. 이러한 바다는 다수의 힘들로 구성되어 있으면서도 이 다수의 힘들이 하나로 연관되어 끊임없이 유동하는 세계의 생동하는 모습을 상징한다고 볼 수 있다. 이러한 바다의 운동은 영겁의 시간을 통해서 유구하게 반복해 온 것이다. 그것은 자신의 운동에 대해서 불만도 권태도 느끼지 않으며 자신에 대해서 만족한다. 이 세계는 단순한 상태에서 복잡한 상태로, 조용하고 냉정한 상태에서 거칠고 작렬하는 상태로, 모순에 찬 유희에서 조화로 가득한 쾌적함의 상태로 되돌아간다. 이 세계는 이런 의미에서 어떠한 포만, 권태, 피로도 모르면서 영원히 창조와 파괴를 되풀이하는 생성 그 자체다.

니체는 여기서 무수한 힘들이 서로 유희하면서도 하나의 전체성을 이루고 있는 세계를 신적인 것으로 사유하고 있으며 그것을 디오니소스라고 부르고 있다. 이 신은 그리스도교에서처럼 피안에 거주하는 것이 아니라 영원히 회귀하는 우주적인 힘을 말한다. 이 신은 피안에서 차안을 내려다보고 심판하는 엄격한 도덕적인 신이 아니라 선악의 피안에서 자신의 유희에 몰두하는 신이다.

이러한 자연관을 염두에 둘 때 니체가 말하는 초인이란 그 어떤 다른 목적을 위해서가 아니라 자신의 강화와 고양을 위해서 이러한 힘들의 유희를 즐기는 자라고 할 수 있다. 이러한 자에게는 세계는 그 험난함과 고통으로 인하여 오히려 생명력에 차있고 그만큼 아름다운 세계로 나타난다. 이에 반해 힘에의 의지가 약한 자에게는 이 세계는 험난하고 고통으로 가득 차있는 것으로 나타난다. 약자만이 이 세계에서 일어나는 힘들의 유희에 의해서 압도되어 이 세계를 혐오하면서 피안으로 도피하려고 하거나 공산주의나 정의가 온전히 실현된 민주사회와 같은 이상적인 유토피아를 희구한다. 약자만이 현재의 삶을 피안이나 이상적인 유토피아로 가는 길목으로 여기고 자신의 삶의 목표를 그러한 허구적인 것들에서 찾는다. 이에 반해 강한 자란 자기 고양을 위한 투쟁의 의미를 묻지 않고 현재의 삶을 흔쾌하게 긍정하면서 저 디오니소스적 유희를 반복하는 자다.

우리의 인생을 험준한 산에 비유할 경우 강한 자에게 이 산은 그 험준함으로 인하여 오히려 더 아름답게 보일 것이다. 그는 이 험준한 산을 가뿐히 오르면서 자신의 충만한 힘을 즐길 것이다. 그에게 이 산의 험준함이란 자신의 힘을 강화하고 그 강화된 힘을 시험할 수 있는 기회를 준다. 이 산이 험준하면 험준할수록 정상에 오른 그에게 그것은 깊이를 모르는 아름다움을 갖는 산으로 나타난다. 그러나 그렇다고 하여 그가 이 산을 단순히 자신의 힘을 강화하고 자신의 힘을 즐길 수 있는 수단으로 이용하는 것은 아니다. 강한 자에게는 이 산은 그 험준함으로 인하여 오히려 아름다운 산으로 나타나는 것이다. 이런 의미에서 험준한 산과 강한 자 사이의 투쟁이란 서로가 자신의 고양된 본질을 드러내도록 서로 돕는 우정의 투쟁이며 사랑의 투쟁이다.

세계란 이렇게 모든 힘이 오직 자신의 고양에만 관심이 있고 다른 모든 존재자를 자신의 고양을 위한 수단으로 삼는 이기주의와 개인주의가 지배하는 세계 같지만, 사실은 이러한 경쟁을 통해서 서로를 고양시키는 세계다. 이에 대해서 약한 자에게 험준한 산이란 하나의 저주일 뿐이다. 그에게 산은 깊이를 모를 아름다움을 갖는 것으로 나타나지 않고 자신을 괴롭히는 '눈물의 골짜기'로 나타날 뿐이다. 약한 자에게 이 세계는 아무런 의미도 없이 생성 소멸하는 세계로 나타날 뿐이며, 우리가 피안이나 먼 미래의 유토피아에 이르기 위해서 싫지만 억지로 견뎌 내야만 하는 추악한 세계로 나타날 뿐이다.

니체가 말하는 자연은 루소가 말하는 자연상태나 그리스도교에서의 에덴동산처럼 목가적인 세계가 아니다. 그곳은 끊임없는 투쟁을 통해서 존재자들이 주인과 노예로 분리되고 위계질서가 형성되는 투쟁의 세계다. 물론 그렇다고 하여 니체가 야만과 살육이 지배하는 세계를 우리가 지향해야 할 자연상태로 보았다는 것은 아니다. 니체에게 강함이란 잔인함이 아니라 잔인함의 승화이고 정신화다. 니체는 오직 자신을 지배할 줄 아는 자만이 남도 지배할 수 있다고 보았다.

이런 맥락에서 니체는 자신도 루소와 마찬가지로 "자연으로 돌아가라"라고 말하고 있지만 그 경우 자신은 자연으로의 회귀가 아니라 자연으로의 상승을 염두에 둔 것이라고 말하고 있다.[42] 니체가 말하는 자연과 자연성은 드높고도 자유로우며 심지어는 두렵기까지 한 자연과 자연성, 큰 과제와 유희하며 유희하는 것이 허락되어 있는 자연과 자연성이다. 니체는 이러한 의미에서 '자연으로 돌아간 자'는 괴테와 나폴레옹이라고 보고 있다.

괴테는 르네상스 시대의 자연성으로 상승하려고 했다. 그는 자신을 지

---

42) 니체, 『우상의 황혼』, 「어느 반시대적 인간의 편력」, 48절 참조.

상의 삶으로부터 분리시키지 않았으며, 어떤 것도 겁내지 않고 가능한 한 많은 것을 받아들이면서 전체성을 실현하려고 했다. 그는 이성, 감성, 감정, 의지의 분리에 맞서 싸웠다. 괴테가 지향했던 인간은 나폴레옹처럼 강하고 교양이 높은 인간이었다. 이러한 인간은 신체적으로 능수능란하며 자신을 통제하고 존중하면서 자연성의 모든 범위와 풍요로움을 자신에게 과감하게 허용하는 인간, 이런 자유를 누릴 수 있을 만큼 충분히 강한 인간, 평균적인 인간에게는 파멸을 가져올 것을 자신에게 이롭게 이용하는 법을 알고 있기 때문에 약함이 아니라 강함에서 비롯되는 너그러움을 가진 인간, 약함을 제외하고서는 그 어떤 것도 금지되어 있지 않은 인간이다. 이렇게 강하고 자유로운 정신은 지상에서 일어나는 모든 고난과 고통도 긍정하면서 세계 전체를 긍정한다.[43]

2) 하이데거의 자연관

우리는 이상에서 니체의 자연 개념을 간략히 제시했다. 이제 니체의 이러한 자연 개념을 염두에 두면서 하이데거의 자연 개념을 고찰해 보자. 우리는 사방(Geviert)과 사물(Ding)을 중심으로 하는 후기 하이데거의 자연 개념만을 고찰할 것이다. 이는 이러한 자연 개념이 하이데거가 궁극적으로 갖게 된 자연 개념이라고 생각되기 때문이다.

하이데거가 전후기의 사유 도정 전체를 걸쳐서 존재를 존재 자체로서 사유하는 것을 목표한다는 것은 주지의 사실이다. 전통적인 형이상학은 존재를 존재 자체로서 사유하지 못하고 존재자처럼 표상했다는 데에 근본

---

43) 니체, 『우상의 황혼』, 「어느 반시대적 인간의 편력」, 49절 참조.

적인 문제가 있었다. 전통 형이상학에서 존재는 인간이 언제라도 파악할 수 있고 의거할 수 있으며 이를 통해서 존재자를 지배할 수 있는 지속적인 근거로 사유되고 있는 것이다.

그런데 하이데거가 존재 자체를 말한다고 하여 그 존재가 존재자와 무관한 것은 아니다. 존재는 존재자를 떠나서 존재할 수는 없다. 존재가 존재자를 떠나서 존재한다면 전통 형이상학에서처럼 최고의 존재자로서 존재하겠지만 어떻든 하나의 존재자로서 존재하게 될 것이다. 존재가 존재자와 구별되면서도 그것과 갖는 내밀한 관계를 하이데거는 존재론적 차이라고 부르고 있다. 후기 하이데거는 이러한 존재론적 차이(die ontologische Differenz)를 세계와 사물 사이의 관계로서, 즉 세계와 사물 사이의 차이(Unterschied)로서 사유하고 있다. 여기서 세계는 하늘(der Himmel)과 대지(die Erde) 그리고 신적인 것들(die Göttlichen)과 죽을 자(die Sterblichen)로서의 인간 사이의 내밀한 관계망으로서 사유되고 있다.[44] 하이데거는 그러한 내밀한 관계망으로서의 세계를 사방(四方, Ge-viert)이라고 부르고 있다. 이러한 존재로서의 세계는 사물에 집수(集收)되는 것을 통해서 현성하며 또한 사물은 세계를 자신 안에 집수하면서도 세계라는 열린 장(Lichtung) 안에 도래함으로써 현성한다고 사유되고 있다.

하이데거는 「사물」이라는 유명한 강연록에서 사방으로서의 세계와 사물 사이의 관계를 포도주를 담은 단지를 예로 하여 설명하고 있다.[45]

포도주가 된 물에는 샘이 머문다. 샘에는 암석이, 암석에는 하늘의 비와 이슬을 받는 대지의 어두운 잠이 머문다. 샘물에는 하늘과 대지의 결혼

---

44) *HG* vol.7, p.170 참조.
45) *Ibid.*, p.157 이하 참조.

식이 머문다. 그것은 포도나무의 열매가 주는 포도주에 머문다. 포도나무의 열매에는 대지의 자양분과 하늘의 태양이 서로 내밀하게 결합되어 있다. 물과 포도주에는 각각 하늘과 대지가 머문다. 또한 단지에 담긴 술은 죽어야 될 자들을 위한 음료다. 그것을 통해서 갈증은 가시고 여가는 흥겹게 되고 교제는 유쾌해진다. 그러나 그 술은 또한 축성(祝聖)을 위해서 바쳐진다. 그 경우 그것은 불사의 신들에게 바쳐진 헌주(獻酒)다. 이렇게 단지에는 대지와 하늘, 신적인 것들과 죽어야 할 자들이 동시에 머문다. 이 네 가지는 서로 내밀하게 공속한다. 그것들은 모든 현성하는 것에게 앞서면서 하나의 유일한 사방에로 통일되어 있다.

전통 형이상학에서는 모든 존재자의 궁극적 근거는 존재와 아울러 모든 존재자를 산출하는 자로서의 최고의 존재자다. 모든 존재자는 이 최고의 존재자에 의해서 산출되기에 최고의 존재자의 지배 아래에 있게 된다. 세계와 사물의 차이를 망각한 후 존재는 근거로서 나타나고 인간은 이러한 최고의 존재자에 의존함으로써 존재자 전체의 한가운데에서 자신의 안전을 확보하려고 한다. 형이상학에서는 인간의 안전 확보가 궁극적 관심사인 것이다. 이와 아울러 인간이 언제라도 파악하고 의지할 수 있는 지속적인 근거로서 간주되는 존재는 인간의 안전 확보를 위한 수단이 되고 만다. 근대에서는 인간 주체가 이러한 최고의 존재자의 자리를 차지함으로써 모든 사물을 스스로 산출하고 지배할 수 있는 위치에 서고자 한다.

이에 대해 하이데거가 말하는 사방으로서의 세계에는 최고의 존재자로서의 존재와 존재자 사이의 위계질서도 그리고 인간과 여타의 존재자들 사이의 위계질서도 존재하지 않는다. 모든 사물은 세계를 집수하는 것으로서 존재하고, 세계는 각 사물에게 그것의 고유한 본질을 선사하는 것으로서 존재한다. 이러한 세계에서는 존재자들 사이의 위계란 존재하지 않으며, 각각의 사물은 고유한 방식으로 세계를 집수하는 것으로서 존재한다. 여기서 인간은 또한 존재자를 지배하는 주체로서 존재하는 게 아니라 존재자들을 각각의 고유한 본질을 향해 해방시키는 현-존재(Da-sein)로서 존재한다.

따라서 여기에서 사람들에게 촉구되고 있는 것은 사물에 대한 지배가 아니라 사물에 대한 외경(Scheu)과 감사다. 사물은 세계라는 심-연을 집수하는 것으로서 그 자체가 세계의 깊이를 간직하는 것이 된다. 세계는 사물을 통해서 존재하기 때문에 세계를 사랑한다는 것은 사물을 사랑한다는 것이 된다. 이와 아울러 하이데거는 인간의 본질도 사방으로서 세계가 존재자 안에 현성하게 하는 것에 의해서 존재가 구체적 형태를 갖는 것을 가능하게 하는 자로서 사유하고 있다.

하이데거의 자연 개념을 니체의 자연 개념과 대비할 경우에 무엇보다도 눈에 띄는 것은 '사방'을 구성하는 두 요소인 신적인 것들과 죽을 자들로서의 인간이다. 니체가 미래의 신으로서 디오니소스를 생각할 때 그 신은 우주적인 힘으로서 창조와 파괴를 거듭하는 세계 자체라고 할 수 있다. 그 신은 그리스도교적인 인격신과는 전적으로 다른 것이다. 하이데거가 신적인 것으로 무엇을 염두에 두고 있는지는 상당히 애매하다. 그럼에도 하이데거가 신적인 것들에 대해서 말하고 이와 대비하여 죽을 자로서의 인간에 대해서 말할 때 하이데거는 어떤 초월적이고 인격적인 신적인 존재를 말하는 것처럼 생각된다. 신적인 것과 대비하여 인간을 죽을 자로서 규정하고 있는 데서 볼 수 있는 것처럼 하이데거는 신의 특징을 무엇보다도 불사성에서 찾는 듯하다. 이에 반해 인간은 죽을 자로서 무엇보다도 유한성에 의해서 특징지어진다. 인간은 그렇게 유한한 자로서 신적인 것들과 대지와 하늘과 관계하고 있다.[46]

그러나 하이데거가 인간의 유한성을 의미할 경우 그것은 전통 형이상학에서처럼 인간의 삶이 언젠가는 사멸에 처할 것이라는 부정적인 함의만을 갖지 않는다. 하이데거가 인간을 죽을 자로서 규정하는 것은 인간이 동물과 달리 죽음을 죽음으로서 인수할 수 있기 때문이다. 동물과 달리 인간은 죽음을 문제 삼으며 이를 통해서 자신의 삶 전체의 의미를 문제 삼을 수 있다. 하이데거는 인간의 본질을 '자신의 존재를 문제 삼는 존재'라는 의미에서의 실존에서 찾고 있지만, 인간이 이렇게 자신의 존재를 문제 삼을 수 있는 것은 자신의 죽음을 문제 삼을 수 있기 때문이다.

후기 하이데거에서 죽음은 존재의 은닉처(Gebirge)라고 사유되고 있다.[47] 인간은 죽음을 인수함으로써 자신을 존재 전체에 대항하는 주체라는 생각을 버리고 자신이 존재 전체에 내맡겨져 있다는 것을 자각한다. 그는 존재 전체를 자신의 지배 아래 두려는 의도를 버리고 존재 전체가 존재자들을 통해서 자신을 드러내는 데 기여하는 현-존재가 된다. 인간이 진정하게 죽을 수 있다는 것은 인간이 현-존재가 된다는 것을 의미한다.

하이데거에서 인간에게 문제가 되는 것은 인간의 자기 고양과 자기 강화가 아니다. 인간에게 문제가 되는 것은 존재 전체가 존재자들에 깃들도록 돕는 것이다. 그리고 이를 통해서 인간은 자신의 고유한 존재를 구현하게 된다. 대지와 하늘 그리고 신에게 감사하면서 다른 인간들을 각자의 고유한 죽음에로 인도하는 것, 바로 이것이 하이데거가 인간에게 바라는 근본적인 태도다.

따라서 후기 하이데거에서 지배적인 정조는 존재 전체와 존재 전체를

---

46) *HG* vol.7, p.171 참조.
47) *Ibid.*, p.171 참조.

집수하는 것으로서의 구체적인 사물들 하나하나에 대한 감사와 경외다. 하이데거에게 사유(Denken)는 감사(Danken)다. 이에 대해서 니체에서 지배적인 정조는 우주적인 힘의 유희를 흔연히 견뎌 내면서 긍정하는 자신의 힘에 대한 자부심이다. 하이데거의 자연에는 니체에서와 같이 힘들의 투쟁을 통한 존재자들 간의 위계질서는 존재하지 않는다. 거기서는 모든 사물이 세계를 집수하는 것으로서 고유한 의미를 갖는다. 후기 하이데거의 자연 개념에서 자연은 니체에서와는 달리 사방으로서의 세계를 구성하는 네 가지 요소가 서로 조응하고 모든 존재자가 서로 조응하는 자연으로서 사유되고 있다. 이러한 자연에 대해서만 인간이 감사할 수 있으리라.

3) 양자의 자연관의 차이

후기 하이데거와 니체의 자연 개념 사이에 존재하는 근본적인 차이는, 무엇보다도 니체가 자신의 자연 개념을 그리스도교와의 대결을 통해서 형성하고 있는 반면에 하이데거의 자연 개념은 그리스도교적인 신비주의를 상당 부분 계승하고 있다는 데서 비롯된다고 생각된다.

그리스도교에서 자연은 신의 피조물로서 인간이 지배하고 다스려야 할 것으로서 사유되고 있다. 여기서 인간들은 신의 형상을 닮은 자들로서 서로 동등한 존엄성을 가지고 있으며, 사물들은 인간을 위한 것으로서 사유되고 있다. 그리스도교에서 자연은 신 중심적으로 사유되는 것 같지만 사실은 인간 중심적으로 사유되고 있는 것이다. 니체는 이러한 자연관을 원래 그대로의 자연을 왜곡하는 것이라고 보았다. 사물들은 인간을 위한 것이 아니며 그 자체로 자신들의 힘을 추구할 뿐이다. 아울러 인간들 사이의 관계도 결코 평등한 것이 아니다. 태어날 때부터 인간들은 탁월성에의 서로 다른 소질을 가지고 있다. 그리스도교의 평등주의적인 인간관은 범용한 약자들이 자신의 이해를 관철하기 위해서 만들어 낸 허구에 불과하다.

니체의 자연관이 그리스도교의 평등주의적인 인간관과 인간 중심적인 자연관에 대한 적대의식으로부터 비롯된 것인 반면에, 하이데거의 자연관은 그리스도교 신비주의를 상당 부분 계승하고 있는 것 같다. 이러한 그리스도교 신비주의는 모든 사물을 신적이고 자기목적적인 것으로 보며 인간들 사이뿐 아니라 인간과 사물 사이에도 어떠한 위계질서도 상정하지 않는다. 이는 무엇보다 하이데거가 『근거율』(*Der Satz vom Grund*)이란 저서에서 그리스도교 신비주의자인 안겔루스 질레지우스(Angelus Silesius)의 시를 긍정적으로 인용하고 있는 데서 볼 수 있다.[48] 물론 그렇다고 하여 후기 하이데거의 사상이 그리스도교 신비주의와 전적으로 동일하다는 것은 아니다. 세계를 사방으로 보는 그의 세계 개념은 그리스도교 신비주의보다는 횔덜린이나 독일의 낭만주의에 기원을 두고 있다.

하이데거와 니체는 모두 자신들이 그리스적인 자연 개념을 계승한다고 보았다. 하이데거는 그리스의 자연 개념과 관련하여 세계와 존재자가 자신들의 고유한 진리를 스스로 드러내는 피시스라는 개념을 가장 중시하는 반면에, 니체는 선의의 경쟁이나 악의적인 시기심까지 포함하는 에리스(Eris)라는 개념을 가장 중시하고 있다고 할 수 있다. 여기에서 하이데거와 니체의 자연 개념 중 어느 것이 보다 그리스의 자연 개념과 더 가까운지를 평가하기는 쉽지 않다.

그럼에도 우리는 그리스 사회가 소수의 자유인과 70% 이상의 노예로 구성된 사회라는 것, 그리고 그 사회에서는 무엇보다 전사의 용기가 가장

---

48) *HG* vol.10, p.69 참조.

중요한 덕목으로서 존중되었다는 것을 고찰할 때, 니체의 자연 개념이 오히려 그리스의 자연 개념에 더 가깝지 않을까 추측해 본다. 후기 하이데거의 자연 개념은 그리스도교가 서양 역사에 일으킨 정신적인 대혁명을 수용하고 있다고 생각된다. 그리스도교가 대두하기 전에 노예제도는 자명한 제도였다. 후기 하이데거는 모든 인간은 신 앞에 평등하며 인간뿐 아니라 모든 사물도 신에서 나온 것인 한 모두 신적인 성격을 띠며 이에 경외해야 할 존재라는 그리스도교의 신비주의 사상을 수용하고 있다고 볼 수 있다.

하이데거가 이상으로 여기는 인간은 자연을 여여(如如)하게 바라보고 그것에서 발해 오는 성스러운 빛을 감득할 수 있는 횔덜린과 같은 시인일 것이다. 이에 반해 니체가 이상으로 여기는 이른바 초인은 아리스토텔레스가 말하는 '긍지에 찬 인간'에 가까울 것이다.[49] 이러한 인간에게는 자연도 횔덜린에게 보였던 것과는 달리 보일 것이다. 니체가 말하고 싶었던 자연은 바로 이러한 '긍지에 찬 인간'에게 보인 자연이 아닐까? 아리스토텔레스는 '긍지에 찬 인간'을 이렇게 묘사하고 있다.

'긍지에 찬 인간'은 자신이 고귀하고 탁월한 가치를 갖는 인간이라고 생각하는 사람이며 사실 그렇게 고귀한 가치를 갖는 인간이다. 이에 대해서 고귀한 가치도 없으면서 자신이 그러한 가치를 갖는다고 생각하는 사람은 교만한 사람이며, 자신이 실제로 갖는 가치보다 자신이 더 작은 가치

---

49) 로버트 솔로몬 역시 니체의 철학을 덕에 대한 아리스토텔레스 철학과 상통하는 것으로 보면서 니체의 초인은 아리스토텔레스가 말하는 '긍지에 찬 인간'과 가깝다고 말하고 있다. Robert C. Solomon, "A More Severe Morality: Nietzsche's Affirmative Ethics", ed. Charles Guignon, *The Existentialists: Critical Essays on Kierkegaard, Nietzsche, Heidegger, and Sartre*, Lanham: Rowman & Littlefield, 2004, p.65 참조.

를 갖는다고 생각하는 사람은 비굴한 사람이다. 그리고 별로 탁월하지 않은 사람이 자신을 탁월하지 않은 인간으로 인정하는 경우에 그는 겸손한 사람이지만 긍지가 있는 사람은 아니다. 왜냐하면 긍지에는 위대한 태도가 속하기 때문이다.

[……]

긍지에 찬 사람은 자신이 가장 고귀한 것에 상응하는 가치를 갖는다고 생각하기에 그에게는 외적인 선들 중에서는 오직 하나만이 관심의 대상이 된다. 그것은 바로 명예다. 그는 훌륭한 사람들이 내리는 커다란 명예는 그에게 합당하거나 아니면 [그가 받아야 할 것에] 미치지 못하기 때문에 혼연히 받아들일 것이다. 미치지 못한다고 하는 것은 최고의 탁월성을 갖춘 인간에게는 그에게 합당한 명예는 존재하지 않기 때문이다. 그럼에도 그는 사람들이 그 이상으로 더 가치 있는 것을 그에게 줄 수 없기 때문에 그들이 주는 명예를 받기는 할 것이다. 이에 대해서 만일 무가치한 인간들이 사소한 이유로 주는 명예라면 그는 그것을 전연 멸시하는 태도로 대할 것이다. 그것은 그의 진가에 합당한 것이 아니기 때문이다. 그의 명예를 손상시키려 하려는 행위에 대해서도 그는 똑같이 경멸하는 태도를 취할 것이다. 그것은 그에게는 근거 없는 모욕에 불과한 것이기 때문이다. 긍지에 차있는 인간은 이렇게 명예에 관심을 갖지만 부, 권력 그리고 어떠한 종류의 성공과 실패에 대해서도 자신의 고귀한 품격에 적합하게 태도를 취할 것이다. 성공했다고 해도 그는 지나치게 기뻐하지 않을 것이며 실패했다고 해도 지나치게 슬퍼하지 않을 것이다. 왜냐하면 그에게는 사실은 명예조차도 사소한 것이기 때문이다. 남들의 인정을 받고 안 받고에 좌우되는 것을, 다시 말해서 명예의 노예가 되는 것을 그의 고귀한 품격이 허용하지 않는다. 사람들은 명예를 획득하기 위해서 권력이나 부를 추구하지만, 이 명예조차도 사소한 것으로 생각하는 사람에게는 다른 모든 것이 어떠한 가치도 갖지 않는 것이다. 따라서 그들은 교만하게 보인다.

[……]

긍지에 찬 인간은 약간의 일밖에 자신의 고귀함에 상응하는 것으로 생각하지 않기 때문에 사소한 일 때문에 위험에 뛰어든다든지 위험 자체를 좋아하는 사람은 아니지만, 위대한 것을 위해서라면 위험을 두려워하지 않는 사람이다. 그는 생존한다는 것을 절대적인 가치로 생각하지 않는 사람이기에 위험에 뛰어들지 않으면 안 될 때에는 생명을 아끼지 않는다. 그리고 그는 사람들이 명예를 겨루는 경우에나 다른 사람들이 최우위를 점하고 있는 경우에는 뛰어들지 않으며, 높은 명예나 위대한 명분이 걸려 있는 경우가 아니면 조용히 지켜보는 자세를 취한다. 그는 좀처럼 어떤 일에 착수하지 않지만, 한다면 위대한 일을 행한다.

그는 다른 사람들에게 혜택을 주는 것을 좋아하며 그 자신이 혜택을 입을 때는 수치스럽게 생각한다. 왜냐하면 혜택을 준다는 것은 우월한 인간에 적합한 것이며 혜택을 받는 것은 열등한 인간에 적합한 것이기 때문이다. 그가 혜택을 입을 때 그는 더욱 많은 것을 가지고 보답한다. 이를 통해서 원래 혜택을 준 사람이 오히려 혜택을 더 많이 받은 것이 되고 그에게 빚을 진 셈이 되기 때문이다. 긍지에 찬 인간은 자신은 전혀 또는 거의 남의 도움을 청하지 않으면서도 기꺼이 다른 사람들을 돕는다.

긍지에 찬 인간은 높은 위치에 있는 사람들이나 부유한 사람들에게는 위엄 있는 태도를 취하지만 보통 사람들에게는 겸손한 태도를 취한다. 이는 전자에게 우월한 태도를 갖는다는 것은 곤란하며 당당한 일인 데 반해서 후자에게 우월한 태도를 갖는다는 것은 용이하기 때문이며, 전자에게 당당한 태도를 취하는 것은 천하지 않은 데 반해서 하층 사람들에게 그러한 태도를 취하는 것은 마치 약한 사람들에게 완력을 쓰는 것처럼 천하기 때문이다.

그는 자신의 증오와 사랑을 공공연히 표명한다. 왜냐하면 자신의 감정을 숨긴다는 것은 다른 사람들이 어떻게 생각할 것이냐 때문에 자신의 솔직함을 희생하는 비겁한 짓이기 때문이다.

그는 쉽게 찬탄하지 않는다. 그에게는 어떠한 것이나 위대하지 않기 때문이다.

그는 남의 소문을 말하지 않는다. 그는 자신에 대해서도 남에 대해서도 말하지 않는다. 그는 자기 자신에 대해서 찬양을 끌어내거나 다른 사람들이 격하되거나 하는 데에는 관심이 없기 때문이다. 동일한 근거로 그는 적에 대해서라도 나쁜 말을 하지 않는다. 위압을 나타내기 위해서 굳이 하는 경우는 별도이지만.

그는 뒤끝이 없다. 아무것도 잊어버리지 않는다는 것은 그의 본질에 합당하지 않다. 특히 불쾌한 일이 문제가 될 때 그는 그것을 간과해 버린다.

긍지에 찬 인간의 발걸음은 조용하며 음성은 깊이가 있으며 말하는 것도 침착하다. 왜냐하면 소수의 사항밖에 소중하게 생각하지 않는 사람은 성급하지 않으며 흥분하는 일도 없기 때문이다. 이에 대해서 날카로운 고성과 빠른 발걸음은 바로 사소한 것들도 중시하는 그러한 신경질적인 긴장에서 비롯되는 것이다.

긍지에 찬 인간은 이상과 같은 사람이다.[50]

---

50) Aristotle, *Nikomachische Ethik*, trans. Franz Dirlmeier, Stuttgart: Reclam, 1986, 1123b~ 1125a.

니체는 이상적인 인간을 "자신을 지배할 힘이 있고 말하고 침묵하는 법을 아는 자, 자신에 대해 준엄하면서 준엄한 자를 존경하는 자"라고 묘사한 적이 있다. 이러한 자와 아리스토텔레스가 말하는 '긍지에 찬 인간' 사이의 유사성을 우리는 무시할 수 없을 것이다.

4. 인간관의 차이

니체가 말하는 초인이란 생성 소멸하는 이 세계의 고통마저도 긍정하는 강인한 인간이며 이러한 인간은 자신의 고통도 기꺼이 감수하면서 자신의 강함을 향유하는 인간이다. 이러한 인간은 험준한 산을 오르고 나서 그 산을 정복한 자신의 강인한 힘을 즐기고 그러한 산을 흐뭇한 심정으로 내려다보는 한 인간에도 비유할 수 있다. 이러한 흐뭇함은 자기 자신을 하나의 신적인 상태로 고양시킨 강한 인간이 경험할 수 있는 희열이다.

이와 달리 하이데거는 인간을 철저하게 유한한 존재로 본다. 니체가 초인이 거주하는 세계로서 어떠한 의미도 목적도 없이 생성과 소멸을 영원히 거듭하는 세계를 내세우는 반면에, 하이데거는 본래의 세계, 즉 피시스로서의 세계를 하늘과 대지 그리고 신과 인간이 서로 어울리는 공간으로서 이해하고 있다. 이러한 세계에서 인간은 불사의 신에 대해서 죽어야 할 유한한 존재(das Sterbliche)이며 이에 대해서 하늘과 대지 그리고 산과 강은 일종의 반신(半神)으로서, 그리고 각각의 사물 역시 신과 하늘과 대지 그리고 인간을 집수하는 성스러운 것으로서 나타난다. 인간은 자신이 살고 있는 세계와 사물의 성스러움을 경험할 수 있는 존재이며 바로 여기에 인간의 인간됨이 존재한다.

세계와 사물에 대해서 인간이 가져야 하는 태도는 경외와 감사이며 이러한 경외와 감사라는 근본기분 안에서 세계와 사물은 성스러운 것으로서 나타나는 것이다. 하이데거에서 현대 기술문명의 위기는, 인간이 세계와 존재자를 지배하려고 함으로써 세계와 존재자는 인간의 권력의지를 강화하기 위한 수단으로 전락했으며 그것들에서 성스러운 차원이 사라졌다는 데에 있다. 따라서 근대 문명에 대한 하이데거의 우려는 인간이 자신의 유한성을 망각하고 존재자 전체에 대한 경건성(Frömmigkeit)을 상실하고 있다는 것에서 비롯되며, 이 점에서 하이데거는 고귀하고 강인한 정신력을 갖춘 위인보다는 소박한 영혼을 가진 농부를 찬양하게 된다. "한 사람의 기원이 그 사람의 장래를 결정한다"라는 하이데거의 말처럼 원래 가톨릭 신학도로서 시작한 하이데거의 사유 도정은 신과 존재자 전체에 대한 경건함과 감사를 설파하는 것으로 끝나는 것이다.

이에 반해서 근대 문명에 대한 니체의 우려는 본질적으로 인간이 물질적인 안락에 연연하는 말세인이 되고 있으며 이와 함께 강인하고 고귀한 정신력을 갖춘 인간들이 소멸하고 있다는 데에 있었다. 근대의 말세인들에 대해서 니체는 나폴레옹이나 시저, 괴테 등의 위인들을 내세우고 있다.

앞에서도 언급했지만 니체를 현대 기술문명을 정초하는 사상가로 보는 하이데거의 입장은 상당히 극단적인 것이라 생각한다. 그럼에도 불구하고, 니체는 소크라테스 이전의 그리스가 아니라 로마제국을 자신의 지향점으로 삼고 있다는 하이데거의 지적은 일리가 있다고 생각한다. 하이데거는 니체의 사유가 본질적으로 그리스인들, 특히 헤라클레이토스와 같은 소크라테스 이전의 철학자들을 통해 규정되었다는 오늘날에도 널리 퍼져 있는 견해를 비판하면서, 오히려 니체 자신은 훨씬 명확히 자신과 그리스인들과의 관계를 통찰하고 있었다고 말하고 있다. 이와 관련하여 하이데거는 니체의 마지막 저술들 중 하나인 『우상의 황혼』의 다음 글을 인용하고 있다.

나는 그리스인들에게서 그것[로마인들로부터 받는 인상]에 유사한 강력한 인상을 전혀 받지 않는다. 직설적으로 솔직히 말하자면 그들은 우리들에게 로마인들이 갖는 의미를 가질 수 없다. 그리스인들로부터는 **배울** 것이 없다.[51]

하이데거에 의하면, 말기의 니체는 자신의 힘에의 의지의 형이상학이 제휴할 수 있는 것은 로마의 정신과 마키아벨리의 『군주론』뿐이라는 사실을 명확히 인식하고 있었으며, 그리스인들 중에서 니체에게 본질적인 의미를 갖는 사람은 펠로폰네소스 전쟁을 사색했던 역사사상가인 투키디데스뿐이었다.

모든 플라톤주의로부터 나를 치료했던 것은 항상 투키디데스였다.[52]

니체 최후의 저작에 해당한다고 할 수 있는 『안티크리스트』에서 니체는 로마 문명을 유럽이 앞으로 계승해야 할 문명으로 보면서 로마 문명의 업적이 그리스도교 문명에 의해서 파묻히게 된 것을 다음과 같이 안타까워하고 있다.

청동보다 오래 존속하는 **로마제국**은 어려운 조건들 아래에서도 지금까지 이룩된 것 중에서 가장 위대한 조직 형태였으며, 그에 비하면 그 이전의 모든 것, 그 이후의 모든 것은 미숙하고 서투르며 아마추어적인 것이다.

---

51) 니체, 『우상의 황혼』, 「내가 옛사람들에게 빚지고 있는 것」, 2절.
52) 같은 글.

[……] 그리스도교는 로마제국의 흡혈귀였다. 위대한 문화의 건설에는 **오랜 시간이 걸리는** 법이지만 이러한 문화를 건설하기 위해 그 터전을 닦고 있던 로마인들의 거대한 사업은 하룻밤 새에 그리스도교에 의해 붕괴되고 말았다. 사람들은 아직도 이러한 사태를 이해하지 못하는가? 우리가 알고 있는 로마제국, 로마 식민지의 역사를 통해 우리에게 더 잘 알려져 있는 그 로마제국, 위대한 양식을 구현한 모든 예술작품 가운데서도 가장 경탄할 만한 이 작품은 하나의 시작이었다. 그리고 그 건축물은 수천 년의 세월을 통해 스스로의 진가를 **증명하도록** 계획되어 있었다. 오늘날까지 그 같은 건축물은 없었으며 영원한 상 아래에서(sub specie aeterni) 그와 같은 건설은 한 번도 꿈꿔진 적도 없었다! — 그 조직은 나쁜 황제들을 견뎌 낼 수 있을 정도로 매우 견고했다. 어떤 인물들이 지배하느냐라는 우연은 그런 것에는 전혀 영향을 미치지 못해야 한다는 것이 모든 위대한 건축의 제1원리다. 그러나 그것은 타락 중에서도 가장 타락한 형식인 **그리스도교도**를 견뎌 낼 정도로는 견고하지 못했다.[53]

아울러 니체는 유럽이 앞으로 계승해야 할 로마 문명의 강점으로 "사실에 대한 감각, 고결한 본능과 취미, 방법적 탐구, 조직과 통치의 천재, 인간의 미래에 대한 신념과 의지"를 들고 있다.

그리스인들은 왜 존재했던가? 로마인들은 왜? 박학한 문화를 위한 모든 전제 조건, 모든 과학적 방법이 이미 그곳에 있었으며, 책을 잘 읽을 줄 아는 저 위대하고 비길 데 없는 기술이 이미 확립되어 있었다. 문화적 전통,

---

53) 니체, 『안티크리스트』, 58절.

학문의 통일을 위한 전제 조건은 이미 확립되어 있었다. 자연과학은 수학과 역학에 연대하면서 최선의 길을 걷고 있었다. 사실에 대한 감각, 모든 감각 중에서 가장 나중에 개발된 가장 가치 있는 그 감각은 이미 수백 년의 전통을 가진 여러 학파들을 거느리고 있었다! [……] 그리스인들이! 로마인들이! 고결한 본능과 취미, 방법적 탐구, 조직과 통치의 천재, 인간의 미래에 대한 신념과 의지, 모든 감각에 로마제국이라는 눈에 보이는 형태로 나타난 모든 것에 대한 위대한 긍정, 단순한 기술이 아니고 현실, 진리, 삶이 된 위대한 양식이.[54]

이와 함께 니체는 인류의 힘의 고양을 위해서 자연 지배를 정당화하면서 다시 한 번 로마인들을 근대인들이 본받아야 할 이상으로 내세운다.

인류는 자연 지배를 통해서 필요한 것보다 더 많은 힘을 획득하게 될 것이다. 예술작품을 창작하는 대신에 사람들은 자연을 수백 년의 노동을 통해서 아름답게 완성할 것이다. 건축의 시대가 올 것이고 로마인들처럼 거대한 건축물을 건립할 것이다. 그리고 이를 위해서 사람들은 아시아의 후진적인 민족들을 노동자로 사용할 것이다. 이러한 미래를 준비하기 위해서 우리는 불만분자들이나 염세주의자들을 제거해야만 한다.[55]

마지막으로 우리는 아래의 니체의 글에서, 모든 귀족적인 덕이 망각된

---

54) 같은 책, 59절.
55) Friedrich Nietzsche, *Nachgelassene Fragmente Anfang 1880 bis Frühjahr 1881*, KGW V-1, 1971, p.465.

채 인간의 천민화가 진행되고 있는 근대에 니체가 다시 상기시키고자 하는 덕들이 로마인들이 체화했던 덕들과 얼마나 가까운지를 실감할 수 있을 것이다.

어떤 가치가 그리스도교적 이상에 의해 부정되고 있는가? 그리스도교적 이상과 반대되는 이상은 무엇을 내포하는가?
긍지, 거리를 두는 파토스, 큰 책임, 원기 발랄함, 멋진 야수성, 호전적인 정복 본능, 열정과 복수와 책략과 분노와 관능적 쾌락과 모험과 인식의 신격화…….[56]

이러한 인용문들에서 우리는, 니체를 서양 형이상학의 완성자이자 현대 기술문명의 정초자로 보는 하이데거의 해석을 수용하지 않더라도 니체와 하이데거 사이의 거리가 얼마나 먼지를 분명히 볼 수 있다.

5. 죽음관의 차이

하이데거와 니체의 인간관의 차이는 죽음을 보는 양자의 입장에도 반영되어 있다.

니체에게 죽음은 인간이 자신의 생명력과 정신력을 가늠해 볼 수 있는 가장 좋은 시험대다. 니체가 죽음과 관련하여 강조하는 것은 우리가 죽음 앞에서 비굴하냐 아니면 고귀하고 기품이 있는 자세를 유지할 수 있느

---

56) 프리드리히 니체, 『유고(1887년 가을~1888년 3월)』, 니체 전집 20권, 백승영 옮김, 책세상, 2004, 481쪽. 번역을 약간 수정했다.

냐 하는 것이다. 고귀하고 기품 있는 인간은 의사가 주는 약물에 의지하면서 근근이 생명을 유지하는 것을 택하지 않고 차라리 자살을 택하는 인간이다. 니체는 자살이 생명력의 최고의 실현으로서 정당화될 수 있는 순간이 있다고 보는 것이다. 이에 반해 생명력과 정신력이 약한 자들은 죽음 앞에서 비굴한 자세를 취한다. 그들은 자신의 육신을 스스로의 힘으로 통제할 수 있는 힘을 상실한 경우에도 의사나 남의 도움을 빌려서 자신의 목숨을 근근이 연명하려고 한다.[57]

이에 반해 하이데거는 죽음과 관련해서도 죽음이 인간을 돈이나 명예혹은 권력과 같은 것에 대한 집착에서 벗어나 존재의 열린 장에 나아가게하는 결정적인 계기가 될 수 있다는 점을 강조한다. 우리가 죽음으로 진지하게 선구할 때 우리는 세상 사람이 중시하는 가치들을 허망하고 덧없는 것으로 경험하게 된다. 우리는 우선 대부분의 경우 이러한 가치들에 따라서 존재자들을 파악하고 평가해 왔지만 죽음 앞에서 그러한 가치들이 허망하고 덧없는 것으로 드러나게 되는 것이다. 이와 함께 존재자들에게 덮어씌워졌던 허위적인 의미들이 미끄러져 사라지게 되고 우리는 존재자들의 고유한 존재와 진리가 경이롭게 드러나는 존재의 열린 장으로 진입하게 되는 것이다.

이런 의미에서 하이데거는 죽음은 세간적인 가치들을 무화시키는 무의 관이라고 부르고 있으며, 이러한 무는 결국 존재 자체라는 점에서 죽음을 존재의 은닉처(Gebirg)라고 부르고 있다.

---

57) 니체, 『우상의 황혼』, 「어느 반시대적 인간의 편력」, 36절 참조.

6. 예술관의 차이

하이데거와 니체의 예술관 역시 본질적인 차이를 드러낸다. 하이데거는 예술이 사물들의 진리를 드러낸다는 점을 강조하는 반면에, 니체는 예술이 인간의 힘을 고양시키고 충만하게 한다는 점을 강조한다. 하이데거는 예술작품을 존재의 진리를 작품 속에 정립하는 것으로 보면서 예술가는 근본기분을 통해서 자신을 개시하는 존재의 진리에 호응하는 자라고 본다. 예술작품을 통해서 존재의 진리가 개현됨으로써 존재자 전체가 자신의 고유한 진리를 드러내게 된다. 하이데거는 예술을 존재의 진리가 자신을 개현하는 사건으로 보는 것이다. 이렇게 하이데거는 예술작품을 파악할 때 철저하게 존재의 철학에 입각하여 고찰하고 있다. 이에 반해 니체는 힘에의 의지의 철학에 입각하여 예술을 고찰하고 있다.

니체는 예술은 인간이 만들어 낸 허구이지만 그러한 허구는 인간의 힘을 고양시키고 충만하게 한다고 본다. 니체는 물론 과학도 하나의 허구라고 본다. 과학은 힘에의 의지들이 개체들로서 서로 힘을 겨루는 역동적 세계를 사물들이 인과적으로 서로 영향을 미치는 세계로 환원시킨다. 과학은 사물들 간의 인과적인 연관에 초점을 맞추면서 그러한 인과법칙을 우리의 생존에 유리하게 이용하는 것을 겨냥하는 것이다. 예를 들어 근대 의학은 어떤 풀이 어떤 병을 고치는 데 도움이 된다는 것을 밝힘으로써 인간이 자신의 병을 고치는 데 도움이 되고자 한다. 이와 같이 과학은 어떤 존재자가 다른 존재자에 어떤 인과적인 영향을 미치느냐에 관심이 있을 뿐 풀이 그 자체로 힘에의 의지의 성격을 갖는다는 사실과 같은 것은 무시해 버린다. 과학은 힘에의 의지들이 서로 투쟁하면서 서로를 고양시키는 운동을 서로 인과적인 영향을 미치는 사건들로 환원하는 것이다. 이 점에서 과학은 실상을 반영하는 것이 아니라 하나의 허구에 불과하다.

예술도 하나의 허구를 산출하지만 그것은 과학과 달리 인간의 생존을 확보하는 데 그치지 않고 인간의 힘을 충만하게 하고 강화하는 허구를 산출해 낸다. 이렇게 인간을 건강하게 만드는 예술을 낳기 위해서는 우선 예술가가 건강한 힘으로 넘치지 않으면 안 된다. 니체는 이렇게 예술가가 건강한 힘으로 충일해 있는 상태를 도취라고 부르고 있다. 예술적인 창조를 위해서는 도취라는 고양감으로 충만해 있지 않으면 안 되며 이러한 도취 속에서 사람들을 고양시키는 가상이 저절로 생겨나게 된다.

니체는 도취라는 말로 우리의 모든 신체기관의 흥분이 고조되는 상태를 가리키고 있다. 그리고 니체는 이러한 흥분의 고조는 여러 가지가 계기가 되어 일어날 수 있다고 본다. 가장 오래되었고 근원적인 형태의 도취는 성적 흥분의 도취다. 또한 도취는 경기에서 승리하고 싶은 욕망과 경기에 임했을 때의 강렬한 정념에서 비롯될 수도 있다. 또한 축제라든가 용감한 행위, 승리, 모든 극단적인 운동, 잔인한 행위, 파괴, 봄[春]처럼 일정한 기상학적인 영향, 또는 마약, 벅차고 부풀어 오른 의지도 우리에게 도취를 불러일으킬 수 있고 예술을 낳을 수 있다.

니체는 이러한 도취에서 본질적인 것은 힘의 상승과 충만의 느낌이라고 본다. 예술은 이러한 느낌에서 비롯되는 한편, 예술을 경험하는 자들을 그러한 느낌 속으로 끌어들인다. 우리가 이런 느낌에 빠질 때 우리는 사물들을 아름답게 보게 된다. 니체는 이러한 사태를 "우리가 사물에게 베풀고, 사물들에게 우리에게서 가져가도록 강요한다"라고 말하고 있다.[58]

니체는 우리 인간은 그때마다의 힘의 상태에 따라서 사물과 세계를 달

---

58) 니체, 『우상의 황혼』, 「어느 반시대적 인간의 편력」, 8절

리 보게 된다고 본다. 병약한 인간은 사물과 세계를 빈약하고 추하게 보는 반면에, 힘으로 충만한 건강한 인간은 사물과 세계를 풍요롭고 힘으로 충일한 것으로 본다. 따라서 세계가 추하게 보일 때 우리는 세계 자체를 탓해서는 안 되고 오히려 우리 자신을 탓해야 한다. 우리는 우리 자신의 생명력이 저하되고 추한 상태에 있기 때문에 세계가 추하게 보이는 것이라는 사실을 깨달아야 하는 것이다. 도취 속에서 충만한 상태에 있을 때 우리는 모든 것을 풍요롭게 보면서, 모든 것이 우리와 마찬가지로 강하고 힘으로 넘쳐 난다고 본다. 사물들은 인간의 고양된 힘과 완전성을 반영한다. 이렇게 인간이 완전한 존재로 변화된 상태에서 사물들을 완전한 것으로 변화시키는 것이 예술이다.

이 경우 인간은 사물을 보면서 기쁨을 느끼지만 사실은 자신에 대해서 기쁨을 느끼는 것이다. 인간은 그렇게 사물을 완전하게 볼 수 있는 자신의 충일한 힘에 대해서 기쁨을 느끼는 것이다. 따라서 예술에서 인간이 궁극적으로 즐기는 것은 "완전한 존재로서의 자기 자신"이다.[59] 니체는 이와 관련하여 아름다움에 대한 우리의 감정은 우리가 자신에 대해 느끼는 기쁨과 분리될 수 없다고 본다. 이러한 힘의 고양과 충일감과 분리된 '아름다움 그 자체'라는 것은 존재하지 않는다.

인간은 세계와 사물을 아름답게 보면서 자신을 아름다움과 완전성의 척도로 정립한다. 그는 아름다운 것에 경탄하고 숭배하지만 이 경우 사실 그가 경탄하고 숭배하는 것은 자기 자신이다. 인간이 세계 자체가 아름다움으로 가득 차 있다고 믿을 때 실은 인간은 자기 자신이 아름다움을 세계에 선사한 장본인이면서도 그러한 사실을 망각한다. 그러나 인간은 실은

---

59) 니체, 『우상의 황혼』, 「어느 반시대적 인간의 편력」, 9절.

자신과 같이 세계가 힘으로 충일해 있다고 느끼기 때문에 그것을 아름답다고 느끼는 것이다. 이렇게 인간은 힘으로 충만한 자신을 아름다움의 기준으로 보면서 사물도 그렇게 아름답게 본다.

인간은 근본적으로는 사물에 자기 자신을 반영시키며, 자신의 모습을 되비추어 주는 모든 것을 아름답다고 여긴다.[60]

이런 의미에서 니체는 "오직 인간만이 아름답다"라고 말하고 있으며 이것이야말로 모든 미학의 제일의 진리라고 말하고 있다.[61] 이에 상응하여 제2의 진리에 해당되는 것이 "퇴락한 인간 이외에는 아무것도 추하지 않다"는 것이라고 말하고 있다. 힘의 느낌, 힘에의 의지, 용기, 긍지는 추한 것의 출현과 함께 저하된다. 추하다는 것은 우리의 생명력을 쇠약하게 만드는 것이다. 어렴풋하게라도 퇴락을 상기시키는 것은 우리에게 '추하다'는 판단을 불러일으킨다. 소진, 힘듦, 늙음, 피로의 모든 징표, 경련이라든가 마비와 같은 모든 종류의 부자유, 특히 해체와 부패의 냄새, 색깔, 모양은 '추하다'는 가치판단을 불러일으킨다. 이때 우리는 그것들을 우리 자신도 모르게 증오하게 된다. 이 경우 인간이 증오하는 것은 그러한 사물 자체가 아니라 '인간이라는 전형의 쇠퇴'다. 퇴락한 인간은 모든 것을 추하게 보지만 이렇게 추하게 보인 세계와 사물은 인간을 역으로 다시 약화시키고 우울하게 만든다. 그것들은 "쇠퇴, 위험, 무력함을" 상기시키며, "인간은 추한 것들 앞에서 힘을 상실한다".

---

60) 같은 글, 19절.
61) 같은 글, 20절.

퇴락한 인간은 반(反)예술가라고 할 수 있으며 그들은 자신의 힘이 빈약하기 때문에 "모든 사물을 빈약하게 만들고, 피폐하게 만들고, 시들게 만드는" 것이다. 이러한 반예술가들은 "사물들을 약탈하여 쇠약하게 만들고 여위게 만들 수밖에 없다". 이러한 반예술가의 대표적인 사람들로 니체는 파스칼과 같은 그리스도교인을 들고 있다. 니체는 예술가이면서 동시에 그리스도교인 사람은 없다고 말하고 있다. 사람들은 그리스도교 성화를 그린 라파엘로를 예로 들어 니체를 반박하고 싶어할지 모르지만 니체는 라파엘로와 같은 사람은 삶을 긍정했던 사람이며 따라서 그리스도교인이 아니었다고 말하고 있다.

니체는 도취를 크게 아폴론적인 것과 디오니소스적인 것으로 나누고 있다. 처녀작인 『비극의 탄생』에서 도취의 충동은 디오니소스적인 예술을 규정하는 근본충동으로 간주되었지만, 니체는 후기에 이르러서는 아폴론적 예술도 결국은 위에서 말한 것과 같은 의미의 도취에 기반을 두고 있다고 보고 있다. 다만 아폴론적 예술과 디오니소스적 예술을 규정하는 도취의 종류가 다를 뿐이라고 보는 것이다.

아폴론적 예술은 주로 우리의 시각에 호소하는 조형예술이기 때문에 아폴론적 도취는 무엇보다도 눈을 도취시켜서 눈으로 하여금 환상(Vision)을 보게 한다. 이 점에서 니체는 "화가, 조각가, 서사시인은 환상을 보는 데 탁월한 사람들이다"라고 말하고 있다. 이에 반해 디오니소스적 도취에서는 감정 체계 전체가 흥분되고 고조되며, 따라서 감정 체계 전체는 자신이 가지고 있는 모든 표현 수단을 한꺼번에 분출하게 된다. 그것은 다른 것들과 일체가 되면서 그것들을 표현하고 모방하며 변형한다. 디오니소스적 인간은 모든 사물이 느끼고 있는 감정을 예민하게 알아차리면서 그것들과 하나가 되면서 그것들을 보다 높은 상태로 표현한다.

니체는 『비극의 탄생』에서는 음악이야말로 최고의 디오니소스적 예술이라고 보았지만 후기에는 음악을 훨씬 더 풍부한 감정 표현의 잔재에 불과하다고 본다. 그것은 "디오니소스적인 연기술의 찌꺼기에 불과하다". 디오니소스적 도취에 빠질 때 사람들은 소리를 통해서뿐 아니라 온 근육을 다 동원하면서 자신을 표현한다. 음악이 독자적인 예술이 되면서 그것은 특히 근육 감각을 제대로 작동하지 못하게 했다. 그 결과 음악에서 사람들은 자신이 느끼는 모든 것을 신체로 모방하거나 표현하지 않게 된다. 그러나 이렇게 온몸으로 자신의 도취감을 표현하는 상태가 바로 본래의 디오니소스적 상태다. 음악은 서로 가장 가까운 혈연관계에 있는 능력들을 희생하면서 그중의 특수한 능력만을 발전시킨 것이다.

흔히 예술은 비극에서 보듯이 삶 속의 가혹하고 끔직한 것들도 표현하기 때문에 예술은 삶에 대한 환멸과 삶으로부터의 도피를 가리키는 것으로 간주되어 왔다. 무엇보다도 비극 예술의 본질을 쇼펜하우어는 그런 데서 찾았다. 쇼펜하우어에 따르면 비극 예술의 본질은 삶의 비참함을 표현하고 사람들로 하여금 그러한 비참함을 깨닫게 함으로써 삶에의 의지로부터 해방시키는 데 있다. 이 경우 예술의 목적은 삶에의 의지의 불꽃을 꺼뜨리고 삶을 혐오하게 만들고 삶에 대한 체념에 빠지게 하는 것이 된다.

그러나 니체는 쇼펜하우어의 이러한 견해를 예술을 보는 "염세주의자의 관점이며 '사악한 시선'"일 뿐이라고 말하고 있다. 쇼펜하우어는 그리스 비극은 그리스인들이 염세주의에 빠져 있었다는 것을 보여 주는 증거라고 보지만 니체는 그리스 비극은 오히려 그러한 염세주의를 결정적으로 거부하는 것으로 간주되어야 한다고 본다. 니체에 따르면 비극 예술을 포함하여 모든 예술의 목적은 사람들을 삶에 보다 충실하게 만드는 것이며 삶의 모든 비극적인 현상에도 불구하고 삶을 긍정하게 만들 정도로 사람들에게 힘을 불어넣는 것이다.

　세계는 자신의 무궁무진성에 기쁨을 느끼면서 삶의 최고의 전형까지도 아낌없이 희생한다. 그리고 비극 정신은 바로 그러한 자연의 현실을 흔쾌하게 받아들이면서 이러한 세계의 충일함을 반복한다. 니체는 이런 의미에서 세계를 디오니소스적인 것이라고 부르며 또한 진정한 예술은 이러한 디오니소스적인 정신으로 충만해 있다고 본다.

　비극적 예술가가 전달하고 우리를 끌어들이려고 하는 상태는 가공할 것과 의문스러운 것 앞에서 두려움이 없는 고귀한 상태다. 비극은 "강력한 적, 커다란 재난, 전율을 불러일으키는 문제에 직면했을 때의 용기와 침착함 ── 이렇게 승리감으로 충만한 상태"를 그리고 전달한다. 비극적인 영웅은 고통을 오히려 찾아다니며 그러한 고통에도 불구하고 생을 흔쾌하게 긍정하는 자다. 비극은 이러한 인간에 대한 찬양이며 이러한 인간이 느끼는 힘으로 충만한 상태 안으로 관객들을 끌어들이려고 한다. 이러한 인간에게는 고통조차도 삶에 보다 충실하게 만드는 자극제로 작용한다.

　니체는 근대에 들어와 종교가 과학의 공격을 받아서 몰락함으로써 발생하게 된 의미 공백과 가치 공백 상태를 예술을 통해서 극복할 수 있다고 본다. 니체의 고민은 신이 사라진 세계에서 삶은 어떻게 긍정될 수 있느냐 하는 것이었으며, 니체는 삶은 예술을 통해서, 다시 말해서 예술이 표현하는 삶을 구현함으로써 긍정될 수 있다고 보았다. 이 경우 니체가 염두에 두고 있는 예술은 고통까지도 흔쾌하게 긍정할 정도로 충일한 생명력을 표현하고 있는 예술이다. 이러한 예술의 전형을 니체는 무엇보다도 그리스 예술에서, 특히 그리스의 비극 예술에서 찾고 있으며 그리스 예술에 구현되어 있는 강건한 생명력이야말로 오늘날의 인간이 구현해야 할 것으로 보고 있는 것이다. 강건한 생명력이 표현되고 있는 예술에서 삶은 그 안에 존재하는 모든 고통과 고난과 함께 완전한 것으로 표현되고 있으며 사람들은 이러한 예술에 감화를 받을 때 삶을 긍정할 뿐 아니라 삶에 감사한다.

이상과 같이 니체는 디오니소스적 생명력에 넘치는 도취야말로 모든 위대한 예술 창조의 원천으로 보며 그러한 도취로부터 비롯되는 예술작품의 창조가 우리 시대에 주어진 과제라고 본다. 이에 반해 하이데거는 제2의 시원이 시작되는 새로운 시대를 위한 예술작품은 존재의 진리에 청종하는 삼감(Verhaltenheit)의 기분에서 비롯된다고 본다. 니체가 말하는 도취는 생리적 차원의 건강한 본능에서 비롯되는 것으로서 우리의 몸과 마음을 흥분시키고 고양시키면서 저절로 움직이게 한다. 이에 반해 하이데거가 말하는 삼감의 기분은 우리 자신의 모든 본능적인 욕구와 욕망에서 떠나서 침묵 속에서 존재에서 발하는 정적의 소리에 귀를 기울이게 한다.

니체와 하이데거는 이성적인 인식에 의해서만 세계와 존재자의 진리가 파악된다는 주지주의를 비판하면서 예술적인 감성을 높이 평가한다는 점에서 서로 일치한다. 그러나 양자가 예술적인 감성으로 이해하고 있는 것은 본질적으로 다르다. 실로 하이데거는 1936/37년에 행한 강의 『예술로서의 힘에의 의지』에서만 해도 니체가 말하는 힘에의 의지를 자신이 말하는 결의성과 상통하는 것으로 보고 있다. 물론 이 경우 결의성은 『존재와 시간』에서 말하는 결의성의 성격을 갖기도 하지만 다른 한편으로는 존재의 진리에 자신을 연다는 성격도 갖고 있다. 따라서 하이데거는 『예술로서의 힘에의 의지』에서는 『존재와 시간』에서 개진된 사상과 후기 사상을 함께 원용하면서 니체의 힘에의 의지를 해명하고 있다고 할 수 있다. 그럼에도 불구하고 하이데거는 어떻든 자신의 예술 사상과 니체의 예술 사상이 본질적으로 일치한다고 보았던 것이다.

그러나 1938년부터 니체의 철학적인 입장에 대해서 본격적으로 거리를 취하게 되면서 하이데거는 니체가 말하는 도취도 현대 기술문명에서 난무하고 있는 자극적인 체험과 동일한 것으로 폄하하게 된다. 하이데거에 따르면 현대 기술문명은 모든 존재자를 계산 가능하고 변환 가능한 에너지로 환원시키면서 갖가지 조작을 가하고 있는 공작(Machenschaft)이라는 성격을 갖고 있다. 이러한 공작이 지배하는 가운데 사람들은 삶에서 공허감과 권태를 느끼게 되며 이러한 공허감과 권태를 예술작품이나 미디어를 통한 자극적인 체험을 통해서 메우려고 한다는 것이다.[62] 하이데거는 니체가 말하는 도취란 결국 현대 기술문명에서 지배하고 있는 이러한 자극적인 체험과 다를 바 없다고 보는 것이다.

니체가 예술이 생명력을 고양시키고 충만하게 한다는 데에 주목하는 반면에, 하이데거는 『예술로서의 힘에의 의지』와 같은 해에 쓰인 「예술작품의 근원」(Der Ursprung des Kunstwerkes)에서 예술이 대지에 기초하여 세계를 개시한다는 데에 주목한다. 서양의 전통 형이상학에서는 보통 판단과 명제가 세계를 개시한다고 여겨져 왔지만 하이데거는 판단과 명제도 예술작품을 통해서 근원적으로 개시되는 세계의 개현에 근거한다고 보는 것이다.

물론 니체도 예술이 이상화를 통해서 세계와 사물을 우리가 흔히 눈앞에서 보는 세계와 사물과는 달리 개시한다고 본다. 그러나 니체는 이러한 이상화가 세계와 사물의 진리를 드러낸다기보다는 인간이 세계와 사물에 자신의 아름다움을 투사한다고 보는 것이다. 니체는 결국 예술작품에 의

---

62) 하이데거는 현대 기술문명이 이러한 도취적이고 자극적인 체험을 광범위하게 조직하고 있다고 본다. 그것은 존재자 전체에 대한 기술적 경영의 공허함과 무의미함을 망각하게 하기 위한, 다시 말해서 존재가 무로서 자신을 고지해 오는 불안이라는 기분에서 도피하게 하기 위한 거대한 조치다. *HG* vol.65, p.126 이하 참조.

해서 표상된 것도 그것이 얼마나 우리의 생명력을 강화시키느냐에 따라서만 평가하는 것이다.

이 점에서 『예술로서의 힘에의 의지』에서 하이데거는 니체를 자신과 동일한 사태를 말하려고 하는 사상가로 보면서도 다른 한편으로 서양 형이상학의 완성이자 종말로 보고 있는 것이다. 이 경우 서양 형이상학의 완성이자 종말이라는 말은 1938년 이후에 하이데거가 주장하는 것처럼 현대 기술문명을 철학적으로 정당화하는 철학이라는 의미로까지는 아직 해석되지 않고 있다. 그것은 어떤 의미에서 새로운 시원으로의 이행을 준비하는 의미로 해석되고 있다. 1937년까지만 해도 하이데거는 니체의 힘에의 의지를 계산적인 이성을 수단으로 갖는 맹목적인 지배에의 의지로는 보고 있지 않은 것이다. 그러나 1938년 이후부터 하이데거는 니체가 더 이상 새로운 시원으로의 이행을 준비하는 것으로 보지 않는다.

하이데거는 「예술작품의 근원」에서 예술작품에서 세계와 대지의 투쟁이 일어난다고 본다. 모든 것을 드러내려고 하는 세계와 자신 속에 자신을 폐쇄하려고 하는 대지의 투쟁 속에서 세계와 대지의 개시가 일어난다.

대지는 자신을 감추면서도 만물을 길러 내고 꽃피운다. 예술작품은 우리가 항상 발을 딛고 의존하고 있으면서도 보통은 망각하는 대지를 우리를 감싸 안고 있는 고향의 대지로서 드러낸다. 대지란 '아무것에로도 강요되지 않은 채 수고를 모르며 지칠 줄 모르는 것'이며, 역사적 인간은 이러한 대지 위에 자신이 거주할 세계를 세우는 것이다. 위대한 예술작품은 이러한 세계를 대지 위에 건립함으로써 사물들이 그 안에서 자신들의 고유한 존재와 진리를 드러내도록 한다. 이러한 세계에서 우리는 예를 들어 산에 대한 아름다운 주관적인 느낌이나 표상을 갖는 것이 아니라 산을 산 자체로서 경험한다. 그러한 세계에서 산은 자신의 진리를 드러내는 것이다.

세계는 세상 사람이 추구하는 가치에 더 이상 집착하지 않고 존재의 열린 장에 자신을 열려는 현존재의 결의성에 의해 개시되지만, 이러한 개시는 우리가 파고들어 갈 수 없는 대지에 기초를 두고 있다. 대지는 눈에 띄지 않도록 자신 속으로 스스로 물러나면서 자신이 지탱하는 세계를 간직한다. 대지의 특성은 이렇게 자신을 폐쇄하면서 세계를 간직해 준다는 데에 있지 인간이 이용할 수 있는 자원들을 품고 있다는 데에 있지 않다. 예술작품은 대지와 세계 사이의 투쟁을 유발하면서 그러한 투쟁 속에서 세계를 건립하면서 대지를 자신을 폐쇄하면서도 세계를 떠받치는 것으로 드러낸다.

그러나 하이데거는 「예술작품의 근원」에서만 세계와 대지의 투쟁을 말하며, 나중으로 갈수록 대지에 대비되는 것으로서 하늘을 이야기하고 세계를 하늘과 대지 그리고 신들과 인간이 서로 조응하면서 유희하는 열린 터로서 해석하게 된다. 이와 함께 하이데거는 나중으로 갈수록 예술작품도 하늘과 대지 그리고 불사의 신들과 죽을 운명인 인간이 서로 조응하는 사역(Geviert)으로서의 세계, 즉 존재의 진리를 존재자에 깃들게 하는 것으로 보는 것이다. 예술작품은 존재가 자신을 드러내는 통로다. 예술작품을 통해서 개현되는 존재의 진리에 접할 때 현존재는 기쁨에 사로잡히게 되며 이러한 기쁨 속에서 현존재는 세계와 사물들이 자신을 드러내는 장이 된다. 예술작품은 존재의 진리를 존재자에 현현케 함으로써 모든 존재자의 고유한 존재와 진리에 우리를 직면케 한다. 모든 시와 그림을 비롯한 예술작품은 우리에게 말을 걸어오지만, 그러한 말은 예술가의 주관적인 말이 아니라 예술가가 전해 주는 존재의 소리다.

이미 초기의 하이데거도 예술작품의 본질을 우리가 살고 있는 세계의 본질을 개시해 주는 것으로 보고 있다. 시와 예술은 하이데거의 후기 사상에서 그 중요성이 전면에 부각되지만 전기에서도 하이데거는 시와 예술을 통해서 우리가 살고 있는 세계가 근원적으로 드러난다고 보는 것이다. 하이데거는 1927년 여름학기에 마르부르크대학에서 행해진 강의 『현상학의 근본문제들』(Die Grundprobleme der Phänomenologie)에서 그에 대한 예증으로서 라이너 마리아 릴케의 『말테의 수기』(Die Aufzeichnungen des Malte Laurids Brigge)의 한 구절을 길게 인용하고 있다.

그런 집이 있다고 한다면 누가 나를 믿어 줄 것인가? 아니, 누구나 내가 거짓말을 한다고 말할 것이다. 그러나 이것은 사실이며, 아무것도 감추지 않고, 물론 보탤 것도 없다. …… 내가 가난하다는 것은 누구나 알고 있는 사실이다. …… 그런데 그것을 집이라고 할 수 있을까? 좀 자세히 말해서, 그것은 이미 집의 형체를 잃어버린 집이었다. 위에서부터 아래까지 완전히 무너져 버린 집이다. 집이라고 이름 붙일 것은 그 옆에 서있는 다른 높은 집들일 것이다. 그것도 이웃집이 벽을 모조리 허물었기 때문에 곧 쓰러질 것같이 보였다. 콜타르를 칠한 기다란 기둥만이 배의 돛대와도 같이, 쓰레기 구덩이 같은 지면과 벌거벗은 외벽 사이에 비스듬히 기울어져 있었다. 더구나 내가 벽이라고 앞에서 말한 것이 바로 이런 어처구니없는 벽이었다. 그것은, 말하자면 과거에 있던 집들의(그렇게라도 생각할 수밖에 없다) 그 외벽을 말하고 있는 것이 아니고, 겉껍데기는 모두 무너져 달아나고 속의 맨 마지막 벽을 말하는 것이다. 집 안이 들여다보였다. 어떤 층이고 간에 방의 벽들이 훤히 보였다. 그 벽에는 그래도 아직 벽지가 붙어 있었으며, 여기저기 마룻바닥이나 천장의 한 조각이 남아 있었다. 방을 막고 있는 벽 바로 옆에는 그 외벽을 끼고 더러워진 하얀 홈이 끼어 있어서 변소의 녹슨 파이프관이 드러나 이루 말할 수 없이 무시무시하고,

파충류가 꿈틀거리듯, 또는 동물의 창자 같은 모양으로 꾸불거리고 있었다. …… 그러나 가장 잊어버릴 수 없는 것은 벽 그 자체였다. 이러한 방들에서 보낸 끈덕진 삶은 짓밟혀도 결코 없어지지 않는다. …… 벽의 빛깔에까지도 그런 삶의 끈덕진 면이 나타나 있는 것을 알 수 있다. 푸른색은 곰팡이 슨 초록빛으로, 초록빛은 흰빛으로, 노란 빛깔은 낡고 바랜 흰빛으로 해마다 천천히 변색되어 차츰차츰 퇴락해 왔다. …… 사람들은 아마 내가 꽤 오랫동안 정신을 놓고 집 앞에서 서있었으리라고 생각할지 모른다. 그러나 사실은, 그런 허물어진 벽을 보자 내 발은 자연 달음질치듯 빨라졌던 것이다. 나는 단번에 모든 것을 알아차렸다. 무서운 퇴락의 풍경은 내 마음속으로 스며들었다. 그것은 그대로 내 마음의 내적 풍경인지도 모르는 것이었다.[63]

하이데거는 여기서 릴케가 벌거벗은 외벽에서 읽어 낸 것은 외벽에 자신의 주관적인 감정을 투입한 것이 아니라고 말하고 있다. 오히려 이 외벽에서 이 글의 주인공이 살았던 세계가 자신을 내보이고 있고, 시인은 그것을 단순히 그대로 드러내 보이고 있을 뿐이다. 시인은 이론적으로 고찰을 하지 않으면서도 우리가 살고 있는 세계의 진상을 볼 수 있다는 것이다.

니체와 하이데거의 예술관에서 보이는 차이는 양자의 언어관에도 반영되어 있다. 니체는 근대 주체성 형이상학의 도식에 사로잡혀서 언어를 세계를 조직하는 하나의 방식으로 본다. 더 나아가 니체는 우리의 언어 구조가 현실을 제대로 보지 못하게 방해하기까지 한다고 본다. 니체는 우리가 통일성, 동일성, 지속, 실체, 원인, 사물성, 영속적인 존재과 같은 허구적

---

63) 마르틴 하이데거, 『현상학의 근본문제들』, 이기상 옮김, 문예출판사, 1994, 251쪽 이하.

인 관념을 실재로 착각하는 것에는 주어와 술어로 이루어진 우리의 언어가 크게 영향을 미치고 있다고 보는 것이다.[64]

주어와 술어로 이루어져 있는 언어 구조에 현혹되어 우리는 도처에서 자유롭고 영속적인 실체로서의 행위자와 이러한 행위자에서 파생된 행위를 본다. 이렇게 자유롭고 영속적인 실체로서의 나의 존재를 믿으면서 우리는 또한 이 세계 전체도 자유롭고 영원한 신이라는 실체에서 비롯된 것으로 믿게 된다는 것이다. 이런 의미에서 니체는 "우리는 아직 문법을 믿고 있기 때문에 신에게서 벗어나지 못하는 것은 아닌가라고 나는 염려한다"라고 말하고 있다.[65]

이에 반해 하이데거는 오늘날의 정보 언어와 같은 인공 언어가 아닌 시어와 같은 자연적 언어에는 존재의 진리가 깃들어 있다고 본다. 이런 의미에서 하이데거는 언어를 존재의 집이라고 말하고 있다. 이런 의미에서 하이데거는, 존재라는 말을 실재의 가장 옅은 증기에 불과한 한갓 추상어로 보는 니체에 반해서 존재라는 말에는 존재자들을 다 합해도 길어 낼 수 없는 깊이가 담겨져 있다고 본다.

하이데거는 존재의 소리를 현존재는 침묵 속에서 듣는다고 말하고 있다. 그리고 하이데거는 이러한 침묵이야말로 근원적인 언어와 예술작품의 근원이라고 본다. 현존재는 침묵 속에서 '섬광처럼 밝히면서 보여 주는 고요한 [존재의] 이야기의 정적의 소리'(das lautlose Geläut der Stille der ereignend-zeigenden Sage)에 응한다. 여기서 이야기함을 의미하는 독일어 'Sagen'의 고어인 'sagan'은 '보여 준다', 즉 '나타나게 한다'라는 의미를 갖

---

64) 니체, 『우상의 황혼』, 「철학에서의 이성」, 5절 참조.
65) 같은 글, 5절 참조.

는다. 그것은 모든 존재자들의 고유한 존재와 진리가 드러나는 세계를 나타나게 한다.

니체와 하이데거의 예술관에는 하이데거가 주장하는 것처럼, 니체가 근대 주체성 형이상학의 틀 내에서 예술의 본질을 파악하고 있는 반면에 하이데거 자신은 존재의 진리에 호응하는 현-존재의 입장에서 예술의 본질을 파악하고 있다는 차이가 존재하는 것은 사실이다. 그러나 우리는 양자 사이에 보이는 다음과 같은 차이도 간과할 수 없는 것 같다. 그것은 하이데거가 예술의 원천을 존재의 소리에 청종하는 근본기분에서 찾는 반면에, 니체는 예술의 원천을 도취에서 찾고 있다는 데서 드러나는 차이다. 하이데거는 예술의 본질을 경이나 경외와 같은 근본기분 속에서 존재의 열린 장에서 드러나는 존재자들의 고유한 존재와 진리를 관조하는 것이라고 보는 것 같다. 이에 반해 니체는 특히 예술이 우리의 정신뿐 아니라 우리의 몸 전체를 뒤흔드는 충일한 생명력을 가지고 있다는 것에 주목한다.[66] 특히 춤과 같은 예술은 우리의 마음과 몸을 온통 사로잡으면서 어떤 율동 속에 빠지게 한다. 하이데거의 예술관을 통해서 과연 니체가 주목하는 이러한 현상까지 해명될 수 있을지는 상당히 의문이다.

---

66) 하이데거와 니체의 예술관 사이에 보이는 이러한 차이를 대르만은 명쾌하게 드러내고 있다. Iris Därmann, ""Was ist tragisch?": Nietzsche und Heideggers Erfindungen der griechschen Tragödie im Widerstreit", eds. Alfred Denker and Holger Zaborowski et al., *Heidegger und Nietzsche,* Heidegger-Jahrbuch vol.2, Freiburg/München: Verlag Karl Alber, 2005.

후기 하이데거의 니체 해석이 갖는
정당성과 문제성

5장 후기 하이데거의 니체 해석이 갖는 정당성과 문제성

이 장은 후기 하이데거의 니체 해석이 갖는 정당성과 문제성을 검토해 보려고 한다. 이 장은 크게 세 부분으로 나뉜다. 첫째 부분은 이른바 포스트모던적 니체 해석을 진리 문제를 중심으로 하여 하이데거의 니체 해석과 비교한다. 이러한 비교는 니체의 인식론과 진리관을 포스트모던적인 다원주의로 보는 해석들을 하이데거의 니체 해석의 입장에서 비판하면서 니체의 인식론과 진리관의 본래적인 의미를 드러내는 방식으로 행해질 것이다. 그리고 이상의 고찰에 입각하여 니체와 하이데거의 진리 개념을 서로 대조하면서 니체의 철학을 서양 형이상학의 완성이자 정점으로 보는 하이데거의 해석이 일정한 타당성을 가질 수 있다는 점을 드러내려고 한다. 이러한 고찰을 통해서 후기 하이데거의 니체 해석이 포스트모던적 니체 해석이 생각하는 것처럼 그렇게 쉽게 비판될 수 있는 것은 아니라는 사실이 분명해질 것이다. 따라서 이 부분은 '후기 하이데거의 니체 해석의 정당성: 포스트모던적 니체 해석에 대한 검토를 통해서'라는 제목을 달고 있다. 그리고 둘째 부분에서는 후기 하이데거의 니체 해석에 대해 뢰비트와 같은 사람들이 가하는 비판을 검토할 것이며, 셋째 부분에서는 나름의 입장에서 후기 하이데거의 니체 해석에 대해서 비판적으로 살펴볼 것이다.

1. 후기 하이데거의 니체 해석의 정당성: 포스트모던적 니체 해석에 대한 검토를 통해서

니체는 인식이란 현상을 힘에의 의지로부터 해명하려고 한다. 흔히 사람들은 인간의 인식이란 거울이 사물들을 반영하듯이 우리의 의식이 존재자들을 그대로 반영하는 것이라고 생각하지만, 니체는 인식이란 우리가 부딪히는 카오스로서의 세계를 우리의 힘에의 의지를 유지하기 위해서 일정한 관점 아래에서 정리하고 고정시키는 활동으로 보고 있다. 흔히 자명한 진리로 간주되는 사유의 논리적 법칙들도 끊임없이 생성 변화하는 것들을 동일하고 항존적으로 만들고 개관이 가능한 것으로 만드는 것일 뿐이다. 인식이란 이렇게 카오스를 일정한 관점 아래 도식화하고 고정하는 것이기 때문에 실재에 일치하지 않으며, 이런 의미에서 니체는 역설적으로 진리는 오류라고 말하고 있다. 그렇지만 이러한 오류는 인간의 생존을 위해서 불가결한 오류다.

하이데거가 니체의 이러한 인식론과 진리관이 데카르트 철학의 인간 중심주의를 철저하게 밀고 나간 것으로 보면서 니체의 철학을 근대 형이상학의 완성이자 극단이라고 보고 있다는 사실을 우리는 앞에서 보았다. 하이데거의 이러한 해석에 대해서 가장 대립해 있는 것은 데리다나 들뢰즈, 그리고 푸코 등에 의한 이른바 포스트모던적 니체 해석일 것이다. 포스트모던적 니체 해석에 따르면 니체는 근대적인 사상가가 아니라 오히려 근대를 넘어서는 탈근대의 사상가다. 이러한 해석은 니체의 철학을 포스트모던적인 다원주의를 주장하는 것으로 보는바, 포스트모더니즘과 해체주의가 전 세계적으로 유행하면서 국내의 니체 연구자들 사이에서도 상당히 강력하게 제기되었다. 이 절에서는 이러한 해석과 대결하면서 니체의 인식론과 진리관의 본래적인 의미를 드러내는 것과 함께 니체의 철학을 근대 형이상학의 정점으로 보는 하이데거의 해석이 쉽게 비판될 수 있는 것이 아니라는 사실을 드러내려고 한다.

1) 니체의 인식론과 진리관에 대한 포스트모던적인 해석들의 비판적 검토

니체를 존재망각의 극단이자 인간중심주의의 극단으로 보는 하이데거의 니체 해석을 직접적으로 반박하려고 한 국내의 연구자로는 백승영이 있다. 백승영은 니체의 인식론을 우리 인간은 실재 자체를 인식할 수 없기 때문에 실재에 대한 다양한 관점들을 인정해야 한다고 보는 인식다원주의로 해석하고 있다. 백승영처럼 하이데거의 니체 해석과 직접적으로 대결하고 있지는 않지만, 니체의 인식론을 백승영과 마찬가지로 인식다원주의로 해석하려는 국내의 해석가들로는 이상엽과 김정현 등이 있다. 우리는 먼저 이러한 연구자들의 니체 해석을 비판적으로 검토하면서 니체의 인식론과 진리관의 본의를 드러내려고 한다.

(1) 니체가 인간 이성의 유한성을 강조하고 있다는 해석에 대한 비판적 검토

백승영에 따르면 니체는 전통 형이상학의 가장 큰 문제점을 인간 이성이 실재 자체를 파악할 수 있는 무한한 능력을 갖는 것으로 보았다는 데서 찾고 있다.[1] 이와 동시에 백승영은 니체의 인식론의 주안점은 '인간 이성의 유한성을 드러내고 인간의 세계 해석이 하나의 관점적인 해석이라는 사실을 드러내는 데 있다'라고 본다. 이러한 해석에 입각하여 백승영은 니체의

---

1) 백승영, 『니체, 디오니소스적 긍정의 철학』, 책세상, 2005, 407쪽 참조.

형이상학이 인간을 진리의 원천으로 보는 극단적인 인간중심주의의 입장에 서있다고 보는 하이데거의 니체 해석에 반대하면서 니체는 인간 이성의 유한성과 존재의 비밀을 강조했다고 주장한다.

니체의 인식론에 대한 백승영의 이러한 해석은 니체의 인식론을 칸트의 인식론과 동일한 문제의식을 갖고 있는 것으로 해석하고 있는 것은 아닌가 한다. 이러한 사실은 백승영이 니체의 관점적 세계 해석은 이성 사용의 근원 및 한계에 대한 숙고라고 보면서 칸트가 자신의 인식론의 문제의식을 규정하는 것과 동일한 방식으로 니체 인식론의 문제의식을 해석하고 있는 데서도 드러난다.[2] 그런데 니체 인식론의 문제의식을 인간 이성의 유한성을 드러내는 데서 찾고 있는 사람은 백승영만은 아니다. 양대종도 니체의 진리 비판은 인간의 인식의 한계에 대한 인식이며 "자신은 아무것도 모른다는 것만을 안다"라고 말했던 소크라테스적 명제의 긍정적 변형이라고 말하고 있다.[3]

그러나 전통 형이상학에 대한 니체의 비판이 목표하는 것은 이성의 유한성을 드러내면서 인간이 파악할 수 없는 실재 자체에 대한 겸손을 가르치려는 것이 아니라고 생각된다. 전통 형이상학에 대한 니체의 비판은 첫째로는 전통 형이상학이 인간이 만들어 낸 허구에 지나지 않는 신이나 절대적 도덕률을 실재 자체로 착각하면서 그것들을 우상화하는 것에 대한 비판이다. 그리고 둘째로 니체는 전통 형이상학이 실재라고 믿는 허구가 존재와 생성을 양분하면서 사람들의 의지를 병약하게 만드는 종류의 허구

---

2) 같은 책, 408쪽 참조.
3) 양대종, 「니체 철학에서 본 인식의 문제: 진리 개념을 중심으로」, 『철학연구』, 42집, 고려대학교 철학연구소, 2011, 15쪽 참조.

이기 때문에 전통 형이상학을 비판한다.

이 두 가지 비판은 서로 분리될 수 있으며, 니체에게서 가장 중요한 비판은 두 번째 비판이라고 생각된다. 이는 예를 들어 그리스인들은 자신들이 믿는 신들이 실재라고 생각했지만 그렇다고 해서 니체는 그리스 신화를 부정적으로 평가하지 않았기 때문이다. 물론 니체는 그리스인들이 믿었던 신도 허구라고 생각하며 이 점에서 그리스인들의 한계를 인정할 것이다. 그럼에도 그리스의 신들은 인간의 자연스런 본능이나 욕구를 억압하는 기제로 작용한 것이 아니라 오히려 그것들을 승화시키는 기제로 작용하면서 그리스인들의 힘에의 의지를 건강하게 만드는 데 기여했기 때문에 니체는 그리스 신화를 긍정적으로 평가하고 있다.

이런 의미에서 니체의 인식론에서는 어떤 가상이 실재와 일치하는지 아닌지 그리고 그러한 가상을 창조한 자가 그러한 가상이 한갓 가상일 뿐이라는 점을 깨닫고 있는지 아닌지가 결정적으로 중요한 것은 아니라고 할 수 있다. 다만 니체는 우리가 우리의 인식이 실재를 반영한다고 생각할 경우에는 그 인식에 집착하면서 그때마다의 새로운 상황이 요구하는 새로운 인식을 자유롭게 창조하지 못할 수 있기 때문에 우리의 인식의 가상성을 강조한다고 볼 수 있다. 니체는 과거의 가상이 우리의 삶에 더 이상 의미를 갖지 못하고 우리의 삶을 보존하고 고양하는 데 도움이 되지 않으면, 그것은 어차피 실재를 반영하는 것이 아니기 때문에 그것에 더 이상 얽매이지 말고 과감하게 새로운 가상을 창조하라고 촉구하고 있는 것이다.

그러나 우리가 설령 그리스인들처럼 자신들의 신화가 실재를 반영한다고 믿어도 그러한 신화가 우리의 힘을 고양하는 데 도움이 된다면 니체는 그러한 신화를 긍정적으로 받아들였을 것이다. 이 점에서 니체 인식론의 주안점은 우리의 인식이 가상이냐 실재를 반영하느냐에 있는 것이 아니라 그것이 우리의 힘을 고양하느냐 아니냐에 있다. 즉 니체에게는 인식의 본질을 인식이 실재와 일치하느냐 아니냐와 관련하여 파악하는 것이 아니라 힘에의 의지를 강화하느냐 아니냐와 관련하여 파악하는 것이 중요한 것이다. 이와 관련하여 그리스도교와 전통 형이상학에 대한 니체의 비판도 그것들이 자신이 허구라는 것을 깨닫지 못했다는 점을 겨냥하기보다는 그것들이 인간을 병약하게 만드는 성격을 갖고 있다는 점을 겨냥한다고 할 수 있다.

전통 형이상학에 대한 니체의 비판을 이렇게 해석할 경우에만 전통 형이상학에 대한 니체의 비판은 칸트에 대해서도 적용될 수 있다. 백승영이나 양대종처럼 니체 인식론의 주안점을 인간 인식의 유한성을 드러내는 데 있는 것으로 보게 되면, 우리는 니체가 칸트를 비판한 것을 이해할 수 없게 된다. 왜냐하면 주지하듯이 칸트는 인간의 이성은 실재 자체를 파악할 수 없다고 보기 때문이다. 그러나 칸트는 이렇게 인간 이성의 유한성을 인정하고 있지만 니체는 칸트에 대해서 비판적이다. 이는 칸트가 그 자신이 상정하는 도덕률과 같은 것이 인간이 만들어 낸 허구라는 사실을 자각하지 못하고 있을 뿐 아니라 더 나아가 이러한 허구가 인간들을 병약하게 만드는 성격을 갖고 있기 때문이다.

즉 니체의 이성 비판의 가장 큰 주안점은 인간 이성의 유한성을 드러내는 데 있는 것이 아니라 인간 이성이 한갓 힘에의 의지의 도구일 뿐이라는 사실을 드러내는 데 있다. 다시 말해서 니체에 따르면 전통 형이상학의 문제점은 그것이 이성을 과대평가했다는 데 있는 것이 아니라 이성의 기능을 잘못 생각했다는 데 있는 것이다. 이런 맥락에서 우리는 니체가 인식의 가상성을 강조하는 것은 인간 이성의 한계를 드러내기 위해서가 아니라 오히려 인식의 본질을 새롭게 정의하기 위해서였다고 말할 수 있다.

어차피 인식이 실재 자체를 드러내기보다는 인간 자신의 힘의 유지나 강화를 위해서 가상을 기투하는 것일 뿐이라면 우리는 굳이 이러한 가상이 실재와 부합되지 않는다는 이유로 인간 인식의 한계를 말할 필요는 없다. 인식은 어차피 가상적인 것이기 때문에 실재와의 일치 여부가 중요한 것이 아니라 우리의 삶에서 그것이 갖는 효과가 중요한 것이다.[4] 니체는 이렇게 말하고 있다.

> 어떤 판단이 잘못되었다고 해서 그것을 반드시 부정할 필요는 없다. [……] 문제는 그것이 얼마나 삶을 고양하고 보존하며 종족을 보존하고 향상시키느냐에 달려 있다. [……] 거짓을 삶의 한 조건으로 인정한다는 것, 그것은 관습화된 가치에 대한 상당히 위험한 거부를 의미한다. 그러한 거부를 감행하는 철학은 그것만으로도 이미 선악의 피안에 서 있다.[5]

이런 맥락에서 볼 때 니체가 플라톤 이래의 전통 형이상학을 비판하

---

4) 이상엽은 니체의 인식론을 다원주의로 보고 있다는 점에서는 필자와 의견을 달리하지만, 니체 인식론의 주안점을 우리 인간의 인식이 실재를 파악할 수 있느냐 아니냐에 있지 않고 그것이 어떤 효과를 갖느냐에 있다고 보는 점에서는 의견을 같이하고 있다. 이상엽은 이렇게 말하고 있다. "니체에 따르면 칸트의 현상주의가 관철된 이후, 우리는 세계 그 자체를 파악할 수 있는 인식 수단이 없다는 것을 알아야 한다는 것이다. 왜냐하면 우리는 우리의 감각 지각의 도움을 통해서만 현실을 받아들이기 때문이다. 하지만 칸트에서처럼 현상과 사물 자체를 구분하는 것은 다시 과거의 사유로 돌아가는 것일 뿐이다. 우리가 지각하는 세계는 우리와 관련이 있는 세계라는 것, 그리고 우리는 세계와의 모든 관계에서 단지 가상과 관계하고 있을 뿐임을 인정하는 것이 무엇보다 중요한 것이다. 니체에게 세계의 가상성은 인간 삶의 근본조건이기 때문에, 전통적으로 철학에서 가상과 관련해 논의되었던 감각의 미혹이나 객관적 현실의 문제는 주요 사유 논점이 아니다. 그 반대로 니체의 가상성은 우리 삶에서 긍정적인 효과를 가져오는 것이다"(이상엽, 「니체의 관점주의」, 『니체연구』 16집, 2009, 104~105쪽).
5) Nietzsche, *Jenseits von Gut und Böse*, §4.

는 것은 그것이 자신이 만들어 낸 가상을 실재와 부합된다고 믿고 있기 때문이라기보다는 그것이 우리의 힘을 약화시키기 때문이다. 즉 형이상학에 대한 니체의 비판은 인간의 이성적 능력을 과대평가하는 형이상학자들의 오만함에 대한 비판이 아니라 오히려 그들의 병약한 의지에 대한 비판인 것이다.

(2) 니체의 인식론을 포스트모던적 다원주의로 보는 해석에 대한 검토

더 나아가 백승영은 니체가 인간의 이성이 유한하다는 사실에 근거하여 우리가 자신뿐 아니라 다른 사람들의 견해와 관점을 인정해야 한다는 인식다원주의를 주창하고 있다고 본다. 니체가 이렇게 인식다원주의를 주창하고 있다고 보는 견해는 백승영에서만 보이는 것은 아니다. 이상엽 역시 니체는 세계를 보는 관점과 해석 그리고 가치의 다원성을 주장하고 소수파의 입장이 지닌 가치를 대변하려 했다는 점에서 포스트모던의 선구자라고 평하고 있다. 이상엽에 따르면, 니체는 인간의 삶은 다원적인 방식으로 존재할 수밖에 없다고 믿었기 때문에 이질적인 지식이나 생활 형식들 간의 갈등이 무시되거나 억제되지 않고 오히려 기꺼이 인정되고 실행되어야 한다고 생각했다는 것이다.[6]

그러나 니체가 주장하는 것은 백승영이 해석하고 있는 것처럼 우리의 이성은 실재 자체를 파악할 수 없기 때문에 다른 사람의 견해를 관용하라는 것이 아니며, 또한 이상엽이 해석하고 있는 것처럼 인간의 삶은 다원적인 방식으로 존재할 수밖에 없으니 다른 삶의 방식들도 존중하라는 것도 아니다. 니체는 모든 종류의 관점을 관용하는 다원주의를 주창하는 것이

---

6) 이상엽, 「니체의 관점주의」, 102쪽 참조.

아니라 오히려 우리가 힘에의 의지를 약화시킬 수 있는 관점들을 단호하게 부정하면서 힘에의 의지를 강화할 수 있는 관점들을 정립할 것을 주창하고 있는 것이다.

예를 들어 그리스인들은 다른 종족들을 야만인으로 폄하했고 로마인들은 자신들의 세계관을 유럽 전역에 전파하려고 했지만, 니체는 그들이 겸손하지 않았다거나 다른 삶의 방식들을 인정하지 않았다고 비판하지 않는다. 니체에게는 그리스인들이나 로마인들의 세계관은 그들의 힘에의 의지를 강건하게 만드는 데 기여했기 때문에 그들이 관용을 베풀었든 그렇지 않았든 타당성을 갖는 것이다.

물론 이상엽은 니체가 "다양한 차이들이 평화롭게 공존하는 유형의 다원성이 아니라 그것들이 복잡하게 얽혀 긴장 관계를 유지하고 서로 자극하고 다투는 차원의 다원성을 보여 주려 했던 것이다"라고 말하면서 니체는 관점들 간에 평화로운 공존이 아니라 위계질서가 성립한다고 보았다고 말하고 있다. 즉 니체는 유동적이고 변화하는 것일지라도 관점적 해석들 간에 일정한 위계질서가 있다고 생각했다는 것이며, 이 점에서 이상엽은 들뢰즈와 니체 사이에 차이가 존재한다는 사실을 지적하고 있다.[7] 그리고 이상엽은 니체는 서로 갈등을 이루면서도 조화를 이루는 상태, 즉 다원성을 부정하지 않으면서도 통일성에 이를 수 있는 방안을 관점적 해석들 간의 위계질서를 인정하는 방향에서 찾았다고 본다.[8] 이때 좁은 관점들은 파괴되는 것이 아니라 극복되는 것이다. 니체에 따르면 위계질서는 보다 강한 자의 승리와 보다 강한 자들을 위한 보다 약한 자들의 필수불가결성

---

7) 이상엽, 「니체의 관점주의」, 117쪽 참조.
8) 같은 글, 118쪽 참조.

에 의해 확정된다는 것이다.

이상엽의 이러한 해석은 니체의 인식론에 대한 타당한 해석이지만 니체의 인식론이 과연 이러한 것일 때 우리는 그것을 다원주의라고 부를 수 있을 것인가? 다원주의라는 것은 관점들 간에 대등한 가치와 권리를 인정할 때 성립하는 것이 아닌가? 관점들 간의 위계질서를 말하는 니체의 인식론이 어떻게 해서 포스트모던적 다원주의란 말인가? 이 점에서 니체의 인식론에 대한 이상엽의 해석은 혼란을 빚고 있다고 생각한다. 이상엽은 한편으로는 니체의 인식론을 관점들 간의 대등한 권리를 인정하는 포스트모던적 다원주의라고 보면서도, 다른 한편으로는 니체가 관점들 간의 위계질서를 인정하고 있다고 보는 것이다.

니체가 관점적 해석들 사이의 위계질서를 인정하고 있다고 보면서 이상엽은 니체가 관점적 해석들은 서로 다른 해석들을 그저 인정하는 데 그치는 것이 아니라 자신들이 보다 타당한 해석임을 주장하는 본성을 갖는다고 주장했다고 본다.[9] 그러면서도 이상엽은 관점들 간의 투쟁 과정에서 어떤 관점적 해석은 궁극적 통일성에 대한 강박관념 속에서 통일성을 꿈꿀 수도 있지만, 어떤 관점이 일원적 통일성을 구축하는 상황이 일어나게 된다면 이는 모든 것을 포섭하는 일자의 전체주의적 상황이 일어났음을 뜻하는 것이기 때문에 니체에 따르면 해석의 투쟁을 종결시키는 최고 심급과 포괄적인 규칙이 없으며 있어서도 안 된다고 말하고 있다. 그리고 이상엽은 이러한 생각은 현시대의 포스트모던 사상가들에 의해서 전승되고 있다고 말하고 있다.[10]

---

9) 같은 글, 117쪽 이하 참조.
10) 같은 글, 116쪽 참조.

그런데 이상엽의 이러한 해석에 대해서 우리는 관점들 각각이 자신이 다른 모든 관점을 통일하거나 그것들을 포괄하는 우월한 관점이라고 자신을 내세우지 않는다면 어떻게 관점들 간의 경쟁이 가능한가라는 의문을 제기할 수 있다. 모든 관점이 자신이 여러 관점들 중의 하나일 뿐이라고 생각하면서 다른 관점들을 동등한 것으로 인정할 경우에는 경쟁은 성립하지 않는다. 오히려 모든 관점이 자신의 관점을 다른 모든 것을 능가하거나 포괄하는 최후의 심급으로서 주장하려고 할 때 경쟁은 성립한다.

이상엽의 주장과는 달리 우리는 오히려 니체가 생성 소멸의 세계를 흔쾌하게 긍정하는 영원회귀의 관점을 세계에 대한 최고의 관점으로서 내세웠다고 볼 수 있는 것은 아닌가? 물론 니체는 영원회귀의 관점에 대립되는 그리스도교적인 이원론의 관점을 초인이 지배하는 세계에서 완전히 제거하지는 않는다. 니체는 그리스도교적 이원론의 관점은 초인이 지배하는 세계에서도 힘에의 의지가 허약한 자들에게는 여전히 유용하게 적용될 수 있다고 본다. 이들은 그리스도교적 이원론의 지배 아래에서 신의 지배에 순종하듯이 초인의 지배에 순종하는 인간으로 육성될 것이라는 것이다.

이러한 사실을 고려할 때 우리는 니체의 영원회귀의 관점은 다른 모든 관점을 배제하지는 않더라도 자신의 관점 아래에 하위의 관점들로서 포섭하는 최후의 심급이라고 볼 수 있다. 즉 모든 관점이 힘에의 의지를 얼마나 강화하고 고양시키는지를 기준으로 평가되어야만 할 경우, 니체는 영원회귀 사상이라는 관점을 우리에게 최고의 힘을 보증하는 최종적인 심급으로서 제시했다고 할 수 있는 것이다.

더 나아가 이상엽은 니체에 대한 포스트모던적 해석에 입각하면서 니체가 민주주의를 비판한 것은 민주주의가 과도한 평준화와 균질화를 조장했기 때문이라고 말하고 있다. 민주주의는 과학적 이성과 자본의 논리에 의해서 인간 삶을 획일화하고 평준화하면서 다양한 관점들을 인정하지 않는다는 것이다.[11] 그러나 니체가 민주주의를 비판하는 주요한 이유는 민주주의가 다원성을 부정한다는 데 있다기보다는 민주주의가 인간 평등의 이름 아래 인간들 간에 차등을 인정하지 않음으로써 자신을 고양시키려는 인간들의 노력을 자극하지 않으면서 인간들을 허약하게 만들고 있다는 데 있다.

더 나아가 과학과 예술의 관계에서도 니체는 과학과 예술의 가치를 동등하게 인정하는 다원주의의 관점을 취하는 것이 아니라 양자 사이의 위계질서를 강조하고 있다. 따라서 니체가 과학을 비판하는 가장 주요한 이유는 이상엽처럼 "과학이 여러 유형의 합리성들 중 하나일 뿐인데도 마치 합리성 그 자체로 생각하고 있다는 데 있다"[12]는 데 있다기보다는, 과학이 한갓 생존을 유지하는 데 그치는 가상을 제공할 뿐이고 예술적인 가상처럼 삶을 고양시키는 새로운 의미를 제공하지 못한다는 데 있다.

김정현도 백승영이나 이상엽과는 다른 맥락에서 데리다와 사라 코프만(Sarah Kofman)의 니체 해석을 원용하면서 니체가 존재의 비결정적 복수성의 사유를 주창했다고 보고 있다. 즉 김정현은 니체의 진리관은 이성·남성·문명·초월적 세계에 의해서 배제되고 억압되고 거세된 타자성의 세계, 즉 감성·여성·자연·대지의 세계에 대한 복권을 시도하고 있다고 보면서 니체의 철학적 작업은 존재론적인 이성중심주의에 의해 억압된 '타자성의 발굴 작업'이라고 평하고 있다.[13] 이 점에서 김정현은 니체를 주관주

---

11) 이상엽, 「니체의 관점주의」, 123쪽 참조.
12) 같은 글, 113쪽 이하.
13) 김정현, 「니체와 페미니즘: 데리다와 코프만의 진리 담론을 중심으로」, 『철학』 67권, 2001, 81쪽 참조.

의 형이상학의 정점으로 보는 하이데거와는 달리 니체를 차이의 철학으로 해석하는 데리다의 해석에 찬동하면서 니체가 존재의 차이와 비결정성, 진리의 복수성, 문체의 유희를 긍정한다고 본다.[14]

김정현은 니체가 지향하는 인간은 차이와 다양성, 상호성과 관용성, 고뇌하는 책임성과 보살핌(배려)의 부드러운 마음을 가진 자라고 보고 있으며,[15] 이 점에서 니체의 철학이 서양 철학의 이념이 타자를 자아 중심적이고 이성 중심적으로 동화하고 환원하면서 타자를 실질적으로 배제하는 전체주의 철학과 존재론적 제국주의의 성격을 지니고 있다고 비판하는 레비나스의 철학과 상통한다고 본다.[16]

그런데 과연 니체는 타자성을 구체적으로 어떻게 발굴하고 있는가? 니체가 여성을 긍정적으로 평가하고 있다는 김정현의 주장은 논외로 치고 니체는 오늘날 대표적인 소수자로 꼽히고 있는 동성애자들이나 소수민족들을 적극적으로 대변한 적이 있던가? 니체는 실로 유대인들에 대해서는 긍정적으로 평가하고 있지만 당시 서양에 의해서 억압받던 중국인들을 비롯한 아시아인들에 대해서는 과연 긍정적으로 말하고 있는가?

물론 니체가 이성과 감성, 정신과 신체를 서로 결합하려고 한다는 것은 사실이다.[17] 그러나 이러한 작업과 구체적인 여성과 소수자 집단의 권리를 회복하는 것은 별개의 문제다. 니체가 이성과 감성, 정신과 신체를 결합하려고 하는 것은 그동안 이원론적인 인간관에 의해서 인간의 건전한 감정과 충동이 억압되었고 그 결과 인간은 약화되고 병들게 되었다고 보

---

14) 김정현, 「니체와 페미니즘」, 92~95쪽 참조.
15) 같은 글, 87쪽 참조.
16) 같은 글, 100쪽 참조.
17) 같은 글, 79쪽 참조.

기 때문이다. 니체가 역점을 두고 있는 것은 타자성을 발굴하고 소수자들을 변호하는 것이 아니라 인간의 힘을 강화하고 건강하게 하는 데 있는 것이다.

그리고 니체는 인간의 힘을 강화하고 건강하게 하는 것은 타자성을 발굴하고 소수자들을 보호함으로써가 아니라 오히려 인간들 사이의 불평등을 인정하고 인간들 사이의 거리의 파토스를 강화하는 것에 의해서 가능하다고 본다. 다시 말해서 니체는 노예제까지도 긍정할 정도로 위계질서를 강조하는 사상가인 것이다. 니체는 이렇게 말하고 있다.

나의 철학은 위계질서에 맞추어져 있지 개인주의적 도덕에 맞추어져 있지 않다. [……] 내가 골똘히 생각하는 문제는 한 사람이나 다른 사람 또는 모든 사람에게 베풀 수 있는 자유의 정도가 아니라 한 사람이 또는 다른 사람이 다른 사람들에게 또는 모든 사람에게 행사해야 하는 권력의 정도다.[18]

다원주의는 상대방에 대한 겸손을 전제한다. 그러나 니체에게 관용은 힘이 강한 자가 자신의 힘을 힘이 약한 자들에게 단순히 베풀어 주는 것이다. 이러한 종류의 관용은 상대방에 대한 존중과 애정에 입각해 있다기보다는 강한 자가 약한 자에게 베푸는 시혜에 가깝다.

채권자는 좀 더 부유해질수록 좀 더 인간적이 되었다. 결국은 괴로움을

---

18) 프리드리히 니체, 『유고(1885년 가을~1887년 가을)』, 니체전집 19권, 이진우 옮김, 책세상, 2006, 343쪽.

겨지 않고 얼마나 그 침해를 견딜 수 있는가 하는 것이 그의 부유함을 재는 척도이기도 하다. 그 사회의 가해자를 처벌하지 않고 내버려 두는 것. [……] 그때 사회는 '내 기생충이 도대체 나와 무슨 상관이 있다는 말인가? 살면서 번성하도록 놓아 두자. 내게는 아직 충분한 힘이 있다!'고 말할 것이다.[19]

이런 의미에서 우리는 니체가 지향하는 인간상은 여성적인 사랑과 배려심으로 가득 찬 사람이 아니라 남성적인 강건한 힘으로 가득 찬 사람이라고 할 수 있다. 니체가 회복하려고 하는 정신은 포스트모던적인 다원주의의 정신이 아니라 그리스적이고 로마적인 강건한 정신인 것이다. 신경원이 말하는 것처럼 니체나 데리다가 생성의 참된 모습으로 격상시킨 여성은 상징적인 개념으로 사용되었을 뿐이지 실제적인 삶에서의 여성은 아니다. 그러한 여성은 니체와 데리다가 창조한 허구적 존재이며 수사적 은유일 뿐이다.[20]

김정현은 아래의 인용문에 입각하여 니체가 전통 형이상학이 여성과 여성이 상징하는 생성의 실재와 본능적인 충동과 열정을 가두어 두어야만 하는 것으로 취급했다고 보면서 니체는 여성과 여성이 상징하는 것들을 참된 실재로서 존중할 것을 요구하고 있다고 말하고 있다.

여성들은 이제까지 남성들에 의해 어떤 높은 곳에서 그들에게로 잘못 내

19) 프리드리히 니체, 『도덕의 계보』, 니체전집 14권, 김정현 옮김, 책세상, 2002. 415쪽 이하.
20) 신경원, 「니체의 진리, 삶, 심연과 여성 은유」, 『영미문학페미니즘』, 10권 1호, 2002, 174쪽 참조.

려온 새처럼 취급되어 왔다. 보다 섬세하고 상처받기 쉬우며, 거칠고, 경이로우며, 감미롭고, 영혼이 넘치는 것으로서, ── 그러나 달아나지 않도록, 가두어 두어야만 하는 어떤 것으로.[21]

그러나 이 인용문에 바로 이어지는 단편에서 니체는 여성에 대한 동양적 태도를 찬양하고 있다. 즉 니체는 "호머 때부터 페리클레스 시대에 이르기까지 문화와 힘이 미치는 범위가 넓어짐에 따라 여성에 대해서도 한 걸음 한 걸음씩 더욱 엄격해지고 간략히 말해 동양적이 되어 버렸다. 이것은 얼마나 필연적이며, 논리적이고, 그 자체로 인간적으로 바람직한 것이었던가"라고 말하고 있는 것이다.[22] 이런 맥락에서 볼 때 위의 인용문을 여성에 대한 존중을 말하는 것으로 보는 것은 오해라고 할 수 있다.

아울러 우리는 김정현이 니체가 생성의 실재 자체를 여성적인 것으로 보았다는 근거로 제시하는 위의 인용문도 김정현이 말하는 것처럼 생성의 실재를 그대로 인정하고 존중하라는 의미로 해석되어서는 안 된다고 본다. 니체가 형이상학적인 독단론자들을 비판하는 것은 그들이 생성의 실재를 지배하려고 했기 때문이 아니라 오히려 그들의 힘에의 의지가 약했기 때문에 여성과 여성이 상징하는 생성의 실재를 두려워하면서 그것들을 부정하고 억압하는 방식으로 대응했기 때문이다. 그러나 여성과 여성이 상징하는 생성의 실재는 그러한 부정과 억압에 의해서 길들여지지 않는다. 오히려 여성을 길들이기 위해서 남성은 제대로 강해져야 한다. 따라서 니체가 여성과 여성이 상징하는 것들에 대해서 우리가 취해야 할 태도

---

21) 니체, 『선악의 저편』, 237절.
22) 같은 책, 같은 곳.

로서 요구하는 것은 충일한 힘으로 그것들을 지혜롭게 지배하는 것이다.

니체가 전통 형이상학이 참된 실재를 영원불변한 초감성적인 가상에서 찾으면서 그것을 기준으로 하여 생성의 실재를 억압하고 있다고 비판하고 있는 것은 사실이다. 그러나 니체는 그렇다고 해서 생성의 실재를 그대로 받아들이고 존중하라고 주장하는 것은 아니다. 니체는 생성의 실재를 우리 자신의 강화를 위한 계기로서 변용할 것을 요구한다. 니체는 전통 형이상학이 생성의 실재를 억압한 것은 그것이 힘에의 의지가 약해서 생성의 실재를 자신의 강화를 위한 계기로서 변용할 수 있는 능력이 없었기 때문이라고 본다. 우리는 어떤 것이 우리에게 스스로 굴복할 수 있도록 다스릴 수 있는 능력이 결여되어 있을 때 그것을 부정하고 억압하려고 한다는 것이다.

"여자에게 갈 때는 채찍을 가지고 가라"라는 말은 니체의 유명한 말이지만 이렇게 말하면서 니체가 염두에 두고 있는 여성상은, 생성으로서의 실재를 여성에 비유할 때 니체가 염두에 두고 있는 여성상과 모순되는 것은 아니다. 니체는 생성으로서의 실재를 여성과 비유할 때도 그것을 단순히 용인하고 존중하는 것을 넘어서 그것에게 우리 자신의 독자적인 스타일을 부여해야 한다고 말하고 있는 것이다. 즉 우리는 그것을 부정하고 억압하는 것이 아니라 그것을 독자적인 방식으로 변용함으로써 우리의 힘을 강화시켜야 한다는 것이다.

> [……] 자신의 성격에 '스타일을 부여하는 것'은 — 위대하고 희귀한 예술이다. [……] 고유한 법칙하에서 행해지는 그러한 강제력, 그러한 구속력과 완성 안에서 지극히 섬세한 기쁨을 누리는 것은 강력하고 지배욕에 불타는 천성을 지닌 사람들일 것이다.[23]

따라서 니체는 전통 형이상학이 어떤 틀을 생성의 현실에 부과한다는 데에 문제가 있다고 보는 것이 아니라, 그것이 힘에의 의지가 약하기 때문에 생성의 현실을 억압하고 부정하는 서투른 틀을 부과하고 있다는 데에 문제가 있다고 본다. 이런 맥락에서 우리는 니체가 주창하는 것은 인간의 고양과 강화이며, 여성적인 부드러움이 아니라 그 어떠한 고통과 고난도 자신의 강화를 위한 창조적인 계기로 변용할 정도로 충일한 남성적인 강함이라고 할 수 있다.[24]

2) 후기 하이데거의 니체 해석의 정당성: 후기 하이데거의 진리론을 중심으로

주지하듯이 하이데거는 니체의 진리 개념이야말로 존재망각의 극단이라고 보고 있다. 하이데거의 이러한 견해에 반해서 백승영은 오히려 니체가 서양 형이상학의 존재망각을 고발하고 있다고 보면서 서양 형이상학에서 일어난 존재망각의 원인을 이성의 자기 과대평가에서 찾고 있다. 이와 함께 백승영은 니체의 형이상학 극복 선언은 곧 존재망각으로서의 형이상학 극복 선언이 된다고 말하고 있다.[25] 동일한 맥락에서 백승영은 또한 니체가

---

23) 니체, 『즐거운 학문』, 290절.
24) 니체를 포스트모던 다원주의의 선구자로 보려는 해석과 관련해서는 그러한 해석에 대한 볼프강 벨쉬(Wolfgang Welsch)의 다음과 같은 비판을 고려할 필요가 있다고 여겨진다. 벨쉬는 이렇게 말하고 있다. "니체를 무조건 포스트모던의 선구적 사상가로 내세우려 하면 그를 지나치게 혹사시키는 결과를 낳는다. 니체는 모던의 다원론을 결코 긍정적으로 생각하지 않는다. 그에게 이러한 다원론은 모던적 데카당스의 현상일 뿐이다. 오히려 그는 새로운 총체성을 향해서 돌진해야 한다고 생각한다"(볼프강 벨쉬, 『우리의 포스트모던적 모던 2』, 박민수 옮김, 책세상, 2001, 465쪽).
25) 백승영은 하이데거의 니체 해석이 편집본 『힘에의 의지』가 니체 철학의 주저라는 견해에 근거하여 이루어진 것이었다고 비판하면서 하이데거가 니체의 유고를 보지 못한 데서 하이데거의 니체 해석의 오류가 생긴다고 말하고 있다(백승영, 『니체, 디오니소스적 긍정의 철학』, 395

말하는 초인을 존재의 비밀에 대해 머리를 숙이는 존재로 간주하고 있다.[26]

그런데 하이데거가 말하는 존재망각이 백승영이 말하는 것처럼 이성의 과대평가에서 비롯되는 것으로 파악될 경우에는 니체뿐 아니라 칸트처럼 인간 이성의 유한성을 말하는 모든 철학자는 존재를 망각하지 않은 것이 된다. 하이데거가 말하는 존재망각에 대한 백승영의 이러한 파악은 하이데거의 존재망각 개념에 대한 오해라고 여겨진다.

그리고 이러한 오해에 입각하여 백승영이 니체야말로 존재를 망각하지 않은 사상가라고 말할 때에, 백승영은 우리가 앞에서 이미 지적한 것처럼 서양 형이상학에 대한 니체의 비판이 무엇을 겨냥하고 있는지에 대해서 잘못 짚고 있는 것은 아닌가 한다. 니체가 고발하고 싶은 것은 서양 형이상학이 실재 자체를 인식하려고 했다는 것이 아니라 서양 형이상학이 생성과 신체를 부정함으로써 인간을 병적인 존재로 전락시키고 인간의 생명력을 약화시켰다는 것이다. 그리고 서양 형이상학에 대한 니체의 이러한 비판은 인간의 유한성을 인정하고 실재 자체의 파악 불가능성을 주장하는 칸트 철학에 대해서도 해당된다.

쪽 참조). 그러나 하이데거에 대한 이러한 비판은 타당하지 않다. 하이데거는 편집본 『힘에의 의지』가 큰 문제를 가지고 있다는 사실을 잘 알고 있었다. 따라서 니체에 대한 그의 강의록들을 보면 그는 이 편집본을 대단히 신중하게 사용하고 있음을 잘 알 수 있다. 하이데거는 편집본에 대해서 이렇게 말하고 있다. "1906년 이래 오늘날 존재하는 책은 이 단편들이 처음에 쓰인 순서나 고쳐 쓴 순서에 따라 편집된 것이 아니라, 편집자들의 불투명하고 근거가 불확실한 계획에 따라서 짜 맞추어진 것이다"(하이데거, 『니체 Ⅱ』, 45쪽).

26) 이와 함께 백승영은 하이데거가 존재에 대해서 말하고 인식하려고 한다는 점에서 전통 형이상학과 마찬가지로 인간의 이성을 과대평가한다고 보는 셈이 된다. 그러나 하이데거는 존재의 은닉에 대해서 말하고 있다. 그리고 이는 칸트가 말하는 것처럼 존재가 인간의 인식 대상이 될 수 없다는 것을 말할 뿐 아니라 존재가 갖는 무궁함과 심원한 깊이를 가리킨다고 할 수 있다. 그러나 하이데거는 존재는 인간의 인식 대상은 될 수 없어도 근본기분을 통해서 인간에게 자신을 드러낸다고 본다.

서양 형이상학의 극복과 관련하여 니체가 지향하는 것은 사람들로 하여금 불가해한 실재 자체와 타인들의 다양한 관점들에 대해서 겸손한 태도를 취하도록 하는 것이 아니라 건강하고 고귀한 힘을 회복하게 하는 것이다. 니체는 카이사르나 나폴레옹을 높이 평가하지만, 이는 이들이 인간의 유한성을 깨닫고 존재의 비밀에 머리를 숙이고 타인들의 다양한 견해에 대해서 겸손했기 때문이 아니라 이들이 건강하고 기품 있는 힘을 갖고 있었기 때문이었다.

백승영은 이렇게 말하고 있다.

이러한 차이점은 감각을 배제한 순수 사유 작용을 통해서 이데아에 대한 지식을 지닐 수 있다고 말하는 플라톤, 존재에 대한 직접적인 이성적 파악이 가능하다고 말하는 아리스토텔레스, 표상하고 생각하는 실체로서의 '나'를 '근저에 놓여 있는 것'으로 제시하는 데카르트 이후의 형이상학과 니체의 형이상학을 분명하게 구분 짓는 것이기도 하다. 이 차이점에서 우리는 '니체가 존재를 망각하는 서양 형이상학을 완성한다'는 하이데거의 견해가 정당하지 않음을 알 수 있다. 이 차이점의 근거는 이성의 능력과 권한 자체에 대한 니체의 한계 설정에 놓여 있다. 간단히 말하면 니체에 의하면 인간은 표상하고-생각하는 주체가 아니라 가치를 창조하고-해석하는 주체다.[27]

그러나 백승영의 이러한 해석과 달리 하이데거는 니체가 인간은 표상하고-생각하는 주체가 아니라 가치를 창조하고-해석하는 주체라고 주장

27) 백승영, 『니체, 디오니소스적 긍정의 철학』, 133쪽.

하고 있다는 사실을 잘 알고 있다. 그리고 하이데거는 바로 이 때문에 니체의 철학을 서양 형이상학의 완성이자 서양 형이상학을 규정해 온 인간 중심주의의 정점이라고 본다. 하이데거가 니체의 철학을 이렇게 평가하는 것은 또한 니체의 철학이 백승영이 아래에서 말하고 있는 것과 같은 성격을 갖고 있기 때문이다.

백승영은 이렇게 말하고 있다.

해석자의 인식의지가 생기로서의 세계에 형식을 제공하고, 그 세계를 범주화하고, 변경하고, 논리화하여 자신의 의미 세계를 창조하기 때문이다. 인간의 모든 지적 활동은 예외 없이 이런 특징을 갖는다. 해석인 것이다. 철학적 해석 활동 역시 의미 세계를 창조하는 해석 활동이다. 니체는 이런 해석 활동이 철학의 '본질'이라고 생각한다. 철학이 해석이고 해석일 수밖에 없는 것인 한, 철학은 수학 이론처럼 객관적으로 타당한 개념들의 체계를 구성해 낼 수 없다. 니체는 의미 세계를 조직하고 창조하는 이런 해석 활동 일반을 예술이라고 부른다.[28]

인간의 삶. 이것은 니체에게서 가치의 유일한 척도이자, 그 자체로는 더 이상의 다른 정당화를 필요로 하지 않는 마지막 척도로 제시된다.[29]

하이데거야말로 백승영의 이러한 니체 해석을 그대로 받아들일 것이다. 그러나 하이데거는 백승영이 서술하고 있는 니체의 인식론의 바로 그

---

28) 백승영, 『니체, 디오니소스적 긍정의 철학』, 106쪽.
29) 같은 책, 107쪽 이하.

러한 성격 때문에 니체의 사상을 인간중심주의라고 본다. 이는 니체가 인간 인식의 본래적인 기능을 존재자들에 대한 모든 종류의 지배의지에서 벗어나 존재자들로 하여금 자신의 진리를 드러내도록 돕는 것이 아니라 인간의 힘에의 의지를 강화하기 위해서 자신의 해석을 존재자들에게 부과하는 데서 찾고 있기 때문이다. 이와 같이 니체의 철학을 인간중심주의의 극단으로 보는 하이데거의 니체 해석은 백승영이 말하는 것처럼 니체 철학에 대한 오해에 입각한 것이 아니다.

니체의 철학을 서양 형이상학의 완성으로 보는 하이데거의 해석은 하이데거가 서양 형이상학의 역사와 니체의 철학이 서양 형이상학의 역사에서 차지하는 위치를 니체와는 전혀 다르게 파악하고 있는 데서 비롯된다. 다음에서 우리는 서양 형이상학의 역사와 니체 철학이 서양 형이상학의 역사에서 차지하는 위치에 대한 하이데거의 해석을 하이데거의 진리론을 중심으로 살펴보면서, 후기 하이데거의 니체 해석이 나름의 정당성을 가지고 있다는 사실을 살펴볼 것이다.

(1) 본질 파악의 진리에 대한 하이데거의 해석

하이데거는 진리의 본질에 대한 고찰을 본질이란 무엇인가에 대한 고찰에서부터 시작하고 있다. 즉 그는 진리의 본질이란 문제를 본질의 진리에 대한 문제를 실마리로 하여 고찰하는 것이다.

우리는 흔히 본질을 어떤 특정한 종류의 사물들에 공통되고 그것들에 대해서 타당한 것으로 생각한다. 그러나 하이데거는 예를 들어 탁자의 본질에 해당하는 것은 그것이 많은 현실적인 탁자들과 가능한 탁자들에 공통되며 그것들에 대해서 타당하기 때문에 본질인 것이 아니라 오히려 탁자의 본질은 그것이 본질이기 때문에 탁자들에 공통되며 그것들에 대해

타당하다고 말하고 있다. 다시 말해서 많은 개별적인 것들에 공통되어 있고 그것들에 대해서 타당한 것이라는 성격은 본질의 본래적인 성격이 아니라 '기껏해야' 본질의 하나의 결과일 뿐이라는 것이다.

'기껏해야'(Allenfalls)라고 말하는 것은 우리는 어떤 종류의 사물들의 본질뿐 아니라 플라톤이나 프리드리히 대왕과 같은 일회적이고 유일한 인간의 '본질'에 대해서도 말할 수 있기 때문이다. 물론 그렇다고 해서 본질이 다수의 것에 대해 타당한 성격을 갖는다는 주장이 틀린 것은 아니다. 분명한 것은 본질은 다수의 것에 타당하기 때문에 본질이 아니라 오히려 본질이기 때문에 많은 개별적인 것들에 타당할 수 있다는 것이다.[30]

어떤 것의 본질은 우리가 '이것은 무엇인가'라고 물을 때 우리가 찾는 답이다. 즉 본질이란 존재자의 무엇임(Was-sein)이다. 무엇임은 존재자에서 지속적으로 현존하는(ständig anwesend) 것이다. 예를 들어 다양한 집들에서 지속적으로 존재하는 것은 그것들의 무엇임이며 이 무엇임(Wassein)이 존재자의 본질에 해당한다.

하이데거에 따르면 '존재하는 것' 자체를 그리스인들은 항존적인 것, 자체-내에-존립하는 것으로 경험했던바, 이것은 쇠퇴하고 붕괴하는 것에 대립하는 것이다. 그리스인들은 존재하는 것을 단순히 생겨났다가 다시 사라져 가는 변화에 대립하여 영속적인 것이라는 의미에서의 항존적인 것으로서 경험하였다. 이 경우 존재자의 존재자성은 자체-내-존립과 지속이라는 이중적인 의미에서의 항존성이다. 이러한 항존성은 혼돈이라는 형태화되지 않은 모든 것에 대립하여 자체 내에 형태를 정립한다. 이렇게 항존적이고 그 자체 내에서 형태화되는 것은, 한계에 의해서 규정되지 않고 부

---

30) *HG* vol.45, p.60 이하 참조.

유할 뿐인 모든 것에 대립하면서 자신의 윤곽과 경계를 개진한다.

존재자는 이렇게 언급된 규정들과 그 규정들의 공속성에 따라서 자신을 드러내 보이는 것이다. 즉 그것은 은닉된 것에 대항하면서 자신을 현출시키는 비은닉된 것이다. 이러한 비은닉성, 즉 알레테이아(ἀλήθεια)가 항존성, 형태와 한계라는 존재자의 존재자성에 대한 모든 규정들을 관통하고 지배한다. 하이데거는 그리스 사상가들이 물었던 유일무이한 물음은 '존재자란 무엇인가'라는 것이었다고 말하면서 그리스인들이 이에 대한 결정적 대답으로서 제시한 것은 '존재자는 알레테이아다'라는 것이었다고 말한다.[31]

그리스인들이 본질을 어떤 것의 무엇임으로서 이해한 이유는 그들이 위와 같이 존재자의 존재(οὐσία, 우시아)를 '항존적으로 현존하는 것으로서' 그리고 그렇게 현존하는 것으로 자기를 드러내 보이는 것으로서 이해했기 때문이다. 이와 같이 존재를 항존적으로 자기를 개시하고 내보이는 현존성으로서 이해할 경우에만 존재자의 존재를 무엇임으로 해석할 수 있다. 그리스인들은 이렇게 존재를 항존적인 현존으로 이해했기 때문에, 오늘날 우리가 통상적으로 존재자의 존재라고 부르는 존재자의 현실적인 존재는 존재자의 존재에 조금도 속하지 않는 것으로 생각했다.

예컨대 하나의 책상이 실제로 우리 눈앞에 있다는 것은 그리스인들에게는 책상의 본질에 속하지 않는다. 오히려 존재자의 본질은 이러한 현실화를 통해 제한되고 순수성을 잃게 되며 이와 함께 어떤 의미에서 보편성을 상실하게 된다. 책상의 본질은 이러한 개별적인 책상을 통해서 그것의 모든 가능성과 변양에서 완전하게 실현되는 것이 아니라 오히려 제한을

---

31) *Ibid.*, p.130 이하 참조.

받게 된다. 그리스-플라톤적으로 생각했을 때, 개별적인 책상은 물론 무는 아니지만, 본질과 관련해서 볼 때는 항상 하나의 일면화(Vereinseitigung) 에 불과하기 때문에 본래적으로는 존재하지 않는 것(μή ὄν, 메온)이다.[32]

그리스인들에게 진정한 의미에서 존재하고 있는 것은 지금 여기에 존재하는 특정한 이것이 아니라 이러한 개별자들의 무엇임이다. 하이데거는 아리스토텔레스 또한 이러한 의미에서 기본적으로 플라톤적이고 그리스적이라고 말하고 있다. 집의 무엇임, 즉 지속적인 것은 개별적인 집들에 앞서서 이미 그리고 필연적으로 발견된다. 보는 작용은 그리스어로는 이데인(ἰδεῖν)이라고 불리며, 보이는 것은 이데아(ἰδέα)라고 불린다. 존재자들의 무엇임(das Wassein)은 이데아이며, 이데아를 보다 정확하게 그리고 보다 그리스적으로 사유하면 바로 어떤 것이 드러낸 외관을 의미하는 에이도스(εἶδος)가 된다. 이렇게 개별자들에 앞서서 지속적으로 발견되고 있지만 특별하게 주목되지 않는 것을 우리가 이미 이해하고 있을 경우에만 우리는 구체적인 존재자들과 관계할 수 있다.

다시 말해서 우리가 집의 무엇임을 이미 이해하고 있을 경우에만 우리는 문을 문으로서 그리고 계단을 계단으로서 이해하면서 사용할 수 있다. 즉 본질에 대한 앎은 다른 모든 앎과 확정 그리고 정초에 선행한다. 하나의 집 안을 둘러보는 것을 비롯하여 집에 거주하면서 우리가 취하는 행동 방식들은, 집이 무엇인지에 대한 앎이 우리를 인도해 주지 않았다면 전혀 불가능하다. 따라서 모든 개별적 앎과 행동을 인도하는 것, 즉 본질에 관한 앎은 그것이 갖는 지위에 걸맞게 정초되어야 한다. 즉 본질에 관한 앎의 정초는 그것의 지위에 상응하는 가능한 최상의 정초 형태를 요구한다.

---

32) *HG* vol.45, p.69 참조.

본질, 즉 이데아는 통-찰된다. 통-찰하는 것(Er-sehen)은 끄집어-내는 것(Hervor-bringen)이고, 빛 아래에 가져오는 것이며, 시야 안으로 가져오는 것이다. 그런데 끄집어-내는 것은 끄집어-내어지는 것에 근거하면서 통-찰된 것을 근거로서 정립한다. 이렇게 본질을 통-찰하는 것은 그 본질을 근거 짓는(begründen) 어떤 작업도 허용하지 않는다. 왜냐하면 본질 그 자체가 근거이기 때문에 그것을 근거 짓는 작업은 본질의 품격에 어울리지 않기 때문이다.[33]

'근거 지음'은 항상 눈앞에 있는 것에 입각하면서 어떤 진술이 올바른지를 평가하는 것이다. 즉 근거 지음은 진리를 표상의 올바름과 진술의 올바름으로 보는 특정한 종류의 진리관에 입각해 있다. 따라서 본질에 대한 모든 파악과 정립이 근거 지어질 수 없다면, 그 이유는 근거가 발견될 수 없기 때문이 아니라 근거 지음 일반이 본질을 파악하고 정립하는 것을 충분히 정당화할 수 없기 때문이다. 이렇게 본질을 파악하는 것이 모든 종류의 근거 지음을 거절한다면, 본질에 대한 파악에 속하는 진리와 본질에 대한 파악에서 비롯되는 진리도 표상이나 진술의 올바름일 수는 없다. 오히려 진술의 올바름과는 다른 종류의 진리가 본질을 파악하는 것에 속해야 한다. 따라서 본질의 진리에 대해 숙고하는 것은 본질을 파악한다는 것이 무엇이고 그것이 어떻게 정당화될 수 있는지에 대해 숙고하는 것이고 이는 진리의 본질에 대해서 숙고하는 것이다.

본질을 파악한다는 것은 본질을 끄집어-내는 것(Hervor-bringen)이며 이는 그리스적인 의미에서 앞으로-꺼내어 놓음(Hervor-holen)이다. 즉 그것은 은닉된 상태로부터 비은닉성 안으로 현출시키는 것이다. 본질 파악의

---

33) *Ibid.*, p.96 참조.

'진리'는 그리스적으로 생각해 보면 존재자의 무엇임의 비은닉성이다. 비은닉성, 즉 존재자의 보임(Gesichtetheit)은 플라톤식으로 말하면 이데아다. 비은닉되어 있는 것으로서의 존재자는 존재자 자체의 현출(Aufgang)과 관련하여, 즉 존재자의 피시스와 관련하여 파악되고 있다. 그리스적으로 경험된 존재자는 그 자체로 피시스, 즉 현출이기 때문에 존재자 자체에는 알레테이아, 즉 비은닉성이 속한다. 그 때문에 존재자를 파악하는 것은 탈은닉하는 것(은닉성으로부터 끄집어내는 것)이어야 한다. 이 모든 것에서 우리는 그리스인들에게 진리란 존재자 자체의 성격이라는 사실을 알 수 있다.

앞에서 이미 언급한 것처럼 개별 존재자에 대한 모든 지식과 인식은 본질에 대한 지식에 근거하고 있다. 그리고 개별 존재자에 대한 인식은 개별 존재자를 표상하는 행위로서 그 존재자와 일치하는 것을 목표한다. 그런데 개별자에 대한 인식이 본질에 대한 인식에 근거한다면, 개별자에 대한 인식의 진리조차도, 다시 말해서 판단이나 진술의 올바름(Richtigkeit)조차도 본질에 대한 인식의 진리에 근거하는 것이 된다. 따라서 진술과 존재자와의 일치(ὁμοίωσις, 호모이오시스)로서의 진리는 그 근거를 알레테이아로서의 진리에 가지고 있으며, 즉 존재자의 존재인 본질의 현출(Hervorkommen, 顯出)에 갖는다.[34]

존재자의 비은닉성은 존재자 자체가 가려져 있지 않고 감추어져 있지 않다는 것, 즉 열려 있다는 것을 말한다. 따라서 존재자의 열려 있음(Offenheit)이 진술의 올바름을 가능하게 하는 근거다. 그리스인들은 존재자의 이러한 열려 있음을 이미 알고 있었다. 그리스인들에게 참된 것은 이미 비은닉되어 있는 것이고 진리는 존재자의 비은닉성과 같은 것이었기

---

34) *HG* vol.45, p.97 참조.

때문에, 그들에게는 명제와 표상 행위가 존재자에 일치할 수 있다는 것은 아무런 문제가 될 수 없었다. 따라서 그들은 또한 중세의 형이상학이나 근세의 형이상학처럼 신이나 초월론적 통각과 같이 존재자와 진술의 일치를 근거 짓는 것을 따로 필요로 하지도 않았다. 그러한 진술과 존재자의 일치는 알레테이아로 인해서 저절로 일어나는 것이다. 따라서 그리스인들은 진술의 올바름이 그것의 본질 근거로서 존재자의 열려 있음을 요구한다는 사실을 알고 있었다.[35]

(2) 알레테이아의 망각

알레테이아는 라틴어로는 베리타스(veritas)로, 독일어로는 바르하이트 (Wahrheit)로 번역되었지만, 이러한 말들에서는 그리스인들이 진리를 알레테이아라고 불렀을 때 이미 통찰했고 경험했던 것이 조금도 연상되지 않는다. 알레테이아라는 말이 의미하는 것은 알레테이아가 베리타스로 번역되면서 진술의 올바름이 되었다. 이와 함께 그리스인들이 진리의 근원적 본질로서 통찰하고 경험했던 것은 더 이상 타당하지 않게 되었고 파묻히게 되었다. 이제 사람들은 진리의 장소를 존재자 자체에 있다고 생각하지 않고 지성과 진술에 존재한다고 생각하게 된다.[36] 진리는 판단하는 지성 (intellectus)의 올바름이라는 학설이 근대적 사유에서 자명한 것이 되면서, 근대적 사유에 대한 가장 위대한 적대자인 니체조차도 그러한 학설을 조금도 흔들지 못했으며 오히려 진리에 대한 자신의 학설의 토대로 삼았다.[37]

---

35) *Ibid.*, p.98 이하 참조.
36) *Ibid.*, p.97 이하 참조.
37) *Ibid.*, p.102 이하 참조.

그리스인들은 진술의 올바름의 근거로서의 비은닉성에로 소급해 가기 위해서 진리의 본질을 우선 진술의 올바름으로 정립한 것은 결코 아니었다. 오히려 그들은 우선 존재자의 비은닉성을 경험했으며 이러한 경험에 근거하여 진리도 진술의 올바름으로 규정했다. 그들은 알레테이아를 염두에 두면서 진술이 존재자와 일치할 수 있는 가능성과 필연성을 통찰했던 것이다. 그러나 그들은 진술의 올바름의 근거 자체인 알레테이아에 대해서는 묻지 않았다. 알레테이아는 그들에게 의문의 여지가 없는 것으로 남아 있었다. 그들은 비은닉성으로서 진리의 본질의 힘 아래에 그저 존재했다.

　　따라서 훗날 알레테이아가 베리타스로 번역되고 진술의 올바름으로 해석되었기 때문에 알레테이아에 대한 본질적 앎이 상실된 것이 아니라 오히려 그 반대다. 그리스인들이 존재자를 알레테이아로서 경험하면서도 그러한 알레테이아의 본질과 기원에 대해서 묻지 않았기 때문에, 이러한 번역이나 재해석이 기도될 수 있었고 나중에 우세하게 될 수도 있었던 것이다. 존재자들의 비은닉성으로서 진리의 본질에 대한 앎은 위대한 그리스 시대에는 모든 행위와 창조 그리고 모든 사유와 말이 존재자들의 비은닉성에 의해서 규정되는 방식으로 이루어졌을 뿐 비은닉성으로서의 진리의 본질은 문제되지 않았다.

　　그런데 그리스 시대 이후에도 존재자, 즉 'ens'가 'verum'(참된 것)으로 파악되고 또 스콜라철학에서 그리고 부분적으로는 근대철학에서 지성(intellectus)의 '논리적' 진리와 구별하여 어떤 '존재론적' 진리에 대한 논의가 있다고 해도, 이러한 논의는 확실히 그리스 철학의 전승에 의존하고는 있지만 그리스적으로 사유되고 있는 것은 절대로 아니다. 'verum'은 비은닉된 것을 의미하지 않고, 오히려 'omne ens est verum', 즉 모든 존재자는 참되다는 것을 의미한다. 왜냐하면 존재자는 창조주인 신에 의해, 다시 말해서 무오류의 절대정신인 창조주에 의해서 미리 필연적으로 참되게 사유되고 있기 때문이다.

중세적인 사유와 근대적인 사유는 진리를 진술과 인식의 올바름으로 보는 견해에 입각하고 있는데, 이는 '존재론적 진리'가 논의되는 경우에도 마찬가지다. '존재론적'으로 참된 것은 신의 그 자체로 절대적으로 참된 사유에 대응하는 것이며, 그리스적인 의미에서 은닉되지 않은 것이 아니라 절대적으로 올바른 것인 신적인 지성(intellectus divinus)이다. 이는 모든 전승된 존재론은 사유와 사유의 진리인 올바름을 실마리로 하여 존재자로서의 존재자(ens qua ens)를 규정하고 있다는 것을 의미한다.[38]

그런데 그리스인들은 왜 알레테이아를 묻지 않고 오히려 그것을 '자명한' 어떤 것으로 경험했는가? 하이데거는 그리스인들이 알레테이아 자체에 대해 묻지 않았다는 것은 그들의 태만에서 비롯된 것이 아니라 오히려 자신들에게 부과된 과제에 충실했다는 것을 의미한다고 말하고 있다. 그리스인들에게는 존재자를 비은닉성으로서 해석하면서 더 분명하면서도 더 근원적으로 그리고 더 다양하게 도대체 존재자란 무엇인지를 묻는 것이 과제였다. 그리스인들이 비은닉성에 대해서 더 이상 묻지 않았던 것은 이러한 물음이 그들의 가장 고유한 과제에 반하는 것이었고 이에 따라 이러한 물음이 결코 그들의 관심을 끌지 못했기 때문이다.

(3) 경이라는 근본기분과 그리스인들의 사명

하이데거는 그리스인들에게 부여된 과제, 즉 존재자란 무엇인지를 묻는 과제는 그리스인들을 규정했던 근본기분인 경이가 갖는 성격에서 비롯된

---

38) *HG* vol.45, p.116 이하 참조.

다고 말하고 있다. 그리스인들은 경이(Er-staunen, θαυμάζειν)라는 근본기분에 입각하면서 존재자 전체의 진리를 경험했다. 이 경우 존재자는 인간의 인식의지에 의해서 파악되는 객체가 아니라 그 자신의 진리를 스스로 드러내며, 우리 인간은 이러한 진리에 자신을 여는 현-존재로서 존재한다.

그리스인들이 경이를 철학의 '시작'으로 보았다는 사실은 잘 알려져 있다. 그러나 사람들은 이러한 경이를 우리에게 극히 친숙하고 자명한 호기심과 같은 것으로 생각하면서 그것을 아무런 노력도 하지 않고 성취할 수 있는 것이자 그것의 해명을 위해서 아무런 숙고도 필요하지 않은 것으로 생각한다.[39] 이에 반해 하이데거는 경이를 호기심과는 전적으로 다른 것으로 생각한다. 호기심은 우리가 일상에서 경험하는 무료함을 깨뜨릴 수 있는 무엇인가 특별한 비일상적인 것에 마음이 끌리는 것이다. 이에 반해 경이라는 기분에서는 우리가 보통 가장 일상적이고 자명한 것으로 생각하기 때문에 전혀 주목하지도 고려하지도 않는 가장 일상적인 것 자체가 가장 비일상적이고 경이로운 것이 된다. 경이에서 가장 비일상적인 것으로 자신을 스스로 드러내는 이러한 가장 일상적인 것은 '존재자가 그것인 바의 것으로 존재한다'라는 사실이다.[40] 다시 말해서 꽃이 꽃으로 존재하고 산이 산으로서 존재한다는 사실이다.

경이는 호기심과는 달리 일상적인 것을 외면하지 않고 오히려 이것에 향하지만, 그 경우 그것을 가장 비일상적인 것으로서 경험하면서 가장 일상적인 것이 그것의 비일상성에 있어서 빛을 발하도록 하는 것이다. 경이 안에서 가장 일상적인 것이 가장 비일상적인 것이 된다고 말할 때, 이는 마

---

39) *HG* vol.45, p.156 참조.
40) *Ibid.*, p.166 이하 참조.

치 가장 일상적인 것이 그 일상성 속에서 이미 어떤 식으로든 경험되어 있고 의식되어 있다는 식의 인상을 불러일으킬 수 있다. 그러나 이 경우에는 가장 일상적인 것은 더 이상 가장 일상적인 것이 아니게 된다. 오히려 가장 일상적인 것의 일상성은 가장 일상적인 것이 가장 비일상적인 것으로 나타나는 순간에 비로소 드러나게 된다.

경이라는 기분에 의해서 사로잡히면서 우리가 경이를 느끼는 것은 호기심처럼 '어떤 특정한' 존재자들이 '있다'는 사실에 대해서가 아니라 '모든' 존재자가 '있다'는 사실에 대해서이기 때문에, 경이라는 기분은 전체로 향하고 전체 안에 존재한다. 경이라는 기분에서는 이렇게 전체가 우리가 경이에 사로잡히기 이전과는 전적으로 다르게 나타나는바, 하이데거는 그러한 경이를 근본기분이라고 부르고 있다. 이러한 근본기분 안에서 비로소 인간의 위대한 언어와 작품 그리고 행위가 일어날 수 있으며 이와 함께 비로소 역사가 시작할 수 있다.

경이라는 기분에서 존재자 전체가 그 자체로서 자신을 드러내는 하나의 전체적인 공간이 열리게 된다. 경이는 이러한 공간을 열어젖히는 것과 함께 경이를 느끼는 자를 이렇게 열어젖혀진 공간 한가운데에 서있게 한다. 이렇게 경이를 느끼면서 인간은 비로소 존재자를 존재자로서 인지할 (vernehmen) 수 있게 된다. 경이라는 기분 속에서 우리에게 인지된 존재자는 그것의 헤아릴 수 없는 시원적인 존재에 있어서 통찰된다. 존재자의 이렇게 헤아릴 수 없는 시원적인 존재를 그리스인들은 진리로서 경험했으며 이러한 진리를 알레테이아라고 불렀다. 그리스인들에게 진리는 존재자들과 일치하는 어떤 주관적인 표상이 아니라 존재자들의 존재 자체인 것이다. 알레테이아는 존재자들이 장미가 꽃을 피우면서 자신을 활짝 드러내보이듯이 존재자들이 자신을 환하게 드러내면서 활짝 열려 있는 세계 안

으로 현성하는 것(die Anwesung ins Offene)을 의미한다.[41]

경이라는 기분은 비일상적인 것으로 드러나는 것을 우리가 일상적으로 이미 알고 있는 것으로 환원시켜서 설명하려고 하면서 그것의 비일상성을 제거하려고 하지 않는다. 우리는 경이라는 기분에 어떻게 사로잡히게 되었는지를 알지 못하는 것과 마찬가지로 그러한 기분에서 어떻게 빠져 나갈지를 알지 못한다. 다시 말해서 우리는 경이라는 기분으로 들어가는 입구도 또한 그것에서 벗어날 수 있는 출구도 알지 못한다. 또한 경이라는 기분에 사로잡힐 때 우리는 그러한 기분이 어디에서 와서 어디로 가는지를 알지 못하며 또한 알려고 하지 않는다. 우리는 경이라는 기분에서 존재자들이 그렇게 존재한다는 단적인 사실을 경이로워할 뿐이다.[42]

따라서 경이라는 근본기분은 인간이 갖고 싶다고 해서 가질 수 있는 기분이 아니며 또한 어떤 특정한 원인에서 비롯된 것도 아니다. 이러한 근본기분은 모든 설명을 넘어서 있다. 모든 설명은 근본기분에 대해서는 너무 뒤늦게 행해지는 것이다. 이는 모든 설명은 존재자가 비로소 드러나 있다는 사실 안에서 비로소 행해질 수 있기 때문이다. 모든 설명은 이미 그 자체로 은닉되지 않은 존재자에 의존하고 있으며, 이렇게 은닉되지 않은 존재자들로부터만 설명의 원인을 발견할 수 있다.

근본기분으로서의 경이는 이렇게 설명할 수도 없고 입구도 출구도 알 수 없는 압도적인 힘으로 우리를 엄습하면서 우리를 존재자들을 그 자체로서 인지하도록 강요한다(nötigen). 경이에서는 가장 친숙한 것이 자신의 가장 고유한 친숙하지 않음 속에서, 즉 자기의 존재라는 가장 익숙하지 않

---

41) *HG* vol.45, p.169 참조.
42) *Ibid.*, p.167 참조.

음 속에서 정립되기 때문에 존재자가 그 자체로 가장 물을 수 있는 존엄성을 갖는 것으로서 드러나는 것이다. 이렇게 경이라는 기분 속에서 존재자들을 그 자체로서 드러내면서 우리에게 존재자들을 그 자체로서 인지하도록 강요하는 것을 하이데거는 존재(Seyn)라고 부르고 있으며, 우리가 경이라는 기분 속에서 존재자들을 그 자체로서 인지할 때 우리는 존재의 소리에 청종하는 것이 된다. 이렇게 존재의 소리에 청종하는 것은 언뜻 보기에는 극히 수동적인 것으로 나타나지만 인간의 창조적인 활동을 가능하게 한다는 점에서 오히려 가장 능동적인 것이다. 또한 인간은 존재의 소리에 청종함으로써 비로소 인간의 고유한 본질을 향해서 해방된다. 따라서 존재의 소리에 대한 청종은 일상적인 능동성과 수동성으로는 설명될 수 없는 현상이다.

하이데거는 기분은 이제까지 충분히 평가되지도 해석되지도 않은 인간의 어떤 특수한 능력이 아니라고 말하고 있다. 그는 오히려 기분의 본질을 우리가 제대로 이해할 경우에는 인간에 대한 종래의 견해가 극복된다고 말하고 있다. 우리는 통상 "우리는 이런저런 기분에 빠진다"라고 말하지만, 사실은 기분이 우리를 그때마다 이런저런 방식으로 존재자 전체에 대한 이런저런 근본태도 속으로 빠지게 하며 그러한 근본태도를 취하도록 강요하는 것이다.[43] 그러나 이렇게 기분이 우리를 존재자 전체에 대해서 어떤 근본태도를 취하도록 강요하는 것은 불합리한 강제가 아니라 오히려 선사(Schenkung)의 충일이다.[44] 그것은 인간에게 최고의 가능성들을 선사하며 이러한 가능성들에 입각하여 인간은 비로소 창조적으로 행위할 수 있다.

---

43) *Ibid.*, p.153 이하 참조.
44) *Ibid.*, p.153 이하 참조.

기분에서 비롯되는 강요(Not)는 존재(Seyn)의 한 방식이자 존재 자체의 진리에 속하며 결코 인간의 어떤 능력이 아니다. 그러한 강요에 부응할 때 존재자 전체가 우리에게 달리 나타날 뿐 아니라 우리 자신마저도 근본적으로 변화된다. 따라서 이러한 강요는 이미 그 자체로 존재하는 인간의 체험에서 비롯되는 것이 아니라 역으로 인간 자신이 그 자신보다 본질적인 이러한 강요로부터 비롯되며 오로지 그리고 이러한 강요에 의해 규정된다.

인간은 경이라는 기분 속에서 존재자의 비은닉성을 인지하면서 (vernehmen) 보존하는 자로서 존재한다. 인간은 존재자 전체의 한가운데에서 존재자의 항존성, 형태, 경계 그리고 비은닉성 속에서 존재자를 인지하고 보존하는 것이다.[45] 따라서 그리스인들은 인간을 존재자 그 자체를 인지하는 자라는 점에서 탁월한 존재자로 규정했다. 그리스어로는 노에인 (νοεῖν)에 해당하는 이러한 인지는 존재자들을 한낱 수동적으로 수용하는 것이 아니라 존재자들을 그 자체로 현성하게 하는 것이다. 인지, 즉 노에인은 피시스가 스스로 주재하도록 허용하는 것이다.

그리스인들은 이렇게 존재자의 비은닉성을 보존하는 행위를 또한 테크네(τέχνη)라고도 불렀다. 이 경우 테크네는 근대적인 기술의 의미로 해석되어서는 안 된다. 그리스적 의미의 테크네는 존재자를 효과적으로 지배한다거나 노련하고 능란하게 취급한다는 의미의 '기술'을 뜻하지 않는다. 테크네는 일종의 인식을 뜻한다. 그것은 존재자를, 다시 말해서 자신의 진리를 스스로 드러내는 피시스를 인지한다는 것을 의미한다. 그러나 이렇게 존재자를 그것의 비은닉성에서 인지하는 것은 그것을 단순히 마냥 바라보는 것이 아니라 오히려 존재자 자체가 스스로를 드러내도록 돕는

---

45) *HG* vol.45, p.139 참조.

것을 의미한다. 테크네는 그 자신으로부터 자신을 드러내는 존재자를 그것의 자체적인 고유한 외관, 즉 에이도스와 이데아에서 파악하면서 그것에 알맞게 존재자 자체를 돌보고 성장하게끔 하는 것을 의미하는 것이다. 즉 테크네는 피시스를 계산하고 이용하거나 지배하고 착취하는 것이 아니라 오히려 비은닉성에서 피시스가 스스로 주재하도록 돕는 것을 가리킨다.[46]

(4) 경이라는 근본기분의 상실과 알레테이아의 호모이오시스(일치)로의 변형

그러나 경이라는 기분에서 열리는 피시스에 대한 근본태도인 테크네는 동시에 비은닉성으로서의 알레테이아라는 의미의 진리가 진술이나 판단의 올바름, 즉 호모이오시스라는 의미의 진리로 변형되는 기반이 된다. 이는 테크네의 본질에는 자신에게만 의존할 수 있는 가능성(Eigenmächtigkeit), 즉 아무런 구속을 받지 않고 자신의 목표를 정립하면서 경이라는 근본기분이 우리에게 강요하는 것으로부터 빠져나올 가능성이 존재하기 때문이다. 이러한 사태가 일어나게 되면 경이라는 근본기분 대신에 알려고 하고 계산하려고 하는 욕구가 들어서게 된다. 그리고 이제 인식은 이렇게 독자적인 것이 되는 테크네의 시야에 들어오는 존재자의 모습들과의 일치가 된다.

이에 따라서 플라톤에서부터는 존재자의 진리는 존재자 자체가 스스로를 드러내는 것이 아니라 그것을 파악하려는 정신적인 직관에 의해서 비로소 드러나는 것으로 간주된다. 그럼에도 불구하고 하이데거는 플라톤이나 아리스토텔레스를 비롯한 그리스 철학은 존재자가 자신의 진리를 스스로 드러낸다는 피시스의 경험에 입각해 있다고 본다. 즉 플라톤의 이데

---

46) *Ibid.*, p.179 참조.

아만 해도 존재자가 자신의 진리를 드러내는 모습이라는 의미와 인간의 지적 이성에 의해서 파악되는 것이라는 양의적인 의미를 갖고 있다는 것이다.

앞에서 이미 언급했지만, 하이데거는 존재자 자체가 스스로 드러내는 존재자 자체의 진리, 즉 알레테이아에 대한 망각은 그리스인들 자신에 의해서 준비되었다고 보고 있다. 그들에게는 그렇게 여여하게 드러난 존재자들의 진리를 경험하는 것이 문제였지 그러한 진리가 어떻게 가능한지를 묻는 것이 문제가 아니었던 것이다. 존재자들의 진리를 경험하기 위해서는 항상 경이와 같은 근본기분을 통해서 우리에게 말을 거는 존재(Seyn) 자체에 귀를 기울여야 한다는 사태 자체를 그들은 문제 삼지 않았다.

그리스 시대 이후 피시스와 알레테이아의 경험이 망각되면서 인지함 (Vernehmen)은 다른 존재자들과 분리되어 존재하는 이성이 되었고 이성은 신체 내에 존재하는 영혼의 기능이 되었다. 그리고 그리스도교에서 이러한 영혼은 개개인의 영혼으로 간주되고 이 영혼의 구원에 모든 것이 달려 있게 된다. 이러한 구원은 단지 신앙에 의해서만 확실한 것이 되기 때문에 '존재자를 인지하고 보존하는 자'로서의 인간은 더 이상 존재하지 않게 된다.

근대로 들어오면서 이성은 신앙으로부터 해방되면서 자기 자신에 의거하게 되지만, 이는 그리스적인 시원적인 방식으로가 아니고 그리스도교를 통해서 규정된 방식으로 일어나게 된다.[47] 근대철학에 오면 자연은 신적인 이성에 따라서 창조된 것이 아니라 인간의 선험적인 인식 체계에 의해서 파악되는 것으로 간주된다. 그러나 이러한 선험적인 인식 체계란 그

---

47) *HG* vol.45, p.140 이하 참조.

리스도교가 말하는 신적인 이성을 대체한 것에 지나지 않는다. 니체 이전의 근대철학자들에게는 이러한 선험적인 인식 체계는 인간이 존재자의 인식을 위해서 따라야 할 기준으로서 인간에게 본래 존재하는 것으로 간주되었다. 그러나 이제 니체에서는 이러한 인식 체계는 인간이 임의로 설정하는 것이 된다. 즉 그것은 인간이 자신의 힘에의 의지를 유지하고 강화하기 위해서 이용하는 조작적인 관점으로 간주되는바, 그것은 인간의 힘에의 의지를 약화시키게 되면 언제든 폐기 처분할 수 있는 것이 되는 것이다.

힘에의 의지에 관한 니체의 형이상학이 과학기술 시대를 정초하게 되면서 이제 이성은 존재자들을 자신의 뜻대로 구성하고 조작하는 능력이 된다. 존재자들은 더 이상 그리스적 의미의 피시스로 나타나지 않고, 계획적이고 계산적인 관점에 의해서 파악되는 예측 가능한 에너지로 나타나게 된다. 이성은 이제 더 이상 존재자들을 인지하는 것이 아니라 모든 존재자를 자신의 조작 대상으로 삼게 된다. 그리고 이와 함께 인간은 보다 더 영리해지고 정교한 많은 것들을 발명하게 되지만 동시에 한갓 사물을 조작하는 기술자로 된다.

따라서 하이데거에게 서양 형이상학의 역사는 이렇게 자신의 진리를 스스로 드러내는 피시스가 망각되고 인간의 인식의지와 지배의지가 갈수록 전면에 등장하는 역사다. 서양 형이상학의 역사는 인간이 존재자들의 고유한 존재를 망각하고 자신의 지배의지를 갈수록 강화시켜 가는 인간중심주의의 심화 과정이며, 하이데거는 이러한 역사의 정점에 니체의 형이상학이 존재한다고 보는 것이다.

오늘날에는 그리스인들에게 가장 경이로운 것으로 여겨졌던 존재자의 존재는 자명한 것들 중에서도 전혀 의문을 가질 필요도 없는 가장 자명한 것으로 간주되고 있다. '돌이 있다'라거나 '하늘이 구름으로 덮여 있다'

라고 말할 때, 사람들은 자신들이 말하는 것을 가장 잘 알고 있다고 생각한다. 오늘날 사람들은 존재자를 조작의 대상이나 주관적인 체험의 대상으로서 간주할 뿐이며 존재자의 자체적인 존재에 대해서는 아무것도 생각하지 않는다.

존재망각은 존재자에 대한 우리의 관계를 이렇게 규정하면서 존재자를 우리가 마음대로 다루어도 좋은 것으로 나타나게 한다. 존재자는 여전히 있지만 존재자의 존재(Sein)와 존재(Seyn)의 진리는 존재자에게 거절되어(verweigert) 있으며, 이에 따라서 존재자는 자기 자신에게 내맡겨진 채 단지 조작의 대상으로 존재하게 된다.[48]

백승영은 이렇게 말하고 있다.

삶의 기술로서의 [니체의] 철학 개념은 '진리를 발견하는(entdecken) 기술'이라는 철학에 대한 아리스토텔레스식 정의를 재검토하게 한다. 이 정의가 불충분한 것은 그것이 진리를 삶보다도 우선시하기 때문이고, 진리가 해석자의 삶과 힘에의 의지에 의해서 창조되는 과정에 있는 것이라는 점을 도외시하기 때문이다.[49]

그러나 백승영이 말하는 바로 이러한 이유 때문에 하이데거는 아리스토텔레스의 철학이 그리스인들이 경험했던 피시스의 경험에 입각해 있고, 니체의 철학은 피시스의 경험에서 한참 멀리 떨어져 있다고 보고 있다. 하이데거는 인간의 삶보다는 존재자의 진리를 그대로 드러내는 것이 중요하

---

48) *HG* vol.45, p.185 참조.
49) 백승영, 『니체, 디오니소스적 긍정의 철학』, 107쪽.

다고 보며, 존재자들이 자신들의 고유한 본질을 추구하는 것으로 보는 아리스토텔레스의 철학이 니체의 철학보다도 존재자들의 진리에 대한 더 큰 존중을 포함하고 있다고 보는 것이다.

이상에서 알레테이아로서의 진리가 망각되면서 서양 형이상학이 갈수록 더 강하게 인간중심주의적인 성격을 갖게 되는 과정에 대한 하이데거의 분석을 살펴보았다. 하이데거는 니체의 철학을 그러한 인간중심주의의 정점으로 본다. 우리는 앞에서 일부 니체 연구자들이 니체의 철학을 포스트모던적인 다원주의로 해석하고 싶어 하는 것을 보았지만 하이데거는 이러한 포스트모던적인 다원주의도 근대를 넘어서는 것이 아니라 결국은 근대 형이상학의 굴레 안에 존재한다고 볼 것이다.

이는 하이데거가 보기에는 포스트모던적인 다원주의도 그리스인들이 경험했던 피시스를 다시 현성하게 하는 것을 목표하기보다는 다만 세계를 보는 다양한 관점들을 허용하자는 사상에 지나지 않기 때문이다. 이 점에서 또한 하이데거는 포스트모던적인 다원주의라는 것도, 결국은 세계를 보는 모든 관점을 인간이 자신의 힘의 유지와 고양을 위해서 얼마든지 폐기하거나 새로 만들어 낼 수 있는 것으로 보는 니체식의 극단적인 주체성 철학의 지배 아래 있다고 볼 것이다. 즉 하이데거는 근대 주체성 철학의 정점으로서의 니체의 형이상학은 20세기 이후의 현대 기술문명을 정초하는 것처럼 이른바 포스트모던 다원주의도 정초한다고 볼 것이다.[50]

---

50) 그러나 이는 필자나 하이데거가 니체의 사상을 포스트모던 다원주의와 동일시하고 있다는 것은 아니다. 앞에서 보았듯이 필자는 니체의 사상은 포스트모던 다원주의와는 근본적으로 구별된다고 생각한다. 그리고 하이데거의 입장에서도 니체의 사상은 포스트모던 다원주의와 동일한 것이 아니라 20세기 현대 기술문명을 규정하는 주체성의 형이상학뿐 아니라 포스트모던 다원주의까지도 정초하는 사상이다.

하이데거가 보기에 니체의 사상은 인식을 인간의 힘을 유지하고 강화하기 위한 수단으이상에서 진리의 근원적인 의미를 알레테이아로 보는 하이데거의 진리 개념과 그러한 알레테이아가 망각되어 가는 과정으로서의 서양의 역사에 대한 하이데거의 해석을 살펴보면서, 니체의 인식론과 진리관이 서양의 역사 내에서 어떠한 위치와 의의를 갖는지에 대한 하이데거의 해석도 살펴보았다. 그리고 이와 함께 우리는 니체의 인식론과 진리관을 근대를 넘어서는 것으로 보려는 일부 니체 연구자들의 견해와 달리 니체를 근대 주체성 형이상학의 정점으로 보는 하이데거의 니체 해석이 쉽게 반박될 수 있는 것은 아니라는 사실을 드러내려고 했다.

2. 니체와 하이데거를 비교하고 있는 기존의 연구들에 대한 비판적 검토

하이데거 자신도 니체에 대해 초기와 후기에 걸쳐서 서로 다른 입장을 취한 데서 시사되는 것처럼, 니체는 후기 하이데거가 해석하는 것과는 전혀 다른 입장에서 해석될 수도 있을 것이라고 생각된다. 하이데거의 니체 해

로 보고 있는바, 근대 주체성 형이상학을 극단으로까지 밀고 나간 이러한 입장은 포스트모던 다원주의까지도 정초하고 있다는 것이다. 이때 하이데거는 니체 사상의 본질적 성격을 서양 형이상학의 역사 전체에서 니체의 사상이 갖는 위치를 염두에 두면서 규정하고 있다. 바로 이러한 이유로 하이데거는 니체의 인식 개념을 포스트모던적 다원주의까지도 정초하는 극히 포괄적인 의미로 파악하고 있다.

이에 반해 필자는 서양 형이상학의 역사 전체를 염두에 두고서 파악하기보다는 가능한 한 니체의 말 자체에 입각하면서 그의 인식 개념을 하이데거와는 달리 상당히 좁은 의미로 파악했다. 그리고 바로 이 때문에 니체의 인식 개념을 포스트모던 다원주의와는 양립할 수 없다고 보게 되었다. 따라서 니체의 인식 개념에 대한 파악과 관련하여 하이데거와 필자 사이에는 상당한 차이가 있다고 보아야 할 것이다.

그러나 니체의 인식 개념에 대한 하이데거의 파악에 따르든 필자의 파악에 따르든 니체를 이른바 근대를 넘어서는 포스트모던적인 사상가로 보려는 시도는 무망하다고 보아야 할 것이다.

석에 대해서는 많은 사람들이 일면적이라고 비판했으나 그중에 가장 비판적인 태도를 취한 사람은 카를 뢰비트였다고 생각된다.

뢰비트에 따르면 니체는 "그리스도교적 세계 해석의 붕괴로부터 비롯된 세계의 '가치'(의미 내지 목적)에 대한 물음을 철저하게 사유함으로써 생 또는 생성의 '전체', 즉 존재론적인 용어로 말하여 '모든 존재자의 존재'는 계산될 수 없고 평가될 수 없다는 결론에 도달했으며, 이를 통해 그는 모든 가치 정립과 목표와 목적 설정으로부터" 벗어났다.[51]

니체에게는 과거를 '망각하고' 아무런 걱정 없이 현재의 순간에 완전히 몰입할 수 있는 순수한 상태에 도달하는 것, 즉 동물의 그것과 극히 유사한 어린애의 상태에 도달하는 것이 문제다. 양자는 유희하면서 완전히 그리고 전적으로 그들 자신으로서 존재하며 바로 그 때문에 행복하다.[52]

뢰비트에 의하면 니체는 그리스인이 생각한 피시스를 지향했다는 것이다. 아울러 뢰비트는 니체에게 생의 본질적 성격은 모든 존립 확보와 확실성과는 대립된 창조적인 것이며, 동일자의 영원한 회귀라는 사상을 견뎌 내기 위해서는 데카르트적 진리 개념이 철저하게 전복되지 않으면 안 된다고 말하고 있다. 니체에 따르면 확실성에 대한 추구가 아니라 오히려 불확실성과 불안전성에 대한 추구가 끊임없이 창조적인 생을 특징짓는다는 것이다. 이러한 동일자의 영원한 회귀는 어떠한 존립의 확보도 아니고 끊임없이 자신을 산출하는 창조적인 생이다.

---

51) Löwith, *Heidegger: Denker in dürftiger Zeit*, p.218 참조.
52) *Ibid.*, p.205.

니힐리즘조차 어떤 일회적인 역사적인 사건이 아니라 자연과 역사에서 끊임없이 파괴하면서 자신을 다시 건립하는 [······] 무궁무진한 생의 항상 거듭해서 반복되는 현상 방식이라는 것은 니체의 전체적인 통찰에 속한다.[53]

이러한 관점에서 보면 니체를 근대 주체성 철학의 종국점으로서 보는 니체에 대한 하이데거의 존재사적 해석을 거부하지 않을 수 없을 것이다. 니체는 인간을 모든 사물에 대한 유일하고 무조건적인 척도로서 간주하려고 하는 것이 아니라, 오히려 니체에서도 사물들의 비밀로부터 인간이 등을 돌렸다는 것이 인간의 자기 파괴의 근원이 되는 것이다.

성서의 신 개념에 대한 니체의 비판은 이러한 창조신은 본질적으로 의지이며 세계를 인간을 위한 것으로 창조했으며 이를 통해서 세계가 '근거 없이' 존재한다는 '신성한 성격'을 세계로부터 박탈해 버렸다는 사실에 근거한다.[54]

이러한 뢰비트식의 관점에서 볼 때 니체의 철학은 그 의도와 내용에서 하이데거의 사상에 근접하는 것이 된다. 아니 경우에 따라서는 하이데거에 대한 뢰비트의 비판에서 볼 수 있는 것처럼, 존재를 실체화하는 것처럼 보이는 하이데거는 아직 그리스도교적 사유 방식에 사로잡혀 있는 반면에 니체가 하이데거보다 더 그리스적으로 사유하고 있다는 평가가 제기될 수

---

53) Löwith, *Heidegger: Denker in dürftiger Zeit*, p.255.
54) *Ibid.*, p.218.

도 있을 것이다. 이런 맥락에서 또한 뢰비트는 하이데거는 니체의 입장에서 보면 실증주의 이전 단계인 형이상학에 머물러 있다고 말하고 있다. 하이데거가 말하는 존재는 현상계를 실질적으로 지배하는 일종의 형이상학적 배후 실체로서 나타나고 있다는 것이다.[55]

하이데거의 니체 해석과 관련해서는 하이데거보다는 오히려 니체가 전통 형이상학의 극복자라고 보는 뢰비트와 같은 사람도 존재하지만 하이데거와 니체 사이에서 유사성을 보려고 하는 사람들도 존재해 왔다. 이러한 사람들로 우리는 누구보다도 오이겐 핑크와 만프레트 리델을 들 수 있다.[56] 이들은 하이데거가 말하는 피시스로서의 세계와 니체가 말하는 영원회귀의 세계를 본질적으로 동일한 것으로 보고 있다. 하이데거가 말하는 피시스로서의 세계가 존재자들이 자신의 고유한 본질을 발현하는 세계라면 니체가 말하는 영원회귀하는 세계에서도 모든 존재자는 그 자체로 긍정되고 있다는 것이다. 이들은 이와 함께 니체의 영원회귀 사상은 생성 소멸하는 세계를 지배하려고 하는 것이 아니라 오히려 그것을 그 자체로서 긍정하려고 하는 사상으로 본다. 니체의 영원회귀 사상이 갖는 이러한 성격은 실로 『차라투스트라는 이렇게 말했다』에 나오는 「정신의 3단계에 대해서」에서 잘 나타난다.

---

55) Karl Löwith, "Heideggers Vorlesungen über Nietzsche", *Merkur* 16, 1962, p.83 참조. 월터 카우프만도 뢰비트와 유사하게 하이데거가 니체 이전의 단계에 머물러 있다고 비판한다. Walter Kaufmann, "Nietzsche als der erste große Psychologe", *Nietzsche-Studien* 7, 1978, p.286 참조. 그러나 이러한 비판들에 대해서는 하이데거의 니체 해석에 대해서 비판적인 뮐러라우터조차도 그것들이 전승된 형이상학에 대해서 하이데거의 철학이 갖는 특수성을 오해하고 있다고 말하고 있다. Müller-Lauter, "Das Willenswesen und der Übermensch", p.74 참조. 또한 이 장의 각주 73번 또한 참조하라.

56) Fink, *Nietzsches Philosophie*; Riedel, "Heimisch werden im Denken. Heideggers Dialog mit Nietzsche".

니체는 낙타에서 사자를 거쳐 어린이에 이르는 정신의 3단계에 대해서 말하고 있다. 낙타는 모든 초감성적인 의무와 가치를 짊어지는 정신적인 태도인 반면에 사자는 그러한 것에 반항하면서 자신의 주체적인 의지를 내세우는 정신 단계. 낙타가 플라톤적인 형이상학과 그리스도교가 지배한 고대적인 정신 단계를 상징하는 것이라면, 사자는 신에 대해서 거역하면서 자신을 주체적인 의지로서 주장하는 근대의 정신 단계를 상징한다고 볼 수 있을 것이다. 이에 대해서 어린애는 '나는 있다'(Ich bin)의 단계로서 자신뿐 아니라 '존재하는 모든 것'을 긍정하는 단계다. 이렇게 볼 때 니체는 근대와 근대의 인간중심주의가 극에 달한 현대 기술문명의 사상가가 아니라 오히려 근대와 현대 기술문명을 넘어서는 사상가라고 볼 수 있을 것이다.

니체와 하이데거 사이에 근친성이 존재할 수 있으며 그러한 근친성을 입증할 수 있는 니체의 단편들을 찾는 것은 어렵지 않을 것이라고 생각한다. 그리고 앞에서 본 것처럼 초기의 하이데거 자신이 니체와 자신 사이에 강한 유사성을 보고 있다. 그러나 이렇게 니체와 하이데거의 사상을 서로 유사한 것으로 보는 시도들과 관련하여 정작 하이데거 자신은 '자신과 다른 사상가들을 혼동하지 말라'라고 경고하면서 그러한 시도들을 근본적으로 잘못된 것으로 단호하게 거부해 왔다. 그럼에도 그러한 시도들이 끊임없이 행해지는 것은 얼핏 보기에 하이데거와 다른 사상가들 사이에 많은 유사성이 존재하기 때문일 것이다.

이러한 외관상의 유사성에도 불구하고 우리는 니체에 대한 후기 하이데거의 해석을 전적으로 거부할 수 없을 것이다. 후기 하이데거는 니체를 무엇보다 역사적인 지평에서 고찰했다. 즉 하이데거는 포이어바흐와 맑스의 동시대인으로서 니체를 고찰하고 있는 것이다. 니체의 그리스도교 비판은 포이어바흐와 맑스의 그리스도교 비판과 극히 유사하며 포이어바흐와 맑스와 마찬가지로 인간 주체를 중심으로 사유하는 면이 니체 철학에 강하게 존재하고 있음을 우리는 부정할 수 없는 것이다.

뢰비트 자신도 니체 철학에 이러한 측면이 강하게 존재하고 있음을 인정하는 반면에 그는 이러한 측면을 니체 철학의 본질적인 측면이 아니라 시대적 상황에서 비롯되는 우연적 요소로 간주하고 있다. 그러나 우리는 오히려 후기 하이데거와 같이 니체를 해석할 수도 있는 것이며 이러한 해석을 니체의 철학에 대한 오해라고 전적으로 타기할 수도 없는 것이다.

후기 하이데거 역시 니체 철학의 모든 측면을 완전하게 해석하고 있다고 주장하지는 않을 것이다. 그가 인정하듯이 그가 해석한 니체는 존재사라는 지평에서 본 니체다. 후기 하이데거의 니체 해석에서는 시대를 넘어서 자신의 시대에 전적으로 대척적인 입장에 서있는 사상가가 아니라 자신의 시대에 던져져 있으면서 자신의 시대를 규정하는 존재 이해와 진리 이해를 궁극에까지 사유한 사상가로서의 니체가 문제가 되고 있는 것이다.

아울러 후기 하이데거가 니체보다는 자신을 이 시대를 극복하는 사상가로서 보는 이유는 하이데거가 자신을 니체보다도 개인적으로 더 탁월하다고 생각하고 있다는 데서가 아니라 시대의 상황이 변한 데서 찾아져야 할 것이다. 후기 하이데거에 따르면 역사상의 모든 위대한 사상가에게는 우열이 존재하지 않는 것이다. 기술 시대로서 이 시대는 니체가 자신의 철학과 자신의 시대의 원리로 생각한 힘에의 의지가 철저하게 자신을 관철함으로써 그것의 귀결이 적나라하게 드러나고 있는 시대다. 후기 하이데거는 자신을 바로 이러한 시대에 던져져 있는 사상가로서 보고 있으며 이 시대에 개현되는 새로운 존재 이해를 궁극에까지 사유하는 것을 자신의 과제로 보고 있는 것이다.

3. 후기 하이데거의 니체 해석의 문제성: 니체 철학은 과연 현대 기술문명을 철학적으로 정초하는 철학인가?

후기 하이데거는 니체를 데카르트 이래의 근대 주체성 형이상학에 존재하는 본질적 성격을 완성했다고 본다. 위에서 언급한 것처럼 서양 형이상학의 역사 전체의 지평에서 니체 철학이 갖는 이러한 위치와 의의에 대한 후기 하이데거의 해석이 어느 정도 일리를 가지고 있다는 것은 사실이다. 그러나 그렇다고 해서 후기 하이데거의 니체 해석이 니체 철학의 정수를 제대로 길어 냈다고는 볼 수 없을 것 같다. 우리가 지금까지 본 것처럼 하이데거의 니체 해석 자체가 항상 동일했던 것은 아니며 그의 사유 도정에서 상당한 변화를 보여 왔다. 이는 하이데거에서만 하더라도 후기 하이데거에 의한 니체 해석이 니체에 대해서 유일하게 가능한 해석이라고는 볼 수 없다는 것을 의미한다.

후기 하이데거는 어떤 철학자의 사상은 역사적으로 고찰할 때 제대로 드러날 수 있다고 보지만 우리는 하이데거와는 다른 역사적 관점에서 하이데거와 니체를 고찰할 수 있을 것이다. 하이데거는 존재의 역사란 관점에서 니체의 철학을 고찰하고 있지만, 우리는 하이데거와 니체의 사상을 각각이 자신의 시대를 어떻게 이해했고 그 시대와 어떤 식으로 대결하려고 했는가라는 관점에서 고찰할 수 있을 것이다. 여기서는 특히 니체의 철학을 하이데거의 존재사라는 관점과는 무관하게 니체 자신의 시대의식과 문제의식을 실마리로 하여 고찰하면서 하이데거 철학과 니체의 철학을 비교할 것이다. 이러한 비교와 함께 자연스럽게 후기 하이데거가 니체의 근본적인 문제의식과 사상을 자신의 존재사적 사유 도식에 맞추어 무리하게 해석하고 있다는 사실이 드러날 것이다.

니체와 하이데거는 자신들이 직면하고 있던 시대적인 위기를 그리스인들의 근원적인 경험으로 되돌아가 회복하려고 했다. 여기서는 우선 니체와 하이데거 각각이 생각하는 그리스인들의 근원적인 경험이 무엇인지에 대해서 고찰하면서 양자의 차이를 드러낼 것이다.

하이데거 철학의 궁극적인 목표는 그리스인들에게 가능했던 존재자에 대한 근원적인 경험을 회복하는 것이며 이를 통해서 존재자들이 자신들의 고유한 빛을 발현하도록 하는 데 있다. 하이데거가 나치 혁명에 대한 참여를 통해서 실현하려고 했던 것도 결국은 이러한 그리스를 향한 동경이었고, 나치와 히틀러에 대해 결국에는 환멸을 느끼게 된 것도 이들이 그리스적인 시원을 회복하는 것이 아니라 한갓 권력을 추구했을 뿐이었다는 사실을 깨달았기 때문이다. 그런데 하이데거가 1930년대 초부터 실현하려고 했던 그리스에 대한 동경은 50년 전에 니체를 이미 강렬하게 사로잡고 있던 열망이었다. 니체는 이렇게 말하고 있다.

독일 철학 전체는 이제까지 존재했던 가장 근본적인 향수다. 사람들은 이제 더 이상 어느 곳에서도 안주하지 못한다. 사람들은 자신들이 오직 거기에서만 고향처럼 안주하기를 바라기 때문에 자신들이 어떻게든 안주할 수 있는 곳에로 궁극적으로 되돌아가고자 한다. 그곳은 그리스 세계다! 그러나 개념들의 무지개를 제외하고는 그곳에로 이어지는 모든 다리는 끊어졌다! 독일 철학은 르네상스에로의 의지이며, 고대철학, 특히 소크라테스 이전의 철학을 무덤에서 파내는 것이다! 우리는 날이 갈수록 그리스적이 된다. 우선은 개념과 가치 평가 방식에서 그리스적으로 행동하는 유령으로서. 그러나 언젠가는 희망컨대 우리의 육체도 함께 그리스적으로 되기를![57]

니체는 처녀작인 『비극의 탄생』에서부터 그리스적 비극 정신을 회복하는 것을 자신의 사상적 과제로 삼았다. 그리스적 비극 정신의 본질적 성격에 대한 니체의 파악은 전후기에 상당한 차이를 보여 주지만 그럼에도 불구하고, 니체에게는 초지일관 그리스의 비극 정신을 회복하는 것이 문제였다고 볼 수 있다. 이러한 그리스적 비극 정신이란 단적으로 말해서 어떠한 고통과 고난에도 불구하고 현실을 긍정하는 정신이다.

니체와 달리 하이데거가 그리스의 시원적 경험을 창조적으로 계승하는 것을 자신의 과제로 삼은 것은 처음부터가 아니라 1930년대 초부터일 것이라고 여겨진다. 이때는 하이데거가 니체뿐 아니라 횔덜린을 본격적으로 연구하던 때였다. 그전의 하이데거, 즉 초기 하이데거는 오히려 그리스 철학이 존재의 의미를 '눈앞의 존재'로 파악하는 존재 이해에 사로잡혀 있었고 이러한 이해가 그 후의 서양 형이상학의 역사를 규정하게 되었다고 보면서 그리스 철학에 대해서 비판적인 입장을 취했다. 초기 하이데거는 플라톤과 아리스토텔레스에서도 하이데거 자신이 드러내려고 하는 사태가 은폐된 형태로 드러나 있다고 보지만 오히려 칸트나 라이프니츠 그리고 니체에게서 훨씬 더 분명한 형태로 드러나 있다고 보았다.

이 점에서 초기 하이데거는 그리스의 시원적 경험을 회복한다는 과제에는 큰 관심이 없었다고 할 수 있으며, 하이데거가 그리스의 시원적 경험을 회복하는 것을 자신의 사상적 과제로 삼게 되는 것은 니체와 횔덜린

---

57) Safranski, *Ein Meister aus Deutschland*, p.312에서 재인용. 그러나 그리스에 대한 동경은 비단 니체와 하이데거에서만 보이는 것은 아니었다. 그것은 최상욱이 말하는 것처럼 독일 사상사를 오랜 기간에 걸쳐 규정한 경향성이라고 할 수 있다. 일찍이 독일인과 그리스인 사이의 특별한 친족적 유사성을 주장한 사람은 훔볼트(Alexander von Humboldt)였다. 독일인과 그리스인 사이의 친족성은 특히 18~19세기의 독일 낭만주의 운동에서 크게 강조된다. 최상욱, 『니체, 횔덜린, 하이데거, 그리고 게르만 신화』, 서광사, 2010, 51쪽 이하 참조.

을 본격적으로 연구하면서부터였다고 할 수 있다. 그러나 이 경우 하이데거가 생각하는 그리스의 시원적 경험이란 그리스인들의 피시스 경험을 의미하는 것이었으며 이러한 경험이란 모든 존재자를 포괄하는 궁극적 포괄자이면서 모든 존재자로 하여금 자신들의 고유한 존재에 따라서 존재하게 하는 존재(Seyn)에 대한 경험이라고 할 수 있다.

이렇게 볼 때 하이데거와 니체는 서양의 전통 형이상학과 종교를 그리스인들의 근원적 경험으로 되돌아감으로써 극복하려고 했다는 점에서 동일하다고 볼 수 있다. 양자는 무엇보다도 이원론적인 전통 형이상학과는 달리 현실을 그 자체로 긍정하려고 한다. 양자는 피안을 이야기하지 않으며 또한 피안에 있는 천국을 미래의 유토피아로 옮겨 놓은 근대의 진보 형이상학에서처럼 모든 고통과 고난이 사라진 이상적인 미래를 지향하지도 않는다. 물론 하이데거는 제2의 시원을 말하지만 이러한 제2의 시원에서 하이데거는 근대의 유토피아적 사고방식이 생각하는 것처럼 인간의 모든 고통과 슬픔이 다 사라진다고 생각하지 않는다. 하이데거는 오히려 니체와 마찬가지로 고난과 슬픔 그리고 특히 죽음이 인간의 정신적 성장과 성숙을 위해서 불가결하다고 본다. 그것들은 인간이 존재의 진리로 귀를 기울이게 하는 중대한 계기가 될 수 있다는 것이다.

이상과 같이 보면 니체와 하이데거 사이에는 상당한 유사성이 존재하는 것처럼 보인다. 양자는 그리스인들의 시원적 경험으로 되돌아가 철학과 삶의 근본적인 변화를 일으키려고 하는 것이다. 철학은 더 이상 세계를 눈앞의 대상처럼 고찰하는 이론적 학문이어서는 안 되고 오히려 모든 존재자를 규정하는 강력한 힘에의 의지에 사로잡히거나 존재의 소리에 귀를 기울임으로써 존재자 전체와 세계를 전적으로 다른 모습으로 드러내지 않으면 안 된다. 그것은 눈앞의 세계를 단순히 이론적으로 파악하는 것이 아니라 오히려 은폐되고 망각되어 있는 근원적인 세계를 현출하게 하는 것이지 않으면 안 된다는 것이다.

이 점에서 니체와 하이데거는 철학은 경험과학이 아니라 오히려 예술에 더 가깝다고 주장하는 것이다. 오늘날 철학을 제대로 하기 위해서는 철학자들도 현대 과학을 깊이 연구해야만 한다는 주장이 자주 제기되고 있지만, 니체와 하이데거는 오히려 현대 과학은 세계의 근원적 모습을 드러내기보다는 은폐한다고 본다. 그리고 니체와 하이데거는 자신들의 철학을 통해서 강력한 힘에의 의지를 일깨우거나 존재의 소리에 귀를 기울이는 근본기분을 일깨움으로써 사람들이 삶을 근본적으로 변화시키기를 원한다.

이렇게 볼 때 하이데거와 니체는 서양 철학자들 중에서 가장 유사한 철학자인 것처럼 보인다. 바로 이런 이유로 앞에서 본 것처럼 일부 사상가들은 하이데거와 니체를 서로 유사한 사상가로 보거나, 심지어 니체에 호의적인 일부 해석가는 하이데거가 말하려고 한 것은 이미 니체가 다 말했으며 하이데거는 니체의 아류 정도에 불과하다고 보는 것이다.

그러나 하이데거는 갈수록 니체에 대해서 거리를 취하게 되며 급기야는 니체를 서양 형이상학의 극복자가 아니라 완성자라고 보게 된다. 본인은 후기 하이데거가 말하는 것처럼 하이데거와 니체 사이에는 무시할 수 없는 차이가 있다고 보지만, 양자 사이의 차이를 후기 하이데거가 파악한 것과는 달리 파악한다.

니체와 하이데거가 그리스인들의 근원적 경험을 회복하고 싶어 하는 것은 사실이지만 양자가 생각하는 그리스인들의 근원적 경험은 서로 다르다. 니체에게 그리스인들의 근원적 경험은 그리스인들의 비극 정신이고 이러한 정신은 모든 고통과 고난 그리고 모든 갈등과 투쟁에도 불구하고 현실을 긍정하는 강력한 정신이다. 이에 반해 하이데거에게 그리스인들의 근원적 경험은 인간들이 자신들의 협소한 이해관계를 넘어서 존재의 열린 장으로 진입하여 존재자들의 고유한 존재와 진리를 경험하면서 그것들과 공감하는 정신이다. 이 점에서 양자가 그리스인들의 근원적 경험으로 염두에 두고 있는 것은 유사하게 보이지만 근본적으로 다르다고 볼 수 있다.

하이데거와 니체는 시대를 달리하는 사상가로서 그리스인들의 시원적 경험에서 무엇을 중시할 것인지에 대해서 견해를 달리할 수밖에 없었을 것이다. 하이데거는 니체가 19세기의 사상가였지만 20세기에 본격적으로 전개되는 현대 기술문명의 본질을 미리 파악한 사상가로 보았다. 그러나 니체는 19세기의 사상가로서 하이데거와는 달리 현대 기술문명의 극단적 폐단을 경험할 수 없었다. 하이데거는 두 번에 걸친 세계대전과 생태계 파괴에서 모든 존재자가 계산 가능하고 변환 가능한 에너지로 전락하는 현상을 직접 목격할 수 있었다. 이러한 현실을 목격하면서 하이데거는 그리스인들의 시원적 경험을 그리스인들이 존재자들의 고유한 존재와 진리를 경험했다는 데서 찾았고 오늘날 현대인들의 과제를 존재자들을 지배하고 정복하는 것이 아니라 존재자들의 고유한 존재와 진리를 발현하도록 하면서 그것과 공감을 경험하는 것이라고 보았던 것이다.

하이데거는 니체가 '힘에의 의지'의 철학을 통해서 현대 기술문명을 철학적으로 정당화하고 있다고 보지만, 앞에서 이미 언급한 것처럼 하이데거의 이러한 니체 해석은 니체의 철학을 자신의 존재사적 역사 해석에 부합되게 왜곡시킨 것이라고 보아야 할 것이다. 니체가 살았던 시대는 현대 기술문명의 폐단이 극단적으로 나타난 시대가 아니라 민주주의와 사회주의 그리고 대중문화가 대두되면서 공리주의적이고 평등주의적인 사고방식이 팽배해 가던 시대였다. 이러한 시대에서 니체가 문제 삼았던 것은 첫째로 행복을 안락과 동일시하는 공리주의적 사고방식이 팽배하면서 근대인들이 유약해지고 여성화되고 있었다는 것이며, 둘째로는 평등주의적 사고방식이 팽배해 가는 것과 함께 대중 영합적인 정치와 문화가 지배하게 됨에 따라 탁월한 인간과 저열한 인간의 차이가 무시되면서 위대한 정신문화와 독립적인 개인이 자라날 수 있는 기반이 상실되고 있다는 것이었다.

이러한 문제의식에 따라서 니체는 그리스인들의 근원적 경험에서 그리스인들이 어떠한 고통과 고난에도 불구하고 현실을 긍정했을 뿐 아니라 심지어는 자신들의 강한 힘을 시험하기 위해서 고난을 요청할 정도로 충만한 생명력에 차있었다는 점에 주목하게 된다. 이들은 이러한 충만한 생명력으로 또한 사람들의 생명력을 고양시키는 문화를 창조할 수 있었다. 니체는 그리스인들의 강인하고 건강한 생명력은 무엇보다도 그리스 비극에서 가장 잘 드러나 있다고 보았다. 또한 니체는 탁월한 그리스인들은 저열한 대중적인 의견에 영합하지 않는 독립적인 인간이라고 보았다.

이러한 사실을 고려해 볼 때 우리는 하이데거가 니체가 처한 독특한 시대와 니체의 독특한 문제의식을 무시한 채로 서양의 역사를 존재의 역사로 보는 자신의 해석틀을 니체의 철학을 해석하는 데 무리해서 적용하고 있다고 볼 수 있다.

니체에게 문제가 되는 것은 어떠한 고난에도 불구하고 현실을 긍정하고 아름다운 것으로 보는 건강하고 강인한 생명력의 회복이고 니체는 이러한 문제의식 아래 서양의 역사와 서양 형이상학의 역사를 고찰하고 있다. 이러한 문제의식 아래서 볼 때, 서양의 역사와 서양 형이상학의 역사는 그리스의 비극 정신과 그러한 비극 정신을 철학적으로 표현한 헤라클레이토스에 구현되어 있는 건강한 생명력이 상실되는 것과 함께 소크라테스 이래로 생성 소멸하는 현실 세계를 혐오하면서 이른바 순수정신이 지배하는 피안을 희구하는 생명력 퇴화의 역사, 즉 데카당스의 역사가 된다.

이에 반해, 하이데거에게 문제가 되는 것은 인간이 존재의 열린 장에 나가 있으면서 모든 존재자의 고유한 존재에 대해서 경이와 경외를 느낄 수 있는 현-존재로 변화되는 것이다. 이러한 문제의식 아래서 볼 때 서양의 역사와 서양 형이상학의 역사는 존재를 망각하고 존재 대신에 인간이 갈수록 존재자들을 규정하는 궁극적 근거로 대두해 가는 역사다. 이와 함께 서양의 역사와 서양 형이상학의 역사는 인간이 갈수록 존재자들의 고유한 존재와 진리에 자신을 열지 못하고 자신 안에 폐쇄되어 자신의 이해관심을 존재자들에 강요하게 되는 역사다. 단적으로 말해서 니체에게 문제가 되는 것이 건강한 생명력의 상실과 회복의 동역학이라면 하이데거에게 문제가 되는 것은 세계-내-존재로서의 인간의 개방성과 폐쇄성의 동역학이다.[58]

양자에게서 보이는 이러한 차이는 양자의 자유관에서 단적으로 드러난다. 니체는 이원론적인 형이상학이 내세우는 반(反)자연적인 자유의지, 즉 자신의 자연스런 본능과 열정을 근절하려는 자유의지를 부정하지만 그렇다고 해서 인간이 부자유하다고 보는 것은 아니다. 니체는 이원론적 전통 형이상학의 자유 개념과는 전혀 다른 새로운 자유 개념을 정립한다. 니체가 비판하는 자유의지를 반(反)자연적인 자유의지라고 부를 수 있다면, 니체가 인정하는 자유는 자연적 자유의지라고 부를 수 있을 것이다. 이러한 자유의지는 자기극복에의 의지다. 이러한 자유의지는 '자기 책임에의 의지를 가지고 있다는 것', '어지간한 고난과 고통은 무시하면서 싸움과 승

---

58) Gerhard Visser, "Zum Problem des Nihilismus. Nietzsche und Martin Heidegger", eds. Hans Ester and Meindert Evers, *Zur Wirkung Nietzsches*, Würzburg: Königshausen & Neumann, 2001, p.45 참조

리로부터 기쁨을 느끼는 남성적 본능이 다른 본능을 지배하게 되었다는 것'을 의미한다. 니체는 개인에게서나 민족에게서나 자유는 극복되어야 할 저항에 의해서, 드높은 곳에 머무르기 위해서 치르는 노력에 의해서 측정된다고 말하고 있다. 이런 의미에서 니체는 자신이 말하는 참된 의미의 자유를 구현한 대표적인 인간으로 율리우스 카이사르를 들고 있다.[59] 니체는 이런 종류의 자유는 신학자들이 말하는 자유의지처럼 인간들에게 원래부터 주어져 있는 것이 아니라 자신에 대한 일종의 폭정, 즉 치열한 자기극복을 통해서 쟁취된다고 말한다.

니체는 이러한 자기극복은 우리에게 진정한 의미의 영혼의 평안을 가져다준다고 말한다. 이러한 영혼의 평안은 이원론적 형이상학에서 보는 것처럼 피안의 신에게 귀의한 데서 비롯되는 영혼의 평안과 달리, 불확실성으로 오랫동안 긴장과 고통을 겪은 뒤 무서운 확실성이 들어선 상태, 이와 함께 행동, 창조, 노력, 의욕의 한가운데서 나타내 보이는 원숙함과 숙달의 표현, 조용한 숨결의 호흡, 획득된 의지의 자유에서 비롯된 것이다.

이에 반해 하이데거에게 자유는 인간의 속성이 아니라 인간이 자유의 소유물(Eigentum)이다.[60] 인간이 자유의 소유물이라고 할 때의 자유는 존재의 열린 장을 가리킨다고 할 수 있다. 하이데거는 존재의 열린 장을 자유로운 터(das Freie)라고도 부르고 있다. 이러한 자유로운 터에 인간이 진입할 경우에만 인간은 자신을 움직이는 온갖 삿된 욕망과 이해 관심에서 벗

---

59) 니체, 『우상의 황혼』, 「어느 반시대적 인간의 편력」, 38절 참조. 율리우스 카이사르가 병과 두통이 일어나는 것을 막는 데 사용했던 방법이야말로 이러한 자기극복의 가장 대표적인 예라고 할 수 있다. 니체에 따르면 카이사르는 "엄청난 행군, 지극히 간소한 생활방식, 끊임없는 노천 생활, 지속적인 혹사"를 통해서 병과 두통이 일어나는 것을 막았다. 같은 글, 31절 참조.
60) *HG* vol.42, p.15 참조.

어나 존재자들의 고유한 존재와 진리를 발현하게 하는 존재가 될 수 있으며 이 경우에만 인간은 진정으로 자유로울 수 있다는 것이다. 그렇지 않을 경우 인간은 자신을 자유로운 주체라고 생각하지만 사실은 자신이 의식하지 못하는 탐욕에 의해서 지배되게 된다는 것이다. 하이데거는 이렇게 존재의 열린 장에서 사유하고 행위할 경우에만 우리는 존재자들과의 대립적인 관계에서 벗어나 그것들과의 공감적인 관계를 유지할 수 있기 때문에, 진정한 의미에서 영혼의 자유와 평안을 경험할 수 있다고 본다.

하이데거는 현대 기술문명의 근본문제를 궁극적으로 성스러움의 차원이 사라졌다는 데서 찾고 있다. 현대인들은 사물들이 가지고 있는 성스러움을 보지 못하고 사물들을 인간이 멋대로 남용해도 되는 에너지 자원으로 보고 있다. 하이데거는 더 이상 자신의 이해 관심의 입장에서 사물들을 경험하지 않고 모든 사물에게 고유한 존재를 증여하는 존재의 열린 장에 진입하면서 사물들의 성스러움을 경험하는 인간만이 진정으로 자유로운 인간이라고 본다. 이러한 인간이란 또한 자신의 모든 사적인 이해 관심을 벗어난 성스러운 인간이라고 볼 수 있을 것이다.

그러나 니체에게는 세계와 사물의 성스러움을 경험하는 것이 궁극적인 문제가 아니다. 니체가 가장 자유로운 인간의 대표자로 보는 카이사르가 세계와 사물들의 성스러움을 경험했다고는 볼 수 없을 것이다.[61] 니체

---

61) 이런 의미에서 데이비드 오하나는 니체를 근대적 세속주의의 예언자라고 부르고 있다. 니체는 스피노자처럼 우리 안에 성스러운 것이 존재한다고 주장하지 않고 오히려 세상을 성스러운 것이 결여된 채로 드러내면서 세계 위에 존재하는 새로운 주권적인 개인을 보여 주려고 한다는 것이다. David Ohana, "Nietzsche and the Fascist Dimension: The Case of Ernst Jünger", eds. Jacob Golomb and Robert S. Wistrich, *Nietzsche, Godfather of Fascism? On the Uses and Abuses of a Philosophy*, Princeton, NJ: Princeton University Press, 2002, p.265 참조.

는 인간이 자신의 자연스런 본능과 욕망을 근절하려고 해서는 안 되고 그 것을 승화시켜야 한다고 본다. 니체에게는 소유욕이나 정복욕 그리고 명예욕은 인간의 자연스런 욕망이다. 이러한 욕망은 자연스런 욕망이기에 근절될 수 없다는 것이 니체의 생각이다. 이원론적 형이상학에서 보는 것처럼 그것을 악의 근원으로 보면서 근절하려고 할 경우에는 인간은 끊임없이 죄책감에 사로잡히면서 자신을 학대하는 병적인 인간이 될 수밖에 없다. 따라서 그러한 자연스런 욕망을 근절하려고 할 것이 아니라 승화시켜야 한다.

이러한 승화를 니체는 정신화라고도 부르고 있다. 예를 들어 니체는 적의를 승화하고 정신화할 것을 주장한다. 이것은 적을 제거하려고 하지 않고 오히려 적의 존재를 자기 발전의 계기로 삼는 것이다. 니체는 오늘날 정치의 세계에서도 적의는 훨씬 정신적인 것이 되었고, 훨씬 신중하고 사려 깊은 것이 되었다고 말하고 있다. 어느 당파든 반대당의 세력을 쇠퇴시키지 않는 것이 자신의 보존과 강화에도 유리하다는 사실을 깨닫게 되었다는 것이다. 니체는 국가의 경우에도 적국을 갖는 것이 그 국가의 성장을 위해서 유리하다고 본다.[62] 이러한 사실을 고려해 볼 때 니체의 사상을 본질적으로 구현한 대표적인 것이 나치즘이라는 후기 하이데거의 니체 해석이 얼마나 왜곡된 것인지를 우리는 알 수 있다. 니체는 나치처럼 모든 적을 제거하려고 하는 것이 아니라 오히려 적의 존재가 우리의 성장을 위해서 필요하다고 본다.

니체는 본능의 근절이 아니라 본능의 승화를 지향하기에 성욕도 긍정적으로 본다. 니체는 남녀 사이의 성욕이야말로 위대한 예술과 문화를 창

---

62) 니체, 『우상의 황혼』, 「자연에 반(反)하는 것으로서의 도덕」, 3절 참조.

조하는 동력이 될 수 있다고 보는 것이다. 니체는 이렇게 말하고 있다.

고전적 프랑스의 모든 고급문화와 문학도 성적 관심을 토대로 하여 성장했다는 사실을. 그것에서 우리는 여성들에 대한 친절과 정중한 예의, 관능, 성적 경쟁, '여자'를 어디에서든 발견할 수 있다. 찾아보면 헛수고는 아닐 것이다.[63]

니체는 성적인 욕망의 승화에서 고상하고 기품 있는 문화와 예술이 나올 수 있다고 보는 것이다. 이 점에서 니체는 심지어 플라톤 철학까지도 성적인 관심과 욕망에서 비롯되었다고 본다. 니체는 아테네에 그토록 아름다운 청년들이 없었더라면 플라톤 철학은 있을 수 없었을 것이라고 말하고 있는 것이다. 이들의 아름다운 용모야말로 플라톤의 영혼을 에로스의 도취 속에 빠뜨려 놓고 플라톤으로 하여금 이들 청년들의 마음을 빼앗기 위해서 철학을 하게 만들었다는 것이다.

이런 맥락에서 니체는 모든 성적인 관심에서 떠나 은둔자가 개념의 거미줄을 치듯이 철학을 하는 것, 즉 스피노자식의 신에 대한 지적인 사랑(amor intellectualis dei)만큼 비(非)그리스적인 것은 없다고 말한다. 플라톤식의 철학은 고대 그리스의 체육 경기와 마찬가지로 에로스적인 경쟁에서 비롯된 것이라는 것이다. 니체는 플라톤의 이러한 철학적 에로티시즘으로부터 최종적으로 나온 것이 그리스식 경기의 새로운 예술 형식인 변증법이라고 말하고 있다. 더 나아가 니체는 자연의 소리, 색깔, 향기, 율동적인 움직임에 깃들어 있는 아름다움의 원천도 바로 암컷과 수컷에 깃들인 성

---

63) 니체, 『우상의 황혼』, 「어느 반시대적 인간의 편력」, 23절 참조.

욕이라고 말하고 있다.[64)]

니체와 달리 후기 하이데거의 철학은 성욕을 비롯한 본능의 근절까지
는 아니더라도 본능의 승화보다는 정화를 추구했다고 할 수 있다. 사실상
전후기 하이데거를 통틀어 니체가 말하는 것처럼 성적인 욕망과 관심이
위대한 문화와 예술의 원천일 수 있다고 말하는 부분은 없다. 하이데거는
인간이 동물과 본질적으로 다르다고 본다. 물론 니체도 인간이 동물과 다
르다고 보지만, 인간은 근본적으로 동물에서 진화한 이상 인간이 갖는 덕
들도 동물이 갖는 특성들의 변용이라고 본다. 인간이 갖는 용기는 사자의
용기의 변용이며 인간의 지혜는 뱀이 갖는 지혜의 변용이다. 이렇게 인간
삶의 동물적 기반을 강조하는 것과 함께, 니체는 성적인 욕망을 비롯한 본
능적 욕망이 인간의 삶에서 갖는 근본적 중요성을 강조하게 되는 것이다.
니체가 말하는 건강한 힘에의 의지는 건강하고 활력이 넘치는 본능적 힘
이라고 할 수 있다.

이에 반해 하이데거는 전후기를 통틀어 인간은 동물과 본질적으로 다
르다고 보며, 심지어 인간의 신체도 동물과 본질적으로 다르다고 본다. 인
간의 손은 동물의 손과 본질적으로 다르다는 것이다. 물론 그렇다고 해서
하이데거가 이원론적인 형이상학처럼 인간의 본질이 순수정신 내지 순수
이성에 있다고 보는 것은 아니다. 하이데거는 존재의 진리가 우리에게 전
해지는 통로를 근본기분이라고 보고 있으며 근본기분은 우리의 신체까지
도 특정한 기분 상태에 빠뜨리는 것이다. 그럼에도 불구하고 하이데거가
말하는 근본기분은 우리를 본능적인 욕망에서 벗어나게 하면서 가장 보편
적인 지평인 존재의 지평으로 진입하게 한다. 모든 본능적인 욕망은 사적

---

64) 니체, 『우상의 황혼』, 「어느 반시대적 인간의 편력」, 22절 참조.

이고 이기적인 성격을 띠고 있기에 그것은 우리가 존재자들의 고유한 진리를 있는 그대로 보지 못하게 한다. 이런 의미에서 존재의 진리에 대한 청종을 요구하는 하이데거의 사상은 본능적인 욕망의 승화보다는 그것으로부터의 정화를 요구하고 있다고 할 수 있다.

물론 니체가 본능을 긍정적으로 본다고 해서 본능의 무분별한 분출을 주장한 것은 아니다. 건강한 본능은 자신을 통제할 줄 아는 본능이다. 이러한 건강한 본능의 대표적인 구현자로 니체는 카이사르 외에 나폴레옹을 들고 있다. 나폴레옹은 강한 활력과 본능을 가지고 태어났으면서도 자신의 본능적 욕망들을 훌륭하게 제어하면서 통일시킬 수 있는 사람이었다.[65] 이에 반해 강한 본능을 가지고 태어났지만 이것을 제어하고 통일시킬 수 없는 사람들이 범죄자가 된다. 그러나 니체는 준법정신이 투철한 평범한 시민은 자신의 본능적 욕망을 억압하고 있기 때문에 사실은 범죄자에 비해 더 병들어 있을 수 있다고 본다. 이는 유약한 범죄자라도 자신 안에 창조의 잠재력을 갖고 있기 때문이다. 따라서 니체는 이들이 자신의 본능을 건강한 방식으로 발현할 수 있도록 돕는 사회적 조건을 형성하는 것이 필요하다고 본다.

이와 함께 니체는 어떤 종족이나 어떤 가족이 갖는 아름다움, 그들의 우아한 품행과 자애로움은 천성적인 것이 아니라 장기간의 엄격한 훈련을 통해서 습득된 것이라고 본다. 하이데거가 근본기분을 통해서 존재의 진리에 자신을 여는 자세를 강조한 반면에, 니체는 세대에 걸쳐서 계속되는 자기극복의 노력이 인간이 아름답고 기품 있는 인간이 되기 위해서 필수적이라고 보는 것이다. 고귀한 아름다움을 구현한 예로 니체는 17세기 프

---

65) 같은 글, 45절 참조.

랑스의 귀족들을 들고 있으며, 이들은 사교, 주거, 의상, 성적인 만족과 관련하여 이익, 습관, 의견, 나태보다는 아름다움을 택했다고 본다. 또한 아테네의 남성들은 아름다워지기 위해서 수 세기에 걸쳐서 애쓰고 노력했다는 것이다.

니체는 아름다움을 실현하기 위한 최고의 지침은 혼자 있을 때도 '자신을 멋대로 두어서는' 안 되는 것이라고 말한다. 아름다움을 실현하기 위한 훈련은 감정과 사상의 차원이 아니라 신체의 차원에서부터 행해져야만 한다. 아름다운 품행을 어떤 상황에서도 엄격하게 견지하는 것, 그리고 '자신을 되는대로 방치하지' 않는 사람들 사이에서만 살아야 한다는 의무를 지키는 것이 필요하다. 이런 식으로 두세 세대만 지나면 모든 것이 이미 내면화되어 버린다. 아름다움을 육성할 수 있는 올바른 길은 신체, 품행, 섭생법, 생리학에 존재하며 나머지, 즉 감정과 생각은 이것들로부터 저절로 따라 나온다. 이 점에서 니체는 신체를 경멸했던 그리스도교는 이제까지 인류 최대의 불행이었다고 말하고 있다. 아마 니체는 하이데거도 신체와 본능의 차원을 너무 무시했다고 보았을 것이다.

니체와 하이데거의 차이는 그리스 신들의 본질에 대한 파악에서도 드러난다. 하이데거는 구약성서의 신은 이렇게 해야 한다거나 이렇게 하지 말아야 한다고 명령하는 신인 반면에, "그리스인들의 신은 명령하는 신이 아니라 보여 주고 가리키는 신(ein Zeigender, Weisender)"이라고 말하고 있다.[66] 그리스인들의 신은 사물들의 고유한 존재와 진리를 드러내고 가리키는 신이라는 것이다.

이에 반해 니체는 디오니소스야말로 그리스인들의 대표적인 신이라

---

66) *HG* vol.54, p.59.

고 본다. 이 신은 보여 주고 가리키는 신이 아니라 충만한 힘에 넘쳐서 생성과 소멸, 창조와 파괴를 환희 속에서 반복하는 신이다. 이러한 신과 함께 니체는 프로메테우스야말로 그리스인들의 정신을 가장 잘 보여 주는 인물이라고 본다. 니체의 처녀작인 『비극의 탄생』의 표지 그림에는 쇠사슬에 묶인 프로메테우스가 디오니소스의 상징인 포도에 둘러싸여 있다. 생성 소멸하는 현실에 대한 최고의 긍정을 상징하는 디오니소스적 생명력으로 가득 찬 프로메테우스는 인간을 자신들의 지배 아래 두려는 신에 반항한다. 프로메테우스는 피안의 신이나 미래의 유토피아라는 환상에 의지하지 않고 고난과 고통, 투쟁과 갈등으로 점철되어 있는 현실을 홀로 짊어지면서 흔쾌하게 긍정하는 초인을 상징한다고 할 수 있다.

니체는 이러한 초인의 정신이 근대의 공리주의적이고 평등주의적인 사고방식 속에서 소멸해 간다고 생각했다. 그러나 이러한 초인의 정신은 하이데거가 현대 기술문명을 규정하는 것으로 본 맹목적인 지배의지, 즉 인간을 비롯한 모든 존재자를 한갓 에너지 자원으로서 조작하고 남용하려는 광기 어린 탐욕과는 근본적으로는 다른 것이다. 1938년 이후의 하이데거는 니체가 말하는 초인을 히틀러나 스탈린과 같이 맹목적인 지배의지의 대표적인 노예가 된 이른바 지도자들, 다시 말해서 현대 기술문명의 기술관료들과 동일시하고 있지만 하이데거는 이 경우 니체의 초인이 갖추어야 할 고귀한 덕들은 전혀 고려하지 않고 있다. 하이데거는 니체가 초인을 '예수의 영혼을 갖는 카이사르'라고 규정하는 구절들에 주목하지 않고 있는 것이다.[67]

더 나아가 니체는 『아침놀』에서 가장 탁월한 재능을 타고난 자들이 정

---

67) Müller-Lauter, "Das Willenswesen und der Übermensch", p.124 참조.

치나 경제에 몰두하는 것을 정신의 낭비라고 보면서 비판하고 있다.

> 모든 정치적 경제적인 일은 보다 열등한 두뇌의 소유자들을 위한 노동 영
> 역이며 열등한 두뇌의 소유자들 이외의 사람들은 이러한 작업장에서 일
> 해서는 안 된다. 차라리 그러한 기계가 다시 한 번 해체되는 것이 낫다!
> 그러나 지금처럼 모든 사람이 매일 정치적 경제적인 일들에 대해서 알아
> 야 한다고 믿을 뿐 아니라 누구든 언제라도 그것들을 위해서 일하려고
> 하고 자신의 고유한 일은 돌보지 않는 것은 우습기 그지없는 큰 광기다.
> [……] 우리의 시대는 경제에 대해서 아무리 말을 많이 해도 하나의 낭비
> 자다. 그것은 가장 귀중한 것, 즉 정신을 낭비한다.[68]

1938년 이후 하이데거는 또한 니체가 말하는 힘에의 의지도 인간을
포함한 모든 존재자를 계산 가능하고 변환 가능한 에너지 자원으로 전락
시키고 남용하는 기술적인 정복의지와 동일시하고 있다. 하이데거는 플라
톤과 함께 존재자들을 지배하고 통제하려고 하는 형이상학이 시작했다고
보는바, 그러한 형이상학의 본질적 가능성이 니체에 와서 궁극에 이르기
까지 실현되었다고 보는 것이다.

물론 니체가 말하는 힘에의 의지는 노동과 기술을 통한 자연 정복에서
도 표현된다. 그러나 그것은 힘에의 의지가 저차적인 형태로 나타난 것이
다. 정치적 권력조차도 니체에게는 힘에의 의지가 나타나는 저차적인 방
식에 지나지 않는다. 니체가 카이사르나 나폴레옹 같은 사람을 힘에의 의
지의 대표적인 구현자로서 찬양한 것은 그들이 단순히 권력을 가졌기 때

---

68) 니체, 『아침놀』, 179절.

문이 아니었다. 그들은 자신들의 넘치는 생명력으로 새로운 삶의 형태를 창조하면서 사람들의 삶을 고양시켰을 뿐 아니라 니체가 말하는 고귀한 덕, 즉 용기와 긍지와 지혜 그리고 패자들을 포용하고 그들에게 관용을 베푸는 덕을 갖추었다.[69] 니체는 히틀러나 스탈린과 같이 고귀한 덕성을 결여한 권력자를 저열한 인간들로 보았을 것이다. 니체는 인간을 정신적으로 건강하게 만드는 도덕·종교·철학·예술의 창조가 힘에의 의지가 발현되는 최고의 형식이라고 본다. 이것들은 수천 년에 걸쳐서 사람들에게 영향을 미치면서 사람들을 긍정적인 방향으로 변용할 수 있는 것이다.

1938년 이후의 하이데거는 니체의 힘에의 의지가 병든 힘에의 의지와 건강한 힘에의 의지로, 혹은 병든 삶과 건강한 삶으로 구별된다는 사실을 고려하지 않는다. 하이데거가 현대 기술문명의 부정적 현상들로 보는 대부분의 것들, 예를 들어 맹목적인 지배의지나 열광적인 체험과 자극의 추구와 같은 것은 니체도 병적인 삶과 병든 힘에의 의지의 징후들로 볼 것이다. 하이데거는 니체가 드러내는 특수한 생명현상들, 생의 상승과 하락, 힘의 피로와 소진과 같은 것을 거의 고려하지 않고 있다.[70] 이러한 사실을 고려할 때 하이데거가 자신의 존재사적 구도에서 니체의 힘에의 의지를 현대 기술문명을 규정하는 형이상학적 원리로서 파악하는 것은 니체의 힘에

---

69) 이와 관련하여 니체의 초인상(像)에 대한 고명섭의 해석을 인용할 만하다. "자기 내부의 디오니소스적 힘과 야수성을 모두 그대로 최대치로 밀어붙이되 바로 그 상태에서 절도를 요청하는 것, 자기 내부의 아폴론을 불러내 그 폭발하는 힘에 규율을 부여하는 것, 그 힘을 자기 창조와 세계 창조로 분출시키는 것, 이것이 니체가 말하는 아폴론을 내장한 디오니소스로서 강자의 모습이다"(고명섭, 『니체 극장: 영원회귀와 권력의지의 드라마』, 김영사, 2012, 21쪽).

70) Wolfgang Müller-Lauter, "Erste Studie. Heideggers grundlegende Orientierung in der Auseinandersetzung mit Nietzsche", *Heidegger und Nietzsche: Nietzsche-Interpretationen III*, Berlin/New York: Walter de Gruyter, 2000, p.172 참조.

의 의지 개념이 가지고 있는 구체적이고 미묘한 뉘앙스를 무시하고 있는 것이다.

1938년 이후의 하이데거는 니체의 영원회귀설도 끊임없는 반복 속에 있는 근대적 기술의 본질을 가리키는 것으로 본다. 그것은 기술문명을 궁극적으로 규정하는 '의지에의 의지'가 아무런 목적도 의미도 없이 사물들에 대한 정복과 지배를 무한히 반복하면서 자신을 강화해 가는 현상을 가리킨다는 것이다.[71] 의지에의 의지는 그 자신 외의 아무것도 허용하지 않는 내재적인 자기 연관으로서 모든 의미를 결여한 채 자체 내에서 회전한다. 영화나 갖가지 오락거리와 향락거리에서 보듯 현대 기술문명이 보여주는 현란한 다채로움은 의지에의 의지가 모든 것을 에너지 자원으로 전락시키는 과정의 획일성을 은폐할 뿐이다.

그러나 니체의 영원회귀 사상은 운명애의 사상과 결부 지을 경우에만 그 진의가 제대로 해석될 수 있다. 니체의 영원회귀 사상은 장차 우리의 삶이 좋아질 수 있는 가능성을 완전히 차단한다. 우리가 경험했던 운명이 그대로 반복된다는 것이다. 그러나 혹시라도 다음 세상이 있으면 지금보다도 더 좋은 운명 속에서 태어나고 살기를 바라는 것이 모든 인간의 심리다. 이에 대해서 니체의 영원회귀 사상은 다음 세상에도 우리가 지금 경험하는 것과 동일한 고통과 고난 그리고 갈등과 투쟁이 존재한다고 생각한다. 니체는 삶이 이렇다고 할지라도 삶을 사랑하고 흔쾌하게 긍정하면서 자신이 겪었던 가혹한 운명이 얼마든지 다시 반복되어도 좋다고 외칠 수 있는 사람이야말로 힘에의 의지를 최고도로 구현한 사람이라고 본다. 니체는 그러한 사람들을 카이사르나 나폴레옹 그리고 괴테에게서 보았다. 이러한

---

71) *HG* vol.7, p.122 참조.

사실을 고려해 볼 때 니체의 영원회귀 사상을 기술적 지배의지의 무한 반복을 가리키는 것으로 보는 하이데거의 해석은 니체의 영원회귀 사상의 진의에서 너무나 벗어났다고 여겨진다.

마지막으로 형이상학의 역사를 보는 양자의 입장에서 보이는 차이에 대해서 살펴보자. 초기 하이데거는 서양 형이상학이 존재를 '눈앞의 존재'로 보는 존재 이해에 의해 구속되어 있다고 보았다. 초기 하이데거는 세상 사람들이 죽음으로 선구하지 않고 눈앞의 사물들에 빠져 있듯이, 전통 형이상학 역시 죽음에로 선구하지 않고 눈앞의 사물들에 몰입함으로써 눈앞의 존재자를 인간을 비롯한 모든 존재자를 이해하는 실마리로 삼으면서 탐구한다고 보았다. 전통 형이상학의 존재망각의 원인은 이 점에서 결의성의 결여에서 찾아졌다. 즉 전통 형이상학은 죽음으로 선구하고 불안을 인수하면서 본래적으로 시숙하는 방식으로 근원적으로 세계를 개현하지 못하고 있다는 것이다. 이에 반해 후기 후이데거는 전통 형이상학의 존재망각은 형이상학자들의 책임이 아니라 존재 자체가 존재자 전체를 드러내면서 자신은 은닉한다는 데 있다고 보고 있다. 이에 따라 후기 하이데거에서 전통 형이상학자들은 자신을 은닉하는 존재 자체의 그때마다의 송부(送付, Schickung)에 충실했다는 의미에서 위대한 철학자들이라고 불린다.

이에 반해서 니체는 전통 형이상학의 근본적인 특성을 쇠퇴한 생명력, 내지 병약한 힘에의 의지에서 비롯된 현실도피에서 찾는다. 전통 형이상학은 생성 소멸하는 세계에서의 삶을 견딜 수 있는 강한 생명력을 갖지 못하여, 영원한 신이나 존재, 물자체나 절대정신 등과 같은 추상적인 허구를 만들어 놓고 그것에 의지하여 삶아갈 힘을 얻으려고 했다는 것이다. 니체는 전통 형이상학의 기원과 특성을 생리학적으로 파악하고 있다. 물론 이 경우 생리학은 단순히 생물학적인 생리학에 그치지 않고 인간의 정신적 생명력까지 포괄하는 넓은 의미로 사용되고 있다.

전통 형이상학의 기원과 본질적 특성에 대한 양자의 견해 차이는 전통 형이상학의 역사를 보는 양자의 시각에도 반영되어 있다. 후기 하이데거는 플라톤과 아리스토텔레스와 같은 철학자들은 존재 자체를 사유하지는 않았지만 피시스에 대한 경험에 입각하여 존재자 전체를 고찰하고 있다고 보면서, 중세나 근세에 비해 플라톤과 아리스토텔레스와 같은 고대 철학자를 높이 평가하고 있다. 특히 하이데거가 존재사에 속하는 위대한 사상가들로 보는 사람들 중에는 로크나 버클리 그리고 흄과 같은 경험론자들이나 콩트와 같은 실증주의자들은 포함되어 있지 않다. 이에 반해 니체는 헤라클레이토스를 제외하고는 플라톤과 아리스토텔레스와 같은 고대 그리스 철학자들을 무시하면서 흄과 같은 경험론자와 콩트와 같은 실증주의자들을 높이 평가하고 있다. 이들이야말로 고대의 헤라클레이토스를 제외하고는 생성 소멸하는 현실을 유일한 현실로 인정하고 있다고 보는 것이다.[72)]

후기 하이데거는 니체가 플라톤에서부터 시작되는 인간중심주의의 본질적 가능성을 완전히 길어 냈다고 보았다. 그러나 인간중심주의의 본질적 가능성을 완전히 다 길어 낸다는 것이 현대 기술문명에서 보이는 것처럼 맹목적이고 무분별한 자연 지배를 철학적으로 정초하는 것이라면, 니체 철학은 결코 후기 하이데거가 평가하듯이 플라톤 철학의 전도를 통한 플라톤 철학의 완성이라고 볼 수는 없을 것이다. 오히려 니체는 플라톤과 소크라테스에서부터 시작되는 주지주의적 낙관주의, 즉 지적인 이성을 통해서 세계를 온전히 해명할 수 있고 인간의 문제를 해결할 수 있다고 보

---

72) 니체, 『우상의 황혼』, 「어떻게 '참된 세계'가 마침내 우화가 되었는가?: 오류의 역사」 참조.

는 천박한 낙천주의가 인간이 자신들의 본능을 건강하게 발전시키는 것을 막았다고 보았다. 니체는 플라톤적인 형이상학의 본질적 가능성을 완전히 길어 내려고 하는 것이 아니라 플라톤에서부터 시작되는 힘에의 의지의 쇠퇴를 극복하려고 하는 것이다. 니체의 눈에는 아마도 하이데거의 철학조차 건강한 생명력을 상실하고 존재라는 추상적인 실체에게로 도피하는 것으로 보였을 것이며, 니체는 하이데거의 철학에서도 건강한 생명력의 쇠퇴를 보았을 것이다.[73]

후기 하이데거의 철학은 흔히 선불교나 노장철학과 비교되곤 한다. 존재자들을 지배하려는 의지의 포기를 주창하는 후기 하이데거의 철학은 충분히 선불교나 노장철학과 비교될 수 있다고 여겨진다. 니체 역시 불교나 노장철학과 비교되면서 양자의 유사성을 주장하는 연구들이 상당히 존재하지만 본인은 이러한 연구들에 대해서는 회의적이다. 이는 니체 자신이 불교를 생명력의 쇠퇴에서 비롯된 종교라고 보았기 때문만은 아니다.[74] 니체는 건강한 생명력을 대표적으로 구현한 자들로 카이사르나 나폴레옹 그리고 미켈란젤로와 같은 르네상스 시대의 야심만만한 예술가들을 들고 있다. 이런 사람들이 불교나 노장에서 이상으로 여기는 깨달은 자나 진인(眞人)의 풍모를 갖추고 있다고는 볼 수 없을 것이다.

---

73) 앞에서 본 것처럼 뢰비트나 카우프만도 하이데거는 니체의 입장에서 보면 실증주의 이전 단계인 형이상학에 머물러 있다고 말하고 있다. 하이데거의 존재사는 현상계를 지배하는 일종의 배후-세계로서 혹은 형이상학적인 세계로서 나타나고 있다는 것이다. 그러나 우리는 전통 형이상학과 하이데거의 철학을 동일시할 수는 없다고 생각한다. 우리는 니체와 마찬가지로 하이데거는 전통 형이상학과는 전적으로 다른 새로운 사유 방식을 개척했다고 보는 것이다. 하이데거는 존재를 이해하는 통로를 근본기분과 근본기분에 입각한 이해에서 찾음으로써 존재와 인간을 파악하는 데 새로운 시야를 연 것이다.

74) 니체의 불교관에 대해서는 니체, 『안티크리스트』, 20절 참조

후기 하이데거는 자신의 존재사적 구도 아래에서만 니체 철학의 정수가 드러날 수 있다고 보았다. 그러나 위에서 본 것처럼 그러한 구도는 니체 철학의 정수를 드러내기보다는 은폐하며, 니체가 수행하는 생리학적·심리학적 탐구의 풍요로움과 구체성을 무시할 수밖에 없게 된다.[75]

---

75) 니체는 특히 영원회귀 사상을 일종의 영감을 통해서 얻었다고 생각하지만 이러한 영감을 하이데거가 말하는 것처럼 존재가 보내 준 것으로 보지 않는다. 니체는 그러한 영감이 오랫동안 축적되어 온 강한 힘에의 의지에서 비롯되었다고 본다. Friedrich Nietzsche, *Ecce homo*, KGW VI-3, 1967, p.337 이하 참조. 니체는 존재나 신 등을 끌어들이지 않고 철저하게 생리학적·심리학적으로 사유하려고 하는 것이다. 물론 『비극의 탄생』에서의 니체는 쇼펜하우어 철학의 도식을 받아들이면서 아폴론적 예술과 디오니소스적 예술을 현상계의 근저에 있는 '근원적인 일자'가 자신의 고통을 해소하기 위해 자신을 표현하는 것으로 보면서 현상계를 지배하는 근원적인 존재와 같은 것을 상정하고 있다. 그러나 중기 이후의 니체는 그러한 근원적 존재를 더 이상 상정하지 않는다.

맺는글 오늘날 니체와 하이데거 사상이 갖는 의의

하이데거는 자신이 걸은 사유의 길에 대해서 이렇게 말하고 있다.

> 나는 언제나 단지 불분명한 길의 흔적만을 따랐을 뿐이다. 그러나 나는 어떻든 그 길의 흔적을 따랐다. 그 흔적은 거의 알아들을 수 없는 약속과 같은 것으로서 자유로운 장(das Freie)에로의 해방을 고지하고 있었다. 그러나 그것은 어떤 때는 어둡고 혼란스럽게 나타났다가 어떤 때는 번갯불처럼 갑작스럽게 자신을 드러내었다. 그리고 나서는 오랫동안 그것을 말하려는 모든 시도에 대해서 다시 자신을 감추고는 했다.[1]

하이데거가 말하는 것처럼 하이데거의 사유 도정은 평탄하고 일관된 것은 아니었다. 하이데거의 사유 도정은 크게 초기와 후기로 나뉘지만 사실은 초기와 후기도 철저하게 다른 것도 아니며 동일한 초기나 후기에 쓰인 작품들이라고 해도 그것들 사이에는 상당한 뉘앙스의 변화가 보인다. 하이데거의 사유 도정이 보이는 이러한 변화와 곡절은 니체에 대한 그의

---

1) *HG* vol.12, p.130.

해석에서도 보인다. 그의 사유 도정과 함께 니체에 대한 해석도 상당 기간 미묘한 변화가 보이다가 급기야는 전면적인 변화를 보인다.

이러한 사정은 주지하듯이 니체가 심지어는 서로 모순되는 해석까지 가능하게 할 정도로 다양한 얼굴을 가진 사상가라는 점에서 더욱 심각해 진다. 니체는 극좌에서 극우 그리고 남성우월주의에서 페미니즘에 이르는 다양하면서도 서로 대립하는 사조들이 자신들을 정당화하는 데 이용되어 왔다. 이런 의미에서 헤닝 오트만은 이렇게 썼다.

> 어떤 정치 사조를 정당화하고 시대적인 물음에 답하기 위해서 니체를 원 용하는 시도들이 지속적으로 행해져 왔다. 이러한 경향은 그동안에 완성 단계에 도달한 것 같다. 그를 끌어들이지 않은 어떠한 정치 사조도 존재 하지 않기 때문이다.[2]

하이데거에서만 해도 그의 사유 도정이 변화함에 따라서 니체에 대한 관심과 입장도 어떤 때는 작게, 어떤 때는 크게, 어떤 때는 우호적으로, 어 떤 때는 극히 비판적으로 변화했다. 『존재와 시간』에서 하이데거는 자신의 역사성 개념이 역사학에 대한 니체의 사상을 완성하고 있다는 정도로 언 급하는 것에 그치고 있다. 『존재와 시간』을 쓰던 무렵만 해도 니체에 대한 하이데거의 관심도 크지 않았고 연구도 그다지 진전되어 있지 않았다고 볼 수 있을 것 같다. 니체에 대한 관심은 그 당시 키르케고르나 후설 그리 고 아리스토텔레스나 칸트에 대해서 하이데거가 가지고 있던 관심보다 적 었으면 적었지 결코 컸다고 할 수 없을 것이다.

---

2) Ottmann, *Geschichte des politischen Denkens*, vol.3, p.263.

니체에 대한 하이데거의 관심과 연구가 본격화된 것은 1930년대 초부터였던 것 같다. 이때부터 하이데거는 니체와 횔덜린을 동시에 깊이 있게 파고들면서, 현대인들이 처해 있는 니힐리즘의 상황을 극복하면서 새로운 시대를 여는 사상을 개척하는 데 니체의 사상을 적극적으로 원용하기 시작했다. 니체 사상의 이러한 원용은 특히 하이데거가 나치에 참여하면서 히틀러에 긍정적인 입장을 취하는 1937년까지 정점에 달했던 것 같다. 하이데거는 니체에 대한 독자적인 해석을 통해서 나치 운동에 진정한 사상적 토대를 부여하고 싶어 했다.

당시 니체는 나치의 공식적인 이데올로그들에 의해서 인종주의와 패권주의 그리고 반유태주의를 정당화하는 방향에서 해석되고 이용되고 있었다. 이러한 해석 경향에 반대하면서 하이데거는 니체를 미국과 러시아에서 활개치고 있는 기술문명을 극복하는 새로운 시대를 여는 사상가로 해석하려고 했다. 하이데거는 니체를, 기술문명과는 완전히 다르게 세계와 사물을 보고 경험하면서 서로 하나의 공동체를 형성하는 새로운 독일인들을 형성하는 데 방향을 제시하는 사상가로 해석하려고 했던 것이다.

니체에 대한 하이데거의 이러한 연구는 횔덜린에 대한 연구와 동시에 이루어졌고 하이데거는 1937년까지만 해도 니체와 횔덜린을 동일한 방향을 지시하는 사상가와 시인으로 해석했다. 하이데거는 당시만 해도 나치 운동의 방향은 완전히 확정되지 않은 유동적인 상황이라고 생각했으며 진정한 나치 혁명은 제대로 시작도 하지 않았다고 생각했던 것 같다. 이러한 상황에서 하이데거는 니체와 횔덜린에 대한 독자적인 해석을 통해서 나치 운동 내의 다른 사상적 흐름들과 대결하면서 나치 운동에 올바른 방향을 제시하려고 했던 것이다.[3]

하이데거는 1933년에 「독일 대학의 자기주장」에서 학문과 독일인의 운명은 '힘에의 의지'에 토대를 두지 않으면 안 된다고 말하고 있다. 또한 하이데거는 같은 해에 행해진 강연에서 융거를 통한 니체의 창조적 이해를 언급하면서 니체뿐 아니라 융거의 니체 해석까지도 일정 부분 받아들이고 있다.[4] 하이데거는 융거가 제1차 세계대전의 진지전에서 경험했던 '노동자의 형태'가 새로운 학생들에게 각인될 필요가 있다고 말하고 있는 것이다.[5] 이 경우 노동자란 제1차 세계대전에서 자신을 희생했던 병사들처럼 사적인 이익이나 안락을 도외시하고 조국과 동료들을 위해서 자신을 희생하는 열정적인 의지로 가득 찬 사람을 가리킨다.

1936/37년에 행해진 강의 『예술로서의 힘에의 의지』에서만 해도 하이데거는 니체가 말하는 '힘에의 의지'를 모든 존재자를 계산 가능한 에너지에 불과한 것으로 취급하는 맹목적인 지배의지, 즉 '의지에의 의지'로 보고 있지는 않다. 오히려 하이데거는 니체의 '힘에의 의지'를 자신이 『존재

---

3) 동일한 맥락에서 마이클 짐머만도 1936/37년 강연록 『예술로서의 힘에의 의지』의 중요한 의도 중의 하나가 니체의 사상을 나치의 공식적인 이데올로기로부터 구원하는 것이었다고 말하고 있다. 하이데거는 예술의 본질을 생물학적이고 인종주의적으로 파악하려는 나치적 해석과 니체의 존재론적 해석 사이에 존재하는 근본적인 차이를 보여 주려고 했다는 것이다. Zimmerman, *Heidegger's Confrontation with Modernity*, p.101 참조.
4) 여기서 말하고 있는 것처럼, 하이데거가 융거와 융거의 니체 이해를 받아들였어도 어디까지나 '부분적으로만' 받아들이고 있다는 사실에 주목해야 한다. 하이데거는 나치 혁명을 융거가 예상했던 기술적 유토피아의 실현을 막을 수 있는 수단으로 보았다. 융거의 비전이 세계 전체를 하나의 기술적 행성으로 만드는 것이었던 반면에, 하이데거의 관심은 미국과 러시아에서 지배하고 있던 기술문명에 대한 새로운 대안을 마련하는 것에 향해 있었다. 융거가 독일인뿐 아니라 모든 유럽인에게 호소하고 있는 반면에, 하이데거는 독일 민족에 호소하면서 나치 혁명을 통해서 독일 민족을 혁신하려고 했다. Ohana, "Nietzsche and the Fascist Dimension", p.283 참조. 또한 하이데거는 나치 참여 당시에도 융거와 달리 기술을 무조건적으로 긍정하지 않고 오히려 자연을 민족의 공간이자 고향으로 보았으며, 자연이 더욱 자유롭게 자신을 전개할수록 기술은 자연을 위해서 보다 훌륭하게 이용될 수 있다고 보았다. *HG* vol.16, p.200 이하 참조. 이러한 차이에 대해서는 Trawny, ""Was ist 'Deutschland'?"", p.219를 참조할 것.
5) *HG* vol.16, p.250 이하 참조.

와 시간』에서 개척하고 당시 사상적 전회를 통해서 새롭게 해석하고 있던 결의성과 동일한 것으로 보고 있다. 하이데거는 힘에의 의지는 자신을 자신의 상태 안에 폐쇄시키는 것이 아니라, 탈-폐쇄성으로서의 결의성(Ent-schlossenheit)이며 이러한 탈-폐쇄성에 입각하여 힘에의 의지는 모든 존재자의 본질적인 가능성을 발현하게 한다고 말하고 있다.

하이데거는 1937년까지만 해도 자신을, 니체가 말하려고 했던 것을 보다 사태에 적합하게 말하려고 하면서 니체가 개척한 사유의 유산을 창조적으로 계승하는 자로 생각하고 있는 것이다. 이때까지만 해도 하이데거는 니체와 횔덜린이 궁극적으로 동일한 사상을 지향한다고 보면서 니체와 횔덜린을 동시에 계승하려는 입장을 보인다.

그러나 1938년에 하이데거는 나치 운동과 히틀러에 대해서 환멸을 느끼게 되고 더 이상 기대를 품지 않게 된다. 1939년부터 쓰인 하이데거의 글에서는 니체의 '힘에의 의지'를 규정하기 위해서 결의성이라는 개념은 더 이상 사용되지 않고 있다. 니체는 현대 기술문명을 극복하는 데 방향을 제시해 주는 사상가가 아니라 오히려 현대 기술문명을 정초하는 사상가로 해석되며, 니체의 '힘에의 의지'도 현대 기술문명을 근저에서 규정하는 맹목적인 지배의지로 해석된다. 그리고 나치즘도 자유주의나 볼셰비즘 못지않게 이러한 맹목적인 지배의지가 자기 확장을 위해서 사용하는 세계관으로 간주된다. 이때부터는 오직 횔덜린만이 현대 기술문명을 극복하는 참된 방향을 제시하는 시인으로 간주된다.

우리는 앞에서 1938년 이후에 하이데거가 행하고 있는 이러한 니체 해석이 갖는 문제성과 한계를 살펴보았다. 하이데거는 존재사적 구도에 입각하여 니체를 해석하면서, 니체의 말 중 그러한 해석 구도에 부합되지 않는 말들은 니체의 형이상학이 현대 기술문명에서 노골화되는 '의지에의 의지'의 직전 단계(vorletzte Stufe)라는 데서 비롯되는 것으로 간주한다. 그리고 니체가 아직 '의지에의 의지'의 본질적 성격을 완전히 드러내지 못했던 것은 니체가 심리학에 지배되고 있었고 낭만주의적 열정에 사로잡혀 있어서 개념의 엄밀함과 사려 깊음 그리고 침착한 역사적 성찰을 결여하고 있었다는 데 원인이 있는 것으로 치부된다.[6]

그러나 경우에 따라서는 니체가 의지 전개의 마지막 단계에 도달하지 못한 것은 니체 자신이 처한 시대적인 상황에서 기인하는 것으로 간주된다. 하이데거는 이렇게 말하고 있다.

> 힘에의 의지의 본질은 의지에의 의지로부터 비로소 이해될 수 있다. 그러나 이것은 형이상학이 이미 이행으로 진입했을 경우에야 비로소 경험될 수 있다.[7]

즉 니체가 말하는 힘에의 의지의 본질은 결국은 의지에의 의지이지만, 이러한 의지에의 의지의 본질은 형이상학이 종언을 고하고 제2의 시원으로 이행하는 상황에서만 제대로 이해되고 드러날 수 있다는 것이다.

이상에서 하이데거의 니체 해석이 어떤 식으로 변화해 왔는지를 보았다. 하이데거만 해도 니체에 대해 여러 해석을 제시하고 있는 것이다. 그리고 우리는 특히 니체를 현대 기술문명을 정초하는 사상가로 보는 후기 하이데거의 니체 해석을 비판하면서 니체에 대해 완전히 다른 해석을 시도해 보았다. 우리는 후기 하이데거처럼 니체를 현대 기술문명을 정초하는

---

6) *HG* vol.7, p.77 이하 참조.
7) *Ibid.*, p.78.

사상가로 보는 것이 아니라 근대 문명이 부딪히고 있는 문제들에 대해서 나름대로의 해결 방안을 모색하는 사상가로 본 것이다.

하이데거와 니체 모두 오늘날의 세계에 다 긍정적인 의미를 가질 수 있다고 생각한다. 생태계가 파괴되고 자연과 존재자들과의 교감과 공감이 사라진 오늘날의 현실에서 하이데거는 우리가 개척해야 할 새로운 삶의 방향을 나름대로 보여 준다고 생각된다.

그리고 니체는 물질적 풍요에도 불구하고 여전히 고통과 인간들 간의 갈등과 투쟁이 존재하는 현실에서 우리가 어떤 식으로 살아야 하는지에 대한 나름의 방향을 제시해 준다고 생각된다. 고통을 제거하려는 기술적·의학적 조치가 도처에서 광범위하게 행해지고 있는 오늘날 오히려 사람들은 고통에 취약해지면서 고통은 더욱 심화되고 있는 것 같다. 이러한 상황에서 고통을 자기 성장과 자기 강화의 계기로서 긍정적으로 받아들일 것을 요구하는 니체의 철학은 여전히 큰 의의를 갖는다고 생각한다.

다른 한편으로 니체는 인간을 규정하는 것이 궁극적으로 힘에의 의지인 한 인간들 간의 갈등과 투쟁은 사라지지 않는다고 보았을 뿐 아니라 이러한 갈등과 투쟁을 부정적으로 보지 않았다. 오히려 니체는 갈등과 투쟁이야말로 위대한 문화가 탄생할 수 있는 필수적인 조건으로 보았다. 다만 니체는 이러한 갈등과 투쟁을 투쟁에 참여하는 자들이 투쟁을 통해서 서로가 성장할 수 있는 '사랑의 투쟁'으로 승화시킬 것을 요구한다. 인간들 간의 갈등과 투쟁이 '사랑의 투쟁'으로 승화될 수 있는 조건으로 니체는 무엇보다도 사람들이 최소한 자신과 대등하거나 자신보다 우월한 인간과 대결하려고 하는 것과 자신의 적에 대해서 존경심을 가질 것, 그리고 패자에 대해서 관용을 베풀 것을 들고 있다. 이러한 조건하에서만 사람들은 투쟁을 통해서 진정으로 자신을 강화하고 고양시킬 수 있다는 것이다.[8]

최근에 니체의 철학을 민주주의와 다원주의를 철학적으로 정초하고 정당화하는 방향으로 해석하면서 니체의 철학이 오늘날 갖는 의의를 모든 시민이 주권적인 개인으로서 정치에 적극적으로 참여하고 다원성을 존중할 것을 주창한 데서 찾으려는 시도들이 여러 니체 연구자들에 의해서 행해지고 있다.[9] 그러나 니체가 오늘날 우리들에게 갖는 의의는 위에서 말한 것처럼, 고통을 근절해야 할 악으로 보는 오늘날의 정신적 상황에서 고통이 갖는 긍정적 의의를 설파하는 동시에 투쟁과 갈등의 바람직한 방식을 제시하면서 사람들을 강하면서도 기품 있는 인간으로 육성해야 할 필요성을 역설했다는 데에 있다고 생각한다.

니체를 이렇게 해석할 때 후기 하이데거가 해석하는 것처럼 니체와 하

---

8) 니체는 이렇게 말하고 있다. "**네 가지의 미덕.** —— 우리 자신과 평소에 우리의 친구인 자에 대한 성실, 적에 대한 용기, 패자에 대한 관용, 항상 공손할 것. 이 네 가지의 주요한 덕은 우리가 그렇게 존재하기를 원한다"(니체, 『아침놀』, 556절).

9) 니체 철학을 다원주의를 정초하는 사상으로 보려는 시도는 앞에서 본 것처럼 무엇보다도 데리다, 바타유나 들뢰즈와 같은 포스트구조주의자들을 중심으로 행해지고 있다. 이들은 니체의 관점주의를 다원주의를 정초할 수 있는 사상으로 본다. 그러나 앞에서 살펴본 것처럼 니체는 다원주의자라고 할 수 없으며, 다양한 관점들 사이에 힘에의 의지를 얼마나 강화하느냐에 따른 위계가 존재할 수 있다고 본다.

　니체를 민주주의 이론가로서 읽으려는 시도는 프랑스의 포스트모던적인 니체 해석의 영향을 받은 영어권에서 일어나고 있다. 마크 워렌(Mark Warren), 키스 안셀피어슨(Keith Ansell-Pearson), 로런스 해팁 등이 그 대표자라고 할 수 있으며, 이들은 니체를 다원주의적인 담론의 철학자로 간주하는 동시에 자신의 말에 책임을 지는 '주권적인 개인'을 이상적인 인간상으로 제시했다고 보면서 니체를 건전한 민주주의를 정초하는 사상가로서 재해석하려고 한다. 이들은 민주주의가 사람들의 정신적 수준을 하향 평준화하면서 탁월성의 발휘를 허용하지 않을 것이라는 니체의 우려를 무근거한 것으로 치부한다. 특히 워렌과 같은 사람은 니체의 철학은 포스트모던적인 반면에, 그의 정치적인 입장은 당시의 시대적인 선입견에 구속되어 전근대적인 것에 머물러 있다고 보면서 그의 철학으로부터 포스트모던적인 정치철학을 끌어낼 수 있다고 보고 있다.

　헤닝 오트만은 니체를 포스트모던적인 사상가로 해석하려는 위의 시도들은 모두 니체의 사상을 자신들의 입맛에 맞게 해석하는 것으로 보고 있다. Ottmann, *Geschichte des politischen Denkens*, vol.3, p.260 이하.

이데거 사이의 관계를 대립적이고 한편이 다른 편을 극복하는 관계로 볼 필요는 없다고 여겨진다. 니체는 인간들 사이의 갈등과 투쟁을 긍정하지만 니체가 말하는 '사랑의 투쟁'은 상대방에 대한 존경을 전제하고 있는바, 니체가 말하는 진정한 의미에서의 '힘에의 의지'는 1938년 이후의 하이데거가 주장하고 있는 것처럼 맹목적인 지배의지는 아니기 때문이다.

니체도 하이데거도 오늘날 우리가 부딪히고 있는 문제를 각각의 입장에서 드러내고 있으며 또한 각각의 입장에서 해결의 길을 제시하고 있다. 그들 각각이 문제로 본 것은 여전히 오늘날 우리가 부딪히고 있는 문제이며 그들이 제시하고 있는 해결의 길도 우리가 무시할 수 없는 중요한 통찰을 담고 있다.

참고문헌

■ 니체의 저작

Also sprach Zarathustra, Nietzsche Werke, Kritische Gesamtausgabe(KGW) VI-1, Berlin: Walter de Gruyter, 1968.

Der Antichrist, KGW VI-3, 1969.

Der Wille zur Macht, Stuttgart: Alfred Kröner Verlag, 1996.

Die Fröhliche Wissenschaft, KGW V-2, 1973.

"Die Philosophie im tragischen Zeitalter der Griechen", *Nachgelassene Schriften 1870 bis 1873*, KGW III-2, 1973.

Ecce homo, KGW VI-3, 1969.

Götzen-Dämmerung, KGW VI-3, 1969.

Jenseits von Gut und Böse, KGW VI-2, 1968.

Menschliches, Allzumenschliches I, KGW IV-2, 1967.

Menschliches, Allzumenschliches II, KGW IV-3, 1967.

Nachgelassene Fragmente Anfang 1888 bis Anfang Januar 1889, KGW VIII-3, 1972.

Nachgelassene Fragmente Anfang 1880 bis Frühjahr 1881, KGW V-1, 1971.

Nachgelassene Fragmente Herbst 1887 bis März 1888, KGW VIII-2, 1970.

"Über die Zukunft unserer Bildungsanstalten", *Nachgelassene Schriften 1870-1873*, KGW III-2, 1973.

Unzeitgemäße Betrachtungen, KGW III-1, 1972.

Zur Genealogie der Moral, KGW VI-2, 1968.

『도덕의 계보』, 『선악의 저편·도덕의 계보』, 니체전집 14권, 김정현 옮김, 책세상, 2002.

『비극의 탄생』, 박찬국 옮김, 아카넷, 2007.

『선악의 저편』, 『선악의 저편·도덕의 계보』, 니체전집 14권, 김정현 옮김, 책세상, 2002.

『아침놀』, 니체전집 10권, 박찬국 옮김, 책세상, 2004.

『안티크리스트』. 『바그너의 경우··우상의 황혼·안티크리스트·이 사람을 보라·디오니소스 송가·니체 대 바그너』, 니체전집 15권, 백승영 옮김, 책세상, 2002.

『우상의 황혼』. 『바그너의 경우··우상의 황혼·안티크리스트·이 사람을 보라·디오니소스 송가·니체 대 바그너』, 니체전집 15권, 백승영 옮김, 책세상, 2002.

『유고(1885년 가을~1887년 가을)』, 니체전집 19권, 이진우 옮김, 책세상, 2006.

『유고(1887년 가을~1888년 3월)』, 니체전집 20권, 백승영 옮김, 책세상, 2004.

『인간적인 너무나 인간적인 1』, 니체전집 7권, 김미기 옮김, 책세상, 2001.

『즐거운 학문』, 『즐거운 학문·메시나에서의 전원시·유고(1881년 봄~1882년 여름)』, 니체전집 12권, 안성찬·홍사현 옮김, 책세상, 2005.

『차라투스트라는 이렇게 말했다』, 니체전집 13권, 정동호 옮김, 책세상, 2000.

■ 하이데거의 저작

Heidegger Gesamtausgabe(HG), Frankfurt a.M.: Vittorio Klostermann.

    vol.5: *Holzwege*, 1977.

    vol.7: *Vorträge und Aufsätze*, 4th ed., 1978.

    vol.8: *Was heißt Denken?*, 1971.

    vol.9: *Wegmarken*, 1976.

    vol.10: *Der Satz vom Grund*, 1971.

    vol.12: *Unterwegs zur Sprache*, 1985.

    vol.13: *Aus der Erfahrung des Denkens*, 1983.

    vol.14: *Zur Sache des Denkens*, 2007.

    vol.16: *Reden und andere Zeugnisse*, 2000.

    vol.26: *Metaphysische Anfangsgründe der Logik*, 1978.

    vol.29/30: *Grundbegriffe der Metaphysik*, 1983.

    vol.39: *Hölderlins Hymnen "Germanien" und "Der Rhein"*, 1980.

    vol.40: *Einführung in die Metaphysik*, 1983.

    vol.42: *Schelling. Vom Wesen der menschlichen Freiheit*, 1988.

    vol.43: *Der Wille zur Macht als Kunst*, 1985.

    vol.44: *Nietzsche's Metaphysische Grundstellung im abendländischen Denken:*

Die ewige Wiederkehr des Gleichen, 1986.

vol.45: *Grundfragen der Philosophie*, 1984.

vol.46: *Zur Auslegung von Nietzsches II. Unzeitgemäßer Betrachtung*, 2003.

vol.48: *Nietzsche: Der europäische Nihilismus*, 1986.

vol.51: *Grundbegriffe*, 1981.

vol.52: *Hölderlins "Andenken"*, 1982.

vol.53: *Hölderlins Hymne "Der Ister"*, 1984.

vol.54: *Parmenides*, 1982.

vol.55: *Heraklit*, 1979.

vol.65: *Beiträge zur Philosophie*, 1989.

vol.90: *Zu Ernst Jünger*, 2004.

"Das Rektorat 1933/34", *Die Selbstbehauptung der deutschen Universität & Das Rektorat 1933/34, Tatsachen und Gedanken*, Frankfurt a.M.: Vittorio Klostermann, 1983.

"Die Selbstbehauptung der deutschen Universität", *Die Selbstbehauptung der deutschen Universität & Das Rektorat 1933/34, Tatsachen und Gedanken*, Frankfurt a.M.: Vittorio Klostermann, 1983.

Martin Heidegger zum 80. Geburtstag von seiner Heimatstadt Meßkirch, Frankfurt a.M.: Klostermann, 1969.

Sein und Zeit, 12th ed., Tübingen: Max Niemeyer, 1972.

"Spiegel-Gespräch mit Martin Heidegger", eds. Günther Neske and Emil Kettering, *Antwort, Martin Heidegger im Gespräch*, Pfullingen: G. Neske, 1988.

Vier Seminare, Frankfurt a.M: Vittorio Klostermann, 1977.

『강연과 논문』, 이기상·신상희·박찬국 옮김, 이학사, 2008. [*HG* vol.7]

『근본개념들』, 박찬국·설민 옮김, 길출판사, 2012. [*HG* vol.51]

『논리학: 진리란 무엇인가』, 이기상 옮김, 까치, 2000. [*HG* vol.21: *Die Frage nach der Wahrheit*]

『니체 I』, 박찬국 옮김, 길출판사, 2010. [*HG* vol.6-1: *Nietzsche I*]

『니체 II』, 박찬국 옮김, 길출판사, 2012. [*HG* vol.6-2: *Nietzsche II*]

『니체와 니힐리즘』, 박찬국 옮김, 철학과현실사, 2000. [*HG* vol.48]

『세계상의 시대』, 최상욱 옮김, 서광사, 1995. [*HG* vol.5]

『횔덜린 시의 해명』, 신상희 옮김, 아카넷, 2009. [*HG* vol.4: *Erläuterungen zu Hölderlins Dichtung*]

『횔덜린의 송가 「게르마니엔」과 「라인 강」』, 최상욱 옮김, 서광사, 2009. [*HG* vol.39]

『현상학의 근본문제들: 1927년 마르부르크대학에서의 강의』, 이기상 옮김, 문예출판사, 1994. [*HG* vol.24: *Die Grundprobleme der Phänomenologie*]

■ 2차 문헌

고명섭, 『니체 극장: 영원회귀와 권력의지의 드라마』, 김영사, 2012.

게를리히, 지그프리트, 『에른스트 놀테와의 대화』, 유은상 옮김, 21세기북스, 2013.

김경수, 「니체의 진리론과 유물론, 그리고 포스트모던: 「비도덕적 의미에서의 진리와 거짓에 관하여」와 『차라투스트라는 이렇게 말했다』를 중심으로」, 『인문과학연구』, 38권, 대구대학교 인문과학연구소, 2012.

김미기, 「니이체의 진리 개념 비판에서 본 예술과 여성의 본질」, 『니체연구』, 3권, 1997.

김재철, 「하이데거의 니체-해석: '신은 죽었다'에 대하여」, 『동서사상』, 2집, 2007.

김정현, 「니체와 페미니즘: 데리다와 코프만의 진리 담론을 중심으로」, 『철학』 67권, 2001.

_____, 『니체의 몸철학』, 지성의샘. 1995.

네하마스, 알렉산더, 『니체, 문학으로서의 삶』, 김종갑 옮김, 책세상, 1994.

데리다, 자크, 『정신에 대해서』, 동문선, 2005.

들뢰즈, 질르, 『니체 철학의 주사위』, 신범순·조영복 옮김, 인간사랑, 1994.

_____, 『들뢰즈의 니체』, 박찬국 옮김, 철학과현실사, 2007.

매길, 앨런, 『극단의 예언자들: 니체, 하이데거, 푸코, 데리다』, 조형준·정일준 옮김, 새물결, 1996.

박찬국, 『하이데거는 나치였는가』, 철학과현실사, 2007.

백승영, 『니체, 디오니소스적 긍정의 철학』, 책세상, 2005.

_____, 「니체와 실천철학: 니체 정치철학과 포스트모던 정치철학 — 워렌의 "포스트모던 힘의 철학"에 대한 비판적 숙고」, 『니체연구』, 17권, 2010.

_____, 「하이데거의 니체 읽기: 이해와 오해」, 『존재론연구』, 4집, 1999.

벨러, 에른스트, 『데리다-니체, 니체-데리다』, 박민수 옮김, 책세상, 2003.

벨쉬, 볼프강, 『우리의 포스트모던적 모던 2』, 박민수 옮김, 책세상, 2001.

슈리프트, 앨런, 『니체와 해석의 문제: 하이데거와 데리다의 니체 해석과 계보학』, 박규현 옮김, 푸른숲, 1997.

신경원, 「니체의 진리, 삶, 심연과 여성 은유」, 『영미문학페미니즘』, 10권 1호, 2002.

신상희, 「니체의 니힐리즘에 대한 하이데거의 비판」, 『하이데거연구』, 15집, 2007.

양대종, 「니체 철학에서 본 인식의 문제: 진리의 개념을 중심으로」, 『철학연구』, 42집, 고려대학교 철학연구소, 2011.

이상엽, 「니체의 관점주의」, 『니체연구』, 16집, 2009.

_____, 『니체의 문화철학』, 울산대학교 출판부, 2007.

임건태, 「니체 철학의 계보학적 이해: 니체의 영원회귀 사상 — 들뢰즈와 하이데거의 해석을 중심으로」, 『니체연구』, 15집, 2009.

임윤혁, 「니체의 힘에의 의지로부터 제기되는 예술철학에 대한 하이데거의 존재론적 해석」, 『니체연구』, 5집, 2003.

전진성, 『보수 혁명: 독일 지식인들의 허무주의적 이상』, 책세상, 2001.

정동호, 『니체』, 책세상, 2014.

체사나, 안드레아나, 김미기 옮김, 「칼 야스퍼스와 프리드리히 니이체」, 정영도 외, 『니이체 철학의 현대적 이해와 수용』, 세종출판사, 1999.

최상욱, 「니체에 대한 하이데거 초기 해석(1936~37)의 존재사적 위치」, 『존재론연구』, 17권, 2008.

_____, 『니체, 횔덜린, 하이데거, 그리고 게르만 신화』, 서광사, 2010.

최양부, 「하이데거의 니체의 '신은 죽었다'는 말과 니힐리즘에 대한 해석」, 『인문과학논집』, 29집, 2004.

_____, 「하이데거의 니체 철학에 대한 존재 운명사적 해석」, 『인문과학논집』, 20집, 2000.

_____, 「하이데거의 플라톤과 니체 철학의 해석에서 진리와 예술의 관계」, 『인문과학논집』, 23집, 2001.

프롬, 에리히, 『희망이냐 절망이냐』, 편집부 옮김, 종로서적, 1983.

핑크, 오이겐, 『니체 철학』, 하기락 옮김, 형설출판사, 1984.

황애숙, 「니체와 하이데거의 탈근대성 실험」, 『대동철학』, 2집, 1998.

Angehrn, Emil, "Die zwiespältige Entstehung der Metaphysik", ed. Michael

Steinmann, *Heidegger und die Griechen*, Frankfurt a.M.: Klostermann, 2007.

Aristotle, *Nikomachische Ethik*, trans. Franz Dirlmeier, Stuttgart: Reclam, 1986.

Arendt, Hannah, *Vom Leben des Geistes II: Das Wollen*, München: Piper, 1979.

Babich, B. E., "Between Hölderlin and Heidegger: Nietzsche's Transfiguration of Philosophy", *Nietzsche-Studien*, vol.29, 2000.

Bambach, Charles, *Heidegger's Roots: Nietzsche, National Socialism and the Greeks*, Ithaca, New York: Cornell University Press, 2003.

_____, "Heidegger, der Nationalismus und die Griechen", ed. Alfred Denker, *Heidegger und der Nationalsozialismus: Interpretationen*, Heidegger-Jahrbuch vol.5, Freiburg/München: Verlag Karl Alber, 2010.

Bourdieu, Pierre, *Die politische Ontologie Martin Heideggers*, Frankfurt a.M.: Suhrkamp, 1988.

Buchheim, Thomas, "Was interessiert Heidegger an der φύσις", ed. Michael Steinmann, *Heidegger und die Griechen*, Frankfurt a.M.: Klostermann, 2007.

Casanova Marco, "Der Anfang des Endes. Heidegger und die Macht des geschichtlichen Denkens", ed. Michael Steinmann, *Heidegger und die Griechen*, Frankfurt a.M.: Klostermann, 2007.

Caysa, Volker, "Die Leibmystik in der Philosophie Schopenhauers", eds. Marta Kopij and Wojciech Kunicki, *Nietzsche und Schopenhauer: Rezeptionsphänomene der Wendezeiten*, Leipzig: Leipziger Universitätsverlag, 2006.

Cesarone, Virgilio, "Heidegger und der Faschismus: eine unwahrscheinliche Begegnung", ed. Alfred Denker, *Heidegger und der Nationalsozialismus: Interpretationen*, Heidegger-Jahrbuch vol.5, Freiburg/München: Verlag Karl Alber, 2010.

Corngold, Stanlet and Geoffrey Waite, "A Question of Responsibility: Nietzsche with Hölderlin at War, 1914-1946", eds. Jacob Golomb and Robert S. Wistrich, *Nietzsche, Godfather of Fascism? On the Uses and Abuses of a Philosophy*, Princeton, NJ: Princeton University Press, 2002.

Danto, A. C., *Nietzsche as Philosopher*, New York: The Macmillan Company, 1965.

Dahrendorf, Ralf, *Gesellschaft und Demokratie in Deutschland*, München: Piper, 1965.

Därmann, Iris, ""Was ist tragisch?": Nietzsche und Heideggers Erfindungen der griechschen Tragödie im Widerstreit", eds. Alfred Denker and Holger Zaborowski et al., *Heidegger und Nietzsche,* Heidegger-Jahrbuch vol.2, Freiburg/München: Verlag Karl Alber, 2005.

Ester, Hans, "Nietzsche als Leitstern der Expressionisten", eds. Hans Ester and Meindert Evers, *Zur Wirkung Nietzsches,* Würzburg: Königshausen & Neumann, 2001.

Evers, Meindert, "Das Problem der Dekadenz. Thomas Mann & Nietzsche", eds. Hans Ester and Meindert Evers, *Zur Wirkung Nietzsches,* Würzburg: Königshausen & Neumann, 2001.

Farías, Victor, *Heidegger und der Nationalsozialismus,* Frankfurt a.M.: Fischer, 1987.

Faye, Emmanuel, *Heidegger: Die Einführung des Nationalsozialismus in die Philosophie im Umkreis der unveröffentlichten Seminare zwischen 1933 und 1935,* Berlin: Matthes & Seitz, 2009.

Figal, Günther, *Martin Heidegger: Phänomenologie der Freiheit,* Frankfurt a.M.: Athenäum, 1988.

Fink, Eugen, *Nietzsches Philosophie,* Stuttgart: Kohlhammer, 1960.

Fogel, G. Luiz, *Nietzsches Gedanke der Überwindung der Metaphysik,* Heidelberg: Ruprecht-Karls-Universität, 1980.

Forget, Philippe ed., *Text und Interpretation: Deutsch-franzosische Debatte mit Beitragen von J. Derrida, Ph. Forget, M. Frank, H-. G-. Gadamer und F. Laurelle,* München: Wilhelm Fink, 1984.

Froese, Katrin, *Nietzsche, Heidegger, and Daoist Thought: Crossing Paths in-between,* New York: State University of New York Press, 2006.

Gadamer, Hans-Georg, *Kleine Schriften I. Interpretationen,* Tübingen: Mohr, 1967.

_____, *Wahrheit und Methode,* Tübingen: Mohr, 1975.

Golomb, Jacob and Robert S. Wistrich, "Introduction", eds. Jacob Golomb and Robert S. Wistrich, *Nietzsche, Godfather of Fascism? On the Uses and Abuses of a Philosophy,* Princeton, NJ: Princeton University Press, 2002.

Graybeal, Jean, *Language and "the Feminine" in Nietzsche and Heidegger,*

Bloomington: Indiana University Press, 1990.

Habermas, Jürgen, *Der philosophische Diskurs der Moderne*, Frankfurt a.M.: Suhrkamp, 1986.

_____, *Philosophische-politische Profile*, Frankfurt a.M.: Suhrkamp, 1971.

Hatab, Lawrence J., *Ethics and Finitude: Heideggerian Contributions to Moral Philosophy*, Lanham: Rowman & Littlefield, 2000.

Heinz, Marion, "'Schaffen", Die Revolution von Philosophie. Zu Heideggers Nietzsche-Interpretation(1936/37)", eds. Alfred Denker and Holger Zaborowski et al., *Heidegger und Nietzsche*, Heidegger-Jahrbuch vol.2, Freiburg/München: Verlag Karl Alber, 2005.

_____, "Volk und Führer. Untersuchungen zu Heideggers Seminar Über Wesen und Begriff von Natur, Geschichte und Staat(1933/34)", ed. Alfred Denker, *Heidegger und der Nationalsozialismus: Interpretationen*, Heidegger-Jahrbuch vol.5, Freiburg/München: Verlag Karl Alber, 2010.

Held, Klaus, "Heidegger und das Prinzip der Phänomenologie", eds. Annemarie Gethmann-Siefert and Otto Pöggeler, *Heidegger und Praktische Philosophie*, Frankfurt a.M.: Suhrkamp, 1988.

Howey, Richard Lowell, *Heidegger and Jaspers on Nietzsche: A Critical Examination of Heidegger's and Jaspers' Interpretations of Nietzsche*, Hague: Nijhoff, 1973.

Ipema, Jan, "Pessimusmus der Stärke. Ernst Jünger & Nietzsche", eds. Hans Ester and Meindert Evers, *Zur Wirkung Nietzsches*, Würzburg: Königshausen & Neumann, 2001.

Jaspers, Karl, *Nietzsche: Einführung in das Verständnis seines Philosophierens*, Berlin: Gruyter, 1936.

Jünger, Ernst, *Betrachtungen zur Zeit*, Sämtliche Werke 7, Stuttgart: E. Klett, 1980.

_____, *Der Arbeiter*, Sämtliche Werke 8, Stuttgart: E. Klett, 1981.

_____, *Der Erste Weltkrieg*, Sämtliche Werke 1. Stuttgart: E. Klett, 1978.

_____, *Erzählungen*, Sämtliche Werke 15, Stuttgart: E. Klett, 1978.

Kaufmann, Walter, "Nietzsche als der erste große Psychologe", *Nietzsche-Studien 7*, 1978.

_____, *Nietzsche: Philosopher, Psychologist, Antichrist*, Princeton: Princeton University Press, 1974.

Ketelsen, Uwe-K., "Nun werden nicht nur die historischen Strukturen gesprengt, sondern auch deren mythische und kultische Voraussetzungen: Zu Ernst Jüngers *Die totale Mobilmachung*(1930) und *Der Arbeiter*(1932)", eds. Hans-Harald Müller und Harro Segeberg, *Ernst Jünger im 20. Jahrhundert*, München: Wilhelm Fink, 1995.

Kiesel, Helmuth, *Wissenschaftliche Diagnose und Dichterische Vision der Moderne: Max Weber und Ernst Jünger*, Heidelberg: Manutius, 1994.

Kisiel, Theodore, "Political Interventions in the Lecture Courses of 1933-36", ed. Alfred Denker, *Heidegger und der Nationalsozialismus: Interpretationen*, Heidegger-Jahrbuch vol.5, Freiburg/München: Verlag Karl Alber, 2010.

_____, "The Siting of Hölderlin's "Geheimes Deutschland" in Heidegger's Poetizing of the Political", *Heidegger und der Nationalsozialismus: Interpretationen*, Heidegger-Jahrbuch vol.5, Freiburg/München: Verlag Karl Alber, 2010.

Kohl, Stephan J., *Spuren: Ernst Jünger und Martin Heidegger*, Weimar: Turmverlag, 1993.

Kopij, Marta, "Antizipationen des Arbeiters. Nietzsche-Brzozowski-Jünger", eds. Marta Kopij and Wojciech Kunicki, *Nietzsche und Schopenhauer: Rezeptionsphänomene der Wendezeiten*, Leipzig: Leipziger Universitätsverlag, 2006.

Koslowski, Peter, *Die dichterische Philosophie Ernst Jüngers*, München: Fink 1991.

Kossler, Matthias, "Ästhetik als Aufklärungskritik bei Schopenhauer und Nietzsche", ed. Renate Reschke, *Nietzsche: Radikalaufklärer oder radikaler Gegenaufklärer?*, Nietzscheforschung, Sonderband 2, Berlin: Akademie, 2004.

Krockow, Christian Graf von, *Die Entscheidung: Eine Untersuchung über Ernst Jünger, Carl Schmitt, Martin Heidegger*, Frankfurt a.M./New York: Campus, 1990.

Kroker, Arthur, *The Will to Technology and the Culture of Nihilism: Heidegger, Nietzsche and Marx*, Toronto: University of Toronto Press, 2004.

Landa, Ishay, "Heideggers entwendeter Brief: Die liberale Volksgemeinschaft", ed. Bernhard Taureck, *Politische Unschuld?: In Sachen Martin Heideggers*,

München: Wilhelm Fink Verlag, 2008.

Leśniewska, Anna, "Das Gewissen der Philosophie. Schopenhauer und Nietzsche", eds. Marta Kopij and Wojciech Kunicki, *Nietzsche und Schopenhauer: Rezeptionsphänomene der Wendezeiten*, Leipzig: Leipziger Universitätsverlag, 2006.

Löwith, Karl, *Heidegger: Denker in dürftiger Zeit*, Stuttgart: Metzler, 1984.

_____, "Heideggers Vorlesungen über Nietzsche", *Merkur* 16, 1962.

_____, *Mein Leben in Deutschland vor und nach 1933: Ein Bericht*, Stuttgart: Metzler, 1986.

_____, *Nietzsches Philosophie der ewigen Wiederkehr des Gleichen*, Stuttgart: Kohlhammer, 1956.

_____, "The Political Implications of Heidegger's Existentialism", ed. Richard Wolin, *The Heidegger Controversy*, Cambridge, MA: MIT Press, 1993.

_____, *Von Hegel zu Nietzsche*, Hamburg: Meiner, 1981.

Marten, Reiner, "Die Griechen und die Deutschen: Eine unschuldige Konjunktion?", ed. Bernhard Taureck, *Politische Unschuld?: In Sachen Martin Heideggers*, München: Wilhelm Fink Verlag, 2008.

Martus, Steffen, *Ernst Jünger*, Stuttgart: Metzler, 2001.

Marx, Werner, *Ethos und Lebenswelt: Mitleidenkönnen als Maß*, Hamburg: Meiner, 1986.

Mehring, Reinhard, *Heideggers Überlieferungsgeschick: Eine dionysische Selbstinszenierung*, Würzburg: Königshausen & Neumann, 1992.

_____, "Von der Universitätspolitik zur Editionspolitik. Heideggers politischer Weg", ed. Alfred Denker, *Heidegger und der Nationalsozialismus: Interpretationen*, Heidegger-Jahrbuch vol.5, Freiburg/München: Verlag Karl Alber, 2010.

Müller, Max, "Ein Gespäch mit Max Müller", ed. Bernd Martin, *Martin Heidegger und das "Dritte Reich"*, Darmstadt: Wissenschaftliche Buchgesellschaft, 1989.

Müller-Lauter, Wolfgang, "Das Willenswesen und der Übermensch. Ein Beitrag zu Heideggers Nietzsche-Interpretationen", *Heidegger und Nietzsche: Nietzsche-Interpretationen III*, Berlin/New York: Walter de Gruyter, 2000.

_____, "Einleitung: Über die Stationen von Heideggers Weg mit Nietzsche", *Heidegger und Nietzsche: Nietzsche-Interpretationen III*, Berlin/New York: Walter de Gruyter, 2000.

_____, "Erste Studie. Heideggers grundlegende Orientierung in der Auseinandersetzung mit Nietzsche", *Heidegger und Nietzsche: Nietzsche-Interpretationen III*, Berlin/New York: Walter de Gruyter, 2000.

_____, "Experience with Nietzsche", eds. Jacob Golomb and Robert S. Wistrich, *Nietzsche, Godfather of Fascism? On the Uses and Abuses of a Philosophy*, Princeton, NJ: Princeton University Press, 2002.

_____, "Nihilismus als Geschichte und Entscheidung. Drei Studien zu Heideggers Auseinandersetzung mit Nietzsche", *Heidegger und Nietzsche: Nietzsche-Interpretationen III*, Berlin/New York: Walter de Gruyter, 2000.

_____, "Zweite Studie. Von Heideggers Auseinandersetzung mit Nietzsche unter besonderer Berücksichtigung der 'Beiträge zur Philosophie' und seiner Vorlesungen von 1936/37", *Heidegger und Nietzsche: Nietzsche-Interpretationen III*, Berlin/New York: Walter de Gruyter, 2000.

Niekisch, Ernst, "Die Gestalt des Arbeiters", ed. Hubert Arbogast, *Über Ernst Jünger*, Stuttgart: Klett-Cotta, 1995.

Nolte, Ernst, *Martin Heidegger: Politik und Geschichte im Leben und Denken*, Berlin/Frankfurt a.M.: Propyläen, 1992.

_____, *Nietzsche und der Nietscheanismus Nietzscheanismus*, Berlin/Frankfurt a.M.: Propyläen, 1990.

_____, "Philosophie und Nationalsozialismus", eds. Annemarie Gethmann-Siefert and Otto Pöggler, *Heidegger und die praktische Philosophie*, Frankfurt a.M.: Suhrkamp, 1988.

Nussbaum, Martha C., "The Transfiguration of Intoxication: Nietzsche, Schopenhauer, and Dionysus", ed. Daniel W. Conway, *Nietzsche: Critical Assessments I*, New York/London: Routledge, 1998.

Ohana, David, "Nietzsche and the Fascist Dimension: The Case of Ernst Jünger", eds. Jacob Golomb and Robert S. Wistrich, *Nietzsche, Godfather of Fascism? On the Uses and Abuses of a Philosophy*, Princeton, NJ: Princeton University

Press, 2002.

Otsuru, Tadashi, *Gerechtigkeit und Dike: Der Denkweg als Selbstkritik in Heideggers Nietzsche-Auslegung.* Würzburg: Königshausen & Neumann, 1992.

Ottmann, Henning, *Geschichte des politischen Denkens,* vol.3, Stuttgart: Metzler, 2008.

Patt, Walter, *Formen des Anti-Platonismus bei Kant, Nietzsche und Heidegger,* Frankfurt a.M.: V. Klostermann, 1997.

Polt, Richard, "Jenseits von Kampf und Macht. Heideggers heimlicher Widerstand", ed. Alfred Denker, *Heidegger und der Nationalsozialismus: Interpretationen,* Heidegger-Jahrbuch vol.5, Freiburg/München: Verlag Karl Alber, 2010.

Pöggeler, Otto, "Den Führer führen? Heidegger und kein Ende", *Philosophische Rundschau 32,* 1985.

_____, "Ethik und Politik bei Heidegger", ed. Alfred Denker, *Heidegger und der Nationalsozialismus: Interpretationen,* Heidegger-Jahrbuch vol.5, Freiburg/ München: Verlag Karl Alber, 2010.

_____, "Heidegger und Nietzsche. Zu 'Nietzsche hat mich kaputtgemacht!'", *Aletheia, Neues kritisches Journal der Philosophie, Theologie, Geschichte und Politik,* Book 9, Berlin: Aletheia, 1996.

_____, "Nietzsche, Hölderlin und Heidegger", ed. Peter Kemper, *Martin Heidegger: Faszination und Erschrecken,* Frankfurt a.M./New York: Campus, 1990.

_____, *Philosophie und Politik bei Heidegger,* Freiburg/München: Alber, 1974.

_____, "Praktische Philosophie als Antwort an Heidegger", ed. Bernd Martin, *Martin Heidegger und das "Dritte Reich",* Darmstadt: Wissenschaftliche Buchgesellschaft, 1989.

_____, "Von Nietzsche zu Hitler: Heideggers politische Optionen", ed. Schäfer Hermann, *Annäherungen an Martin Heidegger: Festschrift für Hugo Ott zum 65. Geburtstag,* Frankfurt a.M./New York: Campus, 1996.

Reschke, Renate, "Aufklärung ohne und mit Dionysos: Friedrich Nietzsches Kritik am aufklärerischen Klassismus Johann Joachim Winckelmanns", ed. Renate Reschke, *Nietzsche: Radikalaufklärer oder radikaler Gegenaufklärer?,* Nietzscheforschung, Sonderband 2, Berlin: Akademie, 2004.

Riedel, Manfred, "Heimisch werden im Denken. Heideggers Dialog mit Nietzsche",
ed. Hans-Helmuth Gander, *Verwechselt mich vor allem nicht!": Heidegger
und Nietzsche*, Frankfurt a.M.: Klostermann, 1994.

Ries, Wiebrecht, "Tragische Welterfahrung contra wissenschaftliche
Weltbetrachtung": Nietzsches Beitrag zum Dilemma der Modernität", ed.
Renate Reschke, *Nietzsche: Radikalaufklärer oder radikaler Gegenaufklärer?*,
Nietzscheforschung, Sonderband 2, Berlin: Akademie, 2004.

Rockmore, Tom, "Die geschichtliche Kehre oder Otts Verdienst im Fall Heideggers",
ed. Schäfer Hermann, *Annäherungen an Martin Heidegger: Festschrift für
Hugo Ott*, Frankfurt a.M./New York: Campus, 1996.

Rombach, Heinrich, *Die Gegenwart der Philosophie*, Freiburg/München: Alber,
1962.

Safranski, Rüdiger, *Ein Meister aus Deutschland: Heidegger und seine Zeit*,
Frankfurt a.M.: Fischer, 1997.

Sallis, John, "Die Verwindung der Ästhetik", eds. Alfred Denker and Holger
Zaborowski et al., *Heidegger und Nietzsche,* Heidegger-Jahrbuch vol.2,
Freiburg/München: Verlag Karl Alber, 2005.

Schaeffler, Richard, *Die Wechselbeziehungen zwischen Philosophie und
Katholischer Theologie*, Darmstadt: Wissenschaftliche Buchgesellschaft, 1980.

Schmidt, Gerhart, "Heideggers philosophische Politik", Bernd Martin,
Martin Heidegger und das "Dritte" Reich, Darmstadt: Wissenschaftliche
Buchgesellschaft, 1989.

Schmidt-Bergmann, Hansgeorg, "'Der stählerne Mensch': Filippo Tommaso
Marinettis Programm des italienischen Futurismus", *Ästhetik und Ethik nach
Nietzsche, Nietzsche-forschung*, vol.10, Jahrbuch der Nietzsche-Gessellschaft,
Berlin: Verlag, 2003.

Schneebergern, Guido, *Nachlese zu Heidegger, Dokumente zu seinem Leben und
Denken*, Bern: Buchdruck, 1962.

Scott, Charles E., *The Question of Ethics: Nietzsche, Foucault, Heidegger*,
Bloomington: Indiana University Press, 1990.

Seubert, Harald, *Zwischen erstem und anderem Anfang: Heideggers Auseinander-

setzung mit Nietzsche und die Sache seines Denkens, Köln: Böhlau, 2000.

Sluga, Hans, *Heidegger's Crisis: Philosophy and Politics in Nazi Germany*, Cambridge, MA: Harvard University Press, 1993.

Smith, Gregory B., *Nietzsche, Heidegger, and the Transition to Postmodernity*, Chicago: University of Chicago Press, 1996.

Soll, Ivan, "Reflections on Recurrence: A Re-examination of Nietzsche's Doctrine", ed. Daniel W. Conway, *Nietzsche: Critical Assessments II*, New York/London: Routledge, 1998.

Solomon, Robert C., "A More Severe Morality: Nietzsche's Affirmative Ethics", ed. Charles Guignon, *The Existentialists: Critical Essays on Kierkegaard, Nietzsche, Heidegger, and Sartre*, Lanham: Rowman & Littlefield, 2004.

Stambaugh, Joan, "Thoughts on the Innocence of Becoming", ed. Daniel W. Conway, *Nietzsche: Critical Assessments II*, New York/London: Routledge, 1998.

Sznajder, Mario, "Nietzsche, Mussolini, and Italian Fascism", eds. Jacob Golomb and Robert S. Wistrich, *Nietzsche, Godfather of Fascism? On the Uses and Abuses of a Philosophy*, Princeton, NJ: Princeton University Press, 2002.

Taminaux, Jacques, *Heidegger and the Project of Fundamental Ontology*. New York: State University of New York Press, 1991.

Taureck, Bernhard H. F., "Heideggers Interesse an der 'nationalsozialistischen Revolution". Ein metapherkritischer Versuch", ed. Bernhard H. F. Taureck, *Politische Unschuld?: In Sachen Martin Heideggers*, München: Wilhelm Fink Verlag, 2008.

Trawny, Peter, "Heidegger und "Der Arbeiter", Zu Jüngers metaphysischer Grundstellung", eds. G. Figal and G. Knapp, *Verwandtschaften*, Jünger-Studien, vol.2, 2003.

_____, ""Was ist 'Deutschland'?": Ernst Jüngers Bedeutung für Martin Heideggers Stellung zum Nationalsozialismus", ed. Alfred Denker, *Heidegger und der Nationalsozialismus: Interpretationen*, Heidegger-Jahrbuch vol.5, Freiburg/München: Verlag Karl Alber, 2010.

Tuttle, Howard N., *The Crowd is Untruth: the Existential Critique of Mass Society in*

The Thought of Kierkegaard, Nietzsche, Heidegger, and Ortega y Gasset, New York: Peter Lang, 1996.

van Peperstraten, Frans, "Der Nazismus-Vorwurf: Wo wird das Denken zur Ideologie?", ed. Alfred Denker, *Heidegger und der Nationalsozialismus: Interpretationen*, Heidegger-Jahrbuch vol.5, Freiburg/München: Verlag Karl Alber, 2010.

Vattimo, Gianni, *The Adventure of Difference: Philosophy after Nietzsche and Heidegger*, Baltimore: Johns Hopkins University Press, 1993.

Vedder, Ben, "'Gott ist tot', Nietzsche und das Ereignis des Nihilismus", eds. Alfred Denker and Holger Zaborowski et al., *Heidegger und Nietzsche*, Heidegger-Jahrbuch vol.2, Freiburg/München: Verlag Karl Alber, 2005.

Vietta, Silvio, *Heideggers Kritik am Nationalsozialismus und an der Technik*, Tübingen: Niemeyer, 1989.

Visser, Gerhard, "Zum Problem des Nihilismus. Nietzsche und Martin Heidegger", eds. Hans Ester and Meindert Evers, *Zur Wirkung Nietzsches*, Würzburg: Königshausen & Neumann, 2001.

Volkmann-Schluck, Karl Heinz, *Die Philosophie Nietzsches*, Würzburg: Königshausen & Neumann, 1991.

Vopi, Franco, "'Das ist das Gewissen!' Heidegger interpretiert die Phronesis(Ethica Nicomachea VI, 5)", ed. Michael Steinmann, *Heidegger und die Griechen*, Frankfurt a.M.: Klostermann, 2007.

Warren, Mark, "Nietzsche and Political Philosophy", ed. Daniel W. Conway, *Nietzsche: Critical Assessments II*, New York/London: Routledge, 1998.

Wilczek, Reinhard, *Nihilistische Lektüre des Zeitalters: Ernst Jüngers Nietzsche-Rezeption*, Wuppertal: Wuppertal University dissertations, 1999.

Winchester, James, *Nietzsche's Aesthetic Turn: Reading Nietzsche after Heidegger, Deleuze, and Derrida*, New York: State University of New York Press, 1994.

Wittenberg, David, *Philosophy, Revision, Critique: Rereading Practices in Heidegger, Nietzsche, and Emerson*, Stanford: Stanford University Press, 2001.

Wolin, Richard, "French Heidegger Wars", ed. Richard Wolin, *The Heidegger Controversy*, Cambridge, MA: MIT Press, 1993.

Woods, Roger, *Ernst Jünger and the Nature of Political Commitment*, Stuttgart: Akademischer Verlag Heinz, 1982.

Young, Julian, *Heidegger, Philosophy, Nazism*, Cambridge: Cambridge University Press, 1997.

Zaborowski, Holger, "War Heidegger ein Antisemit? Zu einer kontroversen Frage", ed. Alfred Denker, *Heidegger und der Nationalsozialismus: Interpretationen*, Heidegger-Jahrbuch vol.5, Freiburg/München: Verlag Karl Alber, 2010.

Zimmerman, Michael E., "Die Entwicklung von Heideggers Nietzsche-Interpretation", eds. Alfred Denker and Holger Zaborowski et al., *Heidegger und Nietzsche*, Heidegger-Jahrbuch vol.2, Freiburg/München: Verlag Karl Alber, 2005.

_____, *Heidegger's Confrontation with Modernity, Technology, Politics, and Art*, Bloomington: Indiana University Press, 1990.